中國文學家列傳

楊蔭深編著

中華書局印行

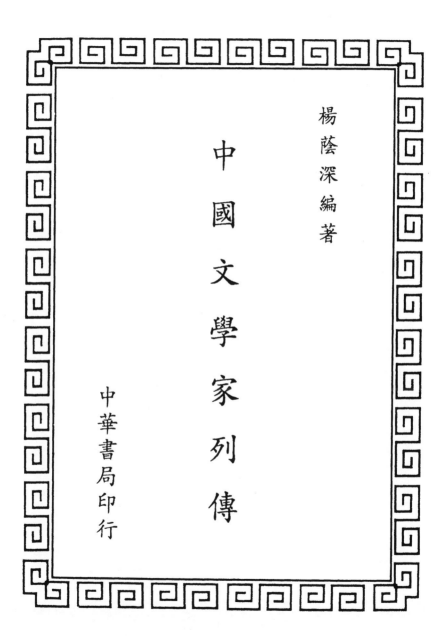

序

昔先大父在日，嘗勗蔭以文學之事。時蔭年幼，固不知文學爲何事也；惟每於放學歸，輒隨先大父誦論、孟、左傳、古文觀止諸書，而心亦未嘗不嚮往焉。比入中學，先大父即見背。時蔭年僅十四耳。此後惟向志文學，以期不負先大父之所望。民國二十二年冬，爲先大父八旬冥壽之期，蔭竊欲有慰先大父於泉下，因矢志編著中國文學家列傳一書。顧此書編著，初以爲但就二十四史及清史稿兩書，儘够採錄。然事有大謬不然者，蓋兩書大抵奉旨撰輯，非專爲文學家而設；且昔人對於文學之眼光，僅及詩文而已，他如小說戲劇，在當時均認爲末技小道，無足輕重。即詩文一端，著名如唐之劉長卿、韋應物，宋之張先、柳永等，亦皆未曾列入。至如元之關漢卿、馬致遠，明之吳承恩、馮夢龍輩，更無論矣。故但言二十四史與清史稿兩書，僅作爲本書主要參考書而已，他如歷代野史雜記，如唐才子傳、十國春秋、錄鬼簿、皇明詞林人物考、尙友錄、國朝先正事略等，以及前人詩話紀事等書，仍作爲本書不可無之參考資料。而晚清以後諸家，又多仰賴於時人著作，此則蔭所不勝感謝者也。本書編著之時，搜集材料，既感如此困難，即既有材料，取捨亦幾費斟酌。而史書中撰述某一文學家，往往將其人作品及奏疏之類，混栢攙入，連篇累牘，多至萬餘言者。至於某文學家之軼事遺聞，則大抵削而不載。此點在昔人或謂有傷大雅，在今日似覺彌足珍貴，是項搜集，亦頗費時日也。計前後所費時日，二年有餘。先大父八旬冥壽之期已去，而今又屆先大父十五週年忌日矣。想念及此，能不憮然。此書已成，中心亦殊爲快慰也。再友人王少遊、陳恂六、千人俊、凌仁榆諸兄，或遠道假以書籍，或就近爲之指正，高情厚誼，均所不忘。中華書局編輯所長舒新城先生，對於本書出版，叻力甚多，則又感激至於不盡也。書出有日，爲誌其緣起如上，並以謝諸友之盛意焉。中華民國二十五年二月十日，楊蔭深序於上海。

凡例

一　本書所稱之文學家，係指詩人、詞人、戲曲家、小說家、辭賦家、散文學家、批評家、翻譯家而言，顧昔時所稱之散文學家，往往包括哲學家、歷史家，此書則除與文學有關係者，如孔丘、左丘明等外，餘均摒却不列，以示界限。

二　昔人稱蘇武、李陵，爲五言詩之祖，然據近代考得，皆係僞託。凡類此者，本書皆不列入，以符事實。

三　本書上起周代，下迄清末，凡著名之文學家，大體已備。民國一卷，亦暫以前清所入者爲主，至新文學作家，則以文學思潮爲之一變，此時代正在不息之進展中，雖間有已故之作家，編者仍不敢妄加是非，故盡刪不錄，且有待於來日。

四　諸家列傳，大都根據正史記載，繁則刪之，簡則增之，間亦參攷雜史筆記，然取材務求眞實，不涉虛誕爲主。

五　昔人對於戲曲家、小說家，均甚輕視，故正史之中，極少記載。本書則一視同仁，爲之新立傳記。

六　諸家次第，均依出世時代爲主。無可考者，則按其事蹟，凡與某人同時者，卽列於某人之後。或舊時原有習慣稱呼者，如唐之王、楊、盧、駱，則仍照舊習慣排列。

七　每一文學家，必先敍其事跡，然後評其爲人爲文，最後再舉作品。惟古人著作，大抵非本人手定，故書中稱某人著有某某集字樣，均係就其所流傳者而言；非作者原定名稱，亦非作品原有數量。又作品繁夥者，則亦祇舉其重要者，或與文學有關係者，其他如無關重要，概不縷舉。

八　書末另附中國文學家籍貫生卒著作表，又附索引，以便檢查。

九　本書編輯，猶屬初創，簡陋謬誤，在所不免，尙望讀者有以教正，則幸甚焉。

中國文學家列傳目次

隋代

唐代

宋代

明代

民國……四八一

附錄

中國文學家列傳

周代

一　孔丘（前五五一—前四七九）

孔丘字仲尼，魯昌平鄉陬邑人。其先爲宋人。父叔梁紇，母顏氏，禱於尼丘而生丘。丘生而首上圩頂，故因名曰丘云。

孔丘

丘生而叔梁紇死，葬於防山，防山在魯東，母諱之，丘不知也。丘爲兒嬉戲，常陳俎豆，設禮容。母死，殯於五父衢。陬人輓父之母誨丘父墓，然後往合葬於防焉。丘年少好禮，年十七，魯大夫孟釐子病且死，誡其嗣懿子往學禮焉。家貧且賤，及長，爲季氏史。魯南宮敬叔言於魯君曰：「請與孔子適周。」魯君與之一乘車、兩馬、一豎子，俱適周問禮，蓋見老子云。辭去，老子送之曰：「吾聞富貴者送人以財，仁人者送人以言。吾不能富貴，竊仁人之號。送子以言曰：聰明深察而近於死者，好議人者也。博辯廣大，危其身者，發人之惡者也。為人子者，毋以有己；為人臣者，毋以有己。」丘復反魯，弟子稍益進焉。頃之魯亂，乃適齊，為高昭子家臣。欲以通乎景公，與齊太師語樂，聞韶音，學之，三月不知肉味。齊人稱之。景公常問政於丘，悅之，將欲以尼谿田封丘，晏嬰止之，遂未果。後齊大夫欲害丘，丘遂行，反乎魯。魯定公立，時魯自大夫以下，皆僭離於正道，故不仕，退而修詩、書、禮、樂。弟子彌衆，至自遠方，莫不受業焉。其後魯定公以丘為中都宰；一年，諸侯皆則之。復由中都宰為司空，由司空為大司寇。定公十年，齊大夫犂鉏言於景公曰：「魯用孔丘，其勢危齊。」乃使使告魯為好會，會於夾谷，並歸所侵魯之鄆、汶陽、龜陰之田以謝過。十四年，由大司寇行攝相事，於是誅魯大夫亂政者少正卯，與聞國政。三月，粥羔豚者弗飾賈，男女行者別於途，途不拾遺。四方之客，至乎邑者，不求有司，皆予之以歸。齊人聞而懼之，於是選國中女子好者八十人，皆衣文衣，而舞康樂，及文馬三十駟以遺魯君。魯君受焉，三日不聽政。丘遂行，宿乎屯。後適衛，主於子路妻兄顏濁鄒家。靈公問居魯得祿幾何，對曰：「奉粟六萬。」衛亦如之。居有頃，或譖丘於靈公。丘恐獲罪，居十月去衛。將適陳，過匡。匡人以為魯之陽虎，陽虎嘗暴匡人，丘狀類陽虎，拘焉。丘使從者為寧武子臣於衛，然後得去。去卽過蒲，月餘復反衛。靈公夫人有南子者，欲見丘，丘見焉。靈公嘗與夫人同車，宦者雍渠參乘，出使丘為次乘，招搖市過之。丘曰：「吾未見好德如好色者也。」於是醜之，去衛。過曹，適宋，與弟子習禮大樹下。宋司馬桓魋欲殺之，拔其樹，丘遂去。適鄭，與弟子相失，獨立郭東門。鄭人或謂子貢曰：「東門有人，其顙似堯，其項類皋陶，其肩類子產，然自腰以下，不及禹三寸，纍纍若喪家之狗。」子貢以實告，丘笑曰：「形狀末也，而似喪家之狗，然哉！然哉！」遂至陳，主於司城貞子家。居三歲，會晉、楚爭彊，更伐陳，及吳侵陳，於是去陳。過蒲，會公叔氏以蒲畔，蒲人止丘。弟子有公良孺者，賢而有勇，鬬之。蒲人懼，乃出丘。又適衛，靈公出郊迎之，然不能用，丘擊磬以寄志。有荷蕢而過門者曰：「有心哉，擊磬乎？硜硜乎，莫己知也夫而已矣！」既不用，將西見趙簡子。至於河，而聞竇鳴犢、舜華之死也，臨河而嘆曰：「美哉水，洋洋乎！丘之不濟此，命也夫！」乃還息乎陬鄉，作陬操以哀之。而反乎衛，復如陳，又遷於蔡，自蔡如葉，又去葉反蔡，如是往返，終不得志。時楚人聞丘在陳、蔡之間，使人聘之，丘將往。陳、蔡大夫恐楚大國若用丘，則陳、蔡危矣，於是乃相與發徒役圍丘於野，不得行，絕糧，從者病，莫能興，丘則講誦弦歌不衰。乃暗使子貢至楚，楚昭王興師迎之，然後得免。昭王將以書社地七百里封丘，楚令尹子西諫之，乃止。楚狂接輿歌而過之曰：「鳳兮鳳兮，何德之衰！往者不可諫兮，來者猶可追也。已而已而，今之從政者殆而！」丘下欲與言，趨而去焉。於是丘又反衛。會季康子逐公華等，以幣迎丘，丘乃歸魯。凡去魯已十四歲矣。然魯終不能用，丘亦不求仕。時周室衰微，禮樂廢，詩書缺，乃追迹三代之禮，序書傳，上紀唐、虞，下至秦繆。又取詩三百五篇弦歌之，以求合韶、武、雅、頌之音。禮樂自此可得而述，以備王道，成六藝。晚而喜易，作十翼。以詩、書、禮、樂教，弟子蓋三千焉，身通六藝者七十二人。魯哀公十四年春狩大野，獲麟，顏淵死，丘歎曰：「吾道窮矣！」乃因魯史記作春秋，上至隱公，下訖哀公十四年。明歲，子路死於衛。丘病，子貢請見，丘方負杖逍遙於門，曰：「賜，汝來何其晚也？」因歎歌曰：「太山壞乎！梁柱摧乎！哲人萎乎！」因以涕下。十六年卒，年七十三，葬魯城北泗上。弟子皆服三年，惟子貢六年。弟子及魯人往從冢而家者百有餘室，因命曰孔里。丘身長九尺六寸，人皆謂之長人而異之。其於鄉黨，恂恂似不能言者；其於宗廟朝廷，辯辯言唯謹爾。罕言利與命與仁。不語怪、力、亂、神。不憤不啓；舉一隅，不以三隅反，則弗復也。魚餒肉敗，割不正，不食。席不正，不坐。使人歌，善則使復之，然後和之。以四教：文、行、忠、信。絕四：毋意、毋必、毋固、毋我。丘雖爲我國古代之大思想家，然編詩，修書，訂禮，贊易，筆削春秋，均於文學上有至大之功績。今其書並盛傳於世。

二　左丘明

左丘明，魯人；春秋魯之太史也。相傳爲左史倚相之後，故姓左。生平事蹟，多不可考。大約與孔丘爲同時人。孔丘嘗曰：「巧言令色足恭，左丘明恥之，丘亦恥之。匿怨而友其人，左丘明恥之，丘亦恥之。」後失明，世稱「盲左」。司馬遷有左丘失明之語。惟因此有以左丘爲複姓，或言姓左名丘者。嘗述孔丘之志，作春秋左氏傳三十卷。故後人遂稱孔丘爲素王，丘明爲素臣。又采錄周穆王以來，下訖魯悼、智伯之誅，邦國成敗，天時人事，爲國語二十一卷。兩書雖爲史書，然敍述雅麗，描寫眞摯，在

左丘明

文學上具有極大之價值。後世爲文，多宗法之。今二書均有註釋，並傳於世。

三　孟軻（前三七二—前二八九）

孟軻字子輿，魯之鄒人。本邾人，後徙焉。受業於子思。道既通，游事齊宣王，宣王不能用。適梁，梁惠王不果所言，則見以爲迂遠而闊於事情。當是之時，秦用商鞅，富國強兵；楚、魏用吳起，戰勝弱敵；齊威王、宣王用孫子、田忌之徒，而諸侯東面朝齊。天下方務於合縱連橫，以攻伐爲賢，而孟軻乃述唐、虞、三代之德，是以所如者不合。退而與萬章之徒，序詩、書，述仲尼之意，作孟子七篇。

孟軻

周赧王二十六年卒，年八十四。軻幼受賢母之教，三遷其居；軻廢學，母又斷織相勸，其後卒成大儒。爲文如長江大河，波瀾壯闊。所著孟子七篇，今傳於世。

四　莊周

莊周，宋之蒙人，或稱梁之蒙人。嘗爲蒙漆園吏，與梁惠王、齊宣王同時。楚威王聞周賢，使使厚幣迎之，許以爲相。

莊周

周笑謂楚使者曰：「千金重利，卿相尊位也。子獨不見郊祭之犧牛乎？養食之數歲，衣以文繡，以入太廟，當是之時，雖欲爲孤豚，豈可得乎？子亟去，無汚我！我寧游戲汚瀆之中自快，無爲有國者所羈；終身不仕，以快吾志焉。」其淡薄於名利若是。其學無所不闚，然其要本歸於老子之言。作漁父、盜跖、胠篋，以詆訾孔丘之徒，以明老子之術。著書十餘萬言，大抵率皆寓言，無事實。假設人物姓名，使相與語。然善屬書離辭，指事類情，用剽剝儒墨，雖當世宿學，不能自解免也。其言洸洋自恣以適己，故自王公大人，不能器之。所著名爲莊子，本五十二篇，今存三十三篇，分爲內篇七，外篇十五，雜篇十一，傳於世。

五　屈原（前三四三—？）

屈原，名平，楚人，蓋爲楚之同姓也。初爲楚懷王左徒。博聞彊志，明於治亂，嫻於辭令。入則與王圖議國事，以出號令；出則接遇賓客，應對諸侯。王甚任之。上官大夫靳尚，與之同列，爭寵而心害其能。懷王使原造爲憲令。原屬草稾未定，上官大夫見而欲奪之，原不與，因讒之曰：「王使屈平爲令，衆莫不知；每一令出，平伐其功，以爲非我莫能爲也。」

屈原

王怒而疏原。原疾王聽之不聰也，讒諂之蔽明也，邪曲之害公也，方正之不容也，故憂愁幽思，而作離騷，蓋自怨其遭遇也。上稱帝嚳，下道齊桓，中述湯、武，以刺世事。其後秦欲伐齊，齊與楚從親，秦惠王患之，乃令張儀佯去秦，厚幣委質事楚，曰：「秦甚憎齊，齊與楚從親，楚誠能絕齊，秦願獻商於之地六百里。」楚懷王貪而信張儀，遂絕齊，使使如秦受地，張儀詐之曰：「儀與王約六里，不聞六百里。」楚使怒去，歸告懷王。懷王怒，大興師伐秦。秦發兵擊之，大破楚師於丹、淅，斬首八萬，虜楚將屈匄，遂取楚之漢中地。懷王乃悉發國中兵，以深入擊秦，戰於藍田。魏聞之，襲楚至鄧。楚兵懼，自秦歸。而齊竟怒不救楚，楚大困。明年，秦割漢中地與楚以和。懷王曰：「不願得地，願得張儀而甘心焉。」張儀聞，乃曰：「以一儀而當漢中地，臣請往如楚。」如楚，又因厚幣用事者臣靳尚，而設詭辯於懷王之寵姬鄭袖，懷王竟聽鄭袖言，復釋去張儀。是時原既疏，不復在位；使於齊，顧反，諫懷王曰：「何不殺張儀？」懷王悔，追張儀不及。其後諸侯共擊楚，大破之，殺其將唐昧。時秦昭王與楚婚，欲與懷王會。懷王欲行，原諫曰：「秦虎狼之國，不可信，不如無行。」懷王稚子子蘭，勸王行，奈何絕秦歡。懷王卒行，入武關，秦伏兵絕其後，因留懷王，以求割地。懷王怒，不聽，亡走趙。趙不納，復至秦；竟死於秦而歸葬。長子頃襄王立，以其弟子蘭爲令尹。楚人既咎子蘭，以勸懷王入秦而不反也。原亦嫉之，雖放流，睠顧楚國，繫心懷王，不忘欲反，冀幸君之一悟，俗之一改也。其存君與國，而欲反覆之，一篇之中三致志焉。子蘭聞之大怒，卒使上官大夫短原於頃襄王。王怒而遷之，自是不復起矣。於是懷石，遂自投汨羅以死。原志潔行廉，忠君愛國，雖屢遭放逐，而居心未嘗變易。濯淖汙泥之中，蟬蛻於濁穢，以浮游塵埃之外，不獲世之滋垢，皭然泥而不滓者也。推此志也，雖與日月爭光可也。所著除離騷外，又有九章、天問之屬。其詞溫而雅，其義皎而明。後世慕其清高，嘉其文彩，哀其不遇，而憫其志，仿作者甚衆。今合稱之爲楚辭，凡十七卷，盛傳於世。

六　宋玉

宋玉字子淵，楚人。世稱爲屈原弟子，然確否不可考。史記云屈原既死之後，楚有宋玉、唐勒、景差之徒者，皆好辭而以賦見稱。是爲屈原稍後之人，然未稱其爲弟子也。楚襄王時，玉爲大夫。時襄王好遊，嘗從至蘭臺之宮，雲夢之浦，雲陽之臺。所至輒有辭賦，頗爲襄王所賞識。同列大夫唐勒、登徒子輩忌之，短於王曰：「玉爲人身體容冶，口多微辭，出愛主人之女，入事大王；願王疏之！」王謂玉曰：「玉爲人身體容冶，口多微辭，出愛主人之女，入事寡人，不亦薄乎？」玉曰：「臣身體容冶，受之二親；口多微辭，聞之聖人。臣嘗出行，僕飢馬疲，正值主人門開，主人翁出，嫗又到市，獨有主人女在。女欲置臣堂上太高，堂下太卑，乃更於蘭房之室。止臣其中，中有鳴琴焉。臣援而鼓之，爲幽蘭、白雪之曲。主人之女，翳承日之華，披翠雲之裘，更被白縠之單衫，垂珠步搖，來排臣戶，曰：『上客無乃飢乎？』爲臣炊彫胡之飯，烹露葵之羹，來勸臣食。以其翡翠之釵，掛臣冠纓。臣不忍仰視。爲臣歌曰：『歲將暮兮日已寒，中心亂兮勿多言！』臣復援琴而鼓之，爲秋竹、積雪之曲。主人之女，又爲臣歌曰：『內怵惕兮徂玉牀，橫自陳兮君之傍。君不御兮妾誰怨，日將至兮下黃泉。』」玉曰：『吾寧殺人之父，孤人之子，誠不忍愛主人之女。』」王曰：「止，止，寡人於此時亦何能已也！」後終以讒罷歸。家素貧，幾無衣裘以御冬，因歎秋氣之蕭瑟，作九辯以寄其情。嘗慕屈原之爲人，並憫其遭遇，正與己同，恐原之魂魄離散，乃作招魂以招之。玉從容辭令，善於口辯。所著辭賦，見稱於時，爲屈原後之一大家。當時稱玉賦十六篇，今僅見九辯、招魂兩篇，餘多散佚。至如風賦、高唐賦、神女賦、登徒子好色賦等，均爲後人追記宋玉事跡之作，似非玉之所自撰。上云兩篇，載於楚辭中，今傳於世。

七　荀況

荀況，趙人，時人尊稱爲荀卿，後又避漢宣帝諱，改爲孫卿。時齊喜文學遊說之士，如鄒衍之徒，皆爲上大夫，賜列第。齊襄王時，況年五十遊齊，最爲老師，故三爲祭酒焉。齊人或讒況，況乃適楚，春申君以爲蘭陵令。春申君死，況遂廢，因家蘭陵。李斯、韓非，均嘗執弟子禮。況嫉濁世之政，亡國亂君相屬，不遂大道而營於巫祝信禨祥，鄙儒小拘如莊周等；又滑稽亂俗，如騶衍、淳于髡之徒。於是推儒、墨道德之行事興壞序列著數萬言。況之學源出孔門，在諸子之中最爲純正，是其所長；然主持太甚，詞義或至於過當，是其所短。況嘗著成相篇及賦篇，乃爲純文學之作品，然敷陳事理，殊少情感，惟以賦名篇實始於況，是況實爲後世賦體之開山祖也。所著荀子二十卷，原名新書，唐楊倞更之，並爲作注，今傳於世。

八　韓非（？—前二三三）

韓非，韓人，韓之諸公子也。初與李斯同事荀況，斯以爲不如非。非見韓之削弱，數以書諫韓王，韓王不能用。於是非疾治國不務修明其法制，執勢以御其臣下，富國彊兵，而以求人任賢，反擧浮淫之蠹而加之於功實之上。以爲儒者用文亂法，而俠者以武犯禁，寬則寵名譽之人，急則用介冑之士，今者所養非所用，所用非所養。悲廉直不容於邪枉之臣，觀往者得失之變，迺作孤憤、五蠹、內外儲、說林、說難等十餘萬言。人或傳其書至秦，秦王見孤憤、五蠹之書曰：「嗟乎！寡人得見此人與之游，死不恨矣！」李斯曰：「此韓非之所著書也。」秦因急攻韓。韓王始不用非，及急，迺遣非使秦。秦王悅之，未信用。李斯、姚賈害之，毀之曰：「韓非，韓之諸公子也。今王欲幷諸侯，非終爲韓不爲秦，此人之情也。今王不用，久留而歸，此自遺患也，不如以過法誅之。」秦王以爲然，下吏治非。李斯使人遺非藥，使自殺。非欲自陳，不得見。秦王後悔之，使人赦之，非已死矣。非喜刑名法術之學，而其歸本於黃、老。爲人口吃，不能道說，而善著書。文則緻密深切，直截明快，而尤富於博喻。後人論文，頗受其影響。今有韓非子二十卷，傳於世。

秦代

九 李斯（？—前二〇八）

李斯，楚上蔡人。年少時，爲郡小吏，見吏舍廁中鼠食不潔，近人犬，數驚恐之。斯入倉，觀倉中鼠食積粟，居大廡之下，不見人犬之憂。於是李斯乃歎曰：「人之賢不肖，譬如鼠矣，在所自處耳。」乃從荀況學帝王之術。學既成，度楚王不足事，而六國皆弱，無可爲建功者，欲西入秦。至秦，會莊襄王卒，斯乃求爲秦相文信侯呂不韋舍人。不韋賢之，任以爲郎。斯因以得說秦王，欲以滅諸侯，成帝業，爲天下一統。秦王乃拜斯爲長史，聽其計，陰遣謀士齎持金玉，以游說諸侯。諸侯名士可下以財者，厚遺結之；不肯者，利劍刺之；離其君臣之計。秦王乃使其良將隨其後，拜斯爲客卿。會韓人鄭國來間秦，以作注溉渠，已而覺，秦宗室大臣皆言秦王曰：「諸侯人來事秦者，大抵爲其主游間於秦耳，請一切逐客。」斯議亦在逐中，乃上諫逐客書。秦王悟，因除逐客之令，復斯官，卒用其計謀，官至廷尉。二十餘年，竟幷天下，尊王爲皇帝，以斯爲丞相。夷郡縣城，銷其兵刃，示不復用。使秦無尺土之封，不立子弟爲王，功臣爲諸侯者，使後無戰攻之患。收去詩、書、百家之語，以愚百姓，使天下無以古非今。明法度，定律令，皆以始皇起。同文書。三十七年，始皇帝至沙丘，病甚。時祇斯、趙高及少子胡亥從。帝令趙高爲書賜長子扶蘇，已封，未授使者而帝崩。書及璽皆在趙高所。至是，高欲立胡亥爲帝，謀之於斯，而斯未以爲可，高由此銜之。及胡亥卽位，高進言斯長男李由爲三川守，楚盜陳勝等，皆斯傍縣之子，以故楚盜公行。於是二世乃使高案丞相獄治罪，責斯與子由謀反狀，皆收捕宗族賓客。二年七月，具斯五刑，論腰斬咸陽市。斯出獄，與其中子俱執，顧謂其中子曰：「吾欲與若復牽黃犬俱出上蔡東門逐狡兎，豈可得乎？」遂父子相哭而夷三族。斯爲文明潔，嚴於結構，短小精悍，而氣魄殊偉。凡秦世大制作，及始皇遊歷天下所立碑碣文字，皆爲斯所作。後人謂斯可代表秦代一代之文，信非虛言。其文多散見於史記及古文苑中，今傳於世。

漢代

一〇 陸賈

陸賈，楚人。以客從高祖定天下，名有口辯，居左右，常使諸侯。及高祖即帝位，中國初定，趙佗平南越，因王之。高祖

陸賈

使賈賜趙佗印為南越王。賈至，佗椎結箕倨見賈。賈進說之，佗迺蹶然起坐，謝賈曰：「居蠻夷中久，殊失禮義。」迺大悅賈，留與飲數月，曰：「越中無足與語，至生來，令我日聞所不聞。」賜賈橐中裝值千金，他送亦千金。卒拜佗為越王，令稱臣奉漢約。歸報，高祖大悅，拜賈為太中大夫。賈時時前說稱詩、書。帝罵之曰：「迺公居馬上而得之，安事詩、書？」賈曰：「居馬上得之，寧可以馬上治之乎？」因言「鄉使秦幷天下而行仁義，法先聖，陛下安得而有之！」高祖有慙色，迺令賈著秦所以失，漢所以得之者。賈迺粗述存亡之徵，凡十二篇，每奏一篇，帝未嘗不稱善。左右呼萬歲，號其書曰新語。惠帝時，呂太后用事，欲王諸呂，畏大臣有

口者。賈自度不能爭之，迺病免家居，以好畤田地善，因以家焉。時諸呂擅權，欲劫少主，危劉氏，右丞相陳平患之，力不能爭，恐禍及己，常燕居深念。賈往請，直入坐，而平方深念，不之見。賈曰：「何念之深也？」平曰：「生揣我何念？」賈曰：「不過患諸呂、少主耳。」因爲平畫呂氏數事。平用其計，迺以奴婢百人車馬五十乘錢五百萬遺賈爲飲食費。賈以此名聲籍甚。及誅諸呂，立文帝，賈有力焉。後又往使南越，令趙佗去黃屋稱制，令比諸侯，皆如意旨。竟以壽終。高祖與自草澤，屑屑不喜儒。賈以善辯常說以詩、書不可廢，故爲漢初文學之功臣。所著除新語外，又有賦三篇，今已失傳。新語十二篇，今多爲後人僞託，傳於世。

一一　賈誼（前二〇〇—前一六八）

賈誼，雒陽人。年十八，以能誦詩、書屬文，稱於郡中。河南守吳公，聞其秀材，召置門下，甚幸愛。文帝初立，聞河南守吳公治平爲天下第一，故與李斯同邑，而嘗學事焉，徵以爲廷尉。廷尉乃言誼年少，頗通諸家之書。文帝召以爲博士，是時誼年二十餘，最爲少。每詔令議下，諸老先生未能言，誼盡爲之對，人人各如其意所出。諸生於是以爲能。文帝悅之，超遷歲中至太中大夫。誼以爲漢興二十餘年，天下和洽，宜當改正朔，易服色，制度，定官名，興禮樂；乃草具其儀法，色上黃，數用五，爲官名，悉更奏之。文帝謙讓未皇也；然諸法令所更定，及列侯就國，其說皆誼發之。於是帝議以誼任公卿之位，絳侯周勃、東陽侯張相如、灌嬰、馮敬之屬盡害之，乃毀誼曰：「雒陽之人，年少初學，專欲擅權，紛亂諸事。」

於是帝後亦疏之，不用其議，以誼爲長沙王太傅。誼既以謫去，意不自得，及渡湘水，爲賦以弔屈原，誼追傷之，因以自諭。後歲餘，文帝思誼，徵之至，帝方受釐，坐宣室，帝因感鬼神事，而問鬼神之本，誼具道所以然之故。至夜半，文帝前席。

賈誼

既罷，曰「吾久不見賈生，自以爲過之，今不及也。」乃拜誼爲梁懷王勝太傅。懷王，帝少子也，愛而好書，故帝令誼傅之，數問以得失。是時匈奴彊侵邊，天下初定，制度疏闊，諸侯王僭儗，地過古制，淮南、濟北王皆爲逆誅。誼數上疏，陳政事，多所匡建。及懷王墜馬死，誼自傷爲傅無狀，常哭泣，後歲餘，亦死，年三十三。初誼爲長沙傅三年，有鵩飛入誼舍，止於坐隅。鵩似鴞，不祥鳥也，誼既已謫居長沙，長沙卑溼，誼自傷悼，以爲壽不得長，迺爲鵩鳥賦以自廣，然竟以不壽死。誼才高，當時爲賦凡七篇，卓然爲漢家辭賦之首。揚雄稱如孔門用賦，誼可升堂，其名重若是。所著今有賈長沙集輯本一卷，又有新書五十八篇，並傳於世。

一二　鼂錯（？—前一五四）

鼂錯，潁川人。初學申商刑名於軹之張恢，後與雒陽宋孟及劉帶同師，以文學爲太常掌故。文帝時，天下亡治尚書者，獨聞齊有伏生，故秦博士，治尚書，年九十餘，老不可徵，乃詔太常使人受之。太常遣錯受尚書伏生所，還因上書稱說，詔以爲太子舍人門大夫，遷博士。上書言擇聖人之術以賜皇太子，上善之，於是拜錯爲太子家令。以其辯得幸太子，太子家號曰智囊。是時匈奴彊，數寇邊。錯上言守邊備塞，勸農力本，爲當世急務。上均嘉之。後詔有司舉賢良文學士，錯在選中。時賈誼已死，對策者百餘人，惟錯爲高第，由是遷中大夫。錯又言宜削諸侯事，及法令可更定者，書凡三十篇。文帝雖不盡聽，然奇其材。景帝卽位，以錯爲內史，數請間言事，輒聽，寵幸傾九卿，法令多所更定。丞相申屠嘉以錯鑿太上廟壖中垣爲門，奏請誅之，帝不納。錯以此愈貴，遷爲御史大夫，請諸侯之罪過，削其支郡。奏上，上令公卿列侯宗室雜議，莫敢難；獨竇嬰爭之，由是與錯有隙。錯所更令三十章，諸侯讙譁。錯父勸其勿爲，錯不聽，遂飲藥死。後十餘日，吳、楚七國俱反，以誅錯爲名。丞相青翟、中尉嘉、廷尉歐，均劾奏錯罪當腰斬，帝無法，制曰可。乃使中尉召錯，紿載於市。錯猶不知，衣朝衣，遂斬於東市。錯既死，而吳、楚仍不能兵，蓋其意不在錯也。帝乃悔之。錯以對策見長，觀其文，精悍茂密，所陳事皆切當可行。其學之博，僅亞於賈誼。世稱策莫盛於漢，漢策莫過於鼂大夫。有文三十一篇，今傳九篇於世。

一三　枚乘（？—前一四一）

枚乘字叔，淮陰人。初爲吳王濞郎中。吳王之初怨望謀爲逆也，乘奏書諫之，吳王不納。乘遂去而之梁，從孝王游。景帝即位，御史大夫鼂錯爲漢定制度，損削諸侯，吳王遂與六國謀反，舉兵西向，以誅錯爲名。帝聞之，斬錯以謝諸侯。時乘復說吳王，勸息兵戈。吳王不用，遂見擒滅。既平七國，乘由此知名。景帝召拜乘爲弘農都尉。乘久爲大國上賓，與英俊並游，得其所好，不樂郡吏，以病去官，復游梁。及孝王薨，乘歸淮陰。武帝自爲太子，聞乘名，及即位，乘年老，乃以安車蒲輪徵乘，竟以老疾道死。乘善屬辭賦，其在梁時，客皆工文，惟乘尤高。嘗作七發，始創「七」體，後之文士，繼作者甚衆，若傅毅、張衡、崔駰、曹植等輩。玉臺新詠以古詩十九首內八首爲乘所作，是則未可置信也。所著今僅見五篇，傳於世。

一四　司馬相如（？—前一一七）

司馬相如字長卿，蜀郡成都人。少時好讀書，學擊劍，名犬子。相如既學，慕藺相如之爲人也，更名相如。初以貲爲郎。後事景帝爲武騎常侍，非其好也。會景帝不好辭賦，是時梁孝王來朝，從游說之士齊人鄒陽、淮陰枚乘、吳嚴忌之徒，相如見而悅之，因病免，客游梁，得與諸侯游士居數歲，乃著子虛賦。會梁孝王薨，相如歸，而家貧，無以自業。素與臨邛令王吉相善。吉曰：「長卿久宦游，不遂而困，來過我。」於是相如往，舍都亭。臨邛令繆爲恭敬，日往朝相如。相如初尚見之，後稱病，使從者謝吉，吉愈益謹肅。臨邛多富人，卓王孫僮客八百人，程鄭亦數百人，乃相謂曰：「令有貴客，爲具召之。」幷召令。令既至，卓氏客以百數。至日中，請相如，相如謝病不能臨。臨邛令不敢嘗食，身自迎之。相如不得已而彊往，一坐盡傾。酒酣，臨邛令前奏琴曰：「竊聞長卿好之，願以自娛！」相如辭謝，爲鼓一再行。是時卓王孫有女文

司馬相如

君新寡，好音。故相如繆與令相重，而以琴心挑之。相如時從車騎，雍容閒雅，甚都美。及飲，相如弄琴，文君竊從戶窺，心悅而好之，恐不得當也。既罷，相如乃令侍人重賜文君侍者通殷勤，文君夜亡奔相如。相如與馳歸成都，家徒四壁立。卓王孫大怒曰：「女不材，我不忍殺，一錢不分也。」人或謂王孫，王孫終不聽。文君久之不樂，謂相如曰：「且俱如臨邛，從昆弟假貸，猶足以爲生，何至自苦如此！」相如與俱之臨邛，盡賣車騎，買酒舍。乃令文君當鑪。相如身自著犢鼻褌，與傭保雜作，滌器於市中。卓王孫恥之，爲杜門不出。昆弟諸公更謂王孫曰：「有一男兩女，所不足者非財也。今文君既失身於司馬長卿，長卿故倦游，雖貧，其人材足依也；且又令客，奈何相辱如此？」卓王孫不得已，分與文君僮百人，錢百萬，及其嫁時衣被財物。文君乃與相如歸成都，買田宅，爲富人。居久之，蜀人楊得意爲狗監，侍武帝。武帝讀子虛賦而善之曰：「朕獨不得與此人同時哉！」得意曰：「臣邑人司馬相如自言爲此賦。」上驚，乃召問相如。相如曰：

「有是然此乃諸侯之事，未足觀，請爲天子游獵之賦。」上令尚書給筆札，乃作上林賦奏之。上大悅，拜爲郞。數歲，會唐蒙使略通夜郞、僰中，發巴、蜀吏卒千人，郡又多爲發轉漕萬餘人，用軍興法誅其渠率，巴、蜀民大驚恐。上聞之，乃遣相如責唐蒙等，因作告巴蜀民檄諭之，民皆悅服。是時邛、筰之君長，聞南夷與漢通，得賞賜多，皆欲願爲內臣妾。相如還報，乃拜爲中郞將，持節往使，馳四乘之傳，因巴、蜀吏幣物以賂西南夷。至蜀，太守以下郊迎，縣令負弩矢先驅，蜀人以爲寵。於是卓王孫、臨邛諸公，皆因門下獻牛酒以交驩。卓王孫喟然而嘆，自以得使女尚司馬長卿晚，乃厚分與其女財，與男等。相如使略定西南夷邛、筰、冉、駹、斯、榆之君，皆請爲臣妾，除邊關，邊關益斥。使還，上大悅。久之，拜爲孝文園令。上既美子虛之事，相如見上好僊，因曰：「上林之事，未足美也，尚有靡者。臣嘗爲大人賦，未就，請具而奏之。」遂奏大人賦，以諭天子。上覽後，大悅，飄飄有陵雲氣游天地之間意。既而病免，家居。天子曰：「司馬相如病甚，可往從悉取其書。」乃使所忠往取，而相如已死，家無遺書。問其妻，對曰：「長卿未嘗有書也。時時著書，人又取去。長卿未死時，爲一卷書，曰：有使來求書，奏之。」其遺札書言封禪事，所忠奏焉。相如口喫而善著書，常有消渴疾。陳皇后嘗失寵於漢武帝，別在長門宮，聞相如天下工爲文，奉黃金百斤爲文君取酒，相如因爲長門賦以悟主上，后復得幸。其文之感人也若此。著有賦二十九篇。今有司馬文園集輯本一卷傳於世。

一五　東方朔

東方朔字曼倩，平原厭次人。武帝初卽位，徵天下舉方正賢良文學材力之士，待以不次之位。四方士多上書言得失，自衒鬻者以千數。其不足采者，輒報聞罷。朔初來上書曰：「臣朔少失父母，長養兄嫂。年十二學書，三冬文史足用。十五學擊劍，十六學詩、書，誦二十二萬言。十九學孫、吳兵法，戰陣之具，鉦鼓之教，亦誦二十二萬言。凡臣朔固已誦四十四萬言。又常服子路之言。臣朔年二十二，長九尺三寸，目若懸珠，齒若編貝，勇若孟賁，捷若慶忌，廉若鮑叔，信若尾生。若此，可以爲天子大臣矣。臣朔昧死再拜以聞。」

東方朔

朔文辭不遜，高自稱譽，上偉之，令待詔公車。奉祿薄，未得省見。久之，朔紿騶朱儒，謂「上以若曹無益縣官，今欲盡殺若曹。」朱儒大恐，啼泣。朔教曰：「上卽過，叩頭請罪。」居有頃，上過，朱儒皆號泣頓首。上問何爲，對曰：「東方朔言上欲盡誅臣等。」上知朔多端，召問朔：「何恐朱儒爲？」對曰：「臣朔生亦言，死亦言。朱儒長三尺餘，奉一囊粟，錢二百四十。朔長九尺餘，亦奉一囊粟，錢二百四十。朱儒飽欲死，臣朔飢欲死。臣言可用，幸異其禮；不可用，罷之，無令但索長安米。」上大笑，因使待詔金馬門，稍得親近。上嘗使諸數家射覆器下所置之物，置守宮於其下，射之皆不能中。朔獨對曰：「臣以爲龍，又無角，謂之爲蛇，又有足，跂跂脈脈善緣壁，是非守宮卽蜥蜴。」上稱善，賜帛十匹。遂得愛幸，以朔爲常侍郎。久之，伏日，詔賜從官肉，大官丞日晏不來，朔獨拔劍割肉，謂其同官曰：「伏日當蚤歸，請受賜。」卽懷肉去。大官奏之，上責之，令朔自責。朔曰：「朔來，朔來，受賜不待詔，何無禮也！拔劍割肉，壹何壯也！割之不多，又何廉也！歸遺細君，又何仁也！」上笑曰：「使先生自責，迺反自譽。」復賜酒肉，歸遺細君。尋拜爲太中大夫，給事中。會醉入殿中，小遺殿上，劾不敬，有詔免爲庶人，待詔宦者署。頃之，復起爲中郎。時天下侈靡趨末，百姓多離農畝。上從容問朔：「吾欲化民，豈有道乎？」朔以文帝之政對之，蓋欲正其本，則萬事理矣。久之，朔上書陳農戰彊國之計，因自訟獨不得大官，欲求試用。上不納。朔因著答客難，設客難己位卑，以自慰諭。又作非有先生論，亦寓意也。朔口諧倡辨，雖多詼笑，然時觀察顏色，直言切諫，上常用之。自公卿在位，朔皆敖弄，無所爲屈。爲文亦指意放蕩，頗盡詼諧，當時有俳優文學家之稱。所著以答客難及非有先生論二篇爲最著名，後人頗多擬作。今有東方太中集輯本一卷傳於世。又有十洲記、神異經各一卷，亦題爲朔所撰。

一六　劉安（？—前一二二）

劉安，沛人。漢高祖之孫也。父長，封淮南王。父薨，安爲淮南王。安爲人好書鼓琴，不喜弋獵狗馬馳騁。時武帝方好藝文，以安屬爲諸父，辯博善爲文辭，甚尊重之。每爲報書及賜，常召司馬相如等視草迺遣。初安入朝，獻所作內篇，新出，上愛秘之。使爲離騷傳，旦受詔，日食時上。又獻頌德及長安都國頌。每宴見，談說得失及方技賦頌，昏暮然後罷。安初入朝，雅善太尉武安侯田蚡，蚡迎之霸上，與語曰：「方今上無太子，王親高皇帝孫，行仁義，天下莫不聞。宮車一日晏駕，非王尙誰立者？」安大喜，厚遺蚡寶，並賂其羣臣賓客。安有女陵，慧而能辯。安愛之，爲中詗於長安，以約結上之左右。安有二子，長不害，安不愛；少遷爲太子。不害子建，材高有氣，常怨望太子，不省其父。欲害太子，不果，反被太子繫笞。建具知太子欲謀殺漢中尉，卽上書天子，並具告安之陰事。初安數欲舉兵，伍被諫止之。至是，銳欲發，伍被自詣吏具告。吏因捕太子王后，圍安王宮，盡捕安賓客。安知事無望，乃自刑，殺后及太子。諸所與謀皆收夷，國除爲九江郡。安好士，招致賓客至數千人。亦好神仙黃白之術。著有賦八十二篇，今多不傳。又有內篇二十一篇，外篇三十三篇，乃與諸賓客講論撥拾舊文而成。今僅見二十一篇，名淮南子，或稱淮南鴻烈，今傳於世。

一七　嚴助（？——前一二二）

嚴助，會稽吳人，嚴忌之子也；或言忌之族子。郡舉賢良，對策百餘人，武帝善助對，由是獨擢助爲中大夫。後得朱買臣、吾丘壽王、司馬相如、主父偃、徐樂、嚴安、東方朔、枚皐、膠倉、終軍、嚴葱奇等，並在左右。是時征伐四夷，開置邊郡，軍旅數發，內改制度，朝廷多事，屢舉賢良文學之士。公孫弘起徒步，數年至丞相，開東閣，延賢人與謀議，朝覲奏事，因言國家便宜。上令助等與大臣辯論，中外相應以義理之文，大臣數詘。其尤親幸者，東方朔、枚皐、嚴助、吾丘壽王、司馬相如。相如常稱疾避事；朔、皐不根持論，上頗俳優畜之；唯助與壽王見任用，而助最先進。建元三年，閩越舉兵圍東甌，東甌告急於漢，上遣助以節發兵會稽，浮海往救。未至，閩越引兵罷。後三歲，閩越復興兵擊南越，上欲遣兩將軍將兵誅閩越，淮南王安諫之。適會閩越王弟餘善殺王以降，漢兵遂罷。上嘉淮南王之意，迺令助諭意風指，助由是與淮南王相結而還。上大悅。助侍燕從容，上問助居鄉里時，助對曰：「家貧爲友壻富人所辱。」上問所欲，對願爲會稽太守，於是拜之。數年不聞問，上詔責之。助恐，上書謝，稱「春秋天王出居於鄭，不能事母，故絕之。臣事君，猶子事父母也。臣助當伏誅，陛下不忍加誅，願奉三年計最。」詔許，因留侍中。有奇異，輒使爲文，及作賦頌。後淮南王來朝，厚賂遺助，交私論議。及淮南王反，事與助相連，上薄其罪，欲勿誅；廷尉張湯爭，以爲助出入禁門，腹心之臣，而外與諸侯交私如此，不誅，後不可治，助竟棄市。助亦爲當時辭賦名家，著賦凡三十五篇，今並不傳。

一八　枚皐

枚皐字少孺，淮陰人，乘之庶子也。乘在梁時，取皐母爲小妻；乘之東歸也，皐母不肯隨乘，乘怒，分皐數千錢，留與母居。皐年十七，上書梁恭王，得召爲郎。三年，爲王使，與冗從爭，見讒惡，遇罪，家室沒入。皐亡至長安。會赦，上書北闕，自陳枚乘子。武帝得之大喜，召入見待詔。皐因賦殿中，詔使賦平樂館，善之，拜爲郎，使匈奴。皐不通經術，詼笑類俳倡，爲賦頌好嫚戲，以故得媟黷貴幸，比東方朔、郭舍人等，而不得比嚴助等得尊官。武帝春秋二十九，迺得皇子，羣臣喜，故皐與東方朔作皇太子生賦及立皇子禖祝。初，衞皇后立，皐奏賦以戒終。皐爲賦善於朔，上有所感，輒使賦之。爲文疾，受詔輒成，故所賦多。司馬相如善爲文而遲，故所作少而善於皐。皐賦辭中自言爲賦不如相如，又言爲賦迺俳，見視如，倡自悔類倡也。故其賦有詆娸東方朔，又自詆娸其文骩骳，曲隨其事，皆得其意。著賦凡一百二十篇，大都嫚戲不可讀者，今並不傳。

一九 劉徹（前一五八—前八七）

劉徹

劉徹，沛豐邑人。漢景帝之中子也。母曰王美人。徹年四歲，立為膠東王。七歲，為皇太子。十六歲，景帝崩，徹即皇帝位，是為漢武帝。自古帝王，未有年號，至是始建，為建元元年。漢承百王之弊，高祖撥亂反正，文、景務在養民，至於稽古禮文之事，猶多闕焉。徹既即位，卓然罷黜百家，表章六經，遂疇咨海內，舉其俊茂。始以蒲輪迎枚乘，見主父偃而歎息，讀子虛賦而善之，常詔枚皋使奏賦。中外相應，以義理之文。時與梁孝王等相倡和，與淮南王安為報書。其愛好文學，大率類此。又立樂府，采詩夜誦，有趙、代、秦、楚之謳。以李延年為協律都尉，舉司馬相如等數十人，造為詩賦，作郊祀之歌十九章，使童男女七十人歌之。樂府之名，自是而立。世稱辭賦之興，至徹時而充其盛，至徹時而備其體，亦至徹時而造其極，誠篤論也。徹為人豁達豪邁，故其君臣活潑明快，而無怯弱卑屈之風。所著有賦二篇，今存者有秋風辭、落葉哀蟬曲、悼李夫人賦等傳於世。

二〇　司馬遷（前一四五—？）

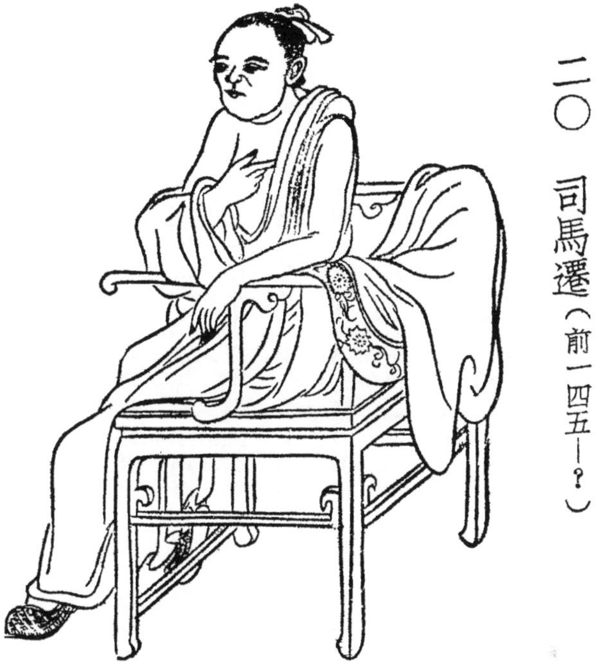

司馬遷

司馬遷字子長，夏陽人。先世世典周史。父談，仕漢爲太史令。遷年十歲誦古文。二十，而南游江、淮，上會稽，探禹穴，窺九疑，浮沅、湘，北涉汶、泗，講學齊、魯之都，觀孔子遺風，鄉射鄒、嶧，阨困蕃、薛、彭城，過梁、楚以歸。初仕爲郎中，奉使西征巴、蜀以南，略邛、筰、昆明，還報命。是歲天子始建漢家之封，而談留滯周南，不得與從事，發憤且卒。遷適反，見父於河、雒之間，談命遷宜論著史記，以繼其志。遷俯首流涕曰：「小子不敏，請悉論先人所次舊聞，不敢闕。」卒三歲而遷爲太史令，紬史記石室金匱之書。越五年，適當太初元年，於是遷遂論次其文。天漢二年，李陵降匈奴，以遷嘗稱其才，遂幽槖紲。初，陵未降時，使有來報，漢公卿王侯，皆奉觴上壽。後數日，陵敗書聞，主上爲之食不甘味，聽朝不怡。大臣憂懼，不知所出。遷以陵提步卒不滿五千，深踐戎馬之地，足歷王庭，垂餌虎口，橫挑彊胡，仰億萬之師，與單于連戰十餘日，所殺過當，徒以轉鬪千里，矢盡道窮，救兵不至，士卒死傷如積。然陵壹呼勞軍，士無不起，躬流涕，沬血飲泣，張空弮，冒白刃，北首爭死敵。以爲雖古名將，不是過也。其所摧敗，功亦足以暴天下。上聞之，大怒，以遷沮貳師，而爲陵游說，遂下吏議，被腐刑。遷以辱不過腐刑，益發憤著述，上自陶唐，下迄武帝獲白麟止，著十二本紀；既科條之矣，並時異世，年差不明，作十表；禮、樂損益、律曆改易、兵權、山川、鬼神、天人之際，承敝通變，作八書；輔弼股肱之臣，忠信行道，以奉主上，作三十世家；扶義俶儻，不令己失時，立功名於天下，作七十列傳；凡百三十篇，五十二萬六千五百字。遷既死後，其書稍出，而十篇缺，有錄無書。其後有褚少孫補之，惟辭旨鄙淺，不及遷遠甚。宣帝時，遷外孫平通侯楊惲祖述其書，遂宣布焉。王莽時，封遷後爲史通子。遷博物洽聞，有良史之材。當時劉向、揚雄，博極羣書，皆服其善序事理，辨而不華，質而不俚，不虛美，不隱善，故謂之實錄。後人以爲遷之文章，多得於遊，故文氣奇偉，洵非虛言。自史記出，不特嗣後史家仿其體例，即文學作者，亦多受其影響。遷亦著賦。今史記一百三十卷，盛傳於世。

二一　王褒（？—前六一）

王褒字子淵，蜀人。宣帝時，修武帝故事，講論六藝羣書，博盡奇異之好。徵能爲楚辭，九江被公召見誦讀，益召高材，劉向、張子僑、華龍、柳褒等，待詔金馬門。上頗作歌詩，欲興協律之事。丞相魏相奏言知音善鼓雅琴者，勃海趙定，梁國龔德，皆召見待詔。於是益州刺史王襄欲宣風化於衆庶，聞褒有俊材，請與相見，使褒作中和、樂職、宣布詩。褒又作其傳。益州刺史因奏褒有軼材，上迺徵褒。既至，詔褒爲聖主得賢臣頌。又令褒與張子僑等並待詔，數從褒等放獵，所幸宮館，輒爲歌頌，第其高下，以差賜帛。頃之，擢褒爲諫大夫。其後太子體不安，苦忽忽善忘不樂，詔使褒等皆之太子宮虞侍太子，朝夕誦讀奇文及所自造作。疾平復，迺歸。太子喜褒所爲甘泉及洞簫頌，令後宮貴人左右皆誦讀之。後方士言益州有金馬碧雞之寶，可祭祀致也，宣帝使褒往祀焉。褒於道病死，上憫惜之。褒所著賦共十六篇，即以甘泉與洞簫二賦爲較著名。褒辭餘於理，與相如同，而雄駿遠遜，聲偶漸諧，爲東京以來開一風氣。此外僮約、責髯奴諸文，體趣諧戲，與枚臯等。今有王諫議集輯本一卷傳於世。

二二　劉向（前七九—前八）

劉向字子政，沛人，本名更生，高祖同父少弟楚元王交之後也。年十二，以父德任爲輦郎。既冠，以行修飭，擢爲諫大夫。是時宣帝循武帝故事，招選名儒俊材置左右。向以通達能屬文辭，與王褒、張子僑等並進對，獻賦頌凡數十篇。上復興神僊方術之事，而淮南有枕中鴻寶苑秘書，書言神僊使鬼物爲金之術，及鄒衍重道延命方，世人莫見，而向父德武帝時治淮南獄，得其書。向幼而讀誦，以爲奇，獻之，言黃金可成。上令典尚方鑄作事，費甚多，方不驗，上乃下向吏。吏劾向鑄僞黃金，繫當死。向兄陽城侯安民上書，入國戶半贖向罪；上亦奇其材，得踰冬減死論。會初立穀梁春秋，徵向受穀梁，講論五經於石渠，復拜爲郎中給事黃門，遷散騎諫大夫給事中。元帝卽位，太傅蕭望之少傅周堪並薦向宗室忠直，明經有行，擢爲散騎宗正給事中，與侍中金敞拾遺於左右。時外戚許、史在位放縱，欲白罷退之，未白而

劉向

語泄，爲許、史所譖，向遂下獄。上尋感悟，起向爲中郎，以地震，又爲讒者所害，坐免爲庶人，遂廢十餘年。成帝卽位，向復進用。初名更生，至是更名向。向以故九卿召拜爲中郎，使領護三輔都水。數奏封事，遷光祿大夫。時上方精於詩、書，觀古文，詔向領校中五經秘書。每一書已，輒條其篇目，撮其指意，錄而奏之。向見尚書洪範，箕子爲武王陳五行、陰陽休咎之應，乃集合歷代符瑞災異之記，凡十一篇，號曰洪範五行傳論，奏之。時帝元舅陽平侯王鳳爲大將軍秉政，倚太后專國權。上知向爲鳳起此論，然終不能奪王氏權。向復上封事極諫。上乃召見向，歎息悲傷其意，謂曰：「君且休矣，吾將思之。」遂以向爲中壘校尉。向自見得信於上，故常顯訟宗室，譏刺王氏。上數欲用向爲九卿，輒爲王氏所阻，故終

不還。年七十二卒。卒後十三歲，而王氏代漢矣。向爲人簡易無威儀；廉靖樂道，不交接世俗。專積思於經術，晝誦書傳，夜觀星宿，或不寐達旦。嘗採詩、書所載賢妃貞婦，與國顯家可法則，及孼嬖亂亡者，序次爲列女傳凡八篇。又采傳記行事，著新序、說苑凡五十篇。著賦三十三篇，其中以九歎爲最著名，聲情悽惋，襃雄不及也，載於楚辭中。今除列女傳、新序、說苑外，別有劉子政集輯本一卷，傳於世。

二三　劉歆（?—後二三）

劉歆字子駿，沛人，向之少子也。少穎悟，通詩、書，能屬文。成帝時，與王莽同署爲黃門郎。河平中，受詔與父向領校秘書，講六藝、傳記、諸子、詩賦、數術、方技，無所不究。向死後，歆復爲中壘校尉。哀帝初即位，大司馬王莽舉歆宗室有材行，爲侍中太中大夫，遷騎都尉奉車光祿大夫，貴幸。復領五經，卒父前業。歆乃集六藝羣書，種別爲七略。歆及向始皆治易，及歆校秘書，見古文春秋左氏傳，歆大好之。初，左氏傳多古字古言，學者傳訓故而已。及歆治左氏，引傳文以解經，轉相發明，由是章句義理備焉。歆欲建立左氏春秋列於學官，哀帝令歆與五經博士講論其義，諸博士或不肯置對，歆因移書太常博士責讓之，諸儒皆怨恨。是時名儒光祿大夫龔勝，以歆移書上疏，深自罪責，願乞罷歸。及儒者師丹爲大司空，亦大怒，奏歆改亂舊章，由是爲衆儒所訕。歆懼誅，求出補吏，爲河內太守，以宗室不宜典三河，徙守五原。後復轉在涿郡，旋以病免官。起家爲安定屬國都尉。會哀帝崩，王莽持政，莽既少與歆俱爲黃門郎，重之，留歆爲右曹太中大夫，遷中壘校尉，羲和京兆尹，使治明堂、辟雍，封紅休侯，典儒林史卜之官。及王莽篡位，歆爲國師。後南陽兵起，歆懼大禍將至，從王涉言，將謀誅莽，事洩，遂自殺。歆於建平初改名秀，字穎叔。所作七略，爲目錄學之祖。班固漢書藝文志，卽據其原文，刪要而成。著賦亦頗有名。今有劉子駿集輯本一卷，傳於世。

二四　揚雄（前五三—後一八）

揚雄字子雲，蜀郡成都人。其先出自有周伯僑者，以支庶初食采於晉之揚，因氏焉。雄少而好學，不爲章句，訓詁通而已，博覽無所不見。爲人簡易佚蕩，口吃不能劇談，默而好深湛之思，清靜亡爲，少嗜欲，不汲汲於富貴，不戚戚於貧賤，不修廉隅，以徼名當世。家產不過十金，乏無儋石之儲，晏如也。自有大度，非聖哲之書不好也；非其意，雖富貴不事也。顧嘗好辭賦。先是時，蜀有司馬相如作賦，甚弘麗溫雅。雄心壯之，每作賦，常擬之以爲式。又怪屈原文過相如，至不容，作離騷，自投江而死，悲其文，讀之未嘗不流涕也。以爲君子得時則大行，不得時則龍蛇，遇不遇命也，何必湛身哉！迺作書往往摭離騷文而反之，自岷山投諸江流，以弔屈原，名曰反離騷。又旁離騷作重一篇，名曰廣騷。又旁惜誦以下至懷沙一卷，名曰畔牢愁。成帝時，楊莊薦雄文似相如者，上方郊祠甘泉、泰畤、汾陰后土，以求繼嗣，召雄待詔承明之庭。正月，從上甘泉，還奏甘泉賦以風。其三月，將祭后土，上迺帥羣臣橫大河，湊汾陰。既祭，行遊介山，回安邑，顧龍門，覽鹽池，登歷觀，陟西岳以望八荒，迹殷、周之墟，眇然以思唐、虞之風。雄以爲臨川羨魚，不如歸而結網，還上河東賦以勸之，其十二月羽獵，雄從。以爲昔在二帝、三王，宮館、臺榭、沼池、苑囿、林麓、藪澤，財足以奉郊廟，御賓客，充庖廚而已，不奪百姓膏腴、穀土、桑柘之地，女有餘布，男有餘粟，國家殷富，上下交足；今至羽獵，田車、戎馬、器械、儲偫、禁禦所營，尚泰奢麗誇詡，非堯、舜、成湯、文王三驅之意也。又恐後世復修前好，不折中以泉臺，故聊因校獵賦以風。明年，上將大誇

揚雄

胡人以多禽獸，命右扶風發民入南山，張羅網罝罘，捕熊羆、豪豬、虎豹、狖玃、狐菟、麋鹿，載以檻車，輸長楊射熊館。以網爲周阹，縱禽獸其中，令胡人手搏之，自取其獲。上親臨觀焉。是時，農民不得收斂。雄從至射熊館，還，上長楊賦，聊因筆墨成文章，故藉翰林以爲主人，子墨爲客卿以風。哀帝時，丁、傅、董賢用事，諸附離之者，或起家至二千石。時雄方草太玄，有以自守，泊如也。或嘲雄以玄尚白，而雄解之，號曰解嘲。客又有難玄太深，衆人之不好也，雄解之，號曰解難。雄見諸子各以其知舛馳，大抵詆訾聖人，即爲怪迂，析辯詭辭，以撓世事，雖小辯，終破大道；而或衆使溺於所聞，而不自知其非也。故人時有問雄者，常用法應之，撰以爲十三卷，象論語，號曰法言。初，雄年四十餘，始自蜀游京師。後除爲郎，給事黃門，與王莽、劉歆並。

及莽篡位，談說之士用符命稱功德，獲封爵者甚衆，雄復不侯。莽誅甄豐，時雄校書天祿閣上，治獄事使者來欲收雄。雄恐不能自免，迺從閣上自投下，幾死。莽聞之曰：「雄素不與事，何故在此？」有詔勿問。雄以病免，復召爲大夫。天鳳五年卒，年七十一。雄家素貧，嗜酒，人希至其門。有好事者，載酒肴從游學。而鉅鹿侯芭常從雄居，受其太玄、法言焉。雄嘗欲求文章成名於後世，以爲經莫大於易，故作太玄；傳莫大於論語，故作法言；史莫善於倉頡，作訓纂；箴莫善於虞箴，作州箴；賦莫深於離騷，反而廣之；辭莫麗於相如，作四賦；皆斟酌其本，相與放依而馳騁云。用心於內，不求於外，於時人皆忽之。世以雄文多模擬而作，頗加非議。然當時此風甚熾，卽武帝封三王詔，亦依仿周書，固不能專責雄一人也。所著今有揚子雲集輯本五卷，傳於世。

二五　馮衍

馮衍字敬通，京兆杜陵人。祖野王，元帝時爲大鴻臚。衍幼有奇才，年九歲，能誦詩。至二十，而博通羣書。王莽時，諸公多薦舉之者，衍辭不肯仕。時天下兵起，莽遣更始將軍廉丹討伐山東。丹辟衍爲掾，與俱至定陶。莽追詔丹，丹惶恐。衍說以莫若屯據大都，鎭撫吏士，砥礪其節，以興社稷之利，除萬人之害。丹不能從，進入睢陽。衍復說之，終不聽。遂進及無鹽，與赤眉戰死。衍乃亡命河東。更始二年，遣尙書僕射鮑永行大將軍事，安集北方。衍因以計說永。永素重衍，爲且受使得自置偏裨，乃以衍爲立漢將軍，領狼孟長，屯太原。及光武卽位，與永共罷兵，幅巾降於河內。帝怨衍等不時至，永以立功得贖罪，遂任用之；而衍獨見黜。頃之，帝以衍爲曲陽令，誅斬劇賊郭勝等，降五千餘人，論功當封，以讒毀，故賞不行。初衍爲狼孟長，以罪摧陷大姓令狐略。是時略爲司空長史，讒之於尚書令王護、尚書周生豐。護等卽共排間，衍遂不得入。後衛尉陰興、新陽侯陰就，以外戚貴顯，深敬重衍，衍遂與之交結，由是爲諸王所聘請，尋爲司隸從事。帝懲西京外戚賓客，故皆以法繩之，大者抵死、徙，其餘至貶黜。衍由此得罪，嘗自詣獄，有詔赦不問。西歸故郡，閉門自保，不敢復與親故通，乃作賦自勵，命其篇曰顯志。顯志者，言光明風化之情，昭章玄妙之思也。明帝卽位，又多短衍，以文過其實，遂廢於家。衍家貧，娶北地女任氏爲妻，悍忌不得畜媵妾，兒女常自操井臼，老竟逐之，遂埳壈於時。然有大志，不戚戚於賤貧，居常慷慨歎曰：「衍少事名賢，經歷顯位，懷金垂紫，揭節奉使。……貧而不衰，賤而不恨，雖疲曳，猶庶幾名賢之風，修道德於幽冥之路，以終身名爲後世法。」所著賦、誄、銘、說等五十篇。今有馮曲陽集輯本一卷，傳於世。

二六　杜篤（？—七八）

杜篤字季雅，京兆杜陵人。高祖延年，宣帝時爲御史大夫。篤少博學，不修小節，不爲鄉人所禮。居美陽，與美陽令遊，數從請託，不諧，頗相恨，令怨，收篤送京師。會大司馬吳漢薨，光武詔諸儒誄之，篤於獄中爲誄，辭最高，帝美之，賜帛免刑。篤以關中表裏山河，先帝舊京，不宜改營洛邑，乃上奏論都賦，帝善之。篤後仕郡文學掾，以目疾二十餘年不闚京師。篤之外高祖破羌將軍辛武賢以武略稱，篤常嘆曰：「杜氏文明善政，而篤不任爲吏；辛氏秉義經武，而篤又怯於事。外內五世，至篤衰矣！」建初三年，車騎將軍馬防擊西羌，請篤為從事中郎，戰沒於射姑山。篤所著文，以論都賦為最著名，雖辭不甚宏麗，而風骨遒勁，不失縱橫之餘波。後之班固兩都，張衡兩京，左思三都，皆篤為之先導也。所著賦誄等文凡十八篇，又有明世論十五篇，今多散佚。

二七　班固（三二—九二）

班固字孟堅，扶風安陵人。彪之子，超之兄也。年九歲，能屬文誦詩賦。及長，遂博貫載籍，九流百家之言，無不窮究。所學無常師，不為章句，舉大義而已。永平初，東平王蒼，以至戚為驃騎將軍輔政，開東閣，延英雄。時固始弱冠，奏記說蒼，引用賢良，蒼納之。父彪卒，歸鄉里。固以彪所續前史未詳，乃潛精研思，欲就其業。既而有人上書明帝，告固私改作國史者，有詔下郡，收固繫京兆獄，盡取其家書。先是扶風人蘇

班固

朗偽言圖讖事下獄死，固弟超恐固為郡所覈考，不能自明，乃馳詣闕上書，得召見，具言固所著述意，而郡亦上其書。明帝甚奇之，召詣校書郎，除蘭臺令史。與前睢陽令陳宗、長陵令尹敏、司隸從事孟異，共成光武本紀。遷為郎，典校秘

書。固又撰列傳載記二十八篇奏之，帝乃復使終成前所著書。固以爲漢紹堯運，以建帝業，至於六世，史臣乃進述功德，私作本紀，編於百王之末，廁於秦、項之列，太初以後，闕而不錄，故探撰前記，綴集所聞，以爲漢書。起元高祖，終於孝平王莽之誅，十有二世，二百三十年，綜其行事，傍貫五經，上下洽通，爲春秋考紀、表、志、傳凡百篇。固自永平中始受詔，潛精積思，二十餘年，至建初中乃成。當世甚重其書，學者莫不諷誦。後之史家，舉以爲常法焉。自爲郎後，遂見親近。時京師修起宮室，濬繕城隍，而關中耆老猶望朝廷西顧。固感前世相如、壽王、東方之徒，造搆文辭，終以諷勸，乃上兩都賦，盛稱洛邑制度之美，以折西賓淫侈之論。及章帝雅好文章，固愈得幸，數入讀書禁中，或連日繼夜。每行巡狩，輒獻上賦頌。朝廷有大議，使難問公卿，辯論於前，賞賜恩寵甚渥。固自以二世才術，位不過郎，感東方朔、揚雄之自論，因作賓戲以自通焉。後遷玄武司馬。天子會諸儒講論五經，作白虎通德論，令固撰集其事。時匈奴遣使貢獻，求欲和親，固又作典引篇，以敍漢德。後以母喪去官。永元初，大將軍竇憲出征匈奴，以固爲中護軍，與參議。及憲敗，固先坐免官。固不教諸子，諸子多不遵法度，吏人苦之。初洛陽令种兢嘗行，固奴干其車騎，吏推呼之，奴醉罵。兢大怒，畏憲，不敢發，心銜之。至是憲賓客皆逮考，兢因此捕繫固，遂死獄中，年六十一。固性寬和容衆，不以才能高人，諸儒以此慕之。史稱固有良史之才，所撰漢書，文贍而事詳，序事不激詭，不抑抗，贍而不穢，詳而有體，使讀之者亹亹而不厭。固嘗傷司馬遷博物洽聞，不能以智免極刑，然固亦身陷大戮，智及之而不能守之。又漢書八表及天文志未及竟而固卒，和帝詔固妹昭踵成之。所著詩賦凡四十餘篇，今別有班蘭臺集輯本一卷傳於世。

二八　傅毅

傅毅字武仲，扶風茂陵人。少博學。永平中於平陵習章句，因作迪志詩。毅以明帝求賢不篤，士多隱處，故作七激以爲諷。建初中，章帝博召文學之士，以毅爲蘭臺令史，拜郞中，與班固、賈逵共典校書。毅追美明帝功德最盛，而廟頌未立，乃依清廟作顯宗頌十篇奏之，由是文雅顯於朝廷。車騎將軍馬防，外戚尊重，請毅爲軍司馬，待以師友之禮。及馬氏敗，免官歸。永元元年，車騎將軍竇憲，復請毅爲主記室，崔駰爲主簿。及憲遷大將軍，復以毅爲司馬，班固爲中護軍。一時憲府文章之盛，冠於當世。毅早卒。毅嘗與班固、賈逵受詔作連珠，頗著名。毅與班固，伯仲之間耳，而固書譏毅下筆不能自休，則文人相輕之習也。所著詩賦凡二十八篇，今傳十三篇於世。

二九　崔駰（？—九二）

崔駰字亭伯，涿郡安平人。祖篆，王莽時爲建新大尹，然非其所願。父毅，以疾隱身不仕。駰年十三，能通詩、易、春秋，博學有偉才，盡通古今訓詁、百家之言。常以典籍爲業，未遑仕進之事。時人或譏其太玄靜，將以後名失實。駰擬揚雄解嘲，作達旨以答焉。元和中，章帝始修古禮，巡狩方岳。駰上四巡頌以稱漢德，辭甚典美。帝雅好文章，自見駰頌後，常嗟歎之，謂侍中竇憲曰：「卿寧知崔駰乎？」對曰：「班固數爲臣說之，然未見也。」帝曰：「公愛班固而忽崔駰，此葉公之好龍也，試請見之。」駰由此候憲，憲屣履迎門，笑謂駰曰：「亭伯，吾受詔交公，公何得薄哉！」遂揖入為上客。居無幾，帝幸憲第，時駰適在憲所，帝聞而欲召見之，憲諫以為不宜與白衣會。帝悟曰：「吾能令駰朝夕在傍，何必於此？」適欲官之，會帝崩，竇太后臨朝，憲以重戚出內詔命，駰獻書誡之。及憲為車騎將軍，辟駰為掾。憲府貴重，掾屬三十人，皆故刺史二千石，唯駰以處士年少擢在其間。憲擅權驕恣，駰數諫之。及出擊匈奴，道路愈多不法，駰為主簿，前後奏記數十，指切長短。憲不能容，稍疏之。因察駰高第，出為長岑長。駰自以遠去，不得意，遂不之官而歸。永元四年卒於家。駰善屬文，少游太學，與班固、傅毅同時齊名。著有反都賦，亦論都之意。今辭已不全。達旨篇，正揚雄、鄒衍之失義，繑竊貲割炙之贅行，溫厚爾雅，實班固之匹敵也，故世以駰為東漢文學之宗匠。所著詩賦凡二十一篇。今有崔亭伯集輯本一卷傳於世。

三〇　崔瑗（七七—一四二）

崔瑗字子玉，涿郡安平人。駰之中子也。早孤，銳志好學，盡能傳其父業。年十八，至京師，從侍中賈逵，質正大義，逵善待之。瑗因留游學，遂明天官歷數之學，諸儒宗之。與扶風馬融、南陽張衡特相友好。初瑗兄章為州人所殺，瑗手刃報仇，因亡命；會赦，歸家。家貧，兄弟同居數十年，鄉邑化之。年四十餘，始為郡吏，以事繫東郡發干獄。獄掾善為禮，瑗間考訊時，輒問以禮說，其專心好學，雖顛沛必於是。後事釋歸家，為度遼將軍鄧遵所辟。居無何，遵被誅，又免歸。後復辟車騎將軍閻顯府。時太后稱制，顯入參政事。順帝卽位，顯兄弟悉伏誅，瑗坐被斥。久之，大將軍梁商初開幕府，復首辟瑗，自以再爲貴戚吏，不過被斥，遂以疾固辭。歲中舉茂才，遷汲令。在事數言便宜，爲人開稻田數百頃。視事七年，百姓歌之。漢安初，大司農胡廣、少府竇章共薦瑗宿德大儒，從政有迹，不宜久在下位，由此遷濟北相。歲餘，光祿大夫杜喬爲八使，徇行郡國，以贓罪奏瑗，徵詣廷尉。瑗上書自訟，得理出。會病卒，年六十六，留葬洛陽。瑗愛士，好賓客，盛修肴膳，單極滋味，不問餘產。居常蔬食菜羹而已。家無擔石儲，當世淸之。高於文辭，當時李固爲太山太守，美其文雅，奉書禮致殷勤。尤善爲書、記、箴、銘。所著賦、碑、銘、箴、頌等凡五十七篇，今傳二十餘篇於世。

三二　張衡（七八—一三九）

張衡字平子，南陽西鄂人，世爲著姓。祖父堪，蜀郡太守。衡少善屬文，游於三輔，因入京師，觀太學，遂通五經，貫六藝。永元中，舉孝廉不行，連辟公府不就。時天下承平日久，自王侯以下，莫不踰侈。衡乃擬班固兩都，作二京賦，因以諷諫；精思傅會，十年乃成。大將軍鄧騭奇其才，累召不應。安帝雅聞衡善術學，公車特徵，拜郎中，再遷爲太史令。順帝初，再轉復爲太史令。衡不慕當世所居之官，輒積年不徙。自去史職，五載復還，乃設客問，作應間以見其志。後遷侍中，帝引在帷幄，諷議左右。嘗問衡天下所疾惡者，宦官懼其毀己，皆共目之，衡乃詭對而出。閹豎恐終爲其患，遂共讒之。衡常思圖身之事，以爲吉凶倚伏，幽微難明，乃作思玄賦以宣寄情志。永和初，出爲河間相。時國王驕奢，不遵典憲；又多豪右，共爲不軌。衡下車治威嚴，整法度，陰知姦黨名姓，一時收擒，上下肅然，稱爲政理。視事三年，上書乞骸骨，徵拜尚書。永和四年卒，年六十二。衡才高於世，而無驕尚之情，常從容淡靜，不好交接俗人。文辭以外，尤致思於天文、陰陽、曆算之學。嘗作渾天儀，著靈憲、算罔論，言甚詳明。復造候風地動儀，以記地動所從方起。所著詩、賦、銘等凡三十二篇，與班固齊名，世稱「班張」。今有張河間集輯本二卷傳於世。

三二　馬融（七九—一六六）

馬融字季長，扶風茂陵人。爲人美辭貌，有俊才。初，京兆摯恂以儒術教授，隱於南山，不應徵聘，名重關西。融從其遊學，博通經籍。恂奇融才，以女妻之。永初二年，大將軍鄧騭聞融名，召爲舍人，非其好也，遂不應命，客於涼州、武都、漢陽界中。會羌虜飆起，邊方擾亂，米穀踴貴，自關以西，道殣相望。融既飢困，乃悔而歎息，故往應騭召。四年，拜爲校書郎中，詣東觀典校秘書。是時鄧太后臨朝，騭兄弟輔政，而俗儒世士，以爲文德可興，武功宜廢，故猾賊縱橫，乘此無備。融乃感激，以爲文武之道，聖賢不墜；五才之用，無或可廢。元初二年，上廣成頌以諷諫之。頌奏，忤鄧氏，滯於東觀，十年不得調。因兄子喪，自劾歸。太后聞之怒，謂融羞薄詔除，欲仕州郡，遂令禁錮之。太后崩，安帝親政，召還郎署，復在講部。出爲河間王廏長史。時車駕東巡岱宗，融上東巡頌，帝奇其文，召拜郎中。及北鄉侯即位，融移病去，爲郡功曹。陽嘉二年，詔舉敦樸，城門校尉岑起舉融，徵詣公車，對策，拜議郎。大將軍梁商表爲從事中郎，轉武都太守。桓帝時爲南郡太守。

先時融有事忤大將軍梁冀旨，冀諷有司奏融在郡貪濁，免官髡徙朔方，自刺不殊。得赦還，復拜議郎，重在東觀著述。以病去官，延熹九年卒，年八十八。融才高博洽，爲世通儒。教養諸生，常有千數；涿郡盧植、北海鄭玄，皆其徒也。善鼓琴，好吹笛。達生任性，不拘儒者之節。居宇器服，多存侈飾。常坐高堂，施絳紗帳，前授生徒，後列女樂，弟子以次相傳，鮮有入其室者。嘗注孝經、論語、詩、易、三禮、尚書、列女傳、老子、淮南子、離騷等書。所著賦、頌、碑、誄、書記、琴歌等凡二十一篇。今有馬季長集輯本一卷，傳於世。

二三　蔡邕（一三二—一九二）

蔡邕字伯喈，陳留圉人。父棱，有淸白行。邕少博學，師事太傅胡廣。好辭章、數術、天文，妙操音律。桓帝時，中常侍徐璜、左悺等五侯擅恣，聞邕善鼓琴，遂白天子，勅陳留太守督促發遣。邕不得已，行到偃師，稱疾而歸。閑居翫古，不交當世。感東方朔客難及揚雄、班固、崔駰之徒，設疑以自通，乃斟酌羣言，韙其是而矯其非，作釋誨以戒勵。建寧三年，辟司徒橋玄府，玄甚敬待之。出補河平長，召拜郎中，校書東觀，遷議郎。邕以經籍去聖久遠，文字多謬，俗儒穿鑿，疑誤後學，熹平四年，乃與五官中郎將堂谿典等奏求正定五經文字。靈帝許之，邕乃自書册於碑，使工鐫刻，立於太學門外。一時觀視及摹寫者，車乘日千餘兩，塡塞街陌。時災變互生，帝頗憂之，以邕經學深奧，故密特稽問，欲邕披露失得，指陳政要，勿有依違，自生疑諱。邕乃奏上封事。帝覽而歎息，因起更衣，曹節於後竊視之，悉宣語左右，事遂漏露。其爲邕所裁黜者，皆側目思報。初邕與司徒劉郃素不相平，至是遂有人飛章言邕數以私事請託於郃，郃不聽，邕含隱切志欲相傷。於是詔下尚書召邕詰狀，下邕洛陽獄，劾以仇怨奉公，議害大臣，大不敬，棄市。事奏，中常侍呂強愍邕無罪，請之。帝亦更思其章，有詔減死一等，與家屬髡鉗徙朔方，不得以赦令除。陽球使客追路刺邕，客感其義，皆莫爲用。又賂其

蔡邕

部主，使加毒害，所賂者反以其情戒邕，故每得免焉。居五原安陽縣。邕前在東觀，與盧植、韓說等撰補後漢記，既遭事流離，不及得成，因上書自陳，奏其所著十意。帝嘉其才高，會明年大赦，乃宥邕還本郡。自徙及歸，凡九月焉。將就還路，五原太守王智餞之，酒酣，智起舞屬邕，邕不爲報。智銜之，密告邕怨於囚放，謗訕朝廷。內寵惡之，邕慮卒不免，乃亡命江海，遠跡吳會。往來依太山羊氏，積十二年，在吳。吳人有燒桐以爨者，邕聞火烈之聲，知其良木，因請而裁爲琴，果有美音，而其尾猶焦，故時人名曰焦尾琴焉。中平六年，靈帝崩，董卓爲司空，聞邕名高，辟之，稱疾不就。卓大怒，詈曰：「吾力能族人，蔡邕遂偃蹇者，不旋踵矣。」又切勅州郡舉邕詣府，邕不得已，到，署祭酒，甚見敬重。舉高第，補侍御史，又轉

侍書御史，遷尚書。三日之間，周歷三臺。遷巴郡太守，復留爲侍中。初平元年，拜左中郎將，從獻帝遷都長安，封高陽鄉侯。卓重邕才，厚相遇待；邕亦每存匡益。然卓很多自用。及卓被誅，邕在司徒王允坐，殊不意言之而歎，有動於色。允勃然叱之曰：「董卓國之大賊，幾傾漢室。君爲王臣，所宜忿；而懷其私遇，以忘大節。今天誅有罪，而反相傷痛，豈不共爲逆哉！」即收付廷尉治罪。邕陳辭謝，乞黥首刖足，繼成漢史。士大夫多矜救之，不能得。太尉馬日磾馳往謂允曰：「伯喈曠世逸才，多識漢事，當續成後史，爲一代大典。且忠孝素著，而所坐無名，誅之無乃失人望乎？」允不聽。邕遂死獄中。允始悔，欲止而不及。年六十一，搢紳諸儒，莫不流涕。邕性篤孝，母常滯病三年，邕自非寒暑節變，未嘗解襟帶，不寢寐者十旬。母卒，廬於冢側，動靜以禮。有兎馴擾其室傍，又木生連理，遠近奇之，多往觀焉。與叔父、從弟，同居三世，不分財，鄉黨高其義。邕博學能文，爲漢末一大家，尤長銘與墓碑。劉勰謂蔡邕銘思，獨冠古今。蓋前賢賦頌，發揚已至；碑銘之類，有待後人，邕更致力爲之，故能盡掩諸家。所著詩、賦、碑、銘等凡百四篇，今有蔡中郎集十卷傳於世。

三四　孔融（一五三—二〇八）

孔融字文舉，魯國人，孔丘二十世孫也。父伷，太山都尉。融幼有異才，年十歲，隨父詣京師，時河南尹李膺，以簡重自居，不妄接士賓客。勑外自非當世名人及與通家，皆不得白。融欲觀其人，故造膺門，語門者曰：「我是李君通家子弟。」門者言之。膺請融，問曰：「高明祖父，嘗與僕有恩舊乎？」融曰：「然，先君孔子，與君先人李老君，同德比義，而相師友，則融與君，累世通家。」衆坐莫不歎息。太中大夫陳煒後至，坐中以告煒，煒曰：「夫人小而聰了，大未必奇。」融應聲曰：「觀君所言，將不早慧乎？」膺大笑曰：「高明必爲偉器。」年十三，喪父，哀悴過毀，扶而後起，州里歸其孝。性好學，博涉多該覽。山陽張儉爲中常侍侯覽所怨，覽爲刊章下州郡，以名捕儉。儉與融兄褒有舊，亡抵於褒，不遇。時融

孔融

年十六，儉少之而不告。融見其有窘色，謂曰：「兄雖在外，吾獨不能爲君主耶？」因留舍之。後事泄，國相以下，密就掩捕，儉得脫走，遂幷收褒、融送獄。二人未知所坐。融曰：「保納舍藏者，融也，當坐之。」褒曰：「彼來求我，非弟之過，請甘其罪。」問其母，母曰：「家事任長，妾當其辜。」一門爭死，郡縣疑不能決，乃上讞之。詔書竟坐褒焉。融由是顯名。與平原陶邱洪、陳留邊讓齊聲稱。州郡禮命，皆不就。辟司徒楊賜府。時隱覈官僚之貪濁者，將加貶黜，融多舉中官親族。尚書畏迫內寵，召掾屬詰責之。融陳對罪惡，言無阿撓。後辟司空掾，拜中軍候。在職三日，遷虎賁中郎將。會董卓廢立，融每因對答，有忤卓旨，轉爲議郎。時黃巾寇北海，乃舉融爲北海相。融迎擊，爲賊所敗，收散兵保朱虛縣。賊又來侵，出屯都昌，又爲賊所圍，融逼急，遣東萊太史慈求救於平原相劉備。備救之，賊乃散走。在郡六年，劉備表領青州刺史，爲袁譚所攻，城陷，

乃奔山東，妻子爲譚所虜。及獻帝都許，徵融爲將作大匠，遷少府。初，曹操攻屠鄴城，袁氏婦子，多見侵略，而操子丕，私納袁熙妻甄氏，融與操書諷之，操不悟。既見操雄詐漸著，數不能堪，故發辭偏宕，多致乖忤，操由是忌之。會山陽郗慮與融嘗互相長短，遂搆成其罪，令丞相軍謀祭酒路粹，枉狀奏融昔在北海，見王室不靜，招合徒衆，欲規不軌。又融爲九列，不遵朝議，禿巾微行。又與禰衡更相贊揚，衡謂融曰：「仲尼不死。」融答曰：「顏回復生。」大逆不道，宜極重誅。書奏，下獄棄市，年五十六，妻子皆被誅。初，女年七歲，男年九歲，以其幼弱得全，寄它舍。二子方弈棊，融被收而不動。左右曰：「父執而不起何也？」答曰：「安有巢毀而卵不破乎？」主人有遺肉汁，男渴而飲之。女曰：「今日之禍，豈得久活，何賴知肉味乎？」兄號泣而止。或言於操，遂盡殺之。及收至，謂兄曰：「若死者有知，得見父母，豈非至願？」乃延頸就刑，顏色不變，莫不傷之。融性寬容少忌，好士，喜誘益後進。及退閑職，賓客日盈其門，常歎曰：「坐上客常滿，樽中酒不空，吾無憂矣。」與蔡邕友善。後魏文帝深好其文，歎曰：「揚、班儔也。」與王粲、陳琳等，有「建安七子」之目。所著詩、頌、碑、文等，凡二十五篇。今有孔北海集輯本一卷，傳於世。

三國

三五　曹操（一五五—二二〇）

曹操

曹操字孟德，沛國譙人。一名吉利，小字阿瞞，漢相國參之後也。父嵩官至太尉。操少機警，有權數，而任俠放蕩，不治行業，故世人未之奇也。惟梁國橋玄、南陽何顒異焉。玄謂操曰：「天下將亂，非命世之才，不能濟也；能安之者，其在君乎！」年二十，舉孝廉，爲郎，除洛陽北部尉，遷頓丘令，徵拜議郎。光和末，黃巾起，拜騎都尉，討潁川賊，遷爲濟南相國。久之，徵還爲東郡太守；不就，稱疾歸鄉里。靈帝崩，太子即位。董卓廢帝爲弘農王，而立獻帝，京都大亂。卓表操爲驍騎校尉，欲與計事，操乃變易姓名，間行東歸。出關過中牟，爲亭長所疑，執詣縣。邑中或竊識之，爲請得解。至陳留，乃散家財，合義兵將以誅卓。其冬起兵於己吾。卓聞兵起，乃徙天子都長安。卓誅後，建安元年，天子還洛陽，以操爲大將軍，封武平侯。十三年，漢罷三公官，置丞相、御史大夫，以操爲丞相。十七年，天子命操不名，入朝不趨，劍履上殿，如蕭何故事。明年，天子使御史大夫郗慮持節策命操爲魏公，自是操權日盛。魏國置丞相已下羣卿百寮，皆如漢初諸侯王之制。天子使使改授金璽赤紱遠游冠。建安十九年，操以伏皇后昔與父完書云帝以董承被誅，怨恨操，辭甚醜惡，至是發聞，遂廢黜后死，兄弟皆被殺。二十一年，進爵爲魏王。明年，天子命操冕十有二旒，乘金根車，駕六馬，設五時副車。二十五年卒，年六十六。謚曰武王。及丕纂立，追尊爲武帝。操爲人陰險强忍，爲後世所非。然雅好詞章，收攬英賢，宏奬文學，一時天下俊才，盡被招致。爲文豪邁，少風流閑雅之致。今有魏武帝集輯本一卷，傳於世。

三六　徐幹（一七一——二一八）

徐幹字偉長，北海人。爲人清玄體道，六行修備；聰識洽聞，操翰成章；輕官忽祿，不耽世榮。建安中，辟爲司空軍謀祭酒掾屬，五官將文學。曹操復特加旌命，以疾罷休。後除上艾長，又以疾不行。建安二十三年卒。幹懷文抱質，恬淡寡欲，有箕山之志，可謂彬彬君子。嘗著中論二十餘篇，辭義典雅，足傳於後。亦長辭賦。曹丕著典論論文，稱其所作玄猨、漏卮、圓扇、橘諸賦，雖張、蔡不過也；然於他文，未能稱是。時與魯國孔融，廣陵陳琳，山陽王粲，陳留阮瑀，汝南應瑒，東平劉楨，並稱爲「建安七子。」又以地在鄴下，亦稱爲「鄴下七子。」今除中論二卷，凡二十篇外，別有詩文十餘篇傳於世。

三七　楊修（一七五—二一九）

楊修字德祖，弘農人。太尉彪之子也。謙恭才博。建安中舉孝廉，除郞中。曹操時爲丞相，請署倉曹屬主簿。是時軍國多事，修總知外內事皆稱意。自魏太子丕以下，並爭與交好。又是時臨菑侯植，以才捷愛幸，來意投修，數與修書，修以書還之。初、操以修爲名公子，有才能，故甚器重之。修與丁儀兄弟皆欲以植爲嗣。太子丕患之，以車載廢簏內朝歌長吳質與謀。修以白操，未及推驗。丕懼告質，質曰：「何患？明日復以簏受絹車內以惑之，修必復重白；重白，必推而無驗，則彼受罪矣。」丕從之，修果白而無人，操由是疑焉。修與賈逵、王淩，並爲主簿，而爲植所友。每當就植，慮事有闕，忖度操意，豫作答敎十餘條。勅門下敎出以次答，敎裁出答已入，操怪其捷，推問始泄。操遣丕及植，各出鄴城一門，密勅門不得出，以觀其所爲。丕至門，不得出而還。修先戒植，若門不出侯，侯受王命，可斬守者。植從之，故修遂以交搆賜死。修臨死謂故人曰：「我固自以死之晚也。」其意以爲坐曹植也。修死後百餘日，操亦死，丕遂篡立。著有詩、賦、碑、頌等共十五篇，雖未在七子之列，而文辭華麗，實可並駕齊驅。今傳其文七篇於世。

三八　王粲（一七七—二一七）

王粲字仲宣，山陽高平人。曾祖龔，祖暢，皆爲漢三公。父謙爲大將軍。獻帝西遷，粲徙長安，左中郎將蔡邕，見而奇之。時邕才學顯著，貴重朝廷，常車騎塡巷，賓客盈坐。聞粲在門，倒屣迎之。粲至，年既幼弱，容狀短小，一坐盡驚。邕曰：「此王公孫也，有異才，吾不如也。吾家書籍文章，盡當與之。」年十七，司徒辟，詔除黃門侍郎，以西京擾亂，皆不就。乃之荆州依劉表。表以粲貌寢而體弱通侻，不甚重也。表卒，粲勸表子琮，令歸曹操。操辟爲丞相掾，賜爵關內侯。操置酒漢濱，粲奉觴賀之。後遷軍謀祭酒。魏國既建，拜侍中。時舊儀廢弛，興造制度，粲恆典之。建安二十一年從征吳，明年春，道病卒，年四十一。粲博物多識，問無不對。初與人共行，讀道邊碑，人問曰：「卿能闇誦乎？」曰：「能。」因使背而誦之，不失一字。觀人圍棊局壞，粲爲覆之。棊者不信，以帊蓋局，使更以他局爲之，用相比校，不誤一道。其彊記默識如此。性善算，作算術，略盡其理。善屬文，舉筆便成，無所改定，時人常以爲宿構。其文如初征、登樓、征思、槐賦，均爲時人所稱。今有王侍中集輯本一卷傳於世。

三九　陳琳（？—二一七）

陳琳字孔璋，廣陵人。初爲何進主簿。進欲誅諸宦官，太后不聽，進乃召四方猛將，並使行兵向京城，欲以劫恐太后。琳諫之，進不納其言，竟以取禍。琳避難冀州，袁紹使典文章。袁氏敗，歸曹操。操謂曰：「卿昔爲本初移書，但可罪狀孤而已，惡止其身，何乃上及父祖耶？」琳謝罪。操愛其才而不咎，以琳爲司空軍謀祭酒，管記室，軍國書檄，多所作也。後徙門下督。二十二年卒。琳章表殊健，微爲繁富。嘗作諸書及檄草成，呈操，操先苦頭風，是日疾發，臥讀琳所作，翕然而起，曰：「此愈我病。」其推重若是。七子之中，以琳與瑀並爲章表大家。今有陳記室集輯本一卷傳於世。

四〇　阮瑀（?—二一二）

阮瑀字元瑜，陳留人。少受學於蔡邕。建安中，都護曹洪，欲使掌書記，瑀辭疾避役，不爲所屈。曹操亦雅聞瑀名，辟之不應。連見偪促，乃逃入山中。操乃使人焚山，得瑀送至；召入，以瑀爲司空軍謀祭酒，與陳琳共管記室。當時軍國書檄，亦多與琳並作。嘗使瑀作書與韓遂，時操適近出，瑀隨從，因於馬上具草，書成呈之，操擥筆欲有所定，而竟不能增損。後徙爲倉曹掾屬。建安十七年卒。瑀以章表文字見長，與陳琳並駕齊驅。文帝丕稱爲琳、瑀章表書記，今之儁也。今有阮元瑜集輯本一卷傳於世。

四一　應瑒（?—二一七）

應瑒字德璉，汝南人。祖奉，爲世儒者，官至司隸校尉。伯父劭，爲太山守。父珣，司空掾。瑒初被曹操辟爲丞相掾屬，轉爲平原侯庶子，後爲五官中郎將文學。建安二十二年卒。瑒所作詩甚少，和而不壯。與魯國孔融、北海徐幹、廣陵陳琳、山陽王粲、陳留阮瑀、東平劉楨，並稱「建安七子」。魏文帝謂瑒常斐然有述作意，其才學足以著書；美志不遂，良可痛惜。是瑒蓋一短命詩人也。今有應德璉集輯本一卷傳於世。

四二　劉楨（？—二一七）

劉楨字公幹，東平人。父梁，一名恭，以文學見貴，終於野王令。楨少有逸氣，曹操愛其才，辟爲丞相掾屬。文帝丕嘗賜楨廓落帶，其後師死，欲借取以爲像，因書嘲楨云：夫物因人爲貴，故在賤者之手，不御至尊之側；今雖取之，勿嫌其不反也。楨答書云：夫尊者所服，卑者所修也；貴者所御，賤者所先也。故夏屋初成，而大匠先立其下；嘉禾始熟，而農夫先嘗其粒。恨楨所帶，無他妙飾；若實殊異，尚可納也。其辭旨巧妙，類皆如是，由是特爲諸公子所親愛。其後丕嘗請諸文學，酒酣坐歡，命夫人甄氏出拜。坐中衆人咸伏，而楨獨平視之。曹操聞之，以楨爲不敬，乃收楨，減死輸作。建安二十二年卒。楨在七子，節氣較盛，其詩亦較諸子爲高。鍾嶸嘗錄其詩爲上品，謂陳思以下，楨稱獨步。曹丕亦謂公幹有逸氣，五言詩之善者，妙絕時倫。今詩存者不多，有劉公幹集輯本一卷傳於世。

四三　諸葛亮（一八一—二三四）

諸葛亮字孔明，琅邪陽都人。漢司隸校尉豐之後也。父珪，爲太山郡丞。亮早孤，從父玄爲袁術所署豫章太守，玄將亮及亮弟均之官。玄卒，亮躬畊隴畝，好爲梁父吟。身長八尺，每自比於管仲、樂毅，時人莫之許也。惟博陵崔州平，潁川徐庶與亮友善，謂爲信然。時劉備屯新野，徐庶見備，備器之，因謂備曰：「諸葛孔明者，臥龍也，將軍豈願見之乎？」

備曰：「君與俱來！」庶曰：「此人可就見，不可屈致也。將軍宜枉駕顧之。」由是備遂詣亮，凡三往乃見。時曹操南征，荊州劉琮，遣使請降。備在樊城聞之，率其衆南行，亮與庶並從。至於夏口，乃求救於孫權，幷力拒操，操敗於赤壁，引軍歸鄴。備遂取江南，以亮爲軍師中郎將。及成都平，以亮爲軍師，置左將軍府事。建安二十六年，羣下勸備稱尊號，備未許，亮說以曹氏篡漢，天下無主，今卽帝位，乃其宜也。備乃卽帝位，策亮爲丞相，錄尚書事。及備崩，屬以後事。後主嗣位，封亮武鄉侯，頃之，又領益州牧。政事無巨細，咸決於亮。時南中諸郡，並皆叛亂，亮率衆南征，悉皆平之。亮爲相國，開誠心，布公道，循名責實，人咸畏而愛之。是時三國鼎峙，亮遣使聘吳，因結和親，遂爲與國。屢出兵伐魏，謀復中原，重興漢室。建興十二年，以病卒於軍，年五十四，諡忠武侯。初、

諸葛亮

亮自表後主曰：「成都有桑八百株，薄田十五頃，子弟衣食，自有餘饒。至於臣在外任，無別調度；隨身衣食，悉仰於官，不別治生，以長尺寸。若臣死之日，不使內有餘帛，外有贏財，以負陛下。」及卒，如其所言。亮性長於巧思，推演兵法，作八陣圖，咸得其要。爲文懇摯深切，不求華艷。所著前後出師表，尤爲後人所傳誦。晉陳壽嘗表上諸葛氏集二十四篇，今不傳；今所傳者，蓋後人採摭諸書而成。

四四　曹丕（一八七—二二六）

曹丕字子桓，沛國譙人。操之長子也。年八歲，能屬文，有逸才，遂博貫古今經傳、諸子、百家之書。善騎射，好擊劍。舉茂才，不行。建安十六年，爲五官中郎將，副丞相。二十二年立爲魏太子。操崩，嗣位爲丞相，魏王。改建安二十五年爲延康元年。其年十月，漢獻帝以衆望在魏，乃召羣公卿士，告祠高廟，使兼御史大夫張音持節奉璽綬禪位册於丕。丕乃爲壇於繁陽，升壇卽阼，是爲魏文帝。改延康爲黃初，奉漢帝爲山陽公，仍行漢正朔。在位七年崩，年四十。丕天資文藻，下筆成章，博聞彊識，才藝兼該。雅好文學，以著述爲務。常集諸儒於肅城門內，講論大義，侃侃無倦。嘉漢文帝之爲君，寬仁玄默，務欲以德化民，有賢聖之風。善彈棊，能用手巾角。爲詩婉約悱惻，一變乃父豪邁沈雄之氣。嘗著典論論文，論當時文學之得失，別具卓見。所著詩賦百餘篇，今有魏文帝集輯本二卷傳於世。

四五　應璩（一九〇—二五二）

應璩字休璉，汝南人，瑒之弟也。博學好屬文，善爲書記文。魏明帝時，歷官散騎常侍。齊王芳卽位，稍遷侍中，大將軍長史。曹爽秉政，多違法度，璩爲詩以諷焉。其言雖頗諧合，多切時要，世共傳之。復爲侍中，典著作。嘉平四年卒，追贈衞尉。璩不在七子之列。爲詩多諷刺時事。嘗作百一詩，百一者，謂諫爽百分，或有一分補益也。鍾嶸謂陶潛詩出於應璩，然頗為後人所非議。璩詩今多散佚，有應休璉集輯本一卷，傳於世。

四六　曹植（一九二—二三二）

曹植

曹植字子建，沛國譙人。操之少子，丕之弟也。年十歲餘，誦讀詩論及辭賦數十萬言，善屬文。操嘗視其文，謂之曰：「汝倩人耶？」植跪曰：「言出為論，下筆成章，顧當面試，奈何倩人？」時鄴之銅爵臺新成，操悉將諸子登臺，使各為賦。植援筆立成，可觀，操甚異之。自是每進見難問，應聲而對，特見寵愛。建安十六年，封平原侯。十九年，徙封臨菑侯。操征孫權，使植留守鄴，戒之曰：「吾昔為頓丘令，年二十三，思此時所行，無悔於今。今汝年亦二十三矣，可不勉與！」植既以才見異，而丁儀、丁廙、楊修等為之羽翼。操狐疑，幾為太子者數矣。而植任性而行，不自彫勵，飲酒不節；丕則御之以術，矯情自飾，宮人左右，並為之說，故遂定為嗣。二十二年，增植邑五千，并前萬戶。植嘗乘車行馳道中，開司馬門出。操大怒，公車令坐死，由是重諸侯科禁，而植寵日衰。操既慮終始之變，以楊修頗有才策，而又袁氏之甥也，於是以罪誅修，植益內不自安。二十四年，曹仁為關羽所圍，操以植為南中郎將，行征虜將軍，欲遣救仁，呼有所勅戒。植醉不能受命，於是悔而罷之。丕即位，誅丁儀、丁廙，幷其男口。植與諸侯，並就國。黃初二年，監國謁者灌均希指，奏植醉酒悖慢，劫脅使者，有司請治罪。帝以太后故，貶爵安鄉侯。其年，改封鄄城侯。三年，立爲鄄城王，邑二千五百戶。四年，徙封雍丘王。六年，帝東征還，過雍丘，幸植宮，增戶五百。太和元年，徙封浚儀。二年，復還雍丘。植常自憤怨，抱利器而無所施，上疏求自試。三年，徙封東阿。五年復上疏，求存問親戚，因致其意，帝優文答報。其年冬，詔諸王朝。六年，以陳四縣封植爲陳王，邑三千五百戶。植每欲求別見獨談，論及時政，幸冀試用，終不能得。既還，悵然絕望。時法制待藩國既自峻迫，寮屬皆賈豎下才，兵人給其殘老，大數不過二百人。又植以前過事事復減半，十一年中而三徙都，常汲汲無歡，遂發疾薨，年四十一。諡曰思。初植登魚山，臨東阿，喟然有終焉之心，遂營爲墓。植性簡易，不治威儀，輿馬服飾，不尚華麗。丕極忌其才，世稱丕即位之初，即逼植七步成詩。其相煎之甚，於此可見。植以是抑鬱不得志，一發之於詩。其詩慷慨雋逸，無丕之柔媚。鍾嶸稱其「骨氣奇高，詞彩華茂，情兼雅怨，體被文質，粲溢古今，卓爾不羣」。謝靈運更謂天下才共一石，陳王獨得八斗。其爲後人推重類此。在建安諸子間，允稱獨步矣。所著詩、賦、頌、銘凡百餘篇，今有曹子建集十卷傳於世。

晉代

四七　山濤（二〇五—二八三）

山濤字巨源，河內懷人。父曜，宛句令。濤早孤，居貧，少有器量，介然不羣。年四十，始爲郡主簿功曹上計掾，舉孝廉，州辟部河南從事。與石鑒共宿，濤夜起蹴鑒曰：「今爲何等時而眠耶？知太傅臥何意？」鑒曰：「宰相三不朝與尺一令歸第，卿何慮也？」濤曰：「咄！石生無事馬蹄間耶？」投傳而去。未二年，果有曹爽之事，遂隱身不交世務。與宣穆后有中表親，是以見景帝，帝曰：「呂望欲仕耶？」令司隸舉秀才，除郎中，轉驃騎將軍王昶從事中郎。久之拜趙國相，遷尚書吏部郎。武帝受禪，以濤守大鴻臚，護送陳留王詣鄴。泰始初加奉車都尉，進爵新沓伯。及羊祜執政，以失權臣意，出爲冀州刺史，加寧遠將軍。尋入爲侍中，遷尚書。後除太常卿，以疾不就。會遭母喪歸鄉里。濤年踰耳順，居喪過禮，負土成墳，手植松柏。詔以

山濤

濤爲吏部尙書，濤辭。會元皇后崩，遂扶輿還洛，逼迫詔命，自力就職。咸寧初，轉太子少傅，加散騎常侍，除尙書僕射，加侍中，領吏部。固辭，以老疾上表陳情，章表數十上，久不攝職，帝不責之。太康初，遷右僕射，加光祿大夫，侍中，掌選如故。濤以老疾固辭，不許。後拜司徒，濤復固讓。及疾篤，始輿疾歸家。以太康四年薨，年七十九。謚曰康。初濤布衣時，家貧，謂妻韓氏曰：「忍饑寒，我後當作三公，但不知卿堪作夫人不耳！」及居榮貴，貞愼儉約，雖爵同千乘，而無嬪媵；祿賜俸秩，散之親故。濤死，舊第屋十間，子孫不相容，帝爲之立室。性好莊、老，每隱身自晦，與嵇康、呂安善。後遇阮籍，便爲竹林之遊，著忘言之契。好飲酒，至八斗方醉。初陳郡袁毅嘗爲鬲令，貪濁而賂遺公卿，亦遺濤絲百斤。濤不欲異於時，受而藏於閣上。後毅事露，濤乃取絲付吏，積年塵埃，印封如初。濤以啓事著稱，今其文多散佚。

四八　阮籍（二一〇—二六三）

阮籍字嗣宗，陳留尉氏人。父瑀，魏丞相掾，知名於世。籍容貌瓌傑，光氣宏放，傲然獨得。嘗隨叔父至東郡，兗州刺史王昶請與相見，終日不開一言，自以不能測。太尉蔣濟聞其有儁才而辟之，籍詣都亭奏記，謂補吏之召，非所克堪，乞迴謬恩，以光淸舉。初濟恐籍不至，得記欣然。遣卒迎之，而籍已去，濟大怒。於是鄉親共喩之，乃就吏。後謝病歸。復爲尙書郎，少時又以病免。及曹爽輔政，召爲參軍。籍因以疾辭，屛於田里。歲餘而爽誅，時人服其遠識。宣帝爲太傅，命籍爲從事中郎。及帝崩，復爲景帝大司馬從事中郎。高貴鄉公卽位，封關內侯，徙散騎常侍。籍本有濟世志，屬魏、晉之際，天下多故，名士少有全者，籍由是不與世事，遂酣飲為常。文帝初欲為武帝求婚於籍，籍醉六十日，不得言而止。及文帝輔政，籍嘗從容言於帝曰：「籍平生曾游東平，樂其風土。」帝大悅，即拜東平相。籍乘驢到郡，壞府舍屏障，使內外相望，法令清簡，旬日而返。帝引為大將軍從事中郎。有司言有子殺母者，籍曰：「嘻！殺父乃可，至殺母乎？」坐者怪其

阮籍

失言。帝曰：「殺父，天下之極惡，而以為可乎？」籍曰：「禽獸知母而不知父，殺父，禽獸之類也；殺母，禽獸之不若。」衆乃悅服。籍聞步兵廚營人善釀，有貯酒三百斛，乃求為步兵校尉，遺落世事，雖去佐職，恆游府內，朝宴必與焉。會帝讓九錫，公卿將勸進，使籍為其辭。籍沈醉忘作，臨詣府使取之，見籍方據案醉眠，使者以告，籍便書案使寫之，無所改竄，辭甚清壯，為時所重。景元四年冬卒，年五十四。籍任性不羈，不拘禮教。嫂嘗歸寧，籍相見與別。或譏之，籍曰：「禮豈為我設耶？」隣家少婦有美色，當壚沽酒，籍嘗詣飲，醉便臥其側。籍既不自嫌，其夫察之亦不疑也。兵家女有才色，未嫁而死，籍不識其父兄，徑往哭之，盡哀而還。其外坦蕩而內淳正，皆此類也。性至孝，母終，正與人圍棊，對者求止，籍留與決賭。既而飲酒二斗，舉聲一號，吐血數升。及

將葬，食一蒸肫，飲二斗酒，然後臨訣，直言窮矣，舉聲一號，因又吐血數升，毀瘠骨立，殆致滅性。裴楷往弔之，籍散髮箕踞，醉而直視。楷弔唁畢便去。或問楷：「凡弔者主哭，客乃為禮；籍既不哭，君何為哭？」楷曰：「阮籍既方外之士，故不崇禮典；我俗中之士，故以軌儀自居。」時人歎為兩得。籍又能為青白眼，見禮俗之士，以白眼對之。及嵇喜來弔，籍作白眼，喜不懌而退。喜弟康聞之，乃齎酒挾琴造焉，籍大悅，乃見青眼。由是禮法之士，疾之若讎。時或閉戶視書，累月不出；或登臨山水，經日忘歸。當其得意，忽忘形骸。時人多謂之癡。籍能屬文，初不留意，作詠懷詩八十餘篇，為世所重。好莊、老，嗜酒能嘯，善於彈琴。有阮步兵集十卷，今傳於世。

四九　皇甫謐（二一五—二八二）

皇甫謐字士安，幼名靜，安定朝那人。出後叔父，徙居新安。年二十，不好學，游蕩無度，或以為癡。嘗得瓜果，輒進所後叔母任氏。任氏曰：「孝經云三牲之養，猶為不孝。汝今年餘二十，目不存教，心不入道，無以慰我。」因對之流涕。謐乃感激，就鄉人席坦受書，勤力不怠。居貧，躬自稼穡，帶經而農，遂博綜典籍百家之言。沉靜寡欲，始有高尚之志；以著述為務，自號玄晏先生。後得風痺疾，猶手不輟卷。或勸謐修名廣交，謐以為非聖人孰能兼存出處，居田里之中亦可以樂堯、舜之道；何必崇接世利，事官鞅掌，然後為名乎？作玄守論以答之。遂不仕，耽翫典籍，忘寢與食，時人謂之「書淫」。或有箴其過篤，將損耗精神，謐曰：「朝聞道，夕死可矣，況命之修短，分定懸天乎！」城陽太守梁柳，謐從姑子也，當之官，人勸謐餞之。謐曰：「柳爲布衣時過吾，吾送迎不出門，食不過鹽菜，貧者不以酒肉爲禮。今作郡而送之，是貴城陽太守而賤梁柳，豈中古人之道，是非吾心所安也。」時魏郡召上計掾，舉孝廉，景元初相國辟，皆不行。其後鄉親勸令應命，謐爲釋勸論以通志焉。武帝頻下詔，敦逼不已，謐仍上疏不行。歲餘又舉賢良方正，並不起。自表就帝借書，帝送一車書與之。謐雖羸疾，而披閱不怠。初服寒食散，而性與之忤，每委頓不倫，嘗悲恚，叩刃欲自殺，叔母諫之而止。咸寧初以謐爲太子中庶子，仍固辭。尋復徵爲議郎，又召補著作郎，並不應。太康三年卒，年六十八。謐所著詩賦甚多。又撰帝王世紀、歷代高士、逸士、列女等傳。門人如摯虞、張軌，皆晉室名臣。今其書多傳於世。

五〇　傅玄（二一七—二七八）

傅玄字休奕，北地泥陽人。父韓，魏扶風太守。玄少孤貧，博學善屬文，解鍾律。郡上計吏，再舉孝廉，太尉辟，皆不就。州舉秀才，除郎中。與東海繆施，俱以時譽選入著作，撰集魏書。後參安東將軍軍事，轉溫令，再遷弘農太守，領典農校尉。所居稱職，封鶉觚男。武帝爲晉王，以玄爲散騎常侍。及受禪，進爵爲子，加駙馬都尉，俄遷侍中。初玄進皇甫陶，及入而抵玄，以事與陶爭言喧譁，爲有司所奏，二人竟坐免官。泰始四年以爲御史中丞。五年遷太僕。時羌胡擾邊，詔公卿會議。玄應對所問，陳事切直，常見優容。轉司隸校尉。獻皇后崩於弘訓宮，設喪位，舊制司隸於端門外，坐在諸卿上；入殿按本品秩，在諸卿下。謁者以弘訓宮爲殿內，玄位在卿下。玄恚怒，厲聲色而責謁者，謁者妄稱尚書所處，玄對百僚而罵尚書。有司奏玄不敬，坐免官。尋卒於家，年六十二，諡曰剛。玄性峻急，不能有所容。每有奏劾，或值日暮，捧白簡，整簪帶，竦踊不寐，坐而待旦，於是貴游懾伏，臺閣生風。少時避難河內，專心誦學，後雖顯貴，而著述不廢。著有傅子百二十卷，今有傳鶉觚集輯本一卷，傳於世。

五一　荀勗（？—二八九）

荀勗字公曾，潁川潁陰人。父肸早亡，勗依於舅氏。岐嶷夙成，年十餘歲，能屬文。從外祖魏太傅鍾繇曰：「此兒當及其曾祖。」曾祖，漢司空爽也。既長，遂博學，達於從政。仕魏，辟大將軍曹爽掾。爽誅，門生故吏無敢往者，勗獨臨赴，衆乃從之。爲安陽令，轉驃騎從事中郎。遷廷尉正，參文帝大將軍軍事，賜爵關內侯。轉從事中郎，領記室。及鍾會謀反，長安主簿郭奕、參軍王深，以勗爲會從甥，少長舅氏，勸帝斥出之。帝不納，而使勗陪乘，待之如初。會平，還洛，與裴秀、羊祜，共管機密。時發使聘吳，並遣當時文士作書與孫皓，帝用勗作。及報命和親，帝謂君書勝於十萬之衆。帝即晉王位，以勗爲侍中，封安陽子，邑千戶。武帝受禪，改封濟北郡公。勗以羊祜讓，乃固辭爲侯，拜中書監，加侍中，領著作，與賈充共定律令。俄領祕書監，與中書令張華依劉向別錄，整理記籍。咸寧初，與石苞並爲佐命功臣。及得汲郡冢中古文竹書，詔勗撰次之。太康中，以勗爲光祿大夫、儀同三司，開府辟召，守中書監、侍中，侯如故。帝素知太子闇弱，恐後亂國，遣勗及和嶠往觀之。勗還，盛稱太子之德，而嶠云太子如初。於是天下貴嶠而賤勗。時議以勗傾國害時，乃以勗守尚書令。

勗久在中書，既失甚悵惘，以太康十年卒，詔贈司徒，諡曰成。勗明識過人，嘗在帝坐進飲，謂在坐人曰：「此是勞薪所炊。」咸未之信。帝遣問膳夫，乃云實用故車脚，一坐歎服。今有詩文三十餘篇，傳於世。

五二　嵇康（二二三—二六二）

嵇康字叔夜，譙國銍人。其先姓奚，會稽上虞人，以避怨徙焉。銍有嵇山，家於其側，因而命氏。兄喜，有當世才，歷太

嵇康

僕宗正。康早孤，有奇才，遠邁不羣，身長七尺八寸，美詞氣，有風儀，而土木形骸，不自藻飾，人以爲龍章鳳姿。與魏宗室婚，拜中散大夫。山濤將去選官，舉康自代，康乃與濤書告絕，書中有云：「今但欲守陋巷，敎養子孫，時時與親舊敍離闊，陳說平生，濁酒一盃，彈琴一曲，志意畢矣，豈可見黃門而稱貞哉？」其淸雅若是。性絕巧而好鍛，宅中有一柳樹甚茂，乃激水圜之，每夏月，居其下以鍛。東平呂安，服康高致，每一相思，輒千里命駕，康友而善之。後安爲兄所枉訴，以事繫獄，辭相證引，遂復收康。康性愼言行，一旦

縲紲，乃作幽憤詩以寄意。初康居貧，嘗與向秀共鍛於大樹之下，以自贍給。潁川鍾會，貴公子也，精練有才辯，故往造焉。康不爲之禮，而鍛不輟。良久會去，康謂曰：「何所聞而來？何所見而去？」會曰：「聞所聞而來，見所見而去。」會以此憾之。及是言於文帝曰：「嵇康臥龍也，不可起。公無憂天下，顧以康爲慮耳。」因譖康。帝既昵聽，遂欲加害。康將刑東市，太學生三千人，請以爲師，弗許。康顧視日影，索琴彈之曰：「昔袁孝尼嘗從吾學廣陵散，吾每靳固之，廣陵散於今絕矣！」時年四十。海內之士，莫不痛之。帝尋悟而恨焉。康天資自然，恬靜寡慾，含垢匿瑕，寬簡有大量。學不師受，博覽無不該通。長好老、莊，常修養性服食之事。彈琴詠詩，自足於懷，以爲神仙稟之自然，非積學所得。至於導養得理，則安期彭祖之倫可及。乃著養生論。所與神交者，惟陳留阮籍，河內山濤；豫其流者，河內向秀，沛國劉伶，籍兄子咸，琅邪王戎。遂爲竹林之遊，世稱「竹林七賢」。戎自言與康居山陽二十年，未嘗見其喜慍之色。康嘗採藥，游山澤，會得意，忽焉忘反。時有樵蘇者遇之，咸謂神。至汲郡山中見孫登，康遂從之。登沉默自守，無所言說。康臨去，登曰：「君性烈而才雋，其能免乎！」康又遇王烈，共入山。烈嘗得石髓如飴，即自服半，餘半與康，皆凝而爲石。又於石室中見一卷素書，遽呼康往取，輒不復見。烈乃歎曰：「叔夜趣非常，而輒不遇，命也！」其神心所感，每遇幽逸如此。康嘗游乎洛西，暮宿華陽亭，引琴而彈。夜分，忽有客詣之，稱是古人，與康共談音律，辭致清辯，因索琴彈之，而爲廣陵散，聲調絕倫，遂以授康云。康善談理，又能屬文，在七賢中，以康與籍爲最高。嘗撰上古以來高士爲之傳贊，又作聲無哀樂論，甚有條理。今有嵇中散集十卷，傳於世。

五三 向秀

向秀字子期，河內懷人，淸悟有遠識，少爲山濤所知，與嵇康頗相得。康善鍛，秀爲之佐，相對欣然，旁若無人。又共呂安灌園於山陽。康既被誅，秀應本郡計入洛。文帝問曰：「聞有箕山之志，何以在此？」秀曰：「以爲巢許狷介之士，未達堯心，豈足多慕？」帝甚悅。秀乃自此役作思舊賦，蓋悼嵇康、呂安二人也。後爲散騎侍郎，轉黃門侍郎，散騎常侍。在朝不任職，寄迹而已，卒於官。秀雅好老、莊之學。莊周著內外數十篇，歷世方士，雖有觀者，莫適論其旨統也。秀乃爲之隱解，發明奇趣，振起玄風。讀之者超然心悟，莫不自足一時也。今其文多散佚。

五四 劉伶

劉伶字伯倫，沛國人。身長六尺，容貌甚陋，放情肆志，常以細宇宙、齊萬物爲心。嘗爲建威將軍。泰始初，對策盛言無爲之化。時輩皆以高第得調，伶獨以無用罷，竟以壽終。伶澹然少言，不妄交游，與阮籍、嵇康相遇，欣然神解，攜手入林。初不以家產有無介意，常乘鹿車，攜一壺酒，使人荷鍤而隨之，謂曰：「死便埋我。」其遺形骸如此。嘗渴甚，求酒於其妻。妻捐酒毀器，涕泣諫曰：「君酒太過，非攝生之道，必宜斷之！」伶曰：「善，吾不能自禁，惟當祝鬼神自誓耳，便可具酒肉。」妻從之。伶跪祝曰：「天生劉伶，以酒爲名，一飮一斛，五斗解酲，婦兒之言，愼不可聽。」仍引酒御肉，隗然復醉。嘗醉與俗人相忤，其人攘袂奮拳而往。伶徐曰：「雞肋不足以安尊拳。」其人笑而止。伶雖陶兀昏放，而機應不差；未嘗措意文翰，惟著酒德頌一篇，今傳於世。

五五　阮咸

阮咸字仲容，陳留尉氏人。籍兄熙之子也。歷仕散騎侍郎。山濤舉咸典選曰：「阮咸貞素寡欲，深識清濁，萬物不能移，若在官人之職，必絕於時。」武帝以咸耽酒浮虛，遂不用。太原郭奕高爽有識量，知名於時，少所推先，見咸，心醉，不覺歎焉。而居母喪，縱情越禮。素幸姑之婢，姑當歸於夫家，初云留婢，既而自從。去時方有客，咸聞之，遽借客馬追婢。既及，與婢累騎而還，論者甚非之。妙解音律，善彈琵琶。荀勗每與咸論音律，自以爲遠不及也，疾之，出補始平太守，以壽終。咸任達不拘，與叔父籍爲竹林之游，當世禮法者，譏其所爲。咸與籍居道南，諸阮居道北，北阮富而南阮貧。七月七日，北阮盛晒衣服，皆錦綺粲目，咸以竿挂大布犢鼻於庭。人或怪之，答曰：「未能免俗，聊復爾耳。」與從子修特相善，每以得意爲歡。諸阮皆飲酒，咸至宗人間共集，不復用杯觴斟酌，以大盆盛酒，圓坐相向，大酌更飲。時有羣豕來飲其酒，咸直接去其上，便共飲之。所著篇什今已失傳。

五六　成公綏（二三一—二七三）

成公綏字子安，東郡白馬人。少有俊才，詞賦甚麗。閑默自守，不求聞達。時有孝烏，每集其廬舍。綏謂有反哺之德，以爲祥禽，乃作賦美之。又以賦者貴能分賦物理，敷演無方，天地之盛，可以致思矣。歷觀古人未之有賦，豈獨以至麗無文，難以辭贊？不然，何其闕哉？遂爲天地賦。綏雅好音律，嘗當暑承風而嘯，泠然成曲，因爲嘯賦。張華雅重綏，每見其文，歎伏以爲絕倫，薦之太常，徵爲博士。歷祕書郎，轉丞，遷中書郎，拜騎都尉。每與華受詔，並爲詩賦。又與賈充等參定法律。泰始九年卒，年四十三。綏幼而聰敏，博涉經書，性寡欲，不營資產，家貧歲饑，常晏如也。今有成公子安集輯本一卷，傳於世。

五七　張華（二三二—三〇〇）

張華字茂先，范陽方城人。父平，魏漁陽郡守。華少孤貧，自牧羊。同郡盧欽，見而器之。鄉人劉放，亦奇其才，以女妻焉。初未知名，著鷦鷯賦以自寄。陳留阮籍見之，歎曰：「王佐之才也！」由是聲名始著。郡守鮮于嗣，薦華爲太常博士。盧欽言之於文帝，轉河南尹丞，未拜，除佐著作郎。頃之，遷長史，兼中書郎。朝議表奏，多見施用。及晉受禪，拜黃門侍郎，封關內侯。華彊記默識，四海之內，若指諸掌。武帝常問漢宮室制度，及建章千門萬戶，華應對如流，左右屬目，帝甚異之，時人比之子產。數歲，拜中書令，後加散騎常侍。時大舉伐吳，以華爲度支尚書。及吳滅，以功進封廣武縣侯，增邑萬戶。自是華聲譽益盛，有台輔之望焉，而荀勗深疾之。會帝問華誰可託寄後事，華對以齊王攸，微爲忤旨。勗言之，遂出爲持節都督幽州諸軍事。頃之，徵華爲太常。又以太廟屋棟折免官。惠帝即位，以華爲太子少傅。楚王瑋亂，及敗，以華首謀有功，拜右光祿大夫，開府儀同三司，侍中中書監，固辭開府。華盡忠匡輔，雖當闇主虐后之朝，而海內晏然，皆華之功也。進封壯武郡公。數年，代下邳王晃爲司空，領著作。趙王倫將廢賈后，使司馬雅夜告華，華知倫等必成篡奪，乃距之。雅怒曰：「刃將加頸，而吐言如此！」不顧而出。華方晝臥，忽夢見屋壞，覺而惡之。是夜難作，詐稱詔召，華遂與裴頠俱被收。華將死，使者至曰：「詔斬公。」華曰：「臣先帝老臣，中心如丹。臣不愛死，懼王室之難，禍不可測也。」遂害之於前殿馬道，夷三族。朝野莫不悲痛之。年六十九。太安二年，詔復華侍中中書監司空公，廣武侯。華性好人物，誘進不倦，至於窮賤候門之士，有一介之善者，便咨嗟稱詠，爲之延譽。初、陸機兄弟志氣高爽，自以吳之名家，初入洛，不推中國人士，見華一面如舊，欽華德範，如師資之禮焉。雅愛書籍，身死之日，家無餘財，惟有文史溢於几案。嘗徙居，載書三十乘。天下奇祕，世所希有者，悉在華所。由是博物洽聞，世無與比。辭藻溫麗，朗贍，著有博物志十篇及張司空集輯本三卷，今傳於世。

五八 張載

張載字孟陽，安平人。父收，蜀郡太守。太康初，至蜀省父，道經劍閣，載以蜀人恃險好亂，因著銘以作誡。載又爲濛汜賦，司隸校尉傅玄見而嗟歎，以車迎之，言談盡日，爲之延譽，遂知名。起家佐著作郎，出補肥鄉令，復爲著作郎，轉太子中舍人，遷樂安相，弘農太守。長沙王乂請爲記室督，拜中書侍郎，復領著作。載見世方亂，無復進仕意，遂稱疾篤告歸，卒於家。載性閑雅，博學有文章，與弟協及張華，世稱「三張」。三張之中，載最列於下品，且貌寢陋，故爲時人所鄙。今有張孟陽集卷輯本一卷，傳於世。

五九　張協

張協字景陽，安平人，載之弟也。少有儁才，與載齊名。辟公府掾，轉祕書郎，補華陰令，征北大將軍從事中郎，又遷中書侍郎，轉河間內史，在郡清簡寡欲。於時天下已亂，所在寇盜。協遂棄絕人事，屏居草澤，守道不競，以屬詠自娛。擬諸文士作七命，世以爲工。永嘉初，復徵爲黃門侍郎，託疾不就，終於家。協才過於兄，且超張華而上之，於三張之中，以協爲最上品。鍾嶸謂其詩華淨少病累，又巧構形似之言，雄於潘岳，靡於太冲，風流調達，實曠代之高手。今有張景陽集輯本一卷，傳於世。

六〇　陳壽（二三三—二九七）

陳壽字承祚，巴西安漢人。少好學，師事同郡譙周。仕蜀爲觀閣令史。宦人黃皓專弄威權，大臣皆曲意附之，壽獨不爲之屈，由是屢被譴黜。遭父喪，有疾，使婢丸藥，客往見之，鄉黨以爲貶議。及蜀平，坐是沉滯者累年。司空張華愛其才，以壽雖不遠嫌，原情不至貶廢，舉爲孝廉，除佐著作郎。出補陽平令，撰蜀相諸葛亮集奏之，除著作郎，領本郡中正。撰魏、吳、蜀三國志凡六十五篇，時人稱其善敍事，有良史之才。夏侯湛時著魏書，見壽所作，便壞己書而罷。張華深善之，謂壽曰：「當以晉書相付耳。」其爲時所重如此。或云丁儀、丁廙有盛名於魏，壽謂其子曰：「可覓千斛米見與，當爲尊公作佳傳。」丁不與之，竟不爲立傳。壽父爲馬謖參軍，謖爲諸葛亮所誅，壽父亦坐被髡，壽爲亮立傳，謂亮將略非長，無應敵之才，議者以此少之。張華將舉壽爲中書郎，荀勗忌華而疾壽，遂諷吏部，遷壽爲長廣太守，辭母老，不就。杜預復薦之，由是授御史治書，以母憂去職。母遺言令葬洛陽，壽遵其志。坐不以母歸葬，竟被貶議。後數歲，起爲太子中庶子，未拜。元康七年病卒，年六十五。梁州大中正尚書郎范頵等上表，請如漢武帝詔取司馬相如書例，採錄壽書，於是詔下河南尹洛陽令，就家寫其書。劉勰稱壽之三國志，文質辨洽，荀、張比之於遷、固，非妄譽也。今此書盛傳於世。又撰古國志五十篇，益都耆舊傳十篇，今並不傳。

六一　王戎（二三四——三〇五）

王戎字濬沖，琅邪臨沂人。父渾，涼州刺史，貞陵亭侯。幼而穎悟，神彩秀徹，視日不眩。裴楷見而目之曰：「戎眼爛爛，如巖下電。」年六七歲，於宣武場觀戲，猛獸在檻中，虓吼震地，衆皆奔走，戎獨立不動，神色自若。魏明帝於閣上見而奇之。又嘗與羣兒戲於道側，見李樹多實，等輩競趣之，戎獨不往。或問其故，戎曰：「樹在道邊而多子，必苦李也。」

取之信然。阮籍與渾為友，戎年十五，隨渾在郎舍。戎少籍二十歲，而籍與之交。籍每適渾，俄頃輒去；過視戎，良久，然後出，謂渾曰：「濬沖清賞，非卿倫也。共卿言，不如共阿戎談。」及渾卒於涼州，故吏賻贈數百萬，戎辭而不受，由是顯名。襲父爵，辟相國掾，歷吏部黃門郎、散騎常侍、河東太守、荆州刺史。坐遣吏修園宅，應免官，詔以贖論。遷豫州刺史，加建威將軍，受詔伐吳。吳平，進爵安豐縣侯，增邑六千戶。後遷吏部尚書，以母憂去職。性至孝，不拘禮制，飲酒食肉，或觀奕棋，而容貌毀悴，杖然後起，時人稱曰死孝。拜太子太傅，遷尚書左僕射，領吏部，尋轉司徒。裴頠，戎之婿也，頠誅，坐免官。尋拜司徒，雖位總鼎司，而委事僚寀。閒乘小馬從便門而出游，見者不知其三公也。後從帝北伐，王師敗績，戎出奔於郟。在危難之間，親接鋒刃，談笑自若。時召親賓，歡娛永日。永興二年薨，年七十二，謚曰元。戎性好興利，廣收八方園田水碓，周徧天下，積實聚錢，不知紀極。每自執牙籌，晝夜算計，恆若不足。而又儉嗇，不自奉養，天下人謂之膏肓之疾。女貸錢未還，戎色不悅，既還直，然後乃懽。從子將婚，戎遺其一單衣，婚訖而更責取。家有好李，常出貨之，恐人得種，恆鑽其核。以此獲譏於世。嘗與阮籍為竹林之遊，戎後至，籍曰：「俗物已復來，敗人意。」戎笑曰：「卿輩意，亦復易敗耳。」所著詩賦，罕傳於世。

六二　傅咸（二三九—二九四）

傅咸字長虞，北地泥陽人。清泉侯玄之子也。咸寧初，襲父爵，拜太子洗馬，累遷尚書右丞，出為冀州刺史。繼母杜氏，不肯隨咸之官，自表解職。三旬之間，遷司徒左長史，轉車騎司馬，又遷尙書左丞。惠帝卽位，楊駿輔政。帝以駿管朝政，有詔不問，咸甚憚之。咸復與駿箋諷切之，駿意稍折，漸以不平，由是欲出爲京兆弘農太守。駿甥李斌說駿不宜斥出正人，乃止。駿誅，咸轉爲太子中庶子，遷御史中丞。時太宰汝南王亮輔政專權，咸上書諫之，亮不納。遭繼母憂去官。頃之起，以議郎長兼司隸校尉。咸前後固辭，不聽，勅使者就拜。咸復送還印綬，公車不通，催使攝職。咸以身無兄弟，喪祭無主，重自陳乞，乃使於官舍設靈坐。時僕射王戎兼吏部，咸奏戎備位台輔，兼掌選舉，不能謐靜風俗，以凝庶績。至今人心傾動，開張浮競。請免戎官。詔稱是御史中丞解結以咸劾戎爲違典制，越局侵官，干非其分，奏免咸官，詔不許。咸累自上稱引故事，條理灼然，朝廷無以易之。元康四年卒於官，年五十六。贈司隸校尉，謚曰貞。咸剛簡有大節，風格峻整，識性明悟，疾惡如讎，推賢樂善，常慕季文子、仲山甫之志。好屬文論，雖綺麗不足，而言成規鑒。潁川庾純常歎曰：「長虞之文，近乎詩人之作矣！」今有傅中丞集輯本三卷，傳於世。

六三 摯虞

摯虞字仲洽，京兆長安人。父模，魏太僕卿。虞少事皇甫謐，才學通博，著述不倦。舉賢良，與夏侯湛等十七人策爲下第，拜中郎，擢太子舍人，除聞喜令。時吳平，天下乂安，作太康頌以美晉德。以母憂解職。久之，召補尙書郎。元康中，遷吳王友。時荀顗撰新禮，使虞討論得失，而後施行。後歷祕書監、衞尉卿，從惠帝幸長安。及東軍來迎，百官奔散，遂流離鄠、杜之間，轉入南山中，糧絕飢甚，拾橡實而食之。後得還洛，歷光祿勳、太常卿。時懷帝親郊，自元康以來，不親郊祀，禮儀弛廢。虞考正舊典，法物粲然。及洛京荒亂，盜竊從橫，人飢相食。虞素清貧，遂以餒卒。虞善觀玄象，嘗謂友人曰：「今天下方亂，避難之國，其唯涼土乎！」性愛士人，有表薦者，恆爲其辭。嘗撰古文章類聚區分爲三十卷，名曰流別集，各爲之論，辭理愜當，後世推爲文章總集之權輿。惟其書已散佚。今僅有摯太常集輯本一卷，傳於世。

六四　夏侯湛（二四三—二九一）

夏侯湛字孝若，譙國譙人。父莊，魏淮南太守。湛少爲太尉掾。泰始中，舉賢良，對策中第，拜郎中。累年不調，乃作抵疑以自廣。後選補太子舍人，轉尚書郎，出爲野王令，以卹隱爲急，而緩於公調，政清務閑，優游多暇，乃作昆弟誥。居邑累年，朝野多歎其屈。除中書侍郎，出補南陽相。遷太子僕，未就命，而武帝崩。惠帝卽位，以爲散騎常侍。元康初卒，年四十九。湛幼有盛才，文章宏富，善構新詞，而美容觀，與潘岳友善，每行止同輿接茵，京都謂之連璧。性頗豪侈，侯服玉食，窮滋極珍。及將沒，遺命小棺薄斂，不修封樹。論者謂湛雖生不砥礪名節，死則儉約令終，是深達存亡之理。著論三十餘篇，別爲一家之言。今有夏侯常侍集輯本一卷，傳於世。

六五　石崇（二四九—三〇〇）

石崇

石崇字季倫，渤海南皮人。生於青州，故小名齊奴。少敏慧，勇而有謀。父苞，臨終分財物與諸子，獨不及崇。其母以爲言，苞曰：「此兒雖小，後自能得。」年二十餘，爲修武令，有能名。入爲散騎郎，遷城陽太守。伐吳有功，封安陽鄉侯。在郡雖有職務，好學不倦，以疾自解。頃之，拜黃門郎。累遷散騎常侍、侍中。武帝以崇功臣子，有幹局，深器之。元康初，楊駿輔政，大開封賞，多樹黨援。崇與散騎郎蜀郡何攀共立議奏之，弗納。出爲南中郎將、荊州刺史，領南蠻校尉，加鷹揚將軍。頃拜太僕，又出爲征虜將軍，假節監徐州諸軍事，鎭下邳。崇有別館，在河陽之金谷，一名梓澤。送者傾都，帳飲於此焉。後趙王倫專權，崇甥歐陽建與倫有隙。崇有妓曰綠珠，美而豔，善吹笛。孫秀使人求之。崇時在金谷別館，方登涼臺，臨清流，婦人侍側。使者以告。崇盡出其婢妾數十人以示之，皆蘊蘭麝，被羅縠，曰：「在所擇。」使者曰：「君侯服御麗則麗矣，然本受命，指索綠珠，不識孰是？」崇勃然曰：「綠珠吾所愛，不可得也。」使者曰：「君侯博古通今，察遠照邇，願加三思！」崇曰：「不然。」使者出而又反，崇竟不許。秀怒，乃勸倫誅崇、建。崇、建亦潛知其計，乃與黃門郎潘岳陰勸淮南王允、齊王冏以圖倫、秀。秀覺之，遂矯詔收崇及潘岳、歐陽建等。崇正宴於樓上，介士到門，崇謂綠珠曰：

「我今爲爾得罪。」綠珠泣曰：「當效死於官前。」因自投於樓下而死。崇母兄妻子，無少長，皆被害，死者十五人。崇時年五十二。及惠帝復祚，詔以卿禮葬之。崇穎悟有才氣，而任俠無行檢，在荆州劫遠使商客，致富不貲。初與潘岳諂事賈謐，謐與之親善，與岳等號曰「二十四友。」廣城君每出，崇降車路左，望塵而拜，其卑佞如此。財產豐積，室宇宏麗。後房百數皆曳紈繡，珥金翠。絲竹盡當時之選，庖膳窮水陸之珍。與貴戚王愷、羊琇之徒，以奢靡相尙。愷以飴澳釜，崇以蠟代薪。愷作紫絲布步障四十里，崇作錦步障五十里以敵之。崇塗屋以椒，愷用赤石脂。其爭豪如此。武帝每助愷，嘗以珊瑚樹賜之，高三尺許，枝柯扶疏，世所罕比。愷以示崇，崇便以鐵如意擊之，應手而碎。愷惜之，聲色方厲。崇曰：「不足多恨，今還卿。」乃命左右悉取珊瑚樹有高三四尺者六七株，條幹絕俗，光彩耀日，愷悅然自失矣。崇爲客作豆粥，咄嗟便辦；每冬得韭蓱齏；嘗與愷出遊，爭入洛城，崇牛迅若飛禽，愷絕不能及。愷每以此三事爲恨，乃密貨崇帳下，問其所以。崇後知之，因殺所告者。崇之金谷園，嘗爲詩人集合之所，儼然爲一時文士之中心。亦善於詩，惜多不傳。

六六 張翰

張翰字季鷹，吳郡吳人。父儼，吳大鴻臚。翰有淸才，善屬文，而縱任不拘，時人號曰江東步兵。會稽賀循赴命入洛，經吳閶門，於船中彈琴。翰初不相識，乃就循言譚，便大相欽悅。問循，知其入洛，翰曰：「吾亦有事北京，便同載。」卽去，而不告家人。齊王冏辟爲大司馬東曹掾。冏時執權，翰謂同郡顧榮曰：「天下紛紛，禍難未已。夫有四海之名者，求退良難。吾本山林間人，無望於時，子善以明防前，以智慮後。」榮執其手，愴然曰：「吾亦與子採南山蕨，飲三江水耳。」翰因秋風起，乃思吳中菰菜蓴羹鱸魚膾曰：「人生貴得適志，何能覊宦數千里以要名爵乎？」遂命駕而歸。俄而冏敗，人皆謂之見機。然府以其輒去，除吏名。年五十七卒。翰任心自適，不求當世。或謂之曰：「卿乃可縱適一時，獨不爲身後名耶？」答曰：「使我有身後名，不如卽時一盃酒。」時人貴其曠達。性至孝，遭母喪，哀毀過禮。翰之詩賦，正如其人，淡麗雅致，今罕傳世。

六七　左思

左思字太沖，齊國臨淄人。其先齊之公族，有左右公子，因爲氏焉。家世儒學，父雍，起小吏，以能擢授殿中侍御史。思少學鍾胡書及鼓琴，並不成。雍謂友人曰：「思所曉解，不及我少時。」思遂感激勤學，兼善陰陽之術。不好交遊，惟以閑居爲事。造齊都賦，一年乃成。復欲賦三都，會妹芬入宮，移家京師，乃詣著作郎張載，訪岷邛之事。遂構思十年，門庭藩溷，皆著筆紙，遇得一句，卽便疏之。自以所見不博，求爲祕書郎。及賦成，時人未之重。思自以其作不謝班、張，恐以人廢言，安定皇甫謐有高譽，思造而示之。謐稱善，爲其賦序。張載爲注魏都，劉逵注吳、蜀而序之，陳留衞瓘又爲思賦作略解序。自是之後，盛重於時。司空張華見而歎曰：「班、張之流也。使讀之者，盡而有餘，久而更新。」於是豪貴之家，競相傳寫，洛陽爲之紙貴。祕書監賈謐請講漢書。謐誅，退居宜春里，專意典籍。齊王冏命爲記室督，辭疾不就。及張方縱暴都邑，舉家適冀州。數歲，以疾終。思貌寢口訥，而辭藻壯麗。初陸機入洛，亦欲爲三都賦，聞思作之，撫掌而笑，與弟雲書曰：「此間有傖父欲作三都賦，須其成，當以覆酒甕耳。」及思賦出，機絕歎伏，以爲不能加也，遂輟筆焉。後人稱思爲一代作手，即名重如潘、陸，亦不能與比埒。今除文選所載三都賦及詠史詩等外，餘罕傳於世。

六八　陸機（二六一—三〇三）

陸機字士衡，吳郡人，吳丞相遜之孫也。父抗，爲吳大司馬。機身長七尺，其聲如雷。少有異才，服膺儒術，非禮不動。抗卒，領父兵爲牙門將。年二十而吳滅，退居舊里，閉門勤學，積有十年。以孫氏在吳，權所以得，皓所以亡，又欲述其祖父功業，遂作辯亡論二篇。太康末，與弟雲俱入洛，造太常張華。華素重其名，如舊相識，曰：「伐吳之役，利獲二俊。」又嘗詣侍中王濟，濟指羊酪謂機曰：「卿吳中何以敵此？」答云：「千里蓴羹，未下鹽豉。」時人稱爲名對。張華薦之諸公，後太傅楊駿辟爲祭酒。累遷太子洗馬、著作郎。趙王倫輔政，引爲相國參軍。豫誅賈謐功，賜爵關中侯。倫將篡位，以爲中書郎。倫誅，齊王冏以機職在中書，九錫文及禪詔，疑機與焉，遂收機等九人付廷尉。賴成都王穎、吳王晏並救理之，得減死徙邊，遇赦而止。時中國多難，顧榮、戴若思等，咸勸機還吳。機負其才望，而志匡世難，故不從。冏既矜功自伐，受爵不讓，機惡之，作豪士賦以刺焉。冏不之悟，而竟以敗。時成都王穎推功不居，勞謙下士。機既感全濟之恩，遂委身事焉。太安初，穎與河間王顒起兵討長沙王乂，假機後將軍、河北大都督。機固辭都督，穎不許。長沙王乂奉天子與機戰於鹿苑，機軍大敗。初，宦人孟玖弟超，並爲穎所嬖寵。超領萬人爲小都督，未戰，縱兵大掠。機錄其主，超械之，宣言於衆曰：「陸機將反。」又還書與玖，玖遂譖機於穎，言其有異志。穎大怒，使冠軍牽秀密收機。其夕機夢黑幰繞車，手決不開。天明而秀兵至，機釋戎服，著白帢，與秀相見，神色自若曰：「自吳朝傾覆，吾兄弟宗族，蒙國重恩，入侍帷幄，出剖符竹。成都命吾以重任，辭不獲已；今日受誅，豈非命也？」因與穎牋，詞甚淒惻。既而歎曰：「華亭鶴唳，豈可復聞乎？」遂遇害於軍中，年四十三。二子蔚、夏，亦同被害。士卒以非其罪，皆痛惜之。是日昏霧晝合，大風折木，平地尺雪，議者以爲陸氏之寃。機天才秀逸，辭藻宏麗。張華嘗謂之曰：「人之爲文，常恨才少，而子更患其多。」葛洪稱機文猶玄圃之積玉，五河之吐流，弘麗妍贍，英銳漂逸，爲一代之絕。其爲人推服如此。然好游權門，與賈謐親善，頗爲識者所譏。著有陸士衡集十卷，今傳於世。

六九　陸雲（二六二—三〇三）

陸雲字士龍，吳郡人，機之弟也。六歲能屬文，性淸正，有才理。幼時吳尚書廣陵閔鴻見而奇之，曰：「此兒若非龍駒，當是鳳雛。」後舉雲賢良，時年十六。吳平入洛。機初詣張華，華問雲何在，機曰：「雲有笑疾，未敢自見。」俄而雲至，華爲人多姿制，又好帛繩纏鬚，雲見而大笑，不能自已。刺史周浚召爲從事，謂人曰：「陸士龍當今之顏子也。」俄以公府掾爲太子舍人，出補浚儀令。縣居都會之要，名爲難理。雲到官肅然，下不能欺，市無二價。人有見殺者，主名不立，雲錄其妻而無所問。十許日遣出，密令人隨後，謂曰：「其去不出十里，當有男子候之與語，便縛來。」既而果然，與此妻通，共殺其夫，憚近縣，故遠相要候。於是一縣稱其神明。郡守害其能，屢譴責之，雲乃去官。百姓追思之，圖畫形象，配食縣社。尋拜吳王晏郎中令，入為尚書郎、侍御史、太子中舍人、中書侍郎。成都王穎表為清河內史。穎將討齊王冏，以雲為前鋒都督。會冏誅，轉大將軍右司馬。穎晚節政衰，雲屢以正言忤旨。孟玖欲用其父為邯鄲令，而雲固執不許，玖深忿怒。會伐長沙王，機敗，并收雲。穎官屬江統、蔡克、棗嵩等力救之，穎不納。蔡克入至穎前，叩頭流血。僚屬隨克入者數十人，流涕固請，穎惻然有宥雲色。孟玖扶穎入，催令殺雲。遂被害，年四十二。雲少與兄機齊名，雖文章不及機，而持論過之，號曰「二陸」。先是嘗著縗絰上船，於水中顧見其影，因大笑落水，人救獲免。與荀隱素未相識，嘗會華坐。華曰：「今日相遇，可勿為常談。」雲因抗手曰：「雲間陸士龍。」隱曰：「日下荀鳴鶴。」鳴鶴，隱字也。雲又曰：「既開青雲覩白雉，何不張爾弓，挾爾矢？」隱曰：「本謂是雲龍騤騤，乃是山鹿野麋，獸微弩强，是以發遲。」華撫手大笑。愛才好士，多所貢達。著有陸士龍集十卷，今傳於世。

七〇　潘岳（？—三〇〇）

潘岳字安仁，滎陽中牟人。少以才穎見稱，鄉邑號為奇童，謂終、賈之儔也。早辟司空太尉府，舉秀才。泰始中，武帝躬耕藉田，岳作賦以美之。岳才名冠世，為衆所疾，遂栖遲十年，出為河陽令。負其才，而鬱鬱不得志。時尚書僕射山濤領吏部，王濟、裴楷等並爲帝所親遇，岳內非之，題閣道爲謠曰：「閣道東，有大牛，王濟鞅，裴楷鞦，和嶠刺促不得休。」轉懷令。其時以逆旅逐末廢農，奸淫亡命，多所依湊，敗亂法度，勅當除之。十里一官檞，使老小貧戶守之，又差吏掌主，依客舍收錢。岳議非之，朝廷從其言。岳頻宰二邑，勤於政績，調補尙書度支郎，遷廷尉評，以公事免。楊駿輔政，引岳爲太傅主簿，駿誅，除名。初，岳爲河陽令，有譙人公孫宏，善鼓琴，頗屬文，岳愛其才藝，待之甚厚。至是宏爲楚王瑋長史，專殺生之政。時駿綱紀皆當從坐，岳以宏故，竟得免。未幾，選爲長安令，尋爲著作郎，轉散騎侍郎。既仕宦不達，乃作閑居賦以寄情。初，孫秀爲小吏在岳下，狡黠自喜。岳惡其爲人，數撻辱之，秀常銜忿。及趙王倫輔政，秀爲中書令，岳於省內，謂秀曰：「孫令猶憶疇昔周旋不？」答曰：「中心藏之，何日忘之。」岳於是自知不免。俄而秀遂誣岳及石崇、歐陽建謀奉淮南王允、齊王冏爲亂，誅之，夷三族。岳性輕躁，趨世利，與石崇等諂事賈謐，每候其出，與崇輒望塵而拜。謐二十四友，岳爲其首，其母數誚之曰：「爾當知足，而乾沒不已乎？」既詣市，與母別曰：「負阿母。」初被收，俱不相知。石崇已送在市，岳後至，崇謂之曰：「安仁，卿亦復爾耶？」岳曰：「可謂白首同歸。」岳母及兄弟子女等，無長幼一時被害。岳美姿儀，少時嘗挾彈出洛陽道，婦人遇之者，皆連手縈繞，投之以果，遂滿載而歸。時張載甚醜，每行，小兒以瓦石擲之，委頓而反。岳辭藻絕麗，尤善爲哀誄之文。今有潘黃門集輯本一卷，傳於世。

七一　潘尼

潘尼字正叔，滎陽中牟人。岳之從子也。尼少有清才，與岳俱以文章見知。性靜退不競，惟以勤學著述爲事，著安身論以明所守。初應州辟，後以父老，辭位致養。太康中舉秀才，爲太常博士。歷高陸令，淮南王允鎭東參軍。元康初拜太子舍人，補尙書郎，俄轉著作郎。及趙王倫篡位，孫秀專政，忠良之士皆罹禍酷，尼遂疾篤取假，拜掃墳墓。聞齊王冏起義，乃赴許昌。冏引爲參軍，與謀時務，兼管書記。事平，封安昌公。歷黃門侍郎，散騎常侍，侍中，祕書監。永興末，爲中書令。時三王戰爭，皇家多故，尼職居顯要，從容而已。雖憂虞不及，而備嘗艱難。永嘉中遷太常卿。洛陽將沒，攜家屬東出城皋，欲還鄉里，道遇賊，不得前，卒於塢壁，年六十餘。尼與岳，當時並稱「二潘」，然尼不如岳。鍾嶸評其詩雖不具美，而文彩高麗，宜居中品。今有潘太常集輯本一卷，傳於世。

七二　劉琨（二七〇—三一七）

劉琨字越石，中山魏昌人。漢中山靜王勝之後也。父蕃，位至光祿大夫。琨少有儁朗之目，與范陽祖納，俱以雄豪著名。年三十六，爲司隸從事。時征虜將軍石崇，河南金谷澗中有別廬，冠絕時輩，引致賓客，日以賦詩。琨預其間，文詠頗爲當時所許。祕書監賈謐參管朝政，京師人士無不傾心。石崇、歐陽建、陸機、陸雲之徒，並以文才降節事謐。琨兄弟亦在其間，號曰二十四友。還著作郎，太學博士，尙書郎。趙王倫執政，以琨爲記室督，轉從事中郎。倫子荂，卽琨姊壻也，故琨父子兄弟，並爲倫所委任。及三王討倫，以琨爲冠軍，琨大敗而還。齊王冏輔政，以其父兄皆有當世之望，特宥之，拜爲尙書左丞。及惠帝幸長安，琨統諸軍奉迎，以勳封廣武侯，邑二千戶。永嘉元年，爲幷州刺史，加振威將軍，領匈奴中郎將。琨素奢豪，嗜聲色。河南徐潤者，以音律自通，遊於貴勢，琨甚愛之，署爲晉陽令。潤恃寵驕恣，干預琨政。奮威護軍令狐盛數以此爲諫，琨不納，並殺盛。盛子泥奔於劉聰，乘虛襲晉陽，琨父母皆遇害。愍帝卽位，拜大將軍，都督幷州諸軍事。其後西都不守，元帝稱制江左，琨乃令長史溫嶠勸進。拜琨爲侍中太尉，幷贈名刀，以琨與段匹磾同討石勒。匹磾本胡夷，以琨王室大臣，懼奪己威，重忌之。會匹磾奔其兄喪，欲害其從叔驎、從弟末波等以取其國。驎、波乃遣人距之，並齎書請琨爲內應。匹磾知其情，遂先拘琨，言琨欲闚神器，謀圖不規，縊殺之，年四十八。子姪四人俱被害。朝廷以匹磾爲國討石勒，不舉琨哀。後琨故從事中郎盧諶、崔悅等上表理之，乃詔贈侍中太尉，謚曰愍。琨少負志氣，有縱橫之才，善交勝己，而頗浮誇。在晉陽，嘗爲胡騎所圍數重，城中窘迫無計，琨乃乘月登樓淸嘯，賊聞之，皆淒然長歎。中夜奏胡笳，賊又流涕歔欷，有懷土之切。向曉復吹之，賊並棄圍而走。琨富於血性，志存晉室。爲文悲涼酸楚，託意雄深，風格遒勁，爲當代諸詩人冠。今有劉司空集輯本一卷，傳於世。

七三　郭璞（二七六—三二四）

郭璞字景純，河東聞喜人。父瑗，尙書都令史。璞好經術，博學有高才，而訥於言論。有郭公者，客居河東，精於卜筮，璞從之受業。公以靑囊中書九卷與之，由是遂明五行、天文、卜筮之術。璞門人趙載，嘗竊靑囊書，未及讀，而爲火所焚。

惠、懷之際，河東先擾，璞避地東南，抵將軍趙固。會固所乘良馬死，固惜之，不接賓客。璞至，門吏不爲通。璞曰：「吾能活馬。」吏驚入白固，固趨出曰：「君能活吾馬乎？」璞曰：「得健夫二三十人，皆持長竿，東行三十里，有丘林社廟者，便以竿打拍，當得一物，宜急持歸。得此，能活矣。」固如其言，果得一物似猴，持歸。此物見馬死，便嘘吸其鼻。頃之，馬起奮迅嘶鳴，食如常，不復見向物。固奇之，厚加資給。行至廬江，將促裝去，愛主人婢，無由而得，乃取小豆三斗，繞主人宅散之。主人晨見赤衣人數千圍其家，就視則滅，甚惡之，請璞爲卦。璞曰：「君家不宜畜此婢，可於東南二十里賣之，愼勿爭價，則此妖可除也。」主人從之，璞陰令人賤買此婢。璞擕婢去後，而廬江陷。時王導深重之，引參己軍事。嘗令作卦，所占頗驗。元帝即位，璞著江賦，其辭甚偉，爲世所稱。後復作南郊賦，帝見而嘉之，以爲著作佐郎。頃之，遷尙書郎，數定便宜，多所匡益。明帝之在東宮，與溫嶠、庾亮並有布衣之好，璞亦以才學見重，埒於嶠、亮，論者美之。以母憂去職，卜葬地於暨陽，去水百步許。人以近水爲言，璞曰：「當即爲陸矣。」其後河灝，去墓數十里，皆爲桑田。未期，王敦起璞爲記室參軍。王敦將謀逆，使璞筮，璞曰：「無成。」敦固疑，乃問璞曰：「卿更筮吾壽幾何？」答曰：「思向卦，明公起事，必禍不久；若往武昌，壽不可測。」敦大怒曰：「卿壽幾何？」曰：「命盡今日日中。」敦怒收璞，詣南崗斬之。璞臨出，謂行刑者欲何之。曰：「南崗頭。」璞曰：「必在雙柏樹下。」既至，果然。初璞行經越城間，遇一人，呼其姓名，因以袴褶遺之。其人辭不受，璞曰：「但取，後自當知。」其人遂受而去。至是果此人行刑，年四十九。及王敦平，追贈弘農太守。璞性輕易，不修威儀，嗜酒好色，時或過度。既好卜筮，縉紳多笑之。然頗占驗，雖京房、管輅，不能過也。所作詞賦，爲中興之冠。好古文奇字，妙於陰陽算曆。嘗錄前後筮驗六十餘事，名爲洞林。又注爾雅、穆天子傳、山海經及楚辭等書，所作詩賦亦數萬言，今有郭弘農集輯本二卷，傳於世。

七四　孫綽

孫綽字興公，太原中都人。博學善屬文。少與高陽許詢，俱有高尚之志，居於會稽，游放山水，十有餘年，乃作遂初賦以致其意。除著作佐郎，襲爵長樂侯。征西將軍庾亮，請爲參軍。補章安令，徵拜太學博士，遷尚書郎。揚州刺史殷浩，以爲建威長史。會稽內史王羲之引爲右軍長史。轉永嘉太守，遷散騎常侍，領著作郎。時大司馬桓溫，欲經緯中國，以河南粗平，將移都洛陽。朝廷畏溫，不敢爲異；而北土蕭條，人情疑懼，雖並知不可，莫敢先諫。綽乃上疏諫之。溫見綽表，不悅曰：「致意興公，何不尋君遂初賦，知人家國事耶？」尋轉廷尉卿，領著作。年五十八卒。綽少以文才垂稱，於時文士，綽爲其冠，公卿碑文非綽莫屬。嘗鄙山濤，而謂人曰：「山濤吾所不解，吏非吏，隱非隱；若以元禮門爲龍津，則當點額暴鱗矣。」所居齋前，種一株松，恆自守護。鄰人謂之曰：「樹子非不楚楚可憐，但恐永無棟樑日耳。」綽答曰：「楓柳雖復合抱，亦何所施耶？」性通率，好譏調。嘗與習鑿齒共行，綽在前，顧謂鑿齒曰：「沙之汰之，瓦石在後。」鑿齒曰：「簸之颺之，糠粃在前。」生平絕重張衡、左思之賦，每云「三都、二京，五經之鼓吹也。」嘗作天台山賦，辭致甚工。初成，以示友人范榮期云：「試擲地，當作金石聲也。」榮期曰：「恐此金石非中宮商。」然每至佳句，輒云：「應是我輩語。」綽又善爲碑誌文，時人以爲可繼蔡邕云。今有孫廷尉集輯本一卷，傳於世。

七五 葛洪（二九〇—三七〇）

葛洪字稚川，丹陽句容人。父悌，爲邵陵太守。洪少好學，家貧，躬自伐薪，以貿紙筆，夜輒寫書誦習。時或尋書問義，不遠數千里，崎嶇冒涉，期於必得。遂究覽典籍，尤好神仙導養之法。從祖玄，吳時學道得仙，號曰葛仙公，以其煉丹祕術，授弟子鄭隱。洪就隱學，悉得其法焉。後師事南海太守上黨鮑玄。玄亦內學，逆占將來，見洪深重之，以女妻洪。洪傳玄業，兼綜練醫術。太安中，石冰作亂，吳興太守顧祕爲義軍都督，檄洪爲將兵都尉，攻冰別率，破之，遷伏波將軍。冰平，洪不論功賞，徑至洛陽，欲搜求異書，以廣其學。洪見天下已亂，欲避地南土，乃參廣州刺史嵇含軍事。及含遇害，遂停南土多年。後還鄉里，禮辟皆不赴。元帝爲丞相，辟爲掾，以平賊功，賜爵關內侯。咸和初，遷諮議參軍。干寶深相親友，薦洪才堪國史，選爲散騎常侍，領大著作，洪固辭不就。以年老，欲煉丹以祈遐壽，聞交阯出丹，求爲句漏令，帝從之。遂將子姪俱行，至廣州，刺史鄧嶽留不聽去，洪乃止羅浮山煉丹。在山積年，優游閑養，著作不輟。後忽與嶽疏云：「當遠行尋師，剋期便發。」嶽得疏，狼狽往別，而洪坐至日中，兀然若睡而卒。嶽至，遂不及見。年八十一。視其顏色如生，體亦柔軟，舉尸入棺，甚輕如空衣，世以爲尸解得仙云。洪性寡欲，無所愛翫，不知棊局幾道，摴蒱齒名。爲人木訥，不好榮利，閉門却掃，未嘗交游，博聞深洽，江左絕倫。著述篇章，富於班、馬。自號抱朴子，著有抱朴子七十卷，西京雜記六卷等，並傳於世。

七六 干寶

干寶字令升，新蔡人。父瑩，丹陽丞。寶少勤學，博覽書記。以才器召爲著作郎。平杜弢有功，賜爵關內侯。中興草創，未置史館，中書監王導上疏，言宜備史官，勅佐著作郎干寶等漸就撰集帝紀。元帝納焉，寶於是始領國史。以家貧，求補山陰令，遷始安太守。王導請爲司徒右長史，遷散騎常侍。著晉紀，自宣帝迄於愍帝五十三年，凡二十卷，奏之。其書簡當，直而能婉，咸稱良史。尋卒。寶性好陰陽術數，留思京房、夏侯勝等傳。初、寶父有所寵侍婢，母甚妬忌。及父亡，母乃生推婢於墓中。寶兄弟年小，不之審也。後十餘年，母喪開墓，而婢伏棺如生。載還，經日乃蘇，言其父常取飲食與之，恩情如生。既而嫁之，生子。寶又有兄嘗病，氣絕積日不冷，後遂寤，云見天地間鬼神事，如夢覺，不自知死。寶以此遂撰集古今神祇靈異人物變化，爲搜神記二十卷，又有雜文集，今傳於世。

七七 王嘉（？—三九〇）

王嘉字子年，隴西安陽人。輕舉止，醜形貌，外若不足，而聰睿內明，滑稽好語笑。不食五穀，不衣美麗，淸虛服氣，不與世人交游，隱於東陽谷，鑿崖穴居。弟子受業者數百人，亦皆穴處。石季龍之末，棄其徒衆，至長安，潛隱於終南山，結庵廬而止。門人聞而復隨之，乃還於倒獸山。苻堅累徵不起。公侯已下咸躬往參詣；好尙之士，無不師宗之。問其當世事，皆隨問而對，好爲譬喻，狀如戲調。言未然之事，辭如讖記，當時尠能曉之，及事過皆驗。堅將南征，遣使者問之。嘉曰：「金剛火彊。」乃乘使者馬，正衣冠，徐徐東行數百步，而策馬馳反，脫衣服，棄冠履而歸，下馬踞床，一無所言。使者還告，堅不悟，復遣使問之曰：「吾世祚云何？」嘉曰：「未央。」咸以爲吉。明年癸未，敗於淮南，所謂未年而有殃也。姚萇之入長安，禮嘉如苻堅故事，逼以自隨，每事諮之。萇既與苻登相持，問嘉可殺登以定天下不，嘉曰：「略得之。」萇怒曰：「得當云得，何略之有？」遂斬之。初，釋道安謂嘉曰：「世故方殷，可以行矣。」嘉答曰：「卿其先行，吾負債未果去。」至是被殺，所謂負債者也。苻登聞嘉死，設壇哭之，贈太師，謚曰文。及萇死，萇子興，字子略，方殺登，「略得」之謂也。嘉有隱身之術，人候之者，至心則見之，不至心，則隱形不見。衣服在架，履杖猶存。或欲取其衣者，終不及；企而取之，衣架踰高，而屋亦不大，履杖諸物亦如之。嘗撰伏羲以來異事，前世奇詭之說，爲拾遺記十九卷，二百二十篇。今多散佚，約存十卷傳於世。

七八　鳩摩羅什

鳩摩羅什，天竺人。世爲國相。父鳩摩羅炎，聰懿有大節，將嗣相位，乃辭避出家，東度葱嶺。龜茲王聞其名，郊迎之，請爲國師。王有妹，年二十，才悟明敏，諸國交聘，並不許，及見炎，心欲當之，王乃逼以妻焉。既而生羅什，慧解倍常。及年七歲，遂俱出家。羅什從師受經，日誦千偈，偈有三十二字，凡三萬二千言，義亦自通。年十二，母攜至沙勒國，王甚重之，遂停沙勒一年，博覽五明諸論。年二十，龜茲王迎之還國，廣說諸經，四遠學徒，莫之能抗。有頃，羅什母辭龜茲王往天竺，留羅什住，謂之曰：「方等深教，不可思議，傳之東土，惟爾之力；但於汝無利，其可何如？」羅什曰：「必使大化流傳，雖苦而無恨。」時苻堅聞之，乃遣驍騎將軍呂光等率兵七萬，西伐龜茲，謂光曰：「若獲羅什，卽馳驛送之。」光軍未至，羅什已知其情。及光破之，乃獲羅什。光見其年齒尚少，以凡人戲之，强妻以龜茲王女。羅什拒而不受，辭甚苦至。光曰：「操不踰先父，何所固辭？」乃飲以醇酒，同閉密室。羅什被逼，遂妻之。光欲留王西國，羅什謂光曰：「此凶亡之地，不宜淹留，中路自有福地可居。」光還至涼州，聞苻堅已爲姚萇所害，於是竊號河右。光死，纂立，有猪生子一身三頭，又有黑龍升於當陽，纂以爲美瑞。羅什謂此係災眚，宜剋己修德。纂不納，後果爲呂超所殺。姚興遣姚碩德西伐，破呂隆，乃迎羅什，待以國師之禮。仍使入西明閣及逍遙園譯出衆經。羅什多所暗誦，無不究其義旨。旣覽舊經，多有紕繆，於是興使沙門僧叡、僧肇等八百餘人，傳受其旨，更出經論凡三百餘卷書。講經於草堂寺，興及朝臣大德沙門千餘人，肅容觀聽。羅什忽下高坐，謂興曰：「有二小兒登吾肩，慾鄣須婦人。」興乃召宮女進之，一交能生二子焉。興嘗謂羅什曰：「大師聰明超悟，天下莫二，何可使法種少嗣！」遂以妓女十人逼令受之。爾後不住僧坊，別立廨舍，諸僧多效之。羅什乃聚針盈鉢，引諸僧謂之曰：「若能見效食此者，乃可畜室耳。」因擧七進針，與常食不別，諸僧愧服乃止。杯渡比丘在彭城，聞羅什在長安，乃歎曰：「吾與此子戲別三百餘年，相見杳然未期，遲有遇於來生耳。」羅什未終，少日，覺四大不愈，乃口出三番神咒，令外國弟子誦之以自救。未及致力，轉覺危殆，於是力疾，與衆僧告別曰：「因法相遇，殊未盡心，方復後世，惻愴可言。」遂死於長安。姚興於逍遙園依外國法以火焚尸，薪滅形碎，惟舌不爛。羅什所譯經凡三百餘卷，爲當時翻譯大家。所譯暢達弘麗，於中國文學極有影響。其中維摩詰經，乃一部絕妙之小說也。

七九　陶潛（三六五—四二七）

陶潛一名淵明，字元亮，潯陽柴桑人。大司馬侃之曾孫也。潛少懷高尚，博學善屬文。穎脫不羈，任眞自得，爲鄉鄰之所貴。嘗著五柳先生傳以自況，人以爲實錄。初以親老家貧，起爲州祭酒。不堪吏職，少日自解歸。州召主簿，不就，躬耕自資，遂抱羸疾。復爲鎭軍建威參軍。謂親朋曰：「聊欲絃歌，以爲三徑之資可乎？」執事者聞之，以爲彭澤令。在縣公田悉令種秫穀，曰：「令吾常醉於酒足矣。」妻子固請種秔，乃使一頃五十畝種秫，五十畝種秔。素簡貴，不私事上官。郡遣督郵至縣，吏白應束帶見之。潛歎曰：「吾不能爲五斗米折腰，拳拳事鄉里小人耶！」義熙二年，解印去縣，乃賦歸去來辭，以見其志。頃之，徵著作郎，不就。旣絕州郡覲謁，其鄉親張野及周旋人羊松齡、龐遵等，或有酒要之，或要之共至酒坐，雖不識主人，亦欣然無忤，酣醉便反。未嘗有所造詣，所之唯至田舍及廬山游觀而已。刺史王弘以元熙中臨州，甚欽遲之，後自造焉。潛稱疾不見。旣而語人云：「我性不狎世，因疾守閑，本非潔志慕聲，豈敢以王公紆軫爲榮耶？夫謬以不賢，此劉公幹所以招謗君子，其罪不細也。」弘每令人候之，密知當往廬山，乃遣其故人龐遵等齎酒先於半道要之。潛既遇酒，便引酌野亭，欣然忘進。弘乃出與相見，遂歡宴窮日。潛無履，弘顧左右爲之造履。左右請履度，潛便於坐申脚令度焉。弘要之還州，問其所乘，答云：「素有脚疾，向乘籃輿，亦足自反。」乃令一門生二兒共轝之。至州，而言笑賞適，不覺有羨於華軒也。弘後欲見，輒於林澤間候之。至於酒米乏絕，亦時相贍。其親朋好事，或載酒肴而往，潛亦無所辭焉。每一醉，則大適融然。又不營生業，家務悉委之兒僕。未嘗有喜慍之色，唯遇酒則飲。時或無酒，亦雅詠不輟。嘗以夏日虛閑，高臥北窗之下，淸風颯至，自以爲羲皇上人。性不解音，而畜素琴一張，絃徽不具。每朋酒之會，則撫而和之，曰：「但識琴中趣，何勞絃上聲！」以宋元嘉中卒，年六十三。世謚之曰靖節先生。潛閑靜少言，不慕榮利。好讀書，不求甚解；每有會意，欣然忘食。宅邊有五柳樹，因自號爲五柳先生。潛沒後，顏延之爲作誄；及梁昭明太子，尤好其文，爲其集作序，稱其文章不羣，辭彩精拔，跌宕昭彰，獨超衆類，抑揚爽朗，莫與之京。誠爲古今隱逸詩人之宗。後人如唐之韋應物、柳宗元、白居易、宋之王安石、蘇軾等，皆常慕而擬之。著有陶淵明集十卷，今傳於世。

陶潛

南北朝

八〇　顏延之（三八四—四五六）

顏延之字延年，琅邪臨沂人。父顯，護軍司馬。延之少孤貧，居負郭，室巷甚陋。好讀書，無所不覽。年三十，猶未婚。妹適東莞劉憲之，穆之之子也。穆之既與延之通家，又聞其美，將仕之；先欲相見，延之不往也。後將軍吳國內史劉柳以爲行參軍，轉主簿，豫章公世子中軍行參軍。義熙十二年，宋武帝北伐，有宋公之授，府遣一使慶殊命，參起居。延之與同府王參軍俱奉使至洛陽。後還世子舍人。武帝受命，補太子舍人，徙尙書儀曹郎，太子中舍人。時尙書令傅亮自以文義之美，一時莫及。延之負其才辭，不爲之下，亮甚疾焉。少帝卽位，以爲正員郎，兼中書，尋徙員外常侍，出爲始安太守。延之之郡，道經汨潭，爲湘州刺史張邵祭屈原文，以致其意。元嘉三年，徵爲中書侍郎，尋轉太子中庶子，頃之，領步兵校尉，賞遇甚厚。延之好酒疎誕，每犯權要劉湛、殷景仁輩，遂出爲永嘉太守。延之甚怨憤，乃作五君詠。晉恭思皇后葬，應須百官皆取義熙元年除身，以延之兼持邑吏送札，延之醉，投札於地曰：「顏延之未能事生，焉能事死？」閒居無事，嘗爲庭誥之文。庭誥者施於閨庭之內，謂不遠也。劉湛誅，起延之爲始興王濬後軍諮議參軍，御史中丞，遷國子祭酒，司徒左長史。坐啓買人田不肯還直，免所居官。復爲祕書監光祿勳太常。時沙門釋慧琳，以才學爲文帝所賞愛，每召見，常升獨榻，延之甚疾焉。因醉白上曰：「昔同子參乘，袁絲正色；此三台之坐，豈可使刑餘居之？」上變色。後太子劭弑帝自立，延之子竣爲孝武帝南中郎諮議參軍，及興師入討，竣參定密謀，兼造書檄。劭召延之，示以檄文，問曰：「此筆誰所造？」延之曰：「竣之筆也。」竣尚不顧老父，何能爲陛下？」劭意乃釋，由是得免。孝武帝登祚，以爲金紫光祿大夫，領湘東王師。子竣既貴，權傾一朝，凡所資供，延之一無所受，器服不改，宅宇如舊。表解師職，加給親信三十人。孝建三年卒，年七十三。追贈散騎常侍，特進金紫光祿大夫如故，諡曰憲子。延之性褊激，又好酒，常肆意直言，曾無遏隱，故論者多不知云。居身淸約，不營財利，布衣蔬食，獨酌郊野，當其爲適，傍若無人。又好騎馬，遨游里巷，遇知舊，輒據鞍索酒，得酒必頹然自得。常語竣曰：「平生不喜見要人，今不幸見汝。」竣起宅，謂曰：「善爲之，無令後人笑汝拙也。」延之與陳郡謝靈運，俱以詞彩齊名，江左稱爲「顏、謝。」然爲詩喜於琢句，鮑照嘗謂延之曰：「謝詩自然可愛，君詩雕繪滿眼。」所著今有顏光祿集輯本一卷，傳於世。

八一　謝靈運（三八五—四三三）

謝靈運字靈運，陳郡陽夏人。祖玄，晉車騎將軍。父瑍，生而不慧，蚤亡。靈運幼穎悟，玄甚異之，謂親知曰：「我乃生瑍，瑍那得生靈運！」少好學，博覽羣書。襲封康樂公，食邑三千戶。以國公例，除員外散騎侍郎，不就。爲琅邪王大司馬行參軍。撫軍將軍劉毅鎭姑孰，以爲記室參軍。毅鎭江陵，又以爲衞軍從事中郎。毅伏誅，宋武帝版爲太尉參軍，入爲祕書丞，坐事免。武帝伐長安，驃騎將軍道憐居守，版爲諮議參軍，轉中書侍郎，又爲世子中軍諮議，黃門侍郎，奉使慰武帝於彭城，作撰征賦。仍除宋國黃門侍郎，遷相國從事中郎，世子左衛率。坐輒殺門生，免官。武帝受命，降公爵為侯，食邑五百戶。起為散騎常侍，轉太子左衛率。少帝即位，權在大臣，靈運構扇異同，非毀執政，司徒徐羨之等患之，出為永嘉太守。郡有名山水，靈運素所愛好。出守既不得志，遂肆意遊遨，徧歷諸縣，動輒踰旬，所至輒為詩詠，以致其意。在

謝靈運

郡一周，稱疾去職。從弟晦、曜、弘微等，並與書止之，不從。靈運父祖並葬始寧縣，并有故宅及墅，遂移籍會稽，修營別業，傍山帶江，盡幽居之美。與隱士王弘之、孔淳之等縱放為娛，有終焉之志。作山居賦，并自注以言其事。文帝登祚，誅徐羨之等，徵為祕書監，再召不起。上使光祿大夫范泰與靈運書，敦獎之，乃出就職，使整理祕閣書，補足闕文。以晉氏一代，自始至終，竟無一家之史，令靈運撰晉書，粗立條流，書竟不就。尋遷侍中，日夕引見，賞遇甚厚。既自以名輩才能，應參時政，文帝唯以文義見接，而王華、殷景仁等名位素不踰之，並見任遇，靈運意不平，多稱疾不朝。穿池種竹，驅課公役，無復期度。出郭游行，或一日百六七十里，經旬不歸。既無表聞，又不請急。上不欲傷大臣，諷旨令自解。靈運乃上表陳疾，上賜假東歸，而遊娛宴集，以夜續晝。復為御史中丞傅隆所

奏，坐以免官。既東還，與族弟惠連，東海何長瑜，潁川荀雍，太山羊璿之，以文章賞會，共爲山澤之游，時人謂之「四友」。靈運因父祖之資，生業甚厚，奴僮既衆，義故門生亦數百，鑿山浚湖，功役無已。尋山陟嶺，必造幽峻，巖障千重，莫不備盡。登躡常著木屐，上山則去前齒，下山去其後齒。嘗自始寧南山伐木開徑，直至臨海，從者數百人。臨海太守王琇，驚駭謂爲山賊，徐知是靈運乃安。又要琇更進，琇不肯。在會稽亦多徒衆，驚動縣邑。太守孟顗事佛精懇，而爲靈運所輕，顗深恨之。會稽東郭有回踵湖，靈運求決以爲田，顗堅執不與。靈運又求始寧岯崲湖爲田，顗又固執。靈運謂顗非存利民，遂與顗構讐隙。顗因靈運橫恣，百姓驚擾，乃表其異志，發兵自防，露板上言。靈運馳出京都，詣闕上表。文帝知其見誣，不罪也，命爲臨川內史，賜秩中二千石。在郡游放，不異永嘉，爲有司所糾。司徒遣使隨州從事鄭望生收靈運。靈運執錄望生，興兵叛逸，遂有逆志。追討擒之，送廷尉治罪。廷尉奏靈運率部衆反叛，論正斬刑。上愛其才，欲免官而已。彭城王義康堅執不可，乃詔徙付廣州，旋命於廣州行棄市刑。時元嘉十年，年四十九。靈運性奢豪，其在琅邪王大司馬行參軍時，鮮麗衣裳，器物多改舊制，世共宗之，咸稱謝康樂也。亦褊激，多愆禮度。朝廷常以文義處之，不以應實相許，而自謂才能宜參權要，故常懷憤憤。靈運詩與陶潛齊名，時稱「陶、謝」，然淸逸實遜於潛。所著今有謝康樂集輯本二卷，傳於世。

八二　謝惠連（三九七—四三三）

謝惠連，陳郡陽夏人。父方明。靈運爲其族兄也。年十歲能屬文，靈運深加賞之。云每有篇章，對惠連輒得佳語。嘗於永嘉西堂思詩，竟日不就，忽夢見惠連，卽得「池塘生春草」，大以爲工。嘗云：「此誠有神功，非吾語也。」本州辟主簿，不就。惠連先愛幸會稽郡吏杜德靈，及居父憂，贈以五言詩十餘首，乘流遵歸路諸篇是也。坐被徙廢塞，不豫榮伍。尚書僕射殷景仁愛其才，言次白文帝，謂臣小兒時，便見世中有此文，而論者云是惠連，其實非也。帝曰：「若如此，便應通之。」元嘉七年，方爲司徒彭城王義康法曹參軍。義康修東府城，城塹中得古冢，爲之改葬，使惠連爲祭文，留信，待成，其文甚美。又爲雪賦，以高麗見奇。靈運見其新文，每曰：「張華重生，不能易也。」元嘉十年卒，年三十七。惠連才思富捷，惜其蘭玉夙凋，長轡未騁。其詩雖復靈運銳思，亦何加焉。故靈運極贊賞之。又工爲綺麗歌謠，世稱其風人第一。所著今有謝法曹集輯本一卷，傳於世。

八三　范曄（三九八—四四五）

范曄字蔚宗，順陽人，車騎將軍泰少子也。母如廁產之，額爲塼所傷，故以塼爲小字。出繼從伯弘之，襲封武興縣五等侯。少好學，博涉經史。年十七，州辟主簿，不就。後爲宋武帝相國掾，彭城王義康冠軍參軍，隨府轉右軍參軍，入補尚書外兵郎，出爲荊州別駕從事史。尋召爲祕書丞，遷尚書吏部郎。元嘉元年，彭城太妃薨，將葬，夜中曄酣飲開北牖，聽挽歌爲樂，義康大怒，左遷曄宣城太守。曄不得志，乃刪衆家後漢書爲一家之作。尋遷左衞將軍、太子詹事。時魯國孔熙先爲員外散騎侍郎，不爲時所知，與曄外甥謝綜，嘗經相識，藉其嶺南遺財，前後輸曄物甚多。曄爲利所動，遂相與莫逆。初熙先父以罪下廷尉，賴大將軍彭城王義康保持之。及義康被黜，熙先密懷報效之心。至是熙先以微言動曄，曄果爲所惑，參與逆謀。二十二年九月，征北將軍衡陽王義季，右將軍南平王鑠出鎭，上於武帳岡祖道，曄等期以其日爲亂，而差互不得發。於十一月，徐湛之上表告急，詔卽依法窮詰。其夜先呼曄及熙先兄弟，並皆款服。明日，使士送曄付廷尉入獄。曄在獄，與綜及熙先異處，乃稱疾求移考堂，欲近綜等見聽，與綜等果得隔壁。曄本意謂入獄便死，而上窮治其獄，遂經二旬。曄更有生望，獄史因戲之曰：「外傳詹事或當長繫。」曄聞之驚喜。綜、熙先笑之曰：「詹事當前共籌事時，無不攘袂瞋目，及在西池射堂上躍馬顧盼，自以爲一世之雄；而今擾攘紛紜，畏死乃爾？設令今時賜以性命，人臣圖主，何顏可以生存？」將出市，曄最在前，於獄門顧謂綜曰：「今日次第當以位耶？」綜曰：「賊帥爲先。」在道語笑，初無暫止。至市，曄問綜曰：「時欲至未？」綜曰：「勢不復久。」曄既食，又苦勸綜。綜曰：「此異病篤，何事彊飯？」曄家人悉至市，監刑職司問須相見不？曄問綜曰：「家人已來，幸得相見，將不暫別？」綜曰：「別與不別，亦何所存？來必當號泣，正足亂人意。」曄曰：「號泣何關人。向見道邊親故相瞻望，亦殊勝不見。吾意故欲相見。」於是呼前。曄妻先下，撫其子，回罵曄曰：「君不爲百歲阿家，不感天子恩遇，身死固不足塞罪，奈何枉殺子孫？」曄乾笑云：「罪至而已。」曄所生母泣曰：「主上念汝無極，汝曾不感恩，又不念我老，今日奈何？」仍以手擊曄頸及頰，曄顏色不怍。妻云：「罪人，阿家莫念！」妹及妓妾來別，曄悲涕流漣。綜曰：「舅殊不同夏侯色！」曄收淚而止。曄轉醉，子藹亦醉，取地土及果皮以擲曄，呼曄爲別駕數十聲。曄問曰：「汝恚我耶？」謫曰：「今日何緣復恚，但父子同死，不能不悲耳。」曄常謂死者神滅，欲著無鬼論。至是與徐湛之書云當相訟地下，其謬亂如此。死年四十八，謫僅二十耳。曄長不滿七尺，肥黑禿眉鬚，喜彈琵琶，能爲新聲。家中所藏樂器服玩，並皆珍麗，妓妾亦盛飾。母住止單陋，唯有一廚盛樵薪，弟子冬無被，叔父單布衣。故頗爲時人所詆毀。所著後漢書，凡十紀、十志、八十列傳，合爲百卷，除十志已佚外，餘傳於世。

八四　劉義慶（四〇三—四四四）

劉義慶，彭城人，宋長沙景王道憐第二子也。出繼臨川烈武王道規。幼爲武帝所知，曰：「此吾家豐城也。」年十三，襲封南郡公，除給事，不拜。義熙十二年，從伐長安，還輔國將軍，北青州刺史，未之任，徙督豫州諸軍，豫州刺史。永初元年，襲封臨川王，徵爲侍中。元嘉元年，轉散騎常侍，祕書監。遷丹陽尹，加輔國將軍。六年加尙書左僕射。八年乞求外鎭，不許；固求，乃許之，加中書令，進號前將軍，常侍尹如故。在京尹九年，出爲使持節都督荆、雍、益、寧、梁、南北秦七州諸軍、平西將軍、荆州刺史。十六年改授散騎常侍、都督江州之西陽、晉熙、新蔡三郡諸軍事、衞將軍、江州刺史，持節如故。十七年即本號都督南兗州、徐、兗、青、冀、幽六州諸軍事，南兗州刺史。尋加開府儀同三司。二十一年薨於京邑，時年四十二。追贈侍中司空，謚曰康王。義慶性簡素，寡嗜欲，愛好文義，文辭雖不多，然足爲宗室之表。受任歷藩，無浮淫之過。唯晚節奉養沙門，頗致費損。少善騎乘，及長以世路艱難，不復跨馬。招聚文學之士，近遠必至。當時袁淑、鮑照等，並有辭章之美，引爲佐吏國臣。所著世說新語十卷，今傳於世。

八五　袁淑（四〇八—四五三）

袁淑字陽源，陳郡陽夏人。丹陽尹豹少子也。少有風氣，年數歲，豹謂家人曰：「此非凡兒。」至十餘歲，爲姑夫王弘所賞。本州命主簿，著作佐郎，太子舍人，並不就。彭城王義康命爲軍司祭酒。義康不好文學，由是大相乖失，以久疾免官。臨川王義慶雅好文章，請爲諮議參軍。頃之遷司徒左西屬，出爲宣城太守，入補中書侍郎。元嘉二十六年，遷尚書吏部郎，御史中丞。尋改太子左衞率。太子劭將爲弒逆，其夜，淑在直，二更許，呼淑及蕭斌等流涕謂曰：「主上信讒，將見罪廢，省內無過，不能受枉。明旦便當行大事，望相與勠力。」淑及斌並曰：「自古無此，願加善思！」劭怒變色，左右皆動。斌懼乃曰：「臣昔忝伏事，常思効節，況憂迫如此，輒當竭身奉令。」淑叱之曰：「卿便謂殿下眞有是耶？殿下幼時嘗患風，或是疾動耳。」劭愈怒。左右引淑等袴褶，又就主衣取錦，截三尺爲一段，又中破分斌、淑及左右，使以縛袴。淑出還省，繞床行至四更乃寢。劭將出，已與斌同載，呼淑甚急，淑眠終不起。劭停車奉化門催之相續，徐起至車後。劭使登車，又辭不上。劭因命左右與手刃，見殺於奉化門外，時年四十六。劭即位，追贈太常，賜賻甚厚。孝武即位，改贈侍中太尉，謚曰忠憲公。淑喜爲誇誕，每爲時人所嘲。始興王濬嘗送錢三萬餉淑，一宿復遣追取，謂使人謬誤，欲以戲淑。淑與濬書曰：「弊室弱生，砥節淸廉，好是潔直，以不邪之故，而貧鬪天下，寧有昧夫嗟金者哉？」乃盡璧之。所著今有袁忠憲集輯本一卷傳於世。

八六　謝莊（四二一—四六六）

謝莊字希逸，陳郡陽夏人。太常弘微子也。年七歲能屬文，通論語。及長，韶令美容儀，宋文帝見而異之，謂尚書僕射殷景仁曰：「藍田出玉，豈虛也哉？」初爲始興王濬後軍法曹行參軍，轉太子舍人，太子洗馬。又轉隨王誕後軍諮議，並領記室。元嘉二十九年，除太子中庶子。時南平王鑠獻赤鸚鵡，普詔羣臣爲賦。太子左衛率袁淑文冠當時，作賦畢，齎以示莊。莊賦亦竟，淑見而歎曰：「江東無我，卿當獨秀；我若無卿，亦一時之傑也。」遂隱其賦。太子劭弑立，轉司徒左長史。孝武入討，密送檄書與莊，令加改治宣布。莊遣腹心門生具慶奉啓事，密詣孝武。及帝踐祚，除侍中。孝建元年，遷左衛將軍。初、帝嘗賜莊寶劍，莊以與豫州刺史魯爽送別。爽後反叛，帝因宴集問劍所在，答曰：「昔以與魯爽別，竊爲陛下杜郵之賜。」上甚悅，當時以爲知言。拜吏部尚書，以疾多免官。大明元年，起爲都官尚書，奏改定刑獄。遷右衛將軍，加給中。時河南獻舞馬，詔羣臣爲賦，莊亦賦焉。又使莊作舞馬歌，令樂府歌之。五年又爲侍中，領前軍將軍。于時孝武出行，夜還，敕開門。莊居守，以棨信或虛，執不奉旨，須墨詔乃開。上後因酒讌，從容曰：「卿欲效郅君章耶？」對曰：「臣聞蒐巡有度，郊祀有節，盤于遊田，著之前誡。陛下今蒙犯塵露，晨往宵歸，容恐不逞之徒，妄生矯詐，臣是以伏須神筆，乃敢開門耳。」六年，又爲吏部尚書，領國子博士。初、孝武寵姬殷貴妃薨，莊爲誄，有引漢昭帝母趙婕妤堯母門事，廢帝在東宮銜之。及即位，遂繫莊於左尚方。及明帝定亂，乃得出。即位後，以莊爲散騎常侍光祿大夫，加金章紫綬，領尋陽王師。尋轉中書令，加金紫光祿大夫。泰始二年卒，年四十六。追贈右光祿大夫常侍如故，謚曰憲子。莊善賦誄，所爲月賦等尤工。蕭子顯謂謝莊之誄，起潘岳之塵。每一文出，都下傳寫，爲之紙貴。所著今有謝光祿集輯本一卷，傳於世。

八七　鮑照

鮑照（唐人避武后諱，改照爲昭。）字明遠，東海人。文辭贍逸，嘗爲古樂府，文甚遒麗。元嘉中，河、濟俱清，當時以爲美瑞，照爲河清頌，其敍甚工。照嘗謁臨川王義慶，未見知。欲貢詩言志，人止之曰：「郎位尚卑，不可輕忤大王。」照勃然曰：「千載上有英才異士沉沒而不聞者，安可數哉？大丈夫豈可遂蘊智能，使蘭艾不辯，終自碌碌，與燕雀相隨乎？」於是奏詩，義慶奇之，賜帛二十匹。尋擢爲國侍郎，甚見知賞，遷秣陵令。文帝以爲中書舍人。上好文章，自謂人莫能及。照悟其旨，爲文章多鄙言累句，當時咸謂照才盡，實不然也。後佐臨海王子頊爲前軍參軍，掌書記之任。及子頊敗，照亦被害。照所作皆發唱驚挺，操調險急，雕藻淫豔，傾晌心魂。然其所短，亦喜巧琢，與延之差同；而筆力矯健，則遠過之。與延之、靈運同稱元嘉三大家。杜甫以照與庾信並稱曰：「清新庾開府，俊逸鮑參軍。」可謂篤論。著有鮑參軍集十卷，今傳於世。

八八　沈約（四四一—五一三）

沈約字休文，吳興武康人。父璞，淮南太守，元嘉末被誅。約幼潛竄，會赦免。旣而流寓孤貧，篤志好學，晝夜不倦。母恐其以勞生疾，常遣減油滅火。而晝之所讀，夜輒誦之，遂博通羣籍，能屬文。起家奉朝請，濟陽蔡興宗聞其才而善之。興宗爲郢州刺史，引爲安西外兵參軍，兼記室。及爲荆州，又爲征西記室參軍，帶闕西令。興宗卒，始爲安西晉安王法曹參軍，轉外兵，並兼記室。入爲尚書度支郎。齊初，爲征虜記室，帶襄陽令。所奉之王，齊文惠太子也。太子入居東宮，爲步兵校尉，管書記，直永壽省，校四部圖書。時東宮多士，約特被親遇。每旦入見，影斜方出。當時王侯到宮，或不得進。還太子家令，後以本官兼著作郎，遷中書郎。時竟陵王亦招士，約與蘭陵蕭琛，琅邪王融，陳郡謝朓，南鄉范雲，樂安任昉等皆遊焉，當世號爲得人。俄兼尚書左丞。隆昌元年，除吏部郎，出爲寧朔將軍，東陽太守。明帝即位，進號輔國將軍，還國子祭酒。永元二年，以母老表求解職。梁武帝在西邸，與約遊舊。勳業旣就，天人允屬，約嘗扣其端，武帝默而不應。及武帝受禪，約爲尚書僕射，封建昌縣侯，邑千戶。又拜約母謝爲建昌國太夫人。俄遷尚書左僕射，尋兼領軍，加侍中。天監二年，遭母憂，輿駕親出臨弔。服闋，遷侍中右光祿大夫，領太子詹事。尋遷尚書令，領太子少傅。九年，轉左光祿大夫，侍中少傅如故，給鼓吹一部。初約之處端揆，有志台司，帝終不用，乃求外出，又不見許。尋加特進光祿大夫。十二年卒於官，年七十三。詔贈本官，賻錢五萬，布百疋，諡曰隱。約左目重瞳子，腰有紫志，聰明過人，好墳籍，聚書至二萬卷，京師莫比。少時孤貧，丐於宗黨，得米數百斛，爲宗人所侮，覆米而去。及貴，不以爲憾，用爲郡部。嘗侍讌，有妓師是齊文惠宮人。帝問識座中客不，曰：「惟識沈家令。」約伏座流涕，帝爲之罷酒。約歷事三代，該悉舊章，博物洽聞，自負高才，昧於榮利，乘時藉勢，頗累清談。嘗撰四聲譜，以爲在昔詞人，累千載而不寤，而獨得胸衿，窮其妙旨，自謂入神之作。又云詩病有八：一平頭，二上尾，三蜂腰，四鶴膝，五大韻，六小韻，七旁紐，八正紐。欲使宮商相變，低昂互節，一簡之內，音韻盡殊；兩句之中，輕重悉異。劉繪、范雲之徒，慕而扇之，轉相祖述，而聲韻之道大行，世稱爲「永明體」。所著今有沈隱侯集輯本二卷及宋書等傳於世。

八九　江淹（四四四—五〇五）

江淹字文通，濟陽考城人。少孤貧，好學，沉靜少交遊。起家南徐州從事，轉奉朝請。宋建平王景素好士，淹隨景素在南兗州。廣陵令郭彥文得罪，辭連淹，繫州獄。淹上書自辨，景素卽日出之。尋舉南徐州秀才，對册上第，轉巴陵王國左常侍。景素爲荊州，淹從之鎮。少帝卽位，多失德，景素專據上流，咸勸因此舉事。淹每從容諫之，景素不納。及鎮京口，淹又爲鎮軍參軍，領南東海郡丞。景素與腹心日夜謀議，淹知禍機將發，乃贈詩十五首以諷焉。會南東海太守陸澄丁艱，淹自謂郡丞應行郡事，景素用司馬柳世隆。淹固求之，景素大怒，言於選部，黜爲建安吳興令。昇明初，齊帝輔政，聞其才，召爲尙書駕部郎、驃騎參軍事。俄而荊州刺史沈攸之作亂，是時軍書表記，皆使淹具草。尋遷中書侍郎，改御史中丞，官長多被劾治，內外肅然。時明帝作相，謂淹曰：「宋世以來，不復有嚴明中丞，君今日可謂近世獨步。」明帝即位，爲車騎臨海王長史。俄除廷尉卿，加給事中，尋爲祕書監。永元中，崔惠景舉兵圍京城，衣冠悉投名刺，淹稱疾不往。及事平，世服其先見。東昏末，淹以祕書監兼衛尉，固辭不獲免，遂親職，謂人曰：「取吾空名耳。」及梁師至新林，淹微服來奔，武帝板爲冠軍將軍，祕書監如故。尋兼司徒左長史。中興元年，遷吏部尚書。二年，轉相國右長史。天監元年，爲散騎常侍、左衞將軍，封臨沮縣開國伯，食邑四百戶。淹乃謂子弟曰：「吾本素宦，不求富貴；今之忝竊，遂至於此。平生言止足之事，亦以備矣。人生行樂耳，須富貴何時？吾功名既立，正欲歸身草萊耳。」其年以疾遷金紫光祿大夫，改封醴陵侯。四年卒，年六十二。諡曰憲伯。武帝爲素服舉哀，賻錢三萬，布五十匹。淹少以文章顯，晚節才思微退，時人皆謂之才盡，故不與永明聲氣之中。然其詩文華茂閑美，故是齊、梁之英。著有江文通集十卷，今傳於世。

九〇　范雲（四五一—五〇三）

范雲字彥龍，南鄉舞陰人，晉平北將軍汪六世孫也。年八歲，遇宋豫州刺史殷琰於塗，琰異之，要就席。雲風姿應對，傍若無人。琰令賦詩，操筆便就，坐者歎焉。父抗爲郢府參軍，雲隨父在府。時吳興沈約、新野庾杲之與抗同府，見而友之。起家郢州西曹書佐，轉法曹行參軍。俄而沈攸之舉兵圍郢城，抗時爲府長流，入城固守，留家屬居外。雲爲軍人所得，攸之召與語，聲色甚厲，雲容貌不變，徐自陳說。攸之乃笑曰：「卿定可見，且出就舍。」明旦又召，令送書入城。城內或欲誅之，雲曰：「老母弱弟，懸命沈氏，若違其命，禍必及親，今日就戮，甘心如薺。」長史柳世隆素與雲善，乃免之。齊建元初，竟陵王子良爲會稽太守，雲始隨王，王未之知也。會遊秦望，使人視刻石文，時莫能識，雲獨誦之。王悅，自是寵冠府朝。王爲丹陽尹，召爲主簿，深相親任。時進見齊高帝，有值獻白烏者，帝問此爲何瑞？雲位卑最後答曰：「臣聞王者敬宗廟，則白烏至。」時謁廟始畢，帝亟善之。轉補北南郡王刑獄參軍事，領主簿如故。尋授散騎侍郎，出爲零陵內史。明帝時，復召拜散騎侍郎，出爲始興內史。郡多豪猾，雲撫以恩德，商賈露宿，郡中稱爲神明。永元二年，召爲國子博士。初雲與梁武帝遇於齊竟陵王子良邸，又嘗接里閈，武帝深器之。及梁兵至京邑，雲時在城內，武帝遂留之，便參帷幄。拜黃門侍郎，與沈約同心翊贊。天監元年，武帝受禪，遷散騎常侍吏部尚書，以佐命功，封霄城縣侯，邑千戶。雲以舊恩見拔，超居佐命，盡誠翊亮，知無不爲。武帝亦推心任之，所奏多允；並命臨川王宏，鄱陽王恢，代帝呼雲爲兄，時人榮之。其年東宮建，雲以本官領太子中庶子。尋遷尚書右僕射，猶領吏部，頃之，坐違詔用人，免吏部，猶爲僕射。二年卒，年五十三。追贈侍中衞將軍，僕射侯如故，幷給鼓吹一部，諡曰宣。雲性篤睦，事寡嫂盡禮，家事必先諮而後行。好節尙奇，專趨人之急，然頗激厲，少威重，有所是非，形於造次，士或以此少之。雲爲詩淸雋，淸便宛轉，如流風迴雪。所著詩文，今多散佚。

九一　陶弘景（四五二—五三六）

陶弘景字通明，丹陽秣陵人。初，母夢青龍自懷而出；幷見兩天人手執香爐來至其所，已而有娠，遂產弘景。幼有異操，年十歲，得葛洪神仙傳，晝夜研尋，便有養生之志。及長，神儀明秀，讀書萬餘卷。未弱冠，齊高帝作相，引爲諸王侍讀，除奉朝請。雖在朱門，閉影不交外物，唯以披閱爲務。朝儀故事，多取決焉。永明十年，上表辭祿，詔許之，賜以束帛。及發，公卿祖之於征虜亭，供帳甚盛，車馬塡咽，咸云宋、齊以來，未有斯事，朝野榮之。於是止於句容之句曲山，乃中山立館，自號華陽隱居。徧歷名山，尋訪仙藥，每經澗谷，必坐臥其間，吟詠盤桓，不能已已。時沈約爲東陽郡守，高其志節，累書要之，不至。永元初，更築三層，自處其上，弟子居其中，賓客至其下，與物遂絕，唯一家僮得侍其旁。特愛松風，每聞其響，欣然爲樂。有時獨遊泉石，望見者以爲仙人。梁師平建康，聞議禪代，弘景援引圖讖，數處皆成「梁」字，令弟子進之。武帝既早與之遊，及卽位後，恩禮愈篤，書問不絕，冠蓋相望。天監四年，移居積金東澗。曾夢佛授其菩提記，名爲勝力菩薩，乃詣鄮縣阿育王塔，自誓受五大戒。後簡文帝臨南徐州，欽其風素，召至後堂，與談論數日而去。大同二年卒，年八十五，顏色不變，屈申如恆。詔贈中散大夫，諡曰貞白先生。弘景爲人圓通謙謹，出處冥會，心如明鏡，遇物便了，言無煩舛，有亦輒覺。性好著述，尙奇異，顧惜光陰，老而彌篤。爲詩曉暢俊切，有淵明風趣。今有陶隱居集輯本一卷傳世。

九二　蕭子良（四六〇—四九四）

蕭子良字雲英，蘭陵人。齊武帝第二子也。初，沈攸之難，隨武帝在盆城，授寧朔將軍，仍爲宋邵陵王左軍行參軍。

尋遷安南長史。齊高帝踐祚，封聞喜縣公，邑千五百戶。建元二年，穆妃薨，去官，爲征虜將軍，丹陽尹。武帝卽位，封竟陵郡王，邑二千戶，爲使持節都督南徐、兗二州諸軍事，鎭北將軍，南徐州刺史。永明二年，入爲護軍將軍，兼司徒，領兵。四年，進號車騎將軍。五年，正位司徒，移居雞籠山西邸，集學士抄五經、百家，爲四部要略千卷。十年，領尙書令，尋改中書監。武帝崩，太孫昭業卽位，遺詔使子良輔政。成服後，子良乞停至山陵，不許，進位太傅。隆昌元年，加殊禮，劍履上殿，入朝不趨，贊拜不名。其年疾篤，謂左右曰：「門外應有異。」遣人視，見淮中魚萬數，皆浮出水上向城門。尋薨，年三十五。子良敦義愛古，於西邸起大齋，多聚古人器服以充之。少有清尚，禮才好士，居不疑之地，傾敬賓客，一時天下才學，咸歸集焉。其著名者，號「竟陵八友」。爲文溫柔贍博，惻隱之言，見於筆底。今有竟陵王集輯本二卷，傳於世。

九三　任昉（四六〇—五〇八）

任昉字彥昇，樂安博昌人。父遙，齊中散大夫。母裴氏，嘗晝寢，夢有彩旗蓋，四角懸鈴，自天而墜，其一鈴，落入懷中，心悸動，既而有娠，生昉。昉幼好學，早知名。宋丹陽尹劉秉辟爲主簿，時昉年十六，以氣忤秉子，久之爲奉朝請，舉兗州秀才，拜太常博士，遷征北行參軍。永明初，衞將軍王儉領丹陽尹，復引爲主簿。儉雅欽重，入爲尙書殿中郞，轉司徒，竟陵王記室參軍，拜太子步兵校尉，管東宮書記。永元末，爲司徒右長史。梁武帝克京邑，霸府初開，以昉爲驃騎記室參軍。始武帝與昉遇竟陵王西邸，從容謂昉曰：「我登三府，當以卿爲記室。」昉亦戲曰：「我若登三事，當以卿爲騎兵。」

蓋謂武帝善騎也。至是故引昉符昔言焉。梁臺建，禪讓文誥，多昉所具。武帝踐祚，拜黃門侍郎，遷吏部郎中，尋以本官掌著作。天監二年，出為義興太守。在任清潔，兒妾食麥而已。重除吏部郎中，參掌大選，居職不稱，尋轉御史中丞，祕書

任昉

監，領前軍將軍。自齊永元以來，祕閣四部，篇卷紛雜，昉手自讎校，由是篇目定焉。六年春，出為寧朔將軍、新安太守。在郡不事邊幅，率然曳杖，徒行邑郭。民通辭訟者，就路決焉。為政清省，吏民便之。視事期歲，卒於官舍，年四十九。追贈太常卿，謚曰敬子。昉好交結，獎進士友，得其延譽者，率多升擢，故衣冠貴遊，莫不爭與交好，坐上賓客，恆數十。時人慕之，號曰任君，言如漢之三君也。不治生產，至乃居無室宅。聚書至萬餘卷，異本率多。雅善屬文，尤長載筆，才思無窮，當世公王表奏，莫不請焉。沈約一代詞宗，深所推挹。所著今有任中丞集輯本二卷，傳於世。

九四　鍾嶸

鍾嶸字仲偉，潁川長社人。父蹈，齊中軍參軍。嶸少好學。齊永明中，爲國子生，明於周易。衞軍王儉領祭酒，頗賞接之。舉本州秀才，起家王國侍郎，遷撫軍行參軍，出爲安國令。永元末，除司徒行參軍。天監初，遷中書臨川王行參軍。衡陽王元簡，出守會稽，引爲寧朔記室，專掌文翰。時居士何胤，築室若邪山，山發洪水，漂拔樹石，此室獨存。元簡命嶸作瑞室頌，以旌表之，辭甚典麗。遷西中郎晉安王記室。頃之，卒於官。嶸與兄岏、弟嶼，並好學。嘗品古今五言詩，論其優劣，分上中下三品，名爲詩評，又名詩品，今傳於世。

九五　劉勰

劉勰字彥和，東莞莒人。父尚，越騎校尉。勰早孤，篤志好學。家貧，不婚娶，依沙門僧祐，與之居處。積十餘年，遂博通經論。天監初，起家奉朝請，中軍臨川王宏引兼記室，遷車騎倉曹參軍，出爲太末令，政有清績。除仁威南康王記室，兼東宮通事舍人。時七廟饗薦，已用蔬果，而二郊農社，猶用犧牲，勰乃表言二郊宜與七廟同改。詔付尚書議，依勰所陳。遷步兵校尉，兼舍人如故。昭明太子好文學，深愛接之。勰爲文長於佛理，京師寺塔及名僧碑誌，必請勰製文。有敕與慧震沙門，於定林寺撰經證。功畢，遂啓求出家，先燔鬢髮以自誓。敕許之。乃於寺變服，改名慧地。未期而卒。勰初撰文心雕龍五十篇，論古今文體，引而次之。既成，未爲時流所稱。勰自重其文，欲取定於沈約。約時貴盛，無由自達。乃負其書，候約出，干之於車前，狀若貨鬻者。約便命取讀，大重之，謂爲深得文理，常陳諸几案。今文心雕龍十卷，盛傳於世。

九六　溫子昇

溫子昇字鵬舉，本太原人。晉大將軍嶠之後也。祖恭之，彭城王義康戶曹，避難歸魏，家於濟陰冤句，因爲其郡縣人焉。父暉，兗州左將軍府長史，行濟陰郡事。子昇初受學於崔靈恩、劉蘭，精勤以夜繼晝，晝夜不倦。長乃博覽百家，爲廣陽王淵賤客，在馬坊敎諸奴子書。作侯山祠堂碑文，常景見而善之，由是稍知名。熙平初，中尉東平王匡博召辭人，以充御史，子昇與盧仲宣、孫搴等二十四人爲高第，於時預選者爭相引決，匡使子昇當之，皆受屈而去。遂補御史，時年二十二。李神儁行荊州事，引兼錄事參軍。正光末，廣陽王淵爲東北道行臺，召爲郎中，軍國文翰，皆出其手，於是才名轉盛。黃門侍郎徐紇受四方表啓，答之敏速，於淵獨沉思，曰：「彼有溫郎中，才藻可畏。」及淵爲葛榮所害，子昇亦見羈執。榮下都督和洛興，與子昇舊識，以數十騎潛送子昇，得達冀州，還京。自是無復宦情，閉門讀書，厲精不已。建義初，爲南主客郎中，修起居注。曾一日不直，上黨王天穆時錄尚書事，將加捶撻，子昇遂逃遁。天穆甚怒，奏人代之。莊帝愛其才，乃寢其奏。及天穆將討邢杲，召子昇同行，子昇未敢應。天穆謂人曰：「吾欲收其才用，豈懷前忿也！」子昇不得已而見之，加伏波將軍，爲行臺郎中，天穆深加賞之。永熙中，爲侍讀兼舍人，鎭南將軍，金紫光祿大夫，遷散騎常侍，中軍大將軍。時梁武帝使張皐寫子昇文筆，傳於江外，稱之曰：「曹植、陸機，復生於北土。」子昇嘗詣武帝客館受國書，自以不修容止，謂人曰：「詩章易作，逋峭難爲。」及元僅、劉思逸、荀濟等作亂，文襄王疑子昇知其謀，方使之作獻武王碑文既成，乃餓諸晉陽獄，食敝襦而死。棄屍路隅，沒其家口。太尉長史宋遊道收葬之。子昇外恬靜，與物無競，言有準的，不妄毀譽，而內深險，事故之際，好預其間，所以終致禍敗。子昇在北朝，文學與邢邵齊名，時稱「溫邢。」今有溫侍讀集輯本一卷傳於世。

九七　邢邵

邢邵字子才，河間鄚人。魏太常貞之後。父虬，魏光祿卿。邵小字吉，少時有避，遂不行名。年五歲，魏吏部郎清河崔亮見而奇之曰：「此子後當大成，位望通顯。」十歲便能屬文，雅有才思。聰明強記，日誦萬餘言。少在洛陽，會天下無事，與時名勝，專以山水遊宴為娛，不暇勤業。嘗因霖雨，乃讀漢書五日，略能遍記之。後因飲讌倦，方廣尋經史，五行俱下，一覽便記，無所遺忘。年未二十，名動衣冠。嘗與右北平陽固，河東裴伯茂，從兄罘，河南陸道暉等，至北海王昕舍宿飲，相與賦詩。凡數十首，皆在主人奴處。旦日奴行，諸人求詩不得，邵皆為誦之。諸人有不認詩者，奴還得本，不誤一字。諸人方之王粲。吏部尚書隴西李神儁大相欽重，引為忘年之交。釋巾為魏宣武挽郎，除奉朝請，遷著作佐郎，深為領軍元乂所禮。乂新除尚書令，令作謝表。時陳郡袁翻與范陽祖瑩，位望通顯，文章之美，見稱先達，以邵藻思華贍，深共嫉之。翻每告人云：「邢家小兒嘗客作章表，自買黃紙，寫而送之。」邵恐為翻所害，乃辭以疾。屬尚書令元羅出鎮青州，啓為府司馬。遂在青土，終日酣賞，盡山泉之致。永安初，還中書侍郎。普泰中，兼給事黃門侍郎，尋為散騎常侍。太邵初，除衛將軍，國子祭酒，以親老還鄉。累遷太常卿，中書監，攝國子祭酒。是時朝臣多守一職，帶領二官甚少。邵獨居三職，並是文學之首，當世榮之。尋卒，人多傷之。邵率情簡素，內行修謹，博覽墳籍，無不通曉。當時每一文出，京師爲之紙貴，讀誦俄遍遠近。與濟陰溫子昇並爲文士之冠，世稱「溫邢」。鉅鹿魏收，雖天才豔發，而年事稍後，及子昇死，人又稱之爲「邢魏」。雖望實兼重，不以才位自傲。有齋不居，坐臥恆在一小屋。果餌之屬，或置之梁上，賓至，下而共噉。士無賢愚，皆能顧接。爲文典麗，既贍且速，雖身事北朝，宛然有齊、梁風度。今有邢特進集輯本一卷，傳於世。

九八　劉峻（四六二—五二一）

劉峻字孝標，平原平原人。父珽，宋始興內史。峻生期月，母攜還鄉里。宋泰始初，青州陷魏，峻年八歲，爲人所略至中山。中山富人劉實愍峻，以束帛贖之，教以書學。魏人聞其江南有戚屬，更徙之桑乾。峻好學，家貧，寄人廡下，自課讀書，常燎麻炬，從夕達旦；時或昏睡，爇其髮，既覺復讀，終夜不寐，其精力如此。齊永明中，從桑乾得還，自謂所見不博，更求異書，聞京師有者，必往祈借。清河崔慰祖謂之「書淫」。竟陵王子良博招學士，峻因人求爲子良國職，吏部尚書徐孝嗣抑而不許，用爲南海王侍郎，不就。明帝時，爲蕭遙欣豫州府刑獄，禮遇甚厚。梁天監初，召入西省，與學士賀蹤典校祕書。坐私載禁物，免官。安成王秀好峻學，及還荊州，引爲戶曹參軍，給其書籍，使抄錄事類，名曰類苑。未及成，以疾去。因遊東陽紫巖山，築室居焉。武帝招文學之士，有高才者，多被引進。峻率性而動，不能隨衆沉浮，帝頗嫌之，故不任用。乃著辨命論，以寄其懷。吳會人士，多從其學。普通二年卒，年六十。門人諡曰玄靖先生。峻節亮慷慨，家道轗軻。自少迄長，戚戚無懽，聲塵寂寞，不為世知，頗自抑鬱，而以「魂魄一去，將同秋草」為比擬云。所著今有劉戶曹集輯本一卷及世說注十卷傳於世。

九九　謝朓

謝朓字玄暉，陳郡陽夏人。祖述，吳興太守。父緯，散騎侍郎。朓少好學，有美名。解褐豫章王太尉行參軍，歷隨王東中郎府，轉王儉衞軍東閣祭酒，太子舍人，隨王鎮西功曹，轉文學。王在荊州，好辭賦，數集僚友，朓以文才，尤被賞愛，流連晤對，不捨日夕。長史王秀之以朓年少相動，密以啓聞。齊武帝敕曰侍讀虞雲，自宜恆應侍接，朓可還都。還新安王中軍記室。尋以本官兼尚書殿中郎。隆昌初，敕朓接北使。朓自以口訥，啓讓不當見許。明帝輔政，以朓為驃騎諮議。領記室，掌霸府文筆，又掌中書詔誥。建武四年，出為晉安王鎮北諮議，南東海太守，行南徐州事。啓王敬則反謀，上甚嘉賞，遷尚書吏部郎。朓上表三讓，上優答不許。東昏失德，江祏等欲立始安王遙光，遙光又遣親人劉渢密致意於朓，欲以為肺腑。朓自以受恩明帝，非渢所言，不肯答。遙光聞之大怒，乃稱敕召朓付廷尉。徐孝嗣、江祏等亦連名啓誅朓。詔使御史中丞范岫奏收朓，下獄死，年三十六。朓初告王敬則，敬則女為朓妻，常懷刀欲報朓，朓不敢相見。及為吏部郎，沈昭略謂朓曰：「卿人地之美，無忝此職，但恨今日刑於寡妻。」朓臨敗，嘆曰：「我不殺王公，王公由我而死。」朓文章淸麗，長五言詩，沈約常云：「二百年來無此詩也。」著有文集十卷，後人編爲謝宣城集五卷，傳於世。

一〇〇　蕭衍（四六四—五四九）

蕭衍

蕭衍字叔達，南蘭陵中都里人。小字練兒，漢相國何之後也。父順之，齊高帝族弟也。生而有奇異，兩髖骿骨，頂上隆起。及長，博學多通，好籌略，有文武才幹，時流名輩，咸推許焉。起家巴陵王南中郎法曹行參軍，遷衛將軍。王儉一見深相器異，謂廬江何憲曰：「此蕭郎三十內當作侍中，出此則貴不可言。」竟陵王子良開西邸，招文學，衍與沈約、謝脁、王融、蕭琛、范雲、任昉、陸倕等並遊焉，號曰「竟陵八友」。隆昌初，明帝輔政，衍爲寧朔將軍，鎮壽春。除太子庶子，給事黃門侍郎。建武二年，魏兵南犯，以衍爲冠軍將軍，衆多死傷，惟衍全師而歸。明帝崩後，東昏失德，衍於是潛造器械，多伐竹木，密爲舟裝之備。永元二年十一月，召集僚佐，欲效武王伐紂，共興義舉。於是收集得甲士萬餘人，馬千餘匹，船三千艘，出襄陽檀溪而下。永元三年，南康王即位於江陵，改元中興，遙廢東昏為涪陵王。以衍為尚書左僕射，加征東大將軍。中興二年，齊帝禪位，於是齊百官豫章王元琳等八百一十九人，及梁臺侍中臣雲等一百一十七人，並上表勸進。衍固讓不得，四月卽位，改元天監。在位四十八年。其後侯景作亂，憂憤以崩，年八十六。追尊為武皇帝，廟號高祖。衍生知淳孝，年六歲，母崩，水漿不入口三日，哭泣哀苦，有過成人。少而篤學，洞達儒玄；雖萬機多務，猶卷不輟手，燃燭側光，常至午夜。愛好文學，加以天情睿敏，下筆成章，千賦百詩，直疏便就，皆文質彬彬，超邁今古。常克儉於身，雖位至九尊，日止一食，膳無鮮腴，惟豆羹糲食而已。身衣布衣，木綿皁帳，一冠三載，一被二年。不飲酒，不聽音聲，非宗廟祭祀，大會饗宴及諸法事，未嘗作樂。不與人相見，雖覿內豎小臣，亦如遇大賓也。兼篤信正法，尤長釋典，製涅槃、大品、淨名、三慧諸經凡二百餘卷，所著文集亦百二十卷，今有梁武帝集輯本二卷，傳於世。

一〇一　丘遲（四六四—五〇八）

丘遲字希範，吳興烏程人。父靈鞠，有才名，仕齊官至太中大夫。遲八歲便屬文，黃門郎謝超宗，徵士何點並見而異之。及長，州辟從事，舉秀才，除太學博士，遷大司馬行參軍，累遷殿中郎，車騎錄事參軍。武帝平京邑，霸府開，引為驃騎主簿，甚被禮遇。時勸進梁王及殊禮，皆遲文也。武帝踐阼，拜散騎侍郎，俄遷中書郎，領吳興邑中正，待詔文德殿。武帝著連珠，羣臣繼作者數十人，遲文最美。天監三年，出為永嘉太守，在郡不稱職，為有司所糾，帝愛其才，寢其奏。四年，臨川王宏北伐，遲爲諮議參軍，領記室。時陳伯之在北，與魏軍來距，遲以書喻之，伯之遂降。還拜中書郎，遷司徒從事中郎。七年卒官，年四十五。遲詩文並重於時，文詞秀麗，今有丘中郎集輯本一卷，傳於世。

一〇二　王僧孺（四六五—五二二）

王僧孺字僧孺，東海郯人。祖准，宋司徒左長史。僧孺年五歲，讀孝經。六歲能屬文。既長好學，家貧，常傭書以養母。仕齊，起家王國左長侍太學博士。尚書僕射王晏深相賞好。晏爲丹陽尹，召補郡功曹，使僧孺撰東宮新記。遷大司馬豫章王行參軍，兼太學博士。竟陵王子良開西邸，招文學，僧孺亦遊焉。建武初，有詔舉士，揚州刺史始安王遙光表薦，除尚書儀曹郎，遷治書御史，出爲唐令。梁天監初，除臨川王後軍記室參軍，待詔文德省，尋出爲南海太守。視事朞月，有詔徵還，拜中書郎，領著作。俄除游擊將軍，兼御史中丞。是時武帝製春景明志詩五百字，敕在朝之人沈約已下同作，帝以僧孺詩爲工。遷少府卿，除尚書吏部郎，出爲仁威南康王長史，被謗解府。久之，起爲安西安成王參軍，入直西省，知撰譜事。普通三年卒，年五十八。僧孺好墳籍，聚書至萬卷，率多異本，與沈約、任昉家書相埒。少篤志精力，於書無所不觀，其文麗逸，多用新事，人所未見者，世重其富。所著今有王左丞集輯本一卷，傳於世。

一〇三　王融（四六八—四九四）

王融字元長，琅邪臨沂人。父道琰，廬陵內史。母臨川太守謝惠宣女，教融書學。融少而神明警惠，博涉有文才，舉秀才。晉安王南中郎板行參軍，坐公事免。竟陵王司徒板法曹行參軍，遷太子舍人。融以父官不通，弱年便欲紹興家業，啓齊武帝，求自試。帝覽其奏，大賞之，遷祕書丞。尋遷丹陽丞、中書郎。永明元年，帝幸芳林園禊宴朝臣，使融爲曲水詩序，文藻富麗，當世稱之。帝以融才辯，十一年使兼主客，接虜使。會虜動，竟陵王子良於東府募人，板融寧朔將軍軍主。融文辭辯捷，尤善倉卒屬綴，有所造作，援筆可待。子良特相友好，情分殊常。晚節大習騎馬，藉子良之勢，傾意賓客。武帝疾篤暫絕，融服絳衫於中書省閤口斷東宮仗不得進，欲立子良。帝既蘇，太孫入殿，朝事委明帝。即位十餘日，收融下廷尉獄，詔於獄賜死，年二十七。融臨死歎曰：「我若不爲百歲老母，當吐一言。」融意欲指斥帝在東宮時過失也。融嘗請救於子良，子良憂懼不敢救。融嘗謂宮商與二儀俱生，常欲進知音論，未就。是則永明體宮商之論，實發於融，而成於沈約。所著今有王寧朔集輯本一卷，傳於世。

一〇四　吳均（四六九—五二〇）

吳均字叔庠，吳興故鄣人，家世寒賤。至均好學有俊才。沈約嘗見均文，頗相稱賞。梁天監初，柳惲爲吳興，召補主簿，日引與賦詩。建安王偉爲揚州，引兼記室，掌文翰。王遷江州，補國侍郎，兼府城局。還除奉朝請。先是，均表求撰齊春秋，書成奏之。武帝以其書不實，使中書舍人劉之遴詰問數條，竟支離無對。敕付省焚之，坐免職。尋有敕召見，撰通史，起三皇，迄齊代。均草本紀、世家，功已畢，唯列傳未就。普通元年卒，年五十二。均文體淸拔，有大氣，好事者或斅之，謂爲「吳均體」。著有齊春秋三十卷，後漢書注九十卷。今有吳朝請集輯本一卷，傳於世。

一〇五　何遜

何遜字仲言，東海郯人。曾祖承天，宋御史中丞。遜八歲能賦詩。弱冠，州舉秀才。南鄉范雲見其對策，大相稱賞，因結忘年交好。自是一文一詠，雲輒嗟賞，謂所親曰：「頃觀文人，質則過儒，麗則傷俗；其能含淸濁，中今古，見之何生矣。」梁天監中，起家奉朝請，遷中衞建安王水曹行參軍，兼記室。王愛文學之士，日與遊宴，及遷江州，遜猶掌書記。還爲安西安成王參軍事，兼尙書水部郎。尋除仁威廬陵王記室，復隨府江州，未幾卒。遜文章與劉孝綽並見重於世，世謂之「何劉」。元帝著論論之曰：「詩多而能者沈約，少而能者謝朓、何遜。」沈約亦愛其文，嘗謂遜曰：「吾每讀卿詩，一日三復，猶不能已。」其爲名流推重若此。當時王僧孺集其文爲八卷。今有何記室集輯本一卷，傳於世。

一〇六　陸倕（四七〇—五二六）

陸倕字佐公，吳郡吳人。父慧曉，齊太常卿。倕少勤學，善屬文。於宅內起兩間茅屋，杜絕往來，晝夜讀書。如此者數載，所讀一遍，必誦於口。嘗借人漢書，失五行志四卷，乃暗寫還之，略無遺脫。幼爲外祖張岱所異，岱嘗謂諸子曰：「此兒汝家之陽元也。」十七舉本州秀才，刺史竟陵王子良開西邸，延英俊，倕亦預焉，辟議曹從事參軍，廬陵王法曹行參軍。梁天監初為右軍安成王外兵參軍，轉主簿。遷驃騎臨川王東曹掾。是時禮樂制度多所創革，武帝雅愛倕才，乃敕撰新漏刻銘，其文甚美。遷太子中舍人，管東宮書記。又詔為石闕銘記，奏之，敕稱辭義典雅，并賜絹三十匹。遷太子庶子，國子博士。尋為中書侍郎，吏部郎參選事。出為雲麾晉安王長史，晉陽太守，行江州府州事。又為中庶子，加給事中，揚州大中正。守太常卿，中正如故。普通七年卒，年五十七。倕與樂安任昉友善，為感知己賦以贈昉，昉亦報之。稱其文為「文過而意深理勝而辭縟。」簡文帝亦謂其為文章之冠冕，述作之楷模，與任昉並重。著有文集二十卷行世，今多散佚。

一〇七　殷芸（四七一—五二九）

殷芸字灌蔬，陳郡長平人。幼穎悟，廬江何憲見之，深相歎賞。齊永明中，為宜都王行參軍。梁天監初，為西中郎主簿，後軍臨川王記室。七年，遷通直散騎侍郎，兼中書通事舍人。十年，除通直散騎侍郎兼尚書左丞，又兼中書舍人。遷國子博士，昭明太子侍讀，西中郎豫章王長史，領丹陽尹丞，累遷通直散騎常侍，祕書監，司徒左長史。普通六年，直東宮學士省。大通三年卒，年五十九。芸性倜儻，不拘細行，然不妄交遊，門無雜客。勵精勤學，博洽羣書。嘗撰小說三十卷，至隋僅存十卷，今則散見於續談助及說郛中。

一〇八　徐摛（四七三—五五〇）

徐摛字士秀，東海郯人。父超之，梁初仕至員外散騎常侍。摛幼而好學，及長，遍覽經史。起家太學博士，遷左衞司馬。會晉安王出戍石頭，以摛爲侍讀。後王出鎭江州，仍補雲麾府記室參軍。王爲丹陽尹，摛爲秣陵令。大通初，王總戎北伐，以摛爲寧蠻府長史，參贊戎政。敎令軍書，多自摛出。王入爲皇太子，轉家令，兼掌管記，尋帶領直。武帝召見，摛應對明敏，辭義可觀，甚加歎異。自是出入兩宮，寵遇日隆。領軍朱异忌之，因白武帝謂摛年老，又愛泉石，意在一郡，以自怡養。武帝乃召摛曰：「新安大好山水，任昉等並經爲之，卿爲我臥治此郡。」大通三年，遂出爲新安太守。秩滿，還爲中庶子，加戎昭將軍，除太子左衞率。及侯景攻陷臺城，時簡文帝居永福省，賊衆奔入，舉兵上殿，侍衞奔散，莫有存者。摛獨嶷然侍立不動，徐謂景曰：「侯公當以禮見，何得如此？」凶威遂折，侯景乃拜，由是常憚摛。簡文帝嗣位，進授左衞將軍，固辭不拜。帝後被幽閉，摛不獲朝謁，因感氣疾而卒，年七十八。摛屬文好爲新變，不拘舊體。其在宮中，文體既別，春坊盡學之，「宮體」之號，自斯而起。所著今多散佚。

一〇九　庾肩吾

庾肩吾字子慎，南陽新野人。八歲能賦詩，特爲兄於陵所友愛。初爲晉安王國常侍，仍遷王宣惠府行參軍。自是每王徙鎭，肩吾常隨府歷王府中郎，雲麾參軍，並兼記室參軍。中大通三年，王爲皇太子，兼東宮通事舍人，除安西湘東王錄事參軍。俄以本官領荆州大中正。累遷中錄事，諮議參軍，太子率更令，中庶子。初簡文帝在藩，雅好文章士，時肩吾與東海徐摛，吳郡陸杲，彭城劉遵，劉孝儀，儀弟孝威，同被賞接。及居東宮，又開文德省，置學士，肩吾子信，摛子陵，吳郡張長公，北地傅弘，東海鮑至等，充其選。及帝卽位，以肩吾爲度支尚書。時侯景寇陷京都，上流諸藩，並據州拒景。景矯詔遣肩吾使江州，喩當陽公大心。大心尋舉州降賊，肩吾逃入建昌。久之，方得赴江陵。未幾卒。齊永明中，文士王融、謝朓、沈約文章，始用四聲，以爲新變。至肩吾轉拘聲韻，彌尙麗靡，復踰於往時。今有庾度支集輯本一卷，傳於世。

一一〇　蕭琛（四七八—五二九）

蕭琛字彥瑜，南蘭陵人。父惠訓，太中大夫。琛數歲，從伯惠開撫其背曰：「必興吾宗。」琛少而朗悟，有縱橫才辯。起家齊太學博士。時王儉當朝，琛年少，未爲儉所識。負其才氣，欲候儉，時儉宴於樂遊苑，琛乃著虎皮靴，策桃枝杖，直造儉坐。儉與語大悅。儉爲丹陽尹，辟爲主簿。舉爲南徐州秀才，累遷司徒記室。永明九年，爲通直散騎侍郎。時魏遣李道固來使，齊帝讌之。琛於御筵舉酒勸道固。道固不受曰：「公庭無私禮，不容受勸。」琛徐答曰：「詩所謂雨我公田，遂及我私。」座者皆服，道固乃受琛酒。遷司徒右長史，出爲晉熙王長史，行南徐州事。還兼少府卿，尙書左丞。梁武帝定京邑，引爲驃騎諮議，領錄事。遷給事黃門侍郎。及卽位，遷庶子，出爲宣城太守，徵爲衞尉卿，俄遷員外散騎常侍。九年，出爲寧遠將軍平西長史，江夏太守。累遷南郡、東陽、吳興太守。琛頻莅大郡，不治產業，有闕則取，不以爲嫌。普通元年，徵爲宗正卿，徙度支尙書，轉祕書監，遷侍中。大通二年，爲金紫光祿大夫，加特進。中大通元年，爲雲麾將軍，晉陵太守，秩中二千石。以疾自解，改授侍中，特進金紫光祿大夫。卒年五十二。詔贈本官，加雲麾將軍，諡曰平子。琛常言少壯三好，音律、書、酒。年長以來，二事都廢，惟書籍不衰。與武帝在竟陵王西邸早相親狎，及帝即位，每朝讌接，以舊恩呼爲宗老。所著多已亡佚。

一一一　劉孝綽（四八一——五三九）

劉孝綽字孝綽，彭城人。本名冉。父繪，齊大司馬霸府從事中郎。孝綽幼聰敏，七歲能屬文。舅齊中書郎王融，深賞異之，常與同載適親友，號曰神童。融每言曰：「天下文章，若無我，當歸阿士。」阿士，孝綽小字也。繪齊世掌詔誥，孝綽年未志學，繪常使代草之。父黨沈約、任昉、范雲等聞其名，並命駕先造焉。昉尤相賞好。雲年長繪十餘歲，其子孝才，與孝綽年並十四五，便申伯季，命孝才拜之。梁天監初，起家著作佐郎，遷太子舍人，俄以本官兼尙書水部郎。武帝雅好蟲篆，時因宴幸，命沈約、任昉等言志賦詩，孝綽亦見引。嘗侍宴，於坐爲詩七首，帝極嗟賞，由是朝野改觀焉。尋除祕書丞。帝謂舍人周捨曰：「第一官當用第一人。」故以孝綽居此職。累遷安西驃騎諮議參軍，敕權知司徒右長史事。遷太府卿、太子僕，復掌東宮管記。時昭明太子好士愛文，孝綽與陳郡殷芸、吳郡陸倕、琅邪王筠、彭城到洽等，同見賓禮。

太子起樂賢堂，乃使畫工先圖孝綽焉。遷員外散騎常侍兼廷尉卿。初孝綽常鄙到洽文，洽銜之。及洽為御史中丞，孝綽適攜妾入官府，其母猶停私宅，遂劾奏之。武帝為隱其惡，坐免官。起為西中郎湘東王諮議，遷尚書吏部郎，坐受人絹一束，為餉者所訟，左遷信威臨賀王長史，頃之，遷祕書監。大同五年卒，年五十九。孝綽少有盛名，而仗氣負才，多所陵忽；有不合意，極言詆訾，由是多忤於物。辭藻為後進所宗，世重其文，每作一篇，朝成暮遍，好事者咸諷誦傳寫，流聞異域。所著今有劉祕書集輯本一卷，傳於世。

一一二　王筠（四八二—五五〇）

王筠字元禮，一字德柔，琅邪臨沂人。父楫，齊太中大夫。筠幼警寤，七歲能屬文。年十六，為芍藥賦甚美。及長，清靜好學，與從兄泰齊名。起家中軍臨川王行參軍，遷太子舍人，除尚書殿中郎。王氏過江以來，未有居郎署者，或勸逡巡不就，筠曰：「陸平原東南之秀，王文度獨步江東，吾得比蹤昔人，何所多恨！」乃欣然就職。尚書令沈約，當世辭宗，每見筠文，咨嗟吟詠，以為不逮也。累遷太子洗馬，中舍人，並掌東宮管記。昭明太子愛文學士，常與筠及劉孝綽、陸倕、到洽、殷芸等遊宴玄圃。太子獨執筠袖，撫孝綽肩而言曰：「所謂左把浮丘袖，右拍洪崖肩。」其見重如此。出為丹陽尹丞，北中郎諮議參軍，遷中書郎，奉敕製開善寺寶誌大師碑文，詞甚麗逸。中大通三年，昭明太子薨，敕為哀策文，復見嗟賞。俄為光祿大夫，遷雲騎將軍，司徒左長史。太清二年，侯景寇逼，筠時不入城。明年，簡文帝卽位，為太子詹事。筠舊宅爲賊所焚，乃寓居國子祭酒蕭子雲宅，夜忽有盜攻之，驚懼墜井卒，年六十九。家人十餘人，同遇害。筠狀貌寢小，長不滿六尺。性弘厚，不以藝能高人，而少擅才名，與劉孝綽見重當世。沈約嘗製郊居賦，構思積時，猶未都畢，乃要筠示其草。筠讀至雌霓（五激反）連蜷，約撫掌欣抃曰：「僕嘗恐人呼爲霓（五雞反）」次至墜石磓星，及冰懸埳而帶坻，筠皆擊節稱贊。約曰：「知音者希，眞賞殆絕，所以相要，政在此數句耳。」約又啓武帝曰：「晚來名家，唯見王筠獨步。」其見重若是。筠爲文能壓强韻，辭多婉美。自撰其文章，以一官爲一集，凡一百卷。今有王詹事集輯本一卷，傳於世。

一一三　蕭子顯（四八九—五三七）

蕭子顯字景陽，南蘭陵人，齊豫章文獻王第八子也。幼而聰慧，文獻王愛過諸子。七歲，封寧都縣侯。永元末，以王子例拜給事中。梁天監初，降爵爲子，累遷安西外兵，仁威記室參軍，司徒主簿，太尉錄事。啓撰齊史，書成，表奏之，詔付祕閣。累遷太子中舍人，建康令，邵陵王友，丹陽尹丞，中書郎，守宗正卿。出爲臨川內史，還除黃門郎。中大通二年，遷長兼侍中。武帝雅愛其才，又嘉其容止吐納，每御筵侍坐，偏顧訪焉。三年，以本官領國子博士。遷國子祭酒，又加侍中。五年，遷吏部尚書，侍中如故。簡文帝素重其爲人，在東宮時，每引與促宴。子顯嘗起更衣，帝謂坐客曰：「嘗聞異人間出，今日始知是蕭尚書。」其見重如此。大同三年，出爲仁威將軍，吳興太守。至郡未幾卒，年四十九。贈侍中中書令，謚曰驕，蓋子顯頗恃才傲物也。子顯負其才氣，及掌選，見九流賓客，不與交言，但舉扇一撝而已，故頗爲衣冠所竊恨。偉容貌，身長八尺。好學，工屬文。嘗著鴻序賦，尚書令沈約見而稱曰：「可謂得明道之高致，蓋幽通之流也。」體兼衆製，文備多方，頗爲好事所傳。所著有後漢書一百卷，齊書六十卷及文集二十卷，今除齊書外，餘罕傳世。

一一四　蕭統（五〇一—五三一）

蕭統字德施，南蘭陵人。梁武帝衍之長子也。母曰丁貴嬪。生而聰叡，三歲受孝經、論語。五歲遍讀五經，悉能諷誦。

蕭統

初武帝未有男，義師起後，始生統。既受禪，有司奏立儲副，天監元年十一月，遂立統爲皇太子。時統年幼，依舊居於內。五年五月，始出居東宮。八年九月，於壽安殿講孝經，盡通大義。講畢，親臨釋奠於國學。十四年正月，武帝臨軒，冠統於太極殿。舊制太子著遠遊冠，金蟬翠緌纓，至是加金博山。中大通三年寢疾，恐貽帝憂，敕參問，輒自力手書啓。及稍篤，左右欲啓聞，猶不許，曰：「云何令至尊知我如此惡？」因便嗚咽。四月薨，年三十一。武帝幸東宮，臨哭盡哀，詔斂以袞冕，謚曰昭明。統性仁孝，貴嬪有疾，還永福省朝夕侍疾，衣不解帶。及薨，步從喪還宮，至殯，水漿不入口，每哭輒慟絕。帝遣人勸之，始彊進飲食。體素壯，腰帶十圍，至是減削過半。明於庶事，纖毫必曉。每所奏有謬誤及巧妄，皆卽就辯析，示其可否，徐令改正，未嘗彈糾一人。平斷法獄，多所全宥，天下皆稱仁。性愛山水，於玄圃穿築，更立亭館，與朝士名素者遊其中。嘗泛舟後池，番禺侯軌盛稱此中宜奏女樂。統不答，詠左思招隱詩曰：「何必絲與竹，山水有清音。」侯慙而止。統寬和容衆，喜慍不形於色。引納才學之士，賞愛無倦。恆自討論篇籍，或與學士商榷古今，閒則繼以文章著述，率以爲常。於時東宮有書幾三萬卷，名才並集，文學之盛，晉、宋以後未之有也。今有昭明太子文集六卷及所選文選三十卷，傳於世。

一一五　蕭綱（五〇三—五五一）

蕭綱字世纘，小字六通，南蘭陵人。梁武帝衍第三子，昭明太子統之母弟也。幼而敏睿，識悟過人，六歲便屬文。武帝驚其早就，弗之信也，乃於御前面試，辭彩甚美，歎曰：「此子吾家之東阿！」既長，器宇寬弘，未嘗見慍喜。方頰豐下，鬚鬢如畫，眄睞則目光燭人。讀書十行俱下，九流百氏，經目必記。天監五年，封晉安王，食邑八千戶。八年爲雲麾將軍，領石頭戍軍事，量置佐吏。九年，遷使持節都督南北兗、青、徐、冀五州諸軍事，宣毅將軍，南兗州刺史。累遷荊、江、益、徐、雍、揚諸州刺史。中大通三年，昭明太子薨，立爲皇太子，移居東宮。太清三年，武帝崩，卽帝位，是爲簡文帝。明年改元大寶。時侯景作亂，景自進位相國，封二十郡。大寶二年，景遣衞尉卿彭儁、廂公王僧貴，率兵入殿，廢帝爲晉安王，幽於永福省。嬌為帝詔禪於豫章嗣王棟。十月，帝謂舍人殷不害曰：「吾昨夜夢吞土，卿試為我思之！」不害曰：「昔重耳餽塊，卒還晉國。陛下今夢，將符是乎！」及王偉等進觴於帝曰：「丞相以陛下憂憤既久，使臣上壽。」帝笑曰：「壽酒不得盡此乎？」於是並齎酒餚曲項琵琶與帝飲。帝知不免，乃盡酣曰：「不圖為樂一至於斯！」既醉寢，偉乃出，僧進土囊，王脩纂坐其上，於是遂崩，年四十九。元帝時，追崇為簡文皇帝，廟號太宗。綱自年十一，便能親庶務，歷試蕃政，所在有稱。及居監撫，多所弘宥，文案簿領，纖毫不可欺。引納文學之士，賞接無倦，恆討論篇籍，繼以文章。自稱七歲有詩癖，長而不倦。然傷於輕豔，當時號曰「宮體」。篇章辭賦，操筆立成。著有文集及昭明太子傳五卷，今有梁簡文集輯本二卷，傳於世。

一一六　魏收（五〇六—五七二）

魏收字伯起，小字佛助，鉅鹿下曲陽人。父子建，贈儀同定州刺史。收年十五，頗已屬文。及隨父赴邊，好習騎射，欲以武藝自達。滎陽鄭伯調之曰：「魏郎弄戟多少？」收慙，遂折節讀書。夏月坐板床，隨樹蔭諷誦。積年，板床為之銳減，而精力不輟。初仕魏，除太學博士。及爾朱榮於河陰濫害朝士，收亦在圍中，以日宴獲免。吏部尚書李神儁重其才學，奏授司徒記室參軍。永安三年，除北主客郎中。節閔帝立，妙簡近侍，詔試收為封禪書。收下筆便就，不立槀草，文將千言，所改無幾。時留黃門郎賈思同侍立，深奇之。遷散騎侍郎，尋勑典起居注，幷修國史，兼中書侍郎，時年二十六。孝武初，又詔收攝本職。帝嘗大發士卒，狩於嵩山之南，朝野嗟怨，收乃上南狩賦以諷焉。久之，除廣平王贊開府從事中郎，收不敢辭，乃爲庭竹賦以致己意。尋兼中書舍人。既而齊神武南上，帝西入關，收兼通直散騎常侍，副王昕使梁。昕風流文辯，收辭藻富逸，咸爲梁主所器重。收在館，遂買吳婢入館，其部下有買婢者，收亦喚取，遍行姦穢，人稱其才，而鄙其行。在途作聘遊賦，辭甚美盛。司馬子如薦收召赴晉陽，以爲中外府主簿，以受旨乖忤，頻被嫌責，加以箠楚，久不得志。其後求修國史，以崔暹言，兼散騎常侍，修國史。侯景叛入梁，寇南境，齊文襄時在晉陽，令收爲檄五十餘紙，不日而就。又檄梁朝，令送侯景。初夜執筆，三更便成，文過七紙，文襄善之。文襄崩，文宣如晉陽，令與黃門郎崔季舒、高德正等同掌機密，轉祕書監，兼著作郎。時齊將受禪，楊愔奏收置之別館，令撰禪代詔冊諸文。天保元年，除中書令，封富平縣子。二年，詔撰魏史。五年史成，以所撰非實，爲人所謗，衆口諠然，號爲穢史。帝重其才，不欲加罪。八年，除太子少傅。三臺成，收上皇居新殿臺賦，文甚壯麗，自邢邵已下，咸不逮焉。皇建元年，除中書監，兼侍中右光祿大夫。大寧元年，加開府。河清二年，兼右僕射。時帝於華林，別起玄洲苑，備山水臺觀之麗，詔於閣上畫收，其見重如此。始收與溫子昇、邢邵稍爲後進，邵既被疎，子昇又以罪幽死，收遂大被任用，獨步一時。武平三年薨，贈司空，尚書左僕射，謚文貞。收碩學大才，然性褊，不能達命體道。見當途貴遊，每以言色相悅，然提獎後輩，以名行爲先，浮華輕險之徒，雖有才能，弗重也。初河間邢子才，與收並以文章顯世，稱「大邢小魏」。收既輕疾，好聲樂，善胡舞。文宣末數於東山與諸優爲獼猴與狗鬭，帝寵狎之。既緣史筆，多憾於人，齊亡之歲，收冢被發，棄其骨於外。所著今有魏特進集輯本一卷，傳於世。

一一七　徐陵（五〇七—五八三）

徐陵字孝穆，東海郯人。梁戎昭將軍摛之子也。母臧氏，嘗夢五色雲化而爲鳳，集左肩上，已而誕陵焉。時寶誌上人者，世稱其有道，陵年數歲，家人攜以候之，寶誌手摩其頂曰：「天上石麒麟也！」陵八歲能屬文，十二通莊、老義。既長，博涉史籍，縱橫有口辯。梁普通二年，摛爲晉安王諮議，王又引陵參軍事。大通二年，王立爲皇太子，陵爲東宮學士。遷尚書度支郎，通直散騎侍郎。太淸二年使魏，魏人授館宴賓，是日甚熱，其主客魏收嘲陵曰：「今日之熱，當由徐常侍來。」陵即答曰：「昔王肅至此，爲魏始制禮儀；今我來聘，使卿復知寒暑。」收大慙。及侯景寇京師，摛先在圍城之內，陵不奉家信，便蔬食布衣，若居憂恤。會齊受魏禪，梁元帝承制於江陵，復通使於齊，陵累求復命，終拘留不遣。及江陵陷，齊送貞陽侯蕭淵明爲梁嗣，乃遣陵隨還。其年陳武帝入討，以陵爲貞威將軍，尚書左丞。紹泰二年，又使於齊。武帝受禪，加散騎常侍。當時文檄軍書，及禪授詔策，皆陵所製。天康元年，遷吏部尚書，領大著作。太建二年，除尚書左僕射。及克淮南數十州，以陵奏用得人，加侍中。時陵年已老，累表求致仕，帝亦優之。後主即位，遷左光祿大夫，太子少傅。至德元年卒，年七十七。贈鎭右將軍，侍中，左光祿大夫，謚曰章。陵器局深遠，容止可觀，性又淸簡，無所營樹，祿俸與親族共之，家尋致乏絕，府僚怪而問其故，陵曰：「我有車牛衣裳可賣，餘家有可賣不？」其周給如此。目有靑睛，時人以爲聰慧之相也。其文頗變舊體，緝裁巧密，多有新意，爲一代文宗。與庾信齊名，世號「徐庾體」。著有文集三十卷，後入編爲徐孝穆集六卷，及選梁以前詩爲玉臺新詠十卷，今並傳於世。

一一八　蕭繹（五〇八—五五四）

蕭繹字世誠，小字七符，南蘭陵人，梁武帝衍第七子也。幼聰悟俊朗，天才英發。五歲，武帝問汝讀何書，對曰：「能誦曲禮。」武帝曰：「汝試言之！」即誦上篇，左右莫不驚嘆。初生患眼，帝自下意治之，遂盲一目，彌加愍愛。天監十三年，封湘東郡王，邑二千戶。初爲寧遠將軍，會稽太守，入爲侍中宣威將軍，丹陽尹。太清元年，徙鎭西將軍，荊州刺史。三年侯景寇沒京師，太子舍人蕭歆至江陵，宣密詔以繹爲侍中。大寶二年，簡文帝崩，皇太子被害，尙書令長寧縣侯王僧辯奉表勸繹受位。繹固讓，王僧辯又奉牋勸進。繹以討逆爲先，乃馳檄四方，討伐侯景。三年平侯景，傳其首於江陵。時四方征鎭王公卿士，復勸繹卽尊號，猶謙讓未許。表三上，乃從之，是爲元帝，改元承聖，卽大寶三年冬十一月也。三年，魏軍大舉進攻，帝出枇杷門親臨陣督戰。是年十二月，帝被害，遂崩焉，年四十七。明年四月，追尊爲孝元皇帝，廟曰世祖。繹幼好學，長則博綜羣書，下筆成章，出言爲論，才辯敏速，冠絕一時。武帝嘗問曰：「孫策昔在江東，於時年幾？」答曰：「十七。」帝曰：「正是汝年。」性不好聲色，頗有高名，與裴子野、劉顯、蕭子雲、張纘及當時才秀爲布衣之交。在潯陽夢人曰：「天下將亂，王必維之。」又背生黑子，巫媼見曰：「此大貴兆，當不可言。」及太清之難，遂膺寶命矣。所著今有梁元帝集輯本二卷傳於世。

一一九　庾信（五一三—五八一）

庾信字子山，南陽新野人。梁散騎常侍肩吾之子也。信幼而俊邁，聰敏絕倫。起家湘東國常侍，轉安南府參軍。時肩吾爲梁太子中庶子，掌管記。東海徐摛爲左衛率，摛子陵及信並爲抄撰學士。父子在東宮，出入禁闥，恩禮莫與比隆。累遷尚書度支郎中，通直散騎常侍，東宮學士。侯景作亂，梁簡文帝命信率宮中文武千餘人相禦，及陷，奔於江陵。元帝時，除御史中丞，封武康縣侯。周師南伐，聘於周，遂留長安，拜使持節撫軍將軍，右金紫光祿大夫，大都督。孝閔帝踐阼，封臨淸縣子，邑五百戶。遷驃騎大將軍，開府儀同三司，進爵義城縣侯。時周、陳通好，陳請王褒及信等還國，武帝並留不遣。當時明、武二帝雅好文學，信特蒙恩禮。至於趙、滕諸王，周旋款至，有若布衣之交。羣公碑誌，多相請託。雖位望通顯，常有鄉關之思，乃作哀江南賦以致其意。大象初，以疾去職，卒，隋文帝深悼之，贈本官，加荊、淮二州刺史。信身長八尺，腰帶十圍，容止頹然，有過人者。與徐陵既有盛才，文並綺豔，故世號「徐庾體」。當時後進，競相模範，每有一文，京都莫不傳誦。蓋其文發源於宋末，盛行於梁季。其體以淫放爲本，其詞以輕險爲宗，故能誇目侈於紅紫，蕩心逾於鄭、衛。著有文集二十卷，後人編爲庾子山集十六卷，今傳於世。

一二〇　王褒

王褒字子淵，琅邪臨沂人。父規，梁侍中，左民尚書。褒識量淵通，志懷沉靜，美風姿，善談笑。博覽史傳，尤工屬文。梁武帝愛其才藝，遂以弟鄱陽王恢之女妻之。起家祕書郎，轉太子舍人，襲封南昌縣侯。元帝與褒有舊，相得甚歡，及嗣位，拜為侍中。累遷吏部尚書，左僕射。褒既世冑名家，文學優贍，當時咸相推挹，故旬月之間，位升端右，寵遇日隆。而褒愈自謙虛，不以位地矜人，時論稱之。周師征江陵，元帝授褒都督城西諸軍事。城陷，褒從元帝入子城固守，俄而從帝出降。柱國于謹甚禮之。既至長安，周文帝授褒為車騎大將軍，儀同三司。常從容上席，賚餼甚厚。孝閔帝踐阼，封石泉縣子，邑三百戶。明帝即位，篤好文學，與庾信才名最高，特加親待。尋加開府儀同三司。建德以後，頗參朝議，凡大詔冊，皆令褒具草。東宮既建，授太子少保。遷小司空，仍掌綸誥。尋出為宣州刺史，卒於位，年六十四。褒與庾信均以楚才晉用，鬱不得志。原為齊、梁正體，既事北朝，作風大變，由浮豔虛誇而為沈鬱深刻。今有王司空集輯本一卷，傳於世。

一二一 沈炯

沈炯字禮明，吳興武康人。父續，梁王府記室參軍。炯少有儁才，為當時所重。釋褐王國常侍，遷為尚書左民侍郎，出為吳令。侯景之難，吳郡太守袁君正入援京師，以炯監郡。京城陷，景將宋子仙據吳興，遣使召炯，委以書記之任。炯固辭以疾，子仙怒，命斬之。炯解衣將就戮，礙於路間桑樹，乃更牽往他所，或遽救之，僅而獲免。子仙愛其才，終逼之令掌書記。及子仙為王僧辯所敗，僧辯素聞其名，於軍中購得之，酬所獲者鐵錢十萬。自是羽檄軍書，皆出於炯。及簡文遇害，四方岳牧皆上表於江陵勸進。僧辯令炯製表，其文甚工，當時莫有逮者。陳霸先南下，與僧辯會於白茅灣，登壇設盟，炯爲其文。及侯景東奔至吳郡，獲炯妻虞氏子行簡並殺之。元帝愍之，特封原鄉縣侯，邑五百戶。僧辯爲司徒，以炯爲從事中郎。荊州陷，爲西魏所虜，魏人甚禮之，授炯儀同三司。炯以母老在東，恆思歸國，恐魏人愛其文才而留之，恆閉門却掃，無所交遊。時有文章，隨卽棄毀，不令流布。嘗獨行經漢武通天臺，爲表奏之，陳以思歸之意。少日獲歸，除御史中丞。陳武帝受禪，加通直散騎常侍。以母老，表請歸養，詔不許。文帝嗣位，會王琳入寇，帝欲使炯因是立功，乃解中丞，加明威將軍，遣還鄉里，收合徒衆。以疾卒，年五十九。贈侍中，謚曰恭子。炯以辭賦見長，所作歸魂賦，寫梁末喪亂，至爲淒楚。所著今有沈侍中集輯本一卷，傳於世。

一二二　江總（五一九—五九四）

江總字總持，濟陽考城人，晉散騎常侍統之十世孫也。七歲而孤，依於外氏。幼聰敏，有至性。舅吳平光侯蕭勱，名重當時，特所鍾愛，嘗謂總曰：「爾操行殊異，神采英拔，後之知名，當出吾右。」及長，篤學有辭采。家傳賜書數千卷，總晝夜尋讀，未嘗輟手。年十八，解褐宣惠武陵王府法曹參軍。除丹陽尹何敬容府主簿，遷尚書殿中郎。梁武帝撰正言始畢，製述懷詩，總預同此作。帝覽總詩，深降嗟賞，仍轉侍郎。時范陽張纘，琅邪王筠，南陽劉之遴，並高才碩學，總時年少有名，纘等雅相推重，爲忘年交。遷太子洗馬，轉太子中舍人。侯景寇京都，詔兼太常卿，守小廟。臺城陷，總避難崎嶇，累年至會稽郡，憩於龍華寺，乃製修心賦。總第九舅蕭勃，先據廣州，因往依焉。及侯景平，元帝徵爲明威將軍，以江陵陷，遂不行，自是流寓嶺南積歲。陳天嘉四年，以中書侍郎徵還朝直侍中省。遷左民尚書，轉太子詹事。以與太子爲長夜之飲，養良娣陳氏爲女，太子微行總舍，上怒免之。尋爲侍中，領左驍騎將軍，遷太常郎。後主卽位，除祠部尚書，尋遷尚書僕射。至德四年，加宣惠將軍，尋授尚書令。禎明二年，進號中權將軍。京城陷，入隋，爲上開府。開皇十四年卒於江都，年七十六。總歷升清顯，備位朝列，不邀世利，不涉權幸。篤於行義，寬和溫裕。好學能文，於五七言尤善，然傷於浮豔，故爲後主所愛幸。多有側篇，好事者相傳諷翫。後主之世，總當權宰，不持政務，但日與後主遊宴後庭。共陳暄、孔範、王瑗等十餘人，當時謂之狎客。由是國政日頹，綱紀不立，言者輒罪斥之。所著今有江令君集輯本二卷，傳於世。

一二三　陰鏗

陰鏗字子堅，武威姑臧人。父子春，仕梁，以討侯景卒於軍中。鏗博涉史傳，爲當時所重。初爲梁湘東王法曹行參軍。鏗嘗與賓客宴飲，見行觴者，因回酒炙以授之，衆坐皆笑。鏗曰：「吾儕終日酣酒，而執爵者不知其味，非人情也。」及侯景之亂，鏗嘗爲賊擒，或救之獲免。鏗問之，乃前所行觴者。陳天嘉中，爲始興王中錄事參軍。文帝嘗宴羣臣賦詩，徐陵言之，帝卽日召鏗預宴，使賦新成安樂宮。鏗援筆立就，帝甚歎賞之。累遷晉陵太守，員外散騎常侍。頃之卒。鏗才情淵博，李白、杜甫皆推尊之。杜詩云：「頗學陰、何苦用心。」蓋其詩深中情理，非輕易草率者可比。尤善五言詩。所著詩篇、今多失傳。

一二四　張正見

張正見字見賾，清河東武城人。祖蓋之，魏散騎常侍，渤海、長樂二郡大守。父修禮，魏散騎侍郎，歸梁，仍拜本職，遷懷方太守。正見幼好學有清才，梁簡文在東宮，正見年十三，獻頌，簡文深贊賞之。簡文雅尙學業，每自升座說經，正見嘗預講筵，請決疑義，吐納和順，進退詳雅，四座咸屬目焉。太清初，射策高第，除邵陵王國左常侍。元帝卽位，拜通直散騎侍郎，遷彭澤令。屬梁季喪亂，避地於匡俗山。時焦僧度擁衆自保，遣使請交，正見懼之，遂辭延納，然以禮法自持，僧度亦雅相敬憚。陳武帝受禪，詔正見還都，除鎭東鄱陽王府墨曹行參軍，兼衡陽王府長史，歷宜都王限外記室，撰史著士，帶尋陽郡丞。遷尙書度支郎，通直散騎侍郎，著士如故。太建中卒，時年四十九。正見爲詩，頗嚴守律法，尤善於五言詩，爲當時所重。所著今有張散騎集輯本二卷，傳於世。

一二五　顏之推（五三一—五九一）

顏之推字介，琅邪臨沂人。父勰，梁湘東王繹鎭西府諮議參軍。世善周官左氏學。之推早傳家業，年十二，值繹自講莊、老，便預門徒。虛談非其所好，還習禮傳。繹以爲其國左常侍，加鎭西墨曹參軍。繹遣世子方諸出鎭郢州，以之推掌管記。值侯景陷郢州，頻欲殺之，賴其行臺郎中王則以獲免，被囚送建業。景平，還江陵，時繹已自立，以之推爲散騎侍郎，奏舍人事。後爲周軍所破，大將軍李穆重之，薦往弘農，令掌其兄陽平公慶遠書翰。值河水暴長，具舡將妻子奔北齊，經砥柱之險，時人稱其勇決。北齊文宣見而悅之，卽除奉朝請，引於內館中，侍從左右，頗被顧眄。天保末，從至天池，以爲中書舍人，令中書郎段孝信將敕書出示之推，之推營外飲酒，由是遂寢。河清末，待詔文林館，除司徒錄事參軍。遷通直散騎常侍，俄領中書舍人。善於文字，監校繕寫，處事勤敏，號爲稱職。帝甚加恩接，顧遇逾厚，爲勳要所嫉，常欲害之。及周兵陷晉陽，帝輕騎還鄴，窘急計無所從，之推勸投陳國。帝不從，然猶以爲平原太守，令守河津。齊亡入周。大象末爲御史上士。隋開皇中，太子召爲學士，甚見禮重。尋以疾終。之推好飲酒，多任縱，不修邊幅，時論以此少之。聰穎機悟，博識有才辯。文致淸遠，詞情典麗。文多失傳，惟顏氏家訓二十篇，今傳於世。

一二六　陳叔寶（五五三—六〇四）

陳叔寶字元秀，小字黃奴，吳興長城人。陳宣帝頊之長子也。天嘉三年，立爲安成王世子。光大二年，爲太子中庶子，尋遷侍中。太建元年，立爲皇太子。十四年宣帝崩，叔寶卽皇帝位，是爲後主。明年，改元至德。旣卽位，日居深宮，不虞外難；荒於酒色，不恤政事。左右嬖佞珥貂者五十人，婦人美貌麗服巧態以從者千餘人。常使張貴妃、孔貴人等八人夾坐，江總、孔範等十人預宴，無復尊卑之序，號曰狎客。先令八婦人襞采箋，製五言詩，十客一時繼和，遲則罰酒。君臣酣飲，從夕達旦，以此爲常。更起臨春、結綺、望仙三閣，各高數十丈，連延數十間。其牕牖壁帶懸楣欄檻，皆以沈檀爲之。飾以金玉，間以珠翠。外施珠簾，內有寶牀寶帳。其服玩瑰麗，近古所未有。每微風暫至，香聞數里。其下積石爲山，引水爲池，雜植奇花異卉。後主自居臨春閣，貴妃張麗華居結綺閣，龔、孔二貴嬪居望仙閣，並複道交相往來。又有王、李二美人，張、薛二淑媛，袁昭儀、何婕妤、江修容，並有寵，迭遊其上。以宮人有文學者袁大捨等爲女學士，所賦詩歌，採其尤豔麗者，被以新聲。選宮女有容色者，以千百數，令習而歌之，分部迭進，持以爲樂。其曲有玉樹後庭花、臨春樂等，大略皆美諸妃嬪之容色。在位七年，宗戚縱橫，貨賂公行，文武解體，以至覆滅。初聞隋軍臨江，後主猶謂王氣在此，齊兵三渡至，周兵再渡至，無不摧沒，虜今來者，必自敗，仍奏伎縱酒如故。及隋軍入城，文武百官皆遁，尙書僕射袁憲勸後主端坐殿上，正色以待之。後主曰：「鋒及之下，未可交當，吾自有計。」乃逃於井以避禍。既而隋軍窺井，呼之，不應，欲下石，乃聞叫聲，以繩引之，驚其太重，及出，乃與張貴妃、孔貴人三人同乘而上。既被執，遂入長安。常耽酒醉，罕有醒時。隋文帝使人節其酒，既而曰：「任其性，不爾，何以過日！」自是與其子弟日飲一石。又常侍文帝宴飲賦詩。一日叔寶出，文帝目之曰：「此敗豈不由酒，將作詩工夫，何如思安時事！」以隋文帝仁壽四年卒，年五十二。追贈大將軍，封長城縣公，諡曰煬。後主愛好文學，雖身爲至尊，仍不以國事爲念，故甚爲後世所詬病。爲詩喜綺麗惻豔，俊俏飄逸，所謂靡靡之音，直亡國之兆也。所著今有陳後主集輯本一卷，傳於世。

隋代

一三七 盧思道

盧思道字子行，范陽人。父道亮隱居不仕。思道聰爽俊辯，通脫不羈。年十六，遇中山劉松。松爲人作碑銘，以示思道，思道讀之，多所不解，於是感激，閉戶讀書，師事河間邢子才。後思道復爲文以示劉松，松又不能甚解。思道乃喟然嘆曰：「學之有益，豈徒然哉？」因就魏收借異書，數年之間，才學兼著。齊天保中，魏史未出，思道先已誦之，由是大被笞辱。先後屢犯，因而不調。其後左僕射楊遵彥薦之於朝，解褐司空行參軍長兼員外散騎侍郎，直中書省。文宣帝崩，當朝文士各作挽歌十首，擇其善者而用之。魏收、陽休之等，不過得三首，唯思道獨得八首，故時人稱爲八米盧郎。歷太子舍人，司徒錄事參軍。每居官，多被譴辱。後以擅用庫錢，免歸於家。數年，復爲京畿主簿。周武帝平齊，授儀同三司。未幾，以母疾還鄉。遇同郡祖英伯及從兄昌期、宋護等，舉兵作亂，思道預焉。周遣宇文神舉討平之，罪當法，已在死中。神舉素聞其名，引出之，令作露布，思道援筆立成，文無加點。神舉嘉而宥之，後除掌教上士。隋文帝時爲丞相，遷武陽太守，非其好也，爲孤鴻賦以寄其情。開皇初，以母老表請解職，優詔許之。未幾，徵爲散騎侍郎，奏內史侍郎事。思道陳殿庭非杖罰之所，朝臣犯笞罪，請以贖論，上悉嘉納之。是歲卒，年五十二。思道自恃才地，多所陵轢，由是官塗淪滯。在長安時，與同輩陽休之等數人作聽蟬鳴篇，思道所爲，詞意清切，爲時人所重。所著今有盧武陽集輯本一卷，傳於世。

一二八　李德林（五三二—五九一）

李德林字公輔，博陵安平人。幼聰敏，年數歲誦左思蜀都賦，十餘日便度。高隆之見而嗟歎，遍告朝士云：「若假其年，必爲天下偉器。」鄴京人士多就宅觀之，月餘，日中車馬不絕。年十五，誦五經及古今文集，日數千言，俄而該博，無不通涉。善屬文辭，覈而理暢。魏收嘗對高隆之，謂其父曰：「賢子文筆，終當繼溫子昇。」年十六，遭父艱，自駕靈輿，反葬故里。時正嚴冬，單衰跣足，州里人物，由是慕之。德林居貧轗軻，母氏多疾，方留心典籍，無復宦情。其後母病稍愈，逼令仕進。任城王湝，爲定州刺史，重其才，召入州館。朝夕同遊，殆如師友，不爲君民禮焉。天保八年，入鄴舉秀才，王因遺書尚書令楊遵彥，力薦德林。遵彥卽命德林製讓尚書令表，援筆立成，不加治點，因大加賞異。遵彥銓衡深愼，選舉秀才，罕有甲科。德林射策五條，考皆爲上，授殿中將軍。非其所好，乃謝病歸。乾明初，遵彥奏追德林入議曹。長廣王作相，勅德林參掌機密。及王卽帝位，授奉朝請，寓直舍人省。丁母憂去職，勺飲不入口，五日，因發熱病，遍體生瘡，而哀泣不絕。周武帝時，授內史上士，詔誥格式，一以委之。宣帝大漸，屬隋文帝初受顧命，以德林爲丞相府屬，加儀同大將軍。未幾而三方構亂，指授兵略，皆與之參詳。及文帝登祚，詔策牋表璽書，皆德林之辭也。授內史令。以諫不可盡滅宇文氏事，文帝不悅，自是品位不加，唯依班例授上儀同，進爵爲子。自隋有天下，德林每贊平陳之計。待陳平，乃授德林柱國郡公。被姦人所譏，謂妄加父官，出爲湖州刺史，轉懷州刺史。在州逢亢旱，課民掘井溉田，空致勞擾，竟無補益，爲考司所貶，歲餘卒官，年六十一。贈大將軍，廉州刺史，諡曰文。德林美容儀，善談吐。齊天統中，兼中書侍郎，於賓館受國書。陳使江總目送之曰：「此卽河朔之英靈也。」其被人器重若是。少孤，未有字，魏收謂之曰：「識度天才，必至公輔，吾輒以此字卿。」遂以公輔爲字。旣以才學見知，及位望稍高，頗傷自任，爭名之徒，更相譖毀，所以運屬興王，功參佐命，十餘年間，竟不徙級。凡製文章，動行於世；或不知者，謂爲古人焉。著有文集八十卷，早多散佚，今罕傳於世。

一二九　薛道衡（五四〇—六〇九）

薛道衡字玄卿，河東汾陰人。父孝通，魏常山太守。道衡六歲而孤，專精好學。年十三，講左氏傳，見子產相鄭之功，作國僑贊，頗有詞致，見者奇之。其後才名益著，齊司州牧彭城王浟引爲兵曹從事。尚書左僕射楊遵彥，一代偉人，見而嗟賞，授奉朝請。武成作相，召爲記室。及卽位，累遷太尉府主簿。歲餘，兼散騎常侍，尋拜中書侍郎，仍參太子侍讀。隋文帝作相，從元帥梁睿擊王謙，攝陵州刺史。文帝受禪，除內史舍人。其年兼散騎常侍。八年伐陳，授淮南道行臺尚書吏部郎，兼掌文翰。後數歲，授內史侍郎，加上儀同三司。文帝善其稱職，於是進位上開府，賜物百段。仁壽中，楊素專掌朝政，道衡雅與素善。上不欲道衡久知機密，因出檢校襄州總管。煬帝卽位，轉潘州刺史。歲餘，上表求致仕。道衡旣至，上高祖文皇帝頌。帝覽之不悅，以其致美於先朝也。於是拜司隸大夫，將置之罪。道衡不悟。司隸刺史房彥謙素相善，知必及禍，勸之不聽。會議新令，久不能決，道衡謂朝士曰：「向使高熲不死，令決當久。」行人有奏之，帝怒曰：「汝憶高熲耶？」付執法者勘之。道衡自以非大過，促憲司早斷，暨於奏日，冀帝赦之；敕家人具饌，以備賓客來候者。及奏，帝令自盡，道衡殊不意，未能引訣。憲司重奏縊而殺之，年七十，天下冤之。道衡文雅縱橫，與當時范陽盧思道、安平李德林齊名。每至構文，必隱坐空齋，蹋壁而臥，聞戶外有人便怒，其沉思如此。所著今有薛司隸集輯本一卷，傳於世。

一三〇　楊廣（五六九—六一八）

楊廣一名英，小字阿麼，弘農華陰人，隋文帝堅第二子也。美姿儀，少敏慧，帝及后於諸子中特所鍾愛。在周以文帝勳，封雁門郡公。開皇元年，立爲晉王，拜柱國、幷州總管，時年十三。尋授武衛大將軍，進位上柱國、河北道行臺尚書令。文帝密令善相者來和徧視諸子。和曰：「晉王眉上雙骨隆起，貴不可言。」既而帝幸廣所居第，見樂器絃多斷絕，又有塵埃，若不用者，以爲不好聲妓，善之。廣尤自矯飾，當時稱爲仁孝。八年冬大舉伐陳，以廣爲行軍元帥。陳平，進位太尉。及太子勇廢，立廣爲皇太子。是後文帝每避暑仁壽宮，恆令廣監國。仁壽四年七月，文帝崩，廣立爲帝，是爲煬帝。明年，改元大業。廣既即位，負其富強之資，思逞無厭之欲，恃才矜己，傲狠明德，內懷險躁，外示凝簡，盛冠服以飾其姦，除諫官以掩其過。淫荒無度，法令滋章，屢動土木，人不堪命。自是海內騷然，匈奴有雁門之圍。時廣方遠遊江南，往而不反。於是相聚萑蒲，蝟毛而起。大則稱帝稱王，小則攻城剽邑。十三年，唐公李淵入京師，遙尊廣爲太上皇，立代王侑爲帝。明年，右屯衛將軍宇文化及等殺廣於江都宮，時年五十。廣好巡遊，以天下承平日久，士馬全盛，慨然慕秦皇、漢武之事，乃盛治宮室，窮極侈靡。而廣性多詭譎，所幸之處，不欲人知。每之一所，輒數道置頓，四海珍羞殊味，水陸必備焉。求市者無遠不至，郡縣官人，競為獻食。豐厚者進擢，疎儉者獲罪。東西遊幸，靡有定居。每以供費不給，逆收數年之賦。所至，唯與後宮流連沈湎，惟日不足。招迎姥媪，朝夕共肆醜言。又引少年，令與宮人穢亂，不軌不遜，以為娛樂。及盜賊蜂起，近臣互相掩蔽，不以實對；至於就擒，而猶未之寤也。廣好歌辭，雖不解音律，大製豔篇，辭極淫綺。每歲正朔，萬國來朝，留至十五日，於端門外建國寺內，綿亙八里，列為戲場。伎人皆衣錦繡繒綵。其歌舞者，多為婦人服，鳴環佩，飾以花毦者，殆三萬人。初課京兆、河南製此衣服，而兩京繒錦為盡。金石匏革之聲，聞數十里外。大列炬火，光燭天地。百戲之盛，振古無比。自是每年以為常。所著今有隋煬帝集輯本二卷，傳於世。

唐代

一三二　虞世南（五五八—六三八）

虞世南字伯施，越州餘姚人。性沈靜寡欲，與兄世基同受學於吳顧野王。十餘年精思不懈，至累旬不盥櫛。文章婉縟，慕僕射徐陵。陵自以類己，由是有名。陳天嘉中，父荔卒，世南毀不勝喪。文帝高荔行，知二子皆博學，遣使至其家護視，召爲建安王法曹參軍。世南雖服除，仍衣布飯蔬。至德初，除西陽王友。陳滅，與世基入隋。大業中，累至祕書郎。煬帝雖愛才，然疾峭正，弗甚用，爲七品，十年不徙。隋滅，太宗引爲府參軍，轉記室，遷太子中舍人。及太宗踐祚，拜員外散騎侍郎，弘文館學士。時世南已衰老，屢乞骸骨，不聽，遷太子右庶子。固辭，改祕書監，封永興縣子。世南貌儒謹，外若不勝衣，而中抗烈，論議持正。貞觀八年，進封縣公。帝常作宮體詩，使賡和。世南曰：「聖作誠工，然體非雅正。上之所好，下必有甚者。臣恐此詩一傳，天下風靡，不敢奉詔。」帝曰：「朕試卿

虞世南

耳。」賜帛五十匹。嘗命寫列女傳於屏風，於時無本，世南暗疏之，無一字謬。帝每稱其五絕，一曰德行，二曰忠直，三曰博學，四曰文詞，五曰書翰。十二年致仕，授銀青光祿大夫，弘文館學士如故，祿賜防閤視京官職事。尋卒，年八十一。詔陪葬昭陵，贈禮部尚書，謚曰文懿。帝爲詩一篇，述古興亡，既而歎曰：「鍾子期死，伯牙不復鼓琴；朕此詩將何所示耶？」敕起居郎褚遂良卽世南靈坐焚之。世南文辭淸勁，不及世基而贍博過之，有文集三十卷，褚亮爲之序，傳於世。

一三二　魏徵（五八〇—六四三）

魏徵字玄成，魏州曲城人。少孤落魄，棄貲產不營，有大志，通貫書術。隋亂，詭爲道士。武陽郡丞元寶藏擧兵應李密，以徵典書檄。密得寶藏書，輒稱善。既聞徵所爲，促召之。徵進十策說密，不能用。唐興，從密來降。久之未知名，自請安輯山東，乃授祕書丞，馳驛至黎陽，勸李勣歸唐，爲寶建德所獲，拜起居舍人。建德敗，與裴矩走入關，隱太子引爲洗馬。徵見秦王功高，陰勸太子早爲計。太子敗，王責謂曰：「爾鬩吾兄弟，奈何？」答曰：「太子蚤從徵言，不死今日之禍。」王器其直，無恨意。卽位，拜爲諫議大夫，封鉅鹿縣男。貞觀三年，以祕書監參豫朝政。十年，爲侍中尚書省，進左光祿大夫，鄭國公。嘗上十漸疏，以不克終爲戒。帝列爲屏障，庶朝夕見之，兼錄付史館，使垂萬世，因賜黃金十斤，馬二匹。是後右僕射缺，欲用徵，徵讓，得不拜。乃拜太子太師，徵又以疾辭。帝曰：「漢太子以四皓爲助，我賴公其義也；公雖臥，可擁全之。」十七年疾甚。徵家初無正寢，帝令輟小殿材爲營構，五日畢。幷賜素褥布被，以從其尚。帝親問疾，屏左右，語終

魏徵

日乃還。帝將以衡山公主降其子叔玉，時主亦從。帝曰：「公彊視新婦。」徵不能謝，夕晨卒。帝臨哭之慟，罷朝五日。太子舉哀西華堂，詔內外百官皆赴喪。贈司空，相州都督，謚曰文貞，陪葬昭陵。徵狀貌不逾中人，有志膽。每犯顏進諫，雖逢帝甚怒，神色不徙，而帝亦爲之霽威。嘗曰：「人言徵舉動疏慢，我但見其嫵媚。」帝嘗得佳鷂，自臂之，望見徵，匿懷中。徵奏事故久不已，鷂竟死懷中。當時帝遣令狐德棻、岑文本撰周史，孔穎達、許敬宗撰隋史，姚思廉撰梁陳史，李百藥撰齊史，徵爲總加撰定，多所損益，務存簡正。隋史序論皆徵所作；梁、陳、齊各爲總論，時稱良史。其詩最有風骨，剛雋慷慨，一洗六朝靡麗之習。有文集二十卷傳於世。

一三三　上官儀（？—六六四）

上官儀字游韶，陝州陝人。父弘，爲隋江都宮副監，大業末，爲陳稜所殺。時儀年幼，左右匿免，冒爲沙門服，寖工文詞，涉貫墳典。貞觀初，擢進士第，召授弘文館直學士。遷祕書郎。太宗每屬文，遣儀視稾。宴私未嘗不預，轉起居郎。高宗即位，爲祕書少監，進西臺侍郎，同東西臺三品。麟德元年，坐梁王忠事，下獄死，籍其家。初武后得志，遂牽制帝，專威福，帝不能堪，召儀與議。儀曰：「皇后專恣，海內失望，宜廢之以順人心。」帝使草詔，左右奔告后。后自申訴，帝乃悔。又恐后怨恚，乃曰：「上官儀教我。」后由是深惡儀。始忠爲陳王時，儀爲諮議，至是，許敬宗承后志構儀與忠謀大逆，禍遂以起。中宗時，追贈儀爲中書令、秦州都督、楚國公。儀工詩，其詞綺錯婉媚，及貴顯，人多效之，謂爲「上官體。」有文集三十卷，傳於世。

一三四　玄奘（五九六—六六四）

玄奘本姓陳，洛州偃師人。大業末出家，博涉經論，嘗謂翻譯者多有訛謬，故就西域廣求異本以參驗之。貞觀初，隨商人往遊西域。玄奘既辯博出羣，所在必爲講釋論難，蕃人遠近咸尊服之。在西域十七年，經歷五十六國，悉解其國言語。其間留守中印度摩竭提國之那爛陀寺凡五年，受業於那爛陀之大師戒賢，盡傳其瑜伽、順理、顯揚、對法諸論。畢業後，五印度諸王爭先供養，其共主戒日王爲玄奘特開辯學大會，後更遍遊諸國，採其山川謠俗土地所有，撰西域記十二卷。貞觀十九年，歸至京師。太宗見之，大悅，與之談論。於是詔將梵本六百五十七部於弘福寺翻譯，仍勅右僕射房玄齡、太子左庶子許敬宗廣召碩學沙門五十餘人，相助整比。高宗在宮，爲文德太后追福，造慈恩寺及翻經院。內出大幡，勅九部樂及京城諸寺幡蓋衆伎，送玄奘及所翻經像諸高僧等入住慈恩寺。顯慶元年，高宗又令左僕射于志寧，侍中許敬宗，中書令來濟、李義府、杜正倫，黃門侍郎薛元超等共潤色玄奘所定之經。國子博士范義碩，太子洗馬郭瑜，弘文館學士高若思等助加翻譯，凡成七十五部，奏上之後，以京城人衆競來禮謁，玄奘乃奏請逐靜翻譯，勅乃移於宜君山故玉華宮。麟德元年卒，時年六十九。歸葬於白鹿原，士女送葬者數萬人。玄奘自永徽改元後，專務翻譯，無棄寸陰。每日自主課程，若盡日有事不充，必乘夜以續，遇乙之後，方乃停筆，攝經已，復禮佛行道，三更暫眠，五更復起，讀誦梵本，朱點次第，擬明日所翻。其堅苦類如是。絕筆之時，距圓寂僅一月耳。今其所著譯，多傳於世。

寒山

一三五　寒山

寒山，不知其何許人。爲貞觀中天台廣興縣僧。縣西十里，有山深邃，當暑有雪，亦名寒巖，因自號曰寒山子。時往還國清寺，與管食堂僧拾得，甚相友善。拾得常收拾衆僧殘食菜滓，斷亙竹爲筒，投藏於內，俟其來，卽與之去，或廊下徐行，或時叫噪凌人，寺僧不能耐，以杖逼逐之。寒山乃翻身撫掌，呵呵而退。以樺皮爲冠，曳大木屐。所發言語，人皆難曉。時台州刺史閭丘胤，聞其賢，特往拜訪。既至寺，沙門道翹曰：「此人狂病，本居寒巖間，好吟詞偈，言語不常，或臧或否，終不可知。與寺行者拾得爲友，相聚言說，不可詳悉。」胤乃於灶間拜之。寒山驚曰：「大官何禮我耶？」遂往投寒巖，縮入巖石穴縫中，泯然而合，杳無縱跡。平素好爲詩，每得一篇一句，輒題於樹間石上。多述山林幽隱之興，或譏諷時態，警勵流俗。由道翹尋寒山平日於竹木石壁及人家廳壁所書，得三百餘首，爲寒山子集一卷，今傳於世。

一三六　王績（？—六四四）

王績字無功，絳州龍門人。性簡放，不喜拜揖。兄通，隋末大儒也。績與李播、呂才善。大業中，舉孝悌廉潔，授祕書省正字。不樂在朝，求爲六合丞，以嗜酒不任事。時天下亦亂，因劾，遂解去。歎曰：「網羅在天，吾且安之。」乃還鄉里。有田十六頃，在河渚間。仲長子光者，亦隱者也，老無妻子，結廬北渚，凡三十年，非其力不食。績愛其眞，徙與相近。子光瘖，未嘗交語，與對酌酒，懽甚。績有奴婢數人，種黍，春秋釀酒，養鳧鴈，蒔藥草自供。以周易、老子、莊子置牀頭，他書罕讀也。欲見兄弟，輒度河還家。游北山東皐，著書自號東皐子。乘牛經酒肆，留或數日。高祖武德初，以前官待詔門下省。故事，官給酒日三升，或問待詔何樂邪，答曰：「良醞可戀耳。」侍中陳叔達聞之，日給一斗，時稱「斗酒學士」。貞觀初，以疾罷。復調有司，時太樂署史焦革家善釀酒，績求爲丞，吏部以非流不許，績固請曰：「有深意。」竟除之。革死，妻送酒不絕。歲餘又死，績曰：「天不使我酣美酒邪！」棄官去。自是太樂丞為清職，追述革酒法為經。又采杜康、儀狄以來善酒者為譜。李淳風曰：「君酒家南董也。」所居東南有盤石，立杜康祠祭之，尊為師，以革配。著醉鄉記以次劉伶酒德頌。其飲至五斗不亂。人有以酒邀者，無貴賤輒往，著五斗先生傳。刺史崔喜悅之，請相見，答曰：「奈何坐召嚴君平邪？」卒不詣。杜之松，故人也，為刺史，請績講禮，答曰：「吾不能揖讓邦君門，談糟粕，棄醇醪也。」之松歲時贈以酒脯。豫知終日，命薄葬，自誌其墓。績之仕，以醉失職，鄉人靳之，託無心子以見趣。其自處如此。嘗撰隋書，未成而終。著有東皐子集，傳於世。

一三七　李嶠（六四四—七一三）

李嶠字巨山，趙州贊皇人。早孤，事母孝。為兒時，夢人遺雙筆，自是有文辭。十五通五經，二十擢進士第，始調安定尉。舉制策甲科，遷長安。時畿尉名文章者，駱賓王、劉光業，嶠最少，與等夷。授監察御史。高宗擊邕、巖二州叛獠，詔監其軍。嶠入洞喻降之，由是罷兵。稍遷給事中。武后時，知天官侍郎事，進麟臺少監，同鳳閣鸞臺平章事，遷鸞臺侍郎。會張錫輔政，嶠其出也，罷為成均祭酒，俄檢校文昌左丞，留守東都。長安三年，以本官復為平章事。武后將建大像於白司馬坂，嶠諫：造像雖俾浮屠輸錢，然非州縣承辦不能濟，是名雖不稅而實稅之。臣計天下編戶，貧弱者衆，有賣舍帖田供王役者。今造像錢積十七萬緡，若頒之窮人，家給千錢，則紓十七萬戶飢寒之苦，德無窮矣。不納。張易之敗，坐附會，貶豫州刺史。未行，改通州。數月，以吏部侍郎召，俄遷尚書。神龍二年，代韋安石爲中書令。三年，加修文館大學士，封趙國公。睿宗立，罷政事，下除懷州刺史。初、中宗崩，嶠嘗密請相王諸子，不宜留京師。及玄宗嗣位，獲其表宮中。或請誅之，張說曰：「嶠誠懵逆順，然爲當時謀，吠非其主，不可追罪。」天子亦顧數更赦，遂免，貶滁州別駕，聽隨子虔州刺史暢之官，改廬州別駕卒，年七十。嶠富才思，有所屬綴，人多傳諷。武后時，汜水獲瑞石，嶠爲御史，上皇符一篇，爲世譏薄。然其仕前與王勃、楊炯，接中與崔融、蘇味道齊名。晚諸人沒，而爲文章宿老，一時學者皆取法焉。著有文集五十卷，今多散佚。

一三八　杜審言（六四七—七〇六）

杜審言字必簡，襄州襄陽人。晉征南將軍預遠裔。擢進士，爲隰城尉。恃才高以傲世見疾。蘇味道爲天官侍郎，審言集判，出謂人曰：「味道必死。」人驚問故，答曰：「彼見吾判，且羞死。」又嘗語人曰：「吾文章當得屈、宋作衙官，吾筆當得王羲之北面。」其矜誕類此。累遷洛陽丞，坐事貶吉州司戶參軍。司馬周季重、司戶郭若訥構其罪，繫獄，將殺之。季重等酒酣，審言子幷年十三，袖刃刺季重於坐。左右殺幷，季重將死，曰：「審言有孝子，吾不知，若訥故誤我。」審言免官，還東都。後武后召審言，將用之，問曰：「卿喜否？」審言蹈舞謝。后令賦歡喜詩，歎重其文，授著作佐郎，遷膳部員外郎。神龍初，坐交通張易之，流峯州。入爲國子監主簿，修文館直學士卒。大學士李嶠等奏請加贈，詔贈著作郎。初、審言病甚，宋之問、武平一等省候何如，答曰：「甚爲造化小兒相苦，尙何言！然吾在，久壓公等；今且死，固大慰，但恨不見替人」云。少與李嶠、崔融、蘇味道爲「文章四友」，世號「崔、李、蘇、杜」。融之亡，審言爲服緦云。著有文集十卷，今不存，但傳詩四十餘篇而已。

一三九　王勃（六四七—六七五）

王勃字子安，絳州龍門人。六歲善文辭，九歲得顏師古注漢書讀之，作指瑕以擿其失。麟德初，劉祥道巡行關內，

王勃

勃上書自陳，祥道表於朝，對策高第。年未及冠，授朝散郎，數獻頌闕下。沛王聞其名，召署府修撰，論次平臺祕略，書成，王愛重之。是時諸王鬬雞，勃戲爲文檄英王雞。高宗怒曰：「是且交構！」斥出府。勃既廢，客劍南，嘗登葛憒山曠望，慨然思諸葛亮之功，賦詩見情。聞虢州多藥草，求補參軍。倚才陵藉，爲僚吏共嫉。官奴曹達抵罪，匿勃所，懼事洩，輒殺之。事覺當誅，會赦除名。父福畤，繇雍州司功參

軍，坐勃故，左遷交阯令。勃往省，度海溺水，痵而卒，年二十九。初道出鍾陵，九月九日，都督大宴滕王閣，宿命其壻作序以夸客。因出紙筆，徧請客，莫敢當。至勃，沆然不辭。都督怒，起更衣，遣吏伺其文，輒報。一再報，語益奇，乃矍然曰：「天才也！」請遂成文，極歡罷。勃屬文，初不精思，先磨墨數升，則酣飲，引被覆面臥，及寤，援筆成篇，不易一字。時人謂勃爲腹藁。尤喜著書。初，祖通，隋末居白牛溪，教授門人甚衆，嘗起漢、魏盡晉作書百二十篇，以續古尚書。後亡其序，有錄無書者十篇，勃補完缺逸，定著二十五篇。嘗謂人子不可不知醫，時長安曹元有祕術，往從之遊，盡得其要。著有王子安集三十卷，今輯爲十六卷傳於世。

楊炯

一四〇　楊炯（？—六九二）

楊炯，華陰人。幼聰敏博學，善屬文。舉神童，授校書郎，爲崇文館學士，遷詹事司直。俄坐從父弟神讓與徐敬業亂，出爲梓州司法參軍，遷盈川令。如意元年七月望日，宮中出盂蘭盆，分送佛寺。則天御洛南門，與百寮覩之，炯獻盂蘭盆賦，詞甚雅麗。炯至官，爲政殘酷。人吏動不如意，輒搒殺之。又所居府舍多進士亭臺，皆書牓額，爲之美名，大爲遠近所笑。無何卒官。中宗即位，以舊寮追贈著作郎。炯與王勃、盧照鄰、駱賓王以文詞齊名，海內稱爲「王楊盧駱」，號爲「四傑」。炯聞之，謂人曰：「吾愧在盧前，恥居王後。」當時議者，亦以爲然。其後崔融、李嶠、張說俱重四傑之文。張說曰：「楊盈川文思如懸河注水，酌之不竭，既優於盧，亦不減王。恥居王後，信然；愧在盧前，謙也。」炯爲文，好以古人姓名連用，如「張平子之略談，陸士衡之所記，潘安仁宜其陋矣，仲長統何足知之。」時人號爲「點鬼簿」。著有文集三十卷，今傳盈川集十卷於世。

盧照鄰

一四一　盧照鄰

盧照鄰字昇之，范陽人。十歲，從曹憲王義方授蒼雅。調鄧王府典籤，王愛重，謂人曰：「此吾之相如。」調新都尉。病去官，居太白山，得方士玄明膏餌之，會父喪號嘔，丹輒出，由是疾益甚。客東龍門山，布衣藜羹，裴瑾之、韋方質、范履冰等時時供衣藥。疾甚，足攣，一手又廢。乃去具茨山下，買園數十畝，疏潁水周舍，復豫爲墓，偃臥其中。自以當高宗時尙吏，己獨儒；武后尙法，己獨黃、老；后封嵩山，屢聘賢士，己已廢；著五悲文以自明。病既久，與親屬訣，自沈潁水，年四十。照鄰於病廢以後，嘗與洛陽文士乞藥借書，至每人求乞錢二千，其貧亦可想見。蓋文士之極坎坷者。故平生所作，大抵歡寡愁殷，有騷人之遺響，亦遭遇使然也。著有文集二十卷，今有盧昇之集七卷，幽憂子三卷傳於世。

一四二　駱賓王

駱賓王，義烏人。七歲能賦詩。初爲道王府屬，嘗使自言所能，賓王不答。歷武功主簿。嘗作帝京篇，當時以爲絕唱。

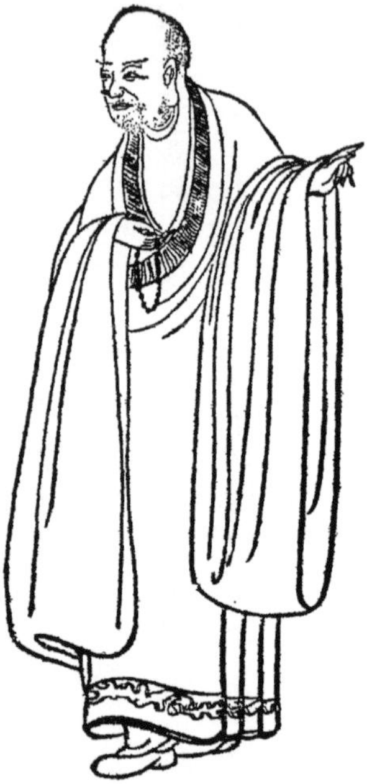

駱賓王

然落魄無行，好與博徒遊。裴行儉爲洮州總管，表掌出奏，不應。調長安主簿。武后時，數上疏言事，下除臨海丞。怏怏不得志，棄官去。徐敬業亂，署賓王爲府屬，爲敬業傳檄天下，斥武后罪。后讀，但嘻笑，至「一抔之土未乾，六尺之孤安在？」矍然曰：「誰爲之？」或以賓王對，后曰：「宰相安得失此人？」敬業敗，賓王亡命，不知所之。賓王爲文，好以數對，如「秦地重關一百二，漢家離宮三十六，」時號「算博士。」其文多散佚，中宗時，詔求其文，成駱賓王集十卷，傳於世。

一四三　蘇味道（六五〇—七〇七）

蘇味道，趙州欒城人。九歲能屬辭，與里人李嶠俱以文翰顯，時號「蘇李。」逮冠，州舉進士中第，累調咸陽尉。吏部侍郎裴行儉才之。會征突厥，引管書記。裴居道爲左金吾衞將軍，倩味道作章，攬筆而具，閑徹淸密，當時盛傳。延載中，以鳳閣舍人檢校侍郎，同鳳閣鸞臺平章事。歲餘爲眞。證聖元年，與張錫俱坐法，繫司刑獄。錫雖下吏，氣象自如，味道獨席地飯蔬，爲危惴可憐者。聖曆初，復以鳳閣侍郎，同鳳閣鸞臺三品。更葬其親，有詔州縣治喪事。味道因役庸過程，遂侵毀鄉人墓田。蕭至忠劾之，貶坊州刺史。張易之敗，坐黨附，貶眉州刺史。復遷蓋州長史，未就道卒，年五十八。贈冀州刺史。味道練臺閣故事，善占奏，然其爲相，特具位，未嘗有所發明，脂韋自營而已。常謂人曰：「決事不欲明白，誤則有悔，模稜持兩端可也。」故世號「模稜手。」所著有文集二十卷，傳於世。

一四四　崔融（六五三—七〇六）

崔融字安成，齊州全節人。擢八科高第，累補宮門丞，崇文館學士。中宗爲太子時，選侍讀，典東朝章疏。武后幸嵩高，見融銘啓母碣，歎美之。及已封，卽命銘朝覲碑，授著作佐郎。遷右史，進鳳閣舍人。因附張易之，貶袁州刺史，召授國子司業，與修武后實錄，勞封清河縣子。年五十四卒。贈衞州刺史，謚曰文。膳部員外郎杜審言，爲融所獎引，爲服緦麻。融爲文華婉，當時未有輩者。朝廷大事，多手敕委之。其洛出寶圖頌，尤工。撰武后哀冊，最高麗，絕筆而死，時謂思苦神竭云。有文集六十卷，今多散佚。

一四五　沈佺期（？—七一三）

沈佺期，字雲卿，相州內黃人。及進士第，由協律郎，累除給事中，考功受賄被劾，未究。會張易之敗，遂長流驩州。稍遷台州錄事參軍事。入計，召見，拜起居郎，兼修文館直學士。既侍宴，帝詔學士等舞回波，佺期爲弄辭悅帝，還賜牙緋。尋歷中書舍人，太子少詹事。佺期嘗以詩贈張說。說曰：「沈三兄詩，清麗須讓居第一也。」以是詩名大振。自魏建安迄江左，詩律屢變，至沈約、鮑照、庾信、徐陵，以音韻相婉附，屬對精緻。及佺期、之問，又加靡麗，迴忌聲病，約句準篇，著成格律，遂成近體。如錦繡爲文，學者宗之，號爲「沈宋體」。著有沈佺期集十卷，傳於世。

一四六　宋之問（？—七一二）

宋之問，字延清，一名少連，汾州人。偉儀貌，雄於辯。甫冠，武后召與楊炯分直習藝館，累轉尚方監丞，左奉宸內供奉。武后游洛南龍門，詔從臣賦詩。左史東方虬詩先成，后賜錦袍。之問俄頃獻，后覽之嗟賞，更奪袍以賜。於時張易之等烝昵寵甚，之問與閻朝隱、沈佺期、劉允濟，傾心媚附。易之所賦諸篇，盡之問、朝隱所爲，至爲易之奉溺器。及敗，貶瀧州。逃歸洛陽，匿張仲之家。會武三思復用事，仲之與王同皎謀殺三思安王室。之問得其實，令兄子曇與冉祖雍上急變，因丐贖罪。由是擢鴻臚主簿，天下醜其行。復媚太平公主。以知貢舉賄賂狼藉，下遷越州長史。頗自力爲政。窮歷剡溪山，置酒賦詩，流佈京師，人人傳諷。睿宗立，以獪險盈惡，詔流欽州。時祖雍亦流嶺南，並賜死。之問得詔，震汗，東西步，不引決。祖雍請使者曰：「之問有妻子，幸聽訣。」使者許之，而之問荒悸不能處家事。祖雍怒曰：「與公俱負國家，當死，奈何遲回邪？」乃飲食洗沐就死。之問爲人無行，頗爲後人所非議。相傳劉希夷爲之問之甥，嘗爲白頭翁詠云：「今年花落顏色改，明年花開復誰在？」既而自悔曰：「我此詩讖與石崇白首同所歸何所異。」乃更作一聯云：「年年歲歲花相似，歲歲年年人不同。」既而又歎曰：「此句復仍似向讖也。然死生有命，豈復由此！」即兩存之。詩成未周歲，即爲之問所害。之問爲詩，與沈佺期同，時號「沈宋體」。著有宋之問集十卷，傳於世。

一四七　陳子昂（六五六—六九八）

陳子昂字伯玉，梓州射洪人。十八未知書，以富家子尚氣，弋博自如。他日入鄉校，感悔，即痛修飭。文明初舉進士，武后奇其才，召見金華殿。子昂貌柔野，少威儀，而占對慷慨，擢麟臺正字，俄遷右衛冑曹參軍。后既稱帝，改號周，子昂上周受命頌以媚悅后。以母喪去官，服終，擢右拾遺。聖曆初，以父老表解官歸侍，詔以官供養。會父喪，廬冢次，每哀慟，聞者爲涕。縣令段簡貪暴，聞其富，欲害子昂。家人納錢二十萬緡，簡薄其賂，捕送獄中。子昂之見捕，自筮卦成，驚曰：「天命不祐，吾殆死乎！」果死獄中，年四十三。子昂資褊躁，然輕財好施，篤朋友，與陸餘慶、王無競、房融、崔泰之、盧藏用、趙元最厚。唐興，文章承徐、庾餘風，天下祖尙，子昂始變雅正。初爲感遇詩三十八章，王適曰：「是必爲海內文宗。」乃請交。子昂所論著，當世以爲法。大曆中，東川節度使李叔明爲立旌德碑於梓州。子昂初至京師，不爲人知，有賣胡琴者，價百萬，豪貴傳視無辨者。子昂突出顧左右，以千緡市之。衆驚問，答曰：「余善此樂。」皆曰：「可得聞乎？」曰：「明日可集宣陽里。」如期偕往，則酒肴畢具，置胡琴於前。食畢，捧琴語曰：「蜀人陳子昂，有文百軸，馳走京轂，碌碌塵土，不爲人知。此樂賤工之役，豈宜留心！」舉而碎之，以其文軸遍贈會者。一日之內，聲華溢都。著有陳伯玉集十卷，今傳於世。

一四八　賀知章（六五九—七四四）

賀知章字季眞，越州永興人。性曠夷，善談說，與族姑子陸象先善。象先嘗謂人曰：「季眞淸談風流，吾一日不見，則鄙吝生矣。」證聖初，擢進士，超拔羣類科，累遷太常博士。張說爲麗正殿修書使，表知章及徐堅、趙冬曦入院，撰六典等書，累年無功。開元十三年，遷禮部侍郞，兼集賢院學士。玄宗自爲贊賜之。遷太子右庶子，充侍讀。申王薨，詔選挽郞，而知章取舍不平，蔭子喧訴不能止。知章梯牆出首以決事，人皆靳之，坐徙工部。肅宗爲太子，遷賓客，授祕書監。知

賀知章

章晚節，尤誕放，遨嬉里巷，自號四明狂客，及祕書外監。每醉輒屬辭，筆不停書，咸有可觀，未始刊飭。天寶初，病，夢遊帝居，數日寤。乃請爲道士，還鄉里。詔許之，以宅爲千秋觀而居。又求周宮湖數頃爲放生池，有詔賜鏡湖剡川一曲。既行，帝賜詩，皇太子百官餞送。卒年八十六。肅宗乾元初，以雅舊贈禮部尚書。知章與當時包融、張若虛、張旭，並以文名稱爲「吳中四士。」著有賀知章集一卷，今傳於世。

一四九　張說（六六七—七三〇）

張說字道濟，或字說之，其先自范陽徙河南，更爲洛陽人。永昌中，武后策賢良方正，詔吏部尚書李景諶糊名較覆，說所對第一。后署乙等，授太子校書郎，遷左補闕，擢鳳閣舍人。張易之誣陷魏元忠也，援說爲助，說廷對，元忠無不順。言忤后旨，流欽州。中宗立，召爲兵部員外郎，累遷工部兵部二侍郎，以母喪免。既期，詔起爲黃門侍郎，固請終制，祈陳哀到。時禮俗衰薄，士以奪服爲榮，而說獨以禮終，天下高之。除喪，復爲兵部，兼修文館學士。睿宗即位，擢中書侍郎，兼雍州長史。玄宗爲太子，說與褚元量侍讀，尤見親禮。踰年，進同中書門下平章事，監修國史。太平公主等懷逆，說乃因使以佩刀獻玄宗，請先決策。帝納之，召爲中書令，封燕國公，實封二百戶。始武后末年，爲潑寒胡戲，中宗嘗乘樓縱觀，至是因四夷來朝，復爲之。說乃上疏，極言其妄。姚元崇不平，罷爲相州刺史，河北道按察使，坐累徙岳州，停實封。說既失執政，意內自懼。雅與蘇瓌善，時瓌子頲爲相，因作五君詠獻頲，其一記瓌也，候瓌忌日致之。頲覽詩嗚咽，未幾見帝，陳說忠謇有勳，不宜棄外，遂遷荊州長史。說倡封禪議，帝納其言，東封還，爲尚書右丞相兼中書令。詔說撰封禪壇頌，刻之泰山，以誇成功。初，源乾曜不欲封禪，說固請，乃不相平。會宇文融、李林甫共劾奏說，謂張觀、范堯臣依據說勢，市權招賂，擅給太原九姓羊錢千萬，其言醜慘。帝怒，詔乾曜等鞫之。帝遣高力士往視。力士還奏，言說往納忠於國有功。帝憮然，乃停說中書令，在集賢院專修國史。十七年復爲右丞相，遷左丞相。明年卒，年六十四。爲停正會，贈太師，諡曰文貞。說敦氣節，立然許，喜推藉後進。於君臣朋友，大義甚篤。朝廷大述作，多出其手。帝好文辭，有所爲，必使視草。善用人之長，多引天下知名士，粉澤典章，成一王法。天子尊尚經術，開館置學士，皆說倡之。爲文屬思精壯，長於碑誌，世所不逮。既謫岳州，而詩益悽惋，人謂得江山助云。常典集賢圖書之任，間雖致仕一歲，亦修史於家。說嘗自爲其父碑，帝爲書其額曰：「嗚呼積善之墓。」說歿後，帝使就家錄其文，凡三十卷。今有張說之集二十五卷傳於世。

一五〇　蘇頲（六七〇—七二七）

蘇頲字廷碩，雍州武功人。弱冠敏悟，一覽至千言，輒覆誦。第進士，調烏程尉。武后封嵩高，舉賢良方正異等，除左司禦率府胄曹參軍。吏部侍郎馬載曰「古稱一日千里，蘇生是已」。再選監察御史。長安中，詔覆來俊臣等冤獄，頲驗發其誣，多從洗宥。遷給事中修文館學士，拜中書舍人。玄宗平內難，書詔塡委，獨頲在太極後閤口所占授，功狀百緒，輕重無所差。書史白曰：「丐公徐之；不然，手腕脫矣。」中書令李嶠曰：「舍人思若涌泉，吾所不及。」遷太常少卿，仍知制誥。時李乂對掌書命。帝曰：「前世李嶠、蘇味道，文擅當時，號蘇、李。今朕得頲及乂，何愧前人哉！」俄襲封許國公。開元四年，進同紫微黃門平章事，修國史，與宋璟同當國。八年，罷爲禮部尙書，俄檢校益州大都督長史，按察節度劍南諸州。卒年五十八。帝帳次哭洛城南門，不朝，詔贈右丞相，謚曰文憲。葬日，帝游咸宜宮，將獵，聞之，曰：「頲且葬，我忍自娛哉！」半道而還。頲性廉儉，儲無長貲。自景龍後，與張說以文章顯，稱望略等，故時號「燕、許大手筆」。帝愛其文曰：「卿所爲詔令，別錄副本，署臣某撰，朕當留中。」後遂爲故事。其後李德裕著論曰：「近世詔誥，惟頲敍事外，自爲文章。」今其文多已散佚。

一五一　張九齡（六七三—七四〇）

張九齡字子壽，韶州曲江人。七歲知屬文。十三，以書干廣州刺史王方慶。方慶歎曰：「是必致遠。」會張說謫嶺南，一見厚遇之。擢進士，始調校書郎。以道侔伊呂科策高第，爲左拾遺。玄宗即位，遷左補闕。時張說爲宰相，親重之，與通譜系。常曰：「後出詞人之冠也。」遷中書舍人，內供奉，封曲江男。俄改太常少卿，出爲冀州刺史。以母不肯去鄉里，故表換洪州都督。徙桂州兼嶺南按察選補使。始說知集賢院，嘗薦九齡可備顧問。說卒，天子思其言，召爲祕書少監，集賢院學士，知院事。會賜渤海詔，而書命無足爲者，乃召九齡爲之。被詔趣成，遷工部侍郎，知制誥。帝欲賜涼州都督牛仙客實封，九齡諫不可，帝不聽。九齡懼恐，因帝賜白羽扇，乃獻賦自況，然卒以尚書右丞相罷政事。嘗薦長安尉周子諒爲監察御史，子諒劾奏仙客，帝怒，流涼州，九齡亦貶荆州長史。雖以直道黜，不戚戚嬰望，惟文史自娛，朝廷許其勝流。久之，封始興縣伯，請還展墓，病卒，年六十八。贈荆州大都督，謚曰文獻。九齡體弱，有蘊藉。故事，公卿皆搢笏於帶，而後乘馬。九齡獨常使人持之，因設笏囊，自九齡始。後帝每用人，必曰：「風度能若九齡乎？」安祿山初以范陽偏校入奏，氣驕蹇。九齡謂裴光庭曰：「亂幽州者，此胡雛也。」又勸帝誅之，以絕後患，帝不用。帝後在蜀，思其忠，爲泣下，且遣使祭於韶州，厚幣卹其家。開元後，天下稱曰「曲江公」，而不名云。九齡文章高雅，不在燕、許諸人之下。宏博典實，有垂紳正笏氣象。著有張曲江集二十卷，今傳於世。

張九齡

一五二　李邕（六七八—七四七）

李邕字泰和，揚州江都人。父善，淹貫古今，不能屬辭，故人號「書簏」。善注文選，釋事而忘意。書成，以問邕，邕不敢對。善詰之，邕意欲有所更。善曰：「試爲我補益之。」邕附事見義。善以其不可奪，故兩書並行。既冠，見特進李嶠，自言讀書未徧，願一見祕書。嶠曰：「祕閣萬卷，豈時日能習耶？」邕固請，乃假直祕書。未幾辭去，嶠驚，試問奧篇隱帙，了辯如響。嶠歎曰：「子且名家。」嶠爲內史，與監察御史張廷珪薦邕文高氣方直，才任諫諍，乃召拜左拾遺。玄宗即位，爲戶部郎中，而姜皎方幸，援邕爲御史中丞。姚崇疾邕險躁，左遷括州司馬。起爲陳州刺史。帝封泰山還，邕見帝汴州，詔獻辭賦，帝悅。會仇人告邕贓貸枉法，下獄當死。許昌男子孔璋上書天子，邕得減死，貶遵化尉。邕後從中人楊思勗討嶺南賊，有功，徙澧州司馬。開元二十三年起爲括州刺史，後歷淄、滑二州刺史，汲郡、北海太守。天寶中，左驍衛兵曹參軍柳勣有罪下獄。邕嘗遺勣馬，李林甫素忌邕，因傅以罪，就郡杖殺之，時年七十。代宗時，贈祕書監。邕之文，於碑頌是所長，人奉金帛請其文，前後所受以萬計。邕雖謫不進，而文名天下，時稱李北海。杜甫知邕負謗死，作八哀詩，讀者傷之。有文集七十卷，已多散佚，今有李北海集六卷傳於世。

一五三　孟浩然（六八九—七四〇）

孟浩然

孟浩然字浩然，襄州襄陽人。少好節義，喜振人患難。初隱鹿門山，年四十，乃游京師。嘗於太學賦詩，一座嗟伏，無敢抗。張九齡、王維，雅稱道之。維私邀入內署，俄而玄宗至，浩然匿牀下，維以實對。帝喜曰：「朕聞其人，而未見也，何懼而匿？」詔浩然出。帝問其詩。浩然再拜，自誦所爲，至「不才明主棄」之句，帝曰：「卿不求仕，而朕未嘗棄卿，奈何誣我？」因放還。採訪使韓朝宗，約浩然偕至京師，欲薦諸朝。會故人至，劇飲歡甚。或曰：「君與韓公有期。」浩然叱曰：「業已飲，遑恤他！」卒不赴。朝宗怒辭行，浩然不悔也。張九齡爲荊州，辟置於府。開元末，病疽背卒，年五十二。後樊澤爲節度使時，浩然墓庳壞，澤乃更爲刻碑鳳林山南，封寵其墓。初，王維過郢州，畫浩然像於刺史亭，因曰浩然亭。咸通中，刺史鄭誠謂賢者名不可斥，更署曰孟亭。浩然爲詩，遇景入詠，不鉤奇抉異，涵涵然有干霄之興。著有孟浩然集四卷，今傳於世。

一五四　張鷟

張鷟字文成，深州陸澤人。早慧絕倫。爲兒時，夢紫文大鳥，五色成文，止其庭。大父曰：「吾聞五色赤文鳳也，紫文鸑鷟也，若壯，殆以文章瑞朝廷乎？」遂命以名。調露初登進士第。考功員外郎騫味道見所對，稱天下無雙，授岐王府參軍。八以制舉皆甲科。再調長安尉，遷鴻臚丞。四參選判策，爲銓府最。員外郎員半千數爲公卿稱鷟文辭猶青銅錢，萬選萬中，時號鷟青錢學士。證聖中，天官侍郎劉奇以鷟及司馬鍠爲御史。性褊躁，儻蕩無檢，罕爲正人所遇，姚崇尤惡之。開元初，御史李全交劾鷟多口語，訕短時政，貶嶺南。刑部尚書李日知，訟斥太重，得內徙。鷟屬文下筆，輒成浮艷，少理致，其論著率詆誚蕪猥，然大行一時。武后時，中人馬仙童陷默啜，問文成在否？答曰：「近自御史貶官。」曰：「國有此人不用，無能爲也。」新羅日本使至，必出金寶購其文。終司門員外郎。所作有朝野僉載、龍筋鳳髓判，今皆傳於世。又有遊仙窟，本土久佚，惟日本有之。今亦有翻印本，爲唐時著名之傳奇。

一五五　元德秀（六九六—七五四）

元德秀字紫芝，河南人。質厚少緣飾。少孤，事母孝。舉進士，不忍去左右，自負母入京師。既擢第，母亡，廬墓側，食不鹽酪，藉無茵席。服除，以窶困調南和尉，有惠政。擢補龍武軍錄事參軍。德秀不及親在而娶，不肯婚。人以爲不可絕嗣，答曰：「兄有子，先人得祀，吾何娶爲？」初，兄子襁褓喪親，無資得乳媼，德秀自乳之，數日湩流，能食乃止。既長，將爲娶，家苦貧，乃求爲魯山令。前此墮車足傷，不能趨拜，太守待以客禮。玄宗在東都酺五鳳樓下，命三百里縣令刺史各以

元德秀

聲樂集。是時頗言帝且第勝負，加賞黜河內太守輦優伎數百，被錦繡，或作犀象，瓌瑋光麗。德秀惟樂工數十人，聯袂歌德秀所爲于蔿于。帝聞異之，歎曰：「賢人之言哉！」乃黜太守，德秀益知名。愛陸渾山水，乃定居，不爲牆垣扃鑰，家無僕妾。歲饑，日或不爨。嗜酒，陶然彈琴以自娛。善文辭，作蹇士賦以自況。天寶十三載卒，家惟枕履簞瓢而已。李華謚曰文行先生。天下高其行，不名，謂之元魯山。所著詩文，今多散佚。

一五六　王維（六九九—七五九）

王維字摩詰，太原祁人。九歲知屬辭，與弟縉齊名。開元初，擢進士，調大樂丞。坐累爲濟州司倉參軍。張九齡執政，擢右拾遺，歷監察御史，累遷給事中。安祿山反，玄宗西狩，維爲賊得，以藥下利陽瘖。祿山素知其才，迎置洛陽，迫爲給事中。祿山大宴凝碧池，悉召梨園諸工合樂，諸工皆泣，維聞悲甚，賦詩悼痛。賊平，皆下獄，或以詩聞行在，時縉官已顯，請削官贖維罪。肅宗亦自憐之，下遷太子中允。久之，遷中庶子，三遷尚書右丞。縉爲蜀州刺史，未還，維上表願歸所任官，放田里，使縉還京師。久乃召縉爲左散騎常侍。乾元二年卒，年六十一。疾甚，縉在鳳翔，作書與別，又遺親故書數幅，

停筆而化。贈祕書監。維工草隸，善畫，名盛開元、天寶間，豪英貴人，虛左以迎，寧、薛諸王，待若師友。兄弟皆篤志奉佛，食

王維

不葷，衣不文綵。別墅在輞川，地奇勝，有華子岡、欹湖、竹里館、柳浪、茱萸沜、辛夷塢。與裴迪游其中，賦詩相酬為樂。喪妻不娶，孤居三十年。母亡，表輞川第為寺，終葬其西。集異記載維未冠，文章得名，妙能琵琶。春之一日，岐王引至公主第，使為伶人進主前。維進新曲，號鬱輪袍，並出所作，主大奇之。其詩得氣之清，雅有神韻。王士禎以並李、杜，稱為「詩佛」。寶應中，代宗問縉曰：「朕嘗於諸王座，聞維樂章，今傳幾何？」遣中人王承華往取，縉裒集四百數篇上之，為王右丞集十卷，今傳於世。

一五七　高適（？—七六五）

高適字達夫，滄州渤海人。少落魄，不治生事。客梁、宋間，宋州刺史張九皋奇之，舉有道科中第，調封丘尉，不得志，去客河西。河西節度使哥舒翰表為左驍衛兵曹參軍，掌書記。祿山亂，召翰討賊，即拜適左拾遺，轉監察御史，佐翰守

潼關。翰敗，天子西幸。適走間道，及帝於河池，因言翰忠義有素，而病奪其明。帝頷之。俄遷侍御史，擢諫議大夫。負氣敢言，權近側目。永王叛，除揚州大都督府長史，淮南節度使。李輔國惡其才，數短毀之，除太子少詹事。未幾蜀亂，爲蜀、彭二州刺史，遷西川節度使。廣德元年，吐蕃取隴右，適率兵出，無功，召還爲刑部侍郎，左散騎常侍，封渤海縣侯。永泰元年卒，贈禮部尚書，謚曰忠。適尚節義，語王霸袞袞不厭。遭時多難，以功名自許，而言浮其術，不爲搢紳所推。然爲政寬簡，所涖人便之。年五十，始爲詩，卽工，以氣質自高。每一篇已，好事者輒傳布。嘗過汴州，與李白、杜甫會，酒酣，登吹臺，慷慨悲歌，臨風懷古，人莫測也。有高常侍集十卷，今傳於世。又唐高仲武編有中興間氣集二卷，載至德迄大曆時作者二十六人詩，世或以仲武爲適字，而謂其書爲適編者，實誤。說詳四庫全書總目提要。

一五八　岑參

岑參，南陽人。少孤貧，篤學。天寶三年，登進士第，由率府參軍，累官右補闕。論斥權佞，改起居郎，尋出爲虢州長史。復入爲太子中允，並殿中侍御史，充關西節度判官。代宗未卽位時，總戎陝服，委以書奏之任。不久，入爲祠部、考功二員外郎，轉虞部、庫部二正郎，又出爲嘉州刺史。杜鴻漸鎭西川，表爲從事，以職方郎兼侍御史，領幕職。使罷，別業在杜陵山中，以中原多故，遂客終於蜀。參累佐戎幕，往來鞍馬烽塵間十餘載，極征行離別之情，城障塞堡，無不經行。博覽史籍，尤工綴文。屬詞淸尙，用心良苦。詩調尤高，唐興罕見此作。放情山水，故常懷逸念。奇造幽致，所得往往超拔孤秀，度越常情。與高適風骨頗同，讀之令人慷慨懷感。每篇絕筆，人輒傳誦。至德中，裴休、杜甫等常薦其識度清遠，議論雅正，佳名早立，時輩所仰，可以備獻替之官。未及大用而謝世，時人惜之。今有岑嘉州集七卷，傳於世。

一五九　王昌齡

王昌齡字少伯，江寧人。開元十五年第進士，補祕書郎。二十二年中宏辭科，調汜水尉，遷江寧丞。晚節不護細行，貶龍標尉。以世亂還鄉里，爲刺史閭丘曉所忌而殺。張鎬按軍河南，兵大集，曉最後期，將戮之。辭曰：「有親，乞貸餘命！」鎬曰：「王昌齡之親，欲與誰養？」曉大慚沮。昌齡工詩，縝密而思清，時稱詩家天子王江寧，又稱王龍標。與文士王之渙、辛漸交友至深。有昌齡詩集五卷，傳於世。

一六〇　王之渙

王之渙，并州人。少有俠氣，所從遊皆五陵少年，擊劍悲歌，從禽縱酒。工文，十年名譽日振。恥困場屋，遂交謁名公。爲詩情致雅暢，得齊、梁之風。每有作，樂工輒取以被聲。嘗與高適、王昌齡共詣旗亭，貰酒小飲。有梨園伶官十數人會讌，三人因避席隈映，擁爐以觀焉。俄有妙妓四輩，奏樂，皆當時名部。昌齡等私相約曰：「我輩各擅詩名，每不自定甲乙。今者可以密觀諸伶所謳，若詩入歌詞之多者爲優。」俄而一伶拊節而唱，乃曰：「寒雨連江夜入吳，平明送客楚山孤。洛陽親友如相問，一片冰心在玉壺。」昌齡引手畫壁曰：「一絕句。」又一伶謳之曰：「開篋淚霑臆，見君前日書。夜臺何寂寞，猶是子雲居。」適則引手畫壁曰：「一絕句。」尋又一伶謳曰：「奉帚平明金殿開，强將團扇共徘徊。玉顏不及寒鴉色，猶帶昭陽日影來。」昌齡則又引手畫壁曰：「二絕句。」之渙自以詩名已久，因謂諸人曰：「此輩皆潦倒樂官，所唱皆巴人、下里之詩耳；豈陽春、白雪之曲俗物敢近哉？」因指諸妓之最佳者曰：「待此子所唱，如非我詩，吾卽終身不敢與子爭衡矣。若是吾詩，子等當須列拜床下，奉吾爲師。」因歡笑而俟之。須臾次至雙鬟，發聲卽曰：「黃河遠上白雲間，一片孤城萬仞山。羌笛何須怨楊柳，春風不度玉門關。」之渙卽揶揄二子曰：「田舍郎，我豈妄哉？」因大諧笑。諸伶不喻其故，皆起詣曰：「不知諸郎何此歡噱？」昌齡等因話其事。諸伶競拜曰：「俗眼不識神仙，乞降清重，俯就筵席。」三子從之，飲醉累日。之渙詩文今多散佚；祇存絕句六首於世。

一六一　崔顥（？—七五四）

崔顥，汴州人。開元十一年及進士第。天寶中爲尙書司勳員外郎。少年爲詩，意浮豔，多陷輕薄。晚節忽變常體，風骨凜然。嘗遊武昌，登黃鶴樓，感慨賦詩。及李白來，曰：「眼前有景道不得，崔顥題詩在上頭。」無作而去。後人稱此詩爲七律第一首。然行履稍劣，好博嗜酒。娶妻惟擇美者，稍不愜意，卽棄之，凡三四娶。初李邕聞其才名，虛舍邀之。顥至，獻詩，首章曰：「十五嫁王昌。」邕叱曰：「小兒無禮！」不與接待而入。顥苦吟咏，當病起清虛，友人戲之曰：「非子病如此，乃苦吟詩瘦耳。」遂爲口實。有詩一卷，傳於世。

一六二　李白（七〇一—七六二）

李白

李白字太白，蜀之昌明人。或云山東人，隴西人，皆誤。唐興聖皇帝九世孫。其先隋末以罪徙西域，神龍初，遁還，客巴西。白之母夢長庚星，因以命之。十歲通詩書。既長，隱岷山。州舉有道，不應。蘇頲爲益州長史，見白異之，曰：「是子天才奇特，少益以學，可比相如。」然喜縱橫術，擊劒爲任俠，輕財重施。更客任城，與孔巢父、韓準、裴政、張叔明、陶沔居徂徠山，日沈飲，號「竹溪六逸」。天寶初，南入會稽，與吳筠善。筠被召，故白亦至長安，往見賀知章。知章見其文，歎曰：「子謫仙人也。」言於玄宗，召見金鑾殿，論當世事，奏頌一篇。帝賜食，親爲調羹，有詔供奉翰林。白猶與飲徒醉於市。帝坐沈香亭，意有所感，欲得白爲樂章，召入，而白已醉，左右以水頮面，稍解，援筆成文，婉麗精切，無留思。帝愛其才，數宴見。白常侍帝，醉，使高力士脫鞾。力士素貴，恥之，摘其詩以激楊貴妃。帝欲官白，妃輒沮止。白自知不爲親近所容，益驁放不自修，與知章、李適之、汝陽王璡、崔宗之、蘇晉、張旭、焦遂爲「酒中八仙」。懇求還山，帝賜金放還。白浮游四方，嘗乘舟與崔宗之自采石至金陵，著宮錦袍坐舟中，旁若無人。安祿山反，轉側宿松、匡廬間。永王璘辟爲府僚佐。璘起兵，逃還彭澤。璘敗，當誅。初，白游幷州，見郭子儀，奇之。子儀嘗犯法，白爲救免。至是子儀請解官以贖，有詔長流夜郎。會赦，還潯陽，坐事下獄。時宋若思將吳兵三千，赴河南，道潯陽，釋囚，辟爲參謀。未幾，辭職。李陽冰爲當塗令，白依之。代宗立，以左拾遺召，而白已卒，年六十二。白晚好黃老，渡牛渚磯至姑孰，悅謝家青山，欲終焉。及卒，葬東麓。元和末，宣歙觀察使范傳正祭其冢，禁樵採訪後裔，惟二孫女嫁爲民妻，進止仍有風範，因泣曰：「先祖志在青山，頃葬東麓，非本意。」傳正爲改葬，立二碑焉。自號青蓮居士。文宗時，詔以白歌詩、裴旻劍舞、張旭草書爲三絕。其詩清逸飄忽，灑落豁達，飄然而來，倏然而往，世稱爲「詩仙」，又稱爲「詩俠」，屹然爲一大家。著有李太白集三十卷，盛傳於世。

一六三　蕭穎士（七〇六—七五七）

蕭穎士字茂挺，蘭陵人。梁鄱陽王恢七世孫。四歲屬文，十歲補太學生。觀書一覽卽誦，通百家譜系書籀學。開元二十三年，舉進士，對策第一。天寶初，補祕書正字。於時裴耀卿、席豫、張均、宋遙等皆先進，器其材，與鈞禮，由是名播天下。奉使括遺書趙、衞間，淹久不報，爲有司劾免，留客濮陽。於是尹徵、王恆、盧異、盧士式、賈邕、趙匡、閻士和、柳幷等皆執弟子禮，以次授業，號「蕭夫子」。召爲集賢校理。宰相李林甫欲見之，穎士方父喪不詣。林甫嘗至故人舍邀穎士，穎士前往哭門內以待。林甫怒其不下己，調廣陵參軍事。穎士作伐櫻桃樹賦以譏林甫。嘗起漢元年，訖隋義寧，編年依春秋義類，爲傳百篇。史官韋述，薦穎士自代，召詣史館待制。穎士詣京師，而林甫方威福自擅。穎士遂不屈，愈見疾，俄免官，往來鄠、杜間。林甫死，更調河南府參軍事。倭國遣使入朝，自陳國人願得蕭夫子爲師者。中書舍人張漸等諫不可，乃止。安祿山反，因藏家書於箕、潁間，身走山南。節度使源洧辟掌書記。洧卒，往客金陵。永王璘召之，不見。宰相崔圓授穎士揚州功曹參軍，至官信宿去。後客死汝南逆旅，年五十二。門人共謚曰文元先生。穎士樂聞人善，以推引後進爲己任，人稱蕭功曹。與李華齊名，世號「蕭、李」。嘗與華及陸據游洛龍門，讀路旁碑，穎士即誦，華再閱，據三乃能盡記。聞者謂三人才高下，此其分也。著有蕭茂挺文集十卷，傳於世。

一六四　李華（？——七六六）

李華字遐叔，趙州贊皇人。少曠達，外若坦蕩，內謹重，尚然許，每慕汲黯爲人。累中進士、宏詞科。天寶十一載，遷監察御史。爲權幸見疾，徙右補闕。安祿山反，玄宗入蜀，百官解竄。華母在鄴，欲間行輦母以逃，爲盜所得，僞署鳳閣舍人。賊平，貶杭州司戶參軍。華自傷踐危亂，不能完節，又不能安親，欲終養而母亡，遂屏居江南。上元中，以左補闕司封員外郎召之，華稱疾不拜。李峴領選江南，表置幕府，擢檢校吏部員外郎。苦風痹，去官，客隱山陽，勒子弟力農，安於窮槁。晚事浮屠法，不甚著書。惟天下士大夫家傳墓版及州縣碑頌，時齎金帛往請，乃彊爲應。大曆初卒。初，華作含元殿賦成，以示蕭穎士，穎士曰：「景福之上，靈光之下。」華文辭緜麗，少宏傑氣，穎士健爽自肆，時謂不及穎士，而華自疑過之，因作弔古戰場文，極思研摧。已成，汙爲故書，雜置梵書之庋。它日，與穎士讀之，稱工。華問今誰可及，穎士曰：「君加精思，便能至矣。」華愕然而服。華愛獎士類，名隨以重，如獨孤及、崔祐甫等，後至執政顯官；華觸禍銜悔，及爲元德秀權皋銘、四皓贊，稱道深婉，讀者憐其志。有李遐叔文集十卷傳於世。

一六五　杜甫（七一二—七七〇）

杜甫字子美，審言之孫，本襄州襄陽人，後遷河南鞏縣。少貧，不自振，客吳、越、齊、趙間。李邕奇其材，先往見之。舉進士不中第，困長安。天寶十載，玄宗朝獻太清宮，饗廟及郊，甫奏大禮賦三篇。帝奇之，使待制集賢院，命宰相試文章，擢河西尉。不拜，改右衞率府胄曹參軍。數上賦頌，因高自稱道，且言：「先臣恕、預以來，承儒守官十一世，迨審言以文章顯中宗時，臣賴緒業，自七歲屬辭，且四十年。然衣不蓋體，常寄食於人。竊恐轉死溝壑，伏惟天子哀憐之。若令執先臣故事，拔泥塗之久辱，則臣之述作，雖不足鼓吹六經，至沈鬱頓挫，隨時敏給，揚雄、枚皋可企及也。有臣如此，陛下其忍棄之？」會安祿山亂，天子入蜀，甫避走三川。肅宗立，自鄜州羸服，欲奔行在，爲賊所得。至德二年，亡走鳳翔，上謁，拜右拾遺。與房琯爲布衣交，琯時敗陳濤斜，又以客董廷蘭，罷宰相。甫上疏，言罪細，不宜免大臣。帝怒，詔三司雜問。宰相張鎬曰：「甫若抵罪，絕言者路。」帝乃解。時所在寇奪，甫家寓鄜，彌年艱窶，孺弱至餓死，因許甫自往省視。從還京師，出爲華州司功參軍。關輔饑，輒棄官去。客秦州，負薪採橡栗自給。流落劍南，結廬成都西郭。召補京兆功曹參軍，不至。會嚴武節度劍南東西川，往依焉。武再帥劍南，表爲參謀檢校工部員外郎，武以世舊，待甫甚善，親至其家，甫見之，或時不巾。甫性褊躁傲誕，嘗醉登武牀，瞪視曰：「嚴挺之乃有此兒？」武亦暴猛，外若不爲忤，中銜之。一日，欲殺甫及梓州刺史章彝，集吏於門。武將出，冠鉤於簾三，左右白其母，奔救得止，獨殺彝。武卒，崔旰等亂，甫往來梓、夔間，大曆中，出瞿

杜甫

塘，下江陵，泝沅、湘以登衡山，因客耒陽，游嶽祠，大水遽至，涉旬不得食。縣令具舟迎之，乃得還。令嘗饋牛炙白酒，大醉，一夕卒，年五十九。甫曠放不自檢，好論天下大事，高而不切。與李白齊名，時號「李、杜」。數嘗寇亂，挺節無所汙，爲歌詩，傷時撓弱，情不忘君，人憐其忠。元稹嘗稱其詩「上薄風、騷，下該沈、宋，言奪蘇、李，氣吞曹、劉，掩顏、謝之孤高，雜徐、庾之流麗，得古今之體勢，而兼人人之所獨專矣。」又稱「鋪陳終始，排比聲韻，大或千言，次猶數百，詞氣豪邁，而風調清深，屬對律切，而脫棄凡近。」故世有「詩聖」「詩史」之號。今有宋郭知達編九家集注杜詩三十六卷，清仇兆鰲撰杜詩詳注二十五卷，附編二卷，又楊倫撰杜詩鏡銓二十卷，杜文注解二卷，各本傳於世。

一六六　賈至（七一八—七七二）

賈至字幼鄰，河南洛陽人。擢明經第，解褐單父尉。從玄宗幸蜀，拜起居舍人，知制誥。帝傳位，至當譔。既進藁，帝曰：「昔先帝誥命，乃父為之辭，今茲命冊，又爾為之。兩朝盛典出卿家父子手，可謂繼美矣。」至頓首嗚咽流涕。歷中書舍人。至德中，坐小法貶岳州司馬。寶應初，召復故官，遷尚書左丞。轉禮部侍郎，待制集賢院。大曆初，徙兵部，累封信都縣伯，進京兆尹。七年，以右散騎常侍卒，年五十五。贈禮部尚書，謚曰文。至初謫岳州，與李白相遇，日酣盃酒，追懷京華舊遊，多見酬唱。白贈詩有云「聖主恩深漢文帝，憐君不遣到長沙。」至工詩，俊逸之氣，不減鮑照、庾信。調亦清暢，且多素辭，蓋厭於漂流淪落者也。有集三十卷傳於世。

一六七　元結（七二三—七七二）

元結字次山，河南人。後魏常山王遵十五代孫。少不羈，十七乃折節向學。天寶十二載舉進士。禮部侍郎陽浚見其文曰「一第慁子耳，有司得子是賴。」果擢上第。復舉制科。會天下亂，沈浮人間。國子司業蘇源明見肅宗，問天下士，薦結可用。時史思明攻河陽，帝將幸河東，召結詣京師，問所欲言。結自以始見軒陛，拘忌諱恐言不悉情，乃上時議三篇。帝覽後悅曰：「卿能破朕憂。」擢右金吾兵曹參軍，攝監察御史，以討賊功遷監察御史。荊南節度使呂諲請兵拒賊，帝進結水部員外郎，佐諲府。又參山南東道來瑱府。代宗立，固辭，丐侍親歸樊上，授著作郎。久之，拜道州刺史。結爲民營舍給田，免徭役，流亡歸者萬餘。進授容管經略使，身諭蠻豪，綏定八州。會母喪，人皆詣節度府請留，加左金吾衛將軍。民樂其教，至立石頌德。罷還京師，卒年五十，贈禮部侍郎。結少居商餘山，著元子十篇，故以元子爲稱。天下兵興，逃亂入猗玗洞，始稱猗玗子。復家瀼濱，乃自稱浪士。及有官，人以爲浪者亦漫爲官乎，呼爲漫郎。既客樊上，漫遂顯，樊左右皆漁者，少長相戲，更曰聱叟。性梗僻，深憎薄俗，有憂道憫世之心。結文章戛戛自異，變排偶綺靡之習。著有元次山文集十卷，及所集當時人詩爲篋中集一卷，並傳於世。

一六八　張志和（七三〇—八一〇）

張志和始名龜齡，字子同，婺州金華人。母夢楓生腹上而產志和。十六擢明經。肅宗特見賞重，命待詔翰林，授左金吾衛錄事參軍，因賜名。後坐事，貶南浦尉。會赦還，以親既喪，不復仕。居江湖，自稱烟波釣徒。著玄眞子，亦以自號。有韋詣者爲撰內解。志和又著太易十五篇，其卦三百六十五。兄鶴齡恐其遁世不還，爲築室越州東郭，茨以生草，椽棟不施斤斧，豹席椶屩。每垂釣，不設餌，志在不魚也。縣令使浚渠，執畚無忤色。嘗欲以大布製裘，嫂爲躬績織，及成，衣之，雖暑不解。觀察使陳少游往見，爲終日留，表其居曰玄眞坊。以門隘，爲買地大其閎，號回軒巷。先是門阻流水，無梁，少游爲構之，人號大夫橋。帝嘗賜奴婢各一，志和配爲夫婦，號漁童、樵青。陸羽嘗問孰爲往來者，對曰：「太虛爲室，明月爲烱，與四海諸公共處，未嘗少別也，何有往來？」顏眞卿爲湖州刺史，志和來謁，眞卿以舟敝漏，請更之。志和曰：「願爲浮家泛宅，往來苕霅間。」辯捷類如此。善圖山水，酒酣或擊鼓吹笛，舐筆輒成。嘗撰漁歌，憲宗圖眞求其歌，不能致。李德裕稱志和隱而有名，顯而無事，不窮不達，嚴光之比云。所著漁父歌，後世用爲詞調之一體，至被推爲詞家之祖。今其詞見尊前集中。又有詩數首，見全唐詩卷十一。

張志和

一六九　獨孤及（七四四—七九六）

獨孤及字至之，河南洛陽人。爲兒時，讀孝經，父試之曰：「兒志何語？」對曰：「立身行道，揚名於後世。」宗黨奇之。天寶末以道擧高第，補華陰尉，辟江淮都統李峘府掌書記。代宗時，召爲左拾遺，俄改太常博士。或言景皇帝不宜爲太祖，及據禮條上，謚呂諲、盧弈、郭知運等，無浮美，無隱惡，得褒貶之正。遷禮部員外郎，歷濠、舒二州刺史。歲饑旱，鄰郡庸亡什四以上，舒人獨安。以治課加檢校司封郎中，賜金紫，徙常州。卒年五十三，謚曰憲。及喜鑒拔後進，性孝友。其爲文，彰明善惡，長於論議。其勝處有先秦西漢之風，世稱韓愈師其爲文。晚嗜琴，有眼疾，不肯治，欲聽之專也。有毘陵集二十卷，今傳於世。

一七〇　劉長卿

劉長卿字文房，河間人。（姚合極玄集作宣城人）少居嵩山讀書，後移家來鄱陽。開元二十一年，擢進士第。至

劉長卿

德中，歷監察御史，以檢校祠部員外郎出爲轉運使判官，知淮西岳鄂轉運，留後觀察使吳仲孺誣奏非罪，繫姑蘇獄。久之，貶潘州南巴尉。會有爲辯之者，遂移睦州司馬，終隨州刺史。長卿清才冠世，頗凌浮俗。性剛，多忤權門，故兩逢遷斥，人悉寃之。詩調雅暢，甚能煉飾。其自賦傷而不怨，足以發揮風雅，權德輿稱長卿爲「五言長城。」以其五言詩句尤工也。雲溪友議載長卿因時人嘗稱「前有沈、宋、王、杜，後有錢、郎、劉、李」，乃曰：「李嘉祐、郎士元，何得與余齊稱邪！」每題詩，不言其姓，但書長卿，以天下無不知其名者也。皇甫湜與人書，譏當時進士，亦云：「詩未有劉長卿一句，已呼宋玉爲老兵矣。」其爲人推重如此。著有劉隨州集十卷，外集一卷，均傳於世。

一七一　韋應物

韋應物，京兆長安人。少遊太學，尙俠，負氣。初以三衞郎事玄宗，扈從遊幸。及玄宗崩，流落失職，始悔，折節讀書。永泰中，任洛陽丞，遷京兆功曹。大曆十四年，自鄠縣令制除櫟陽令，以疾辭，歸寓善福寺精舍。建中二年，由前資除比部員外郎，出爲滁州刺史。居頃之，改江州刺史，追赴闕，改左司郎中。貞元初，又出爲蘇州刺史。太和中，以太僕少卿兼御史中丞，爲諸道鹽鐵轉運江淮留後。罷，居永定，齊心屏除人事。年九十餘卒。應物性高潔，所在焚香掃地而坐。唯顧況、劉長卿、丘丹、秦系、皎然之儔，得廁賓客，與之酬唱。其詩閑澹簡遠，人比之陶潛，稱爲陶、韋。著有韋蘇州集十卷，今傳於世。

一七二　皎然

皎然本姓謝，名晝，字清晝，吳興人，宋靈運之十世孫。初入道，肄業湖州杼山，與靈徹、陸羽同居妙喜寺。工律詩，嘗謁韋應物。恐詩體不合，乃於舟中抒思，作古體十數篇爲贄。應物全不稱賞，晝極失望。明日寫其舊製獻之，應物吟諷，大加歎詠，因語晝曰：「師幾失聲名，何不但以所工見投，而猥希老夫之意？人各有所得，非卒能致。」貞元中，勅寫其文集入祕閣，刺史于頔爲序。著有杼山集十卷，晝公詩式五卷，詩評五卷，傳於世。

一七三　孟郊（七五一—八一四）

孟郊

孟郊字東野，湖州武康人。少隱嵩山，性介，少諧合，韓愈一見，爲忘形交。年五十，得進士第，調溧陽尉。有投金瀨、平陵城，林薄蒙翳，下有積水。郊間往坐水旁，徘徊賦詩，而曹務多廢，令白府以假尉代之，分其半俸。鄭餘慶爲東都留守，署水陸轉運判官。餘慶鎮興元，奏爲參謀。卒年六十四。張籍謚曰貞曜先生。郊拙於生事，一貧徹骨，裘褐懸結，未嘗俛眉爲可憐之色。工詩，有理致，最爲韓愈所稱。多傷不遇，年邁家空，思苦奇澀，讀之令人不懽。李觀嘗論其詩曰：「高處在古無上，平處下顧二謝。」時與韓愈之文有「孟詩韓筆」之號。著有孟東野集十卷，今傳於世。

一七四　陸贄（七五四—八〇五）

陸贄字敬輿，蘇州嘉興人。十八第進士，中博學宏辭，調鄭尉，罷歸。壽州刺史張鎰有重名，贄往見，語三日，奇之，請爲忘年交。既行，餉錢百萬，曰：「請爲母夫人一日費。」贄不納，止受茶一串，曰：「敢不承公之賜。」以書判拔萃，調渭南尉。德宗立，遷監察御史。帝在東宮，已聞其名矣，召爲翰林學士。會朱泚亂，從狩奉天。機務塡總，遠近調發，奏請報下，書詔日數百。贄初若不經思，逮成，皆周盡事情，人人可曉。它學士筆閣不下，而贄沛然有餘。賊平，以勞遷諫議大夫，仍爲學士。初劉從一、姜公輔等材下不逮贄遠甚，徒以單言暫謀，偶有合，由下位建台宰。而贄孤立一意，爲左右權倖沮短，不得宰相。還京，仍爲中書舍人。母韋，猶在江東，帝遣中人迎還京師。俄以喪解官。服除，權知兵部侍郎，復召爲學士。

陸贄

貞元七年知貢舉，明年參黜，乃以中書侍郎同中書門下平章事。帝用裴延齡，贄諫延齡僻戾躁妄，不可用。帝不懌，竟以太子賓客罷。贄本畏愼，未嘗通賓客，延齡揣帝意，薄譏短百端。帝遂發怒，欲誅贄，賴陽城等交章論辨，乃貶忠州別駕。韋皋數上表，請贄代領劍南，帝猶銜之，不肯與。順宗立，召還，詔未至，卒，年五十二。贈兵部尙書，謚曰宣。始，贄入翰林，年尙少，以材幸，天子常以輩行呼而不名。在奉天，朝夕進見，然小心精潔，未嘗有過。由是帝親倚，至解衣衣之，同類莫敢望。雖外有宰相主大議，而贄常居中參裁可否，時號內相。在奉天所下制書，反復條暢，情意眞摯，雖武人悍卒，無不感動流涕。既放荒遠，常闔戶，人不識其面。又避謗不著書。有翰苑集二十四卷，今傳於世。

一七五　韓愈（七六八—八二四）

韓愈字退之，鄧州南陽人。其先居昌黎。三歲而孤，隨伯兄會貶官嶺表，會卒，嫂鄭鞠之。愈自知讀書，日記數千百言。比長，盡能通六經百家學，擢進士第。會董晉爲宣武節度使，表署觀察推官。晉卒，愈從喪出，不四日，汴軍亂，乃去。依武寧節度使張建封，辟府推官。操行堅正，鯁言無所忌。調四門博士，遷監察御史。上疏極論宮市，德宗怒，貶陽山令。有愛在民，民生子，多以其姓字之。改江陵法曹參軍。元和初，權知國子博士，分司東都，三歲爲眞。改都官員外郎，卽拜河南令。遷職方員外郎，因坐事，復爲博士。既才高數黜，官又下遷，乃作進學解以自諭。執政覽之，奇其才，改比部郎中、史館修撰，轉考功，知制誥，進中書舍人。會有人詆愈在江陵時，爲裴均所厚。均子鍔素無狀，愈爲文章字命鍔，謗語囂暴。由是改太子右庶子。後裴度以宰相節度彰義軍，宣慰淮西，奏愈行軍司馬。賊平，遷刑部侍郎。憲宗遣使往鳳翔，迎佛骨入禁中，三日，乃送佛祠。王公士人，奔走膜唄，至爲夷法灼體膚，委珍貝，騰沓係路。愈聞惡之，乃上表極諫。帝大怒，持示宰相，將抵以死。裴度、崔羣力救，乃貶潮州刺史。至潮，愈上表哀謝。帝得表，頗

韓愈

唐代

咸悔，乃改袁州刺史。初愈至潮州，問民疾苦，皆曰：「惡溪有鱷魚，食民畜產且盡，民以是窮。」數日，愈自往視之，令其屬秦濟，以一羊一豚投谿水而祝之。是夕暴風震電起谿中，數日水盡涸，西徙六十里，自是潮無鱷魚患。袁人以男女爲隸，過期不贖，則沒入之。愈至，悉計庸得贖所沒，歸之父母七百餘人，因與約，禁其爲隸。召拜國子祭酒，轉兵部侍郎。鎮州亂，殺田弘正而立王廷湊，詔愈宣撫。既行，衆皆危之。愈竟成功歸，帝大悅，轉吏部侍郎。時宰相李逢吉惡李紳，欲逐之，遂以愈爲京兆尹兼御史大夫，紳劾奏愈，愈以詔自解，復爲吏部侍郎。長慶四年卒，年五十七。贈禮部尚書，諡曰文。愈性明銳，不詭隨。與人交始終不少變。成就後進士，往往知名。經愈指授，皆稱韓門弟子。愈官顯，稍謝遣。凡內外親若交友無後者，爲嫁遺孤女而卹其家。嫂鄭喪，爲服期以報。每言文章自漢司馬相如、太史公、劉向、揚雄後，作者不世出，故愈深探本元，卓然樹立成一家言。其文造端置辭，不襲蹈前人。著有韓昌黎集四十卷，今傳於世。

一七六　盧綸

盧綸字允言，河中蒲人。避天寶亂，客鄱陽。大曆初，數舉進士，不入第。元載取綸文以進，補閿鄉尉。累遷監察御史，輒稱疾去。坐與王縉善，久不調。渾瑊鎮河中，辟元帥判官，累遷檢校戶部郎中。嘗朝京師，是時舅韋渠牟得幸德宗，表其才，召見禁中。帝有所作，輒使賡和。異日問渠牟：「盧綸、李益何在？」答曰：「綸從渾瑊在河中。」驛召之，會卒。綸與吉中孚、韓翃、錢起、司空曙、苗發、崔峒、耿湋、夏侯審、李端皆能詩齊名，號「大曆十才子」。憲宗詔中書舍人張仲素訪集遺文。文宗尤愛其詩，問宰相綸文章幾何，亦有子否？李德裕對綸四子，皆擢進士第。帝遣中人，悉索家笥，得詩五百篇以聞。有盧允言集十卷傳於世。

一七七 張籍

張籍字文昌，和州烏江人。貞元十五年進士，爲太常寺太祝，久之，遷祕書郎。韓愈薦爲國子博士。歷水部員外郎，主客郎中。當時有名士皆與遊，而愈賢重之。性狷直，嘗責愈喜博簺及爲駁雜之說，論議好勝人，其排釋、老，不能著書，若孟軻、揚雄以垂世者。仕終國子司業，世稱張司業。籍長於樂府，多警句。與王建齊名，世稱「張王」。又自李、杜之後，風雅道喪，至元和中，籍與元、白歌詩，爲海內宗匠，謂之「元和體」。病格稍振，無愧洪流砥柱。嘗取杜甫詩一帙，焚取灰燼，副以膏蜜，頻飲之，曰：「令吾肝腸，從此改易。」白居易極稱贊其樂府，贈詩有云：「張公何爲者，業文三十春；尤工樂府詞，舉代少其倫。」有張司業集八卷，今傳於世。

一七八 王建

王建字仲初，潁川人。大曆十年進士。初授渭南尉，調昭應縣丞。諸司歷薦，遷大府寺丞，祕書丞，侍御史。太和初，出爲陝州司馬。從軍塞上，弓劍不離身。數年後歸，卜居咸陽原上。初遊韓愈門牆，爲忘年交，與張籍契厚，唱答尤多，時與樞密使王守澄，有宗人之分，守澄以弟呼之，故建多知禁掖事，作宮詞百篇。後因過燕飲，以相譏謔，守澄深銜之，忽曰：「吾弟作宮詞，內庭深邃，何由知之？明當奏上。」建作詩以謝，末句云：「不是姓同親說向，九重爭得外人知？」守澄恐累己，事遂寢。建才贍，有作皆工。尤工樂府歌行，格幽思遠，特妙前古。又於征戍、遷謫、行旅、離別、幽居、宦況之作，俱能感動神思，道人所不能道也。性耽酒，放浪無拘，與張籍齊名。有王司馬集八卷，今傳於世。

一七九　顧況

顧況字逋翁，蘇州人。至德二年，天子幸蜀，江東侍郎李希言下進士。善爲歌詩，性詼諧，不修檢操；雖王公之貴，與之交者，必戲侮之。然以嘲誚能文，人多狎之。初爲韓滉江南判官。德宗時，柳渾輔政，以校書郎徵。復遇李泌繼入，自謂已知秉樞，當得達官。久之，方遷著作郎。況心不樂，求歸於吳。而班列羣官，咸有侮玩之目，皆惡嫉之。及泌卒，不哭而有調笑之言，爲憲司所劾，貶饒州司戶。遂全家去，隱茅山，鍊金拜斗，身輕如羽，自號華陽眞逸。況暮年一子即亡，追悼哀切。其年又生一子，名非熊。三歲始言，在冥漠中聞父吟苦，不忍，乃來復生。非熊後及第，自長安歸，已不知況所在，或云得長生訣，化去矣。著有華陽集三卷，今傳於世。

一八〇　白居易（七七二—八四六）

白居易字樂天，其先蓋太原人。北齊五兵尚書建，有功於時，賜田韓城，子孫家焉。又徙下邽。居易敏悟絕人，工文章。未冠，謁顧況。況吳人，恃才，少所推可，見其文，自失曰：「吾謂斯文遂絕，今復得子矣。」貞元中，擢進士拔萃皆中，補校書郎。元和元年，對制策乙等，調盩厔尉，為集賢校理。月中，召入翰林學士，遷左拾遺。後對殿中論執彊鯁，帝未諭，輒進曰：「陛下誤矣。」帝變色，欲黜之。李絳勸不可，帝悟，待之如初。歲滿，帝以資淺且家素貧，聽自擇官。居易請如姜公

白居易

輔以學士兼京兆戶曹參軍，以便養，詔可。明年，以母喪解，還拜左贊善大夫。俄有言居易母投井死，而居易賦新井篇，言浮華無實，行不可用，貶江州司馬。既失志，能順適所遇，託浮屠生死說，若忘形骸者。久之，徙忠州刺史，入為司門員外郎，以主客郎中知制誥。穆宗好畋游，獻續虞人箴以諷之。俄轉中書舍人。

是時河朔復亂，天子荒縱，坐視賊無能為。居易雖進忠言，不見聽。還為杭州刺史。至杭，始築堤捍錢塘湖，鍾洩其水，溉田千頃；復浚李泌六井，民賴其汲。久之，召為太子左庶子，復拜蘇州刺史，病免。文宗立，以祕書監召遷刑部侍郎，封晉陽縣男。太和初，以黨人斥，移病還東都，除太子賓客分司。踰年，即拜河南尹，復以賓客分司。開成初，起為同州刺史，不

拜，以太子少傅進馮翊縣侯。會昌初，以刑部尙書致仕。六年卒，年七十五，贈尙書右僕射。宣宗以詩弔之。遺命薄葬，毋請謚。居易在憲宗時，爲當路所忌，遂擯斥，所蘊不能施，乃放意文酒。既復用，又皆幼君，偃蹇益不合，居官輒病去，遂無立功名意。與弟行簡、從弟敏中友愛。所居東都履道里，疏沼，種樹，構石，號醉吟先生，爲之傳。暮節惑浮屠道尤甚，至經月不食葷，與香山僧如滿結香火社，又自稱香山居士。嘗與胡杲、吉旼、鄭據、劉眞、盧眞、張渾、狄兼謨、盧貞燕集，皆高年不事者，人慕之，繪爲九老圖。居易於文章精切，然最工詩。初頗以規風得失，及其多，更下偶俗好，至數千篇。當時士人爭傳。雞林行賈售其詩於國相，率篇易一金，其僞者，相輒能辨之。初與元稹酬詠，故號「元、白」。稹卒，又與劉禹錫齊名，號「劉、白」。其始生七月，能展書。姆指「之」「無」兩字，雖試百數不差。九歲暗識聲律。其篤於文章，蓋天稟然。敏中爲相，請謚曰文。後履道第卒爲佛寺。東都、江州人爲立祠焉。所著有白氏長慶集七十一卷，及所撰古今事實爲六帖三十卷，今並傳於世。

一八一　劉禹錫（七七二—八四二）

劉禹錫字夢得，彭城人。自言系出中山，世爲儒。擢進士第，登博學宏辭科。淮南杜佑表管書記，入爲監察御史。時王叔文得幸太子，禹錫以名重一時，與之交。叔文每稱有宰相器。太子即位，朝廷大議祕策，多出叔文。引禹錫及柳宗元，與議禁中，所言必從。擢屯田員外郎，判度支鹽鐵案，頗憑藉其勢，多中傷士。御史竇羣劾禹錫挾邪亂政，羣即日罷。

凡所進退，視愛怒輕重，人不敢指其名，號二王劉、柳。憲宗立，叔文等敗，禹錫貶連州刺史，未至，斥朗州司馬。州接夜郎諸夷，風俗陋甚，家喜巫鬼，每祠歌竹枝，鼓吹徘徊，其聲傖儜。禹錫謂屈原居沅、湘間，作九歌，使楚人以迎送神，乃倚其聲，作竹枝辭十篇。於是武陵夷俚悉歌之。始坐叔文貶者，憲宗欲終斥不復，雖後更赦令，不得原。然宰相哀其才，乃詔禹錫等悉補遠州刺史。而武元衡方執政，言不可用，遂罷。禹錫久落魄，鬱鬱不自聊，其吐辭多諷託幽遠，作問大鈞、謫九年等賦數篇。久之，召還。宰相欲任南省郎，而禹錫作玄都觀看花君子詩，語譏忿，當路者不喜，出為播州刺史。御史中丞裴度為言播猿狖所宅，禹錫母八十餘，不能往，乃易連州。又徙夔州、和州，入為主客郎中，復作游玄都詩，以詆權近，聞者益薄其行。俄裴度兼集賢殿大學士，雅知禹錫，薦為禮部郎中、集賢直學士。度罷，出為蘇州刺史，以政最，賜金紫服。徙汝、同二州，遷太子賓客。會昌時，加檢校禮部尚書。卒年七十二，贈戶部尚書。禹錫恃才而廢，褊心不能無怨望，年益晏，偃蹇寡所合，乃以文章自適。素善詩，晚節尤精，與白居易酬復頗多。居易以詩自名者，嘗推為詩豪，又言其詩在處應有神物護持。始疾病，自為子劉子傳，稱漢景帝之後。著有劉夢得文集四十卷，今傳於世。

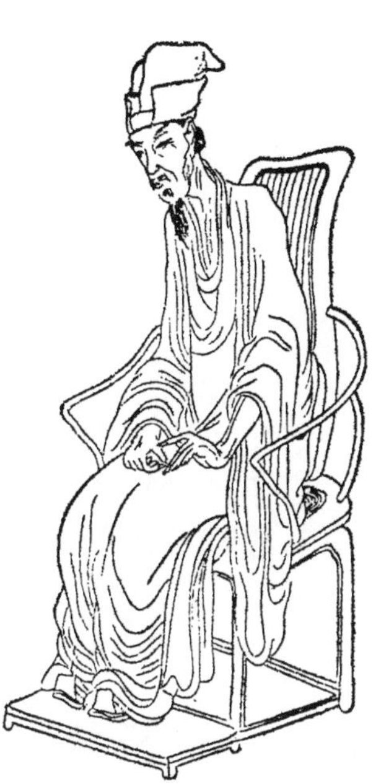

劉禹錫

一八二　柳宗元（七七三—八一九）

柳宗元字子厚，其先蓋河東人。天寶末，遇亂，父徙於吳。宗元少精敏絕倫，爲文章卓偉精致，一時輩行推仰。第進士博學宏辭科，授校書郎，調藍田尉。貞元十九年爲監察御史。王叔文奇其才，及得政，引內禁近，與計事，擢禮部員外郎，欲大進用。俄而叔文敗，貶邵州刺史，不半道，貶永州司馬。既竄斥，地又荒癘，因自放山澤間，其堙厄感鬱，一寓諸文。倣離騷數十篇，讀者咸悲惻。雅善蕭俛，詒書言情。又詒京兆尹許孟容，以洩其忿懣之氣。宗元久斥廢，其爲文思益深。嘗著書一篇，號貞符。又作賦自儆。元和十年，徙柳州刺史。時劉禹錫得播州，宗元曰：「播非人所居，而禹錫親在堂，吾不忍其窮，無辭以白其大人。如不往，便爲母子永訣。」即具奏，欲以柳州授禹錫，而自往播。會大臣亦爲禹錫請，因改連州。柳人以男女質錢，過期不贖，子本均則沒爲奴婢。宗元設方計，悉贖歸之。尤貧者令書庸，視直足相當，還其質；已沒者，出己錢助贖。南方爲進士者，走數千里，從宗元游，經指授者，爲文辭皆有法。世號柳柳州。

柳宗元

十四年卒，年四十七。宗元少時嗜進，謂功業可就，既坐廢，遂不振。然其才實高，名蓋一時。韓愈評其文曰：「雄深雅健似司馬子長，崔、蔡不足多也。」既沒，柳人懷之，託言降於州之堂，人有慢者輒死。廟於羅池，愈因碑以實之。著有柳先生文集四十五卷，今傳於世。

一八三 元稹（七七九—八三一）

元稹

元稹字微之，河南人。幼孤，母鄭賢而文，親授書傳。九歲工屬文。十五擢明經，判入等，補校書郎。元和元年，舉制科，對策第一，拜左拾遺。性明銳，遇事輒擧。始王叔文、王伾蒙幸太子宮，而橈國政。稹謂宜選正人輔導，獻書極諫。又自以職諫諍，不得數召見，上疏條陳時事。當路者惡之，出爲河南尉。以母喪解，服除，拜監察御史。會河南尹房式坐罪，稹擧劾，詔薄式罪，召稹還。次敷水驛，中人仇士良夜至，稹不讓，中人怒，擊稹敗面。宰相以稹年少輕樹威，失憲臣體，貶江陵士曹參軍。而李絳、崔羣、白居易皆論其枉。久乃徙通州司馬，改虢州長史。元和末，召拜膳部員外郎。稹尤長於詩，謫江陵時，善監軍崔潭峻。長慶初，潭峻方親幸，以稹歌詞數十百篇奏御。帝大悅，問稹今安在，曰：「爲南宮散郎。」卽擢祠部郎中，知制誥。變詔書體，務純厚明切，盛傳一時。俄遷中書舍人，翰林承旨學士。數召入，禮遇益厚。自謂得言天下事，中人爭與稹交。魏弘簡在樞密，尤相善。裴度出屯鎭州，有所論奏，共沮卻之。度三上疏，劾弘簡、稹傾亂國政，乃罷弘簡，而出稹爲工部侍郎。然眷荷不衰，未幾，進同中書門下平章事，朝野雜然輕笑。會有人告稹結客將刺裴度，出爲同州刺史。再朞，徙浙東觀察使。明州歲貢蚶，役郵子萬人，不勝其疲，稹奏罷之。太和三年，召爲尙書左丞。然稹素無檢，望輕，不爲公議所右。王播卒，謀復輔政甚力，訖不遂。俄拜武昌節度使，卒年五十三，贈尙書右僕射。稹詩與居易齊名，天下傳諷，號「元和體」。往往播樂府，穆宗在東宮，妃嬪近習皆誦之，宮中呼元才子。在越時，辟竇鞏。鞏工爲詩，與之酬和，時號蘭亭絕唱。稹始言事峭直，欲以立名，中見斥廢十年，信道不堅，乃喪所守，附宦貴得宰相，居位纔三月罷。晚節彌沮喪，加廉節不飾云。著有元氏長慶集六十卷，今傳於世。

一八四　白行簡（？—八二六）

白行簡字知退，下邽人。爲居易之弟。貞元末，登進士第，授祕書省校書郎。元和中，盧坦鎭劍南東川，辟爲掌書記。府罷，歸潯陽。居易授江州司馬，從兄之郡。十五年，居易入朝爲尙書郎，行簡亦授左拾遺。累遷司門員外郎，主客郎中。

長慶末，振武奏水運營田使賀拔志言營田數過實，詔令行簡按覆之。不實，志懼，自刺死。寶曆二年冬，病卒。行簡敏而有辭，文筆有兄風。辭賦尤稱精密，文士皆師法之。居易友愛過人，兄弟相待如賓客。行簡子龜兒，多自敎習，以至成名，當時友悌，無以比焉。著有文集十卷，今已散佚。惟所作傳奇李娃傳，敍長安名妓李娃與常州刺史滎陽公之子一段姻緣故事，極爲動人。又有三夢記等傳奇，並傳於世。

牛僧孺

一八五　牛僧孺（七八〇—八四八）

牛僧孺字思黯，本隴西狄道人，居宛葉間。幼孤，工屬文，第進士。元和初，以賢良方正對策第一，條指失政，其言鯁訐，不避宰相。宰相怒，故李益等坐考非其宜，皆調去。僧孺調伊闕尉。改河南，遷監察御史，累進考功員外郎，集賢殿直學士。穆宗初，以庫部郎中知制誥，徙御史中丞。按治不法，內外澄肅。賜金紫服，以戶部侍郎同中書門下平章事。始韓公武用財賂權貴，僧孺不納，帝善之，遷中書侍郎。敬宗立，進封奇章郡公。僧孺數表去位，帝爲於鄂州置武昌軍，授武昌節度使，同平章事。文宗立，召爲兵部尚書平章事。三年，遷尚書左僕射。僧孺以足疾不任謁，久之，爲山南東道節度使，賜彝樽龍勺。會昌元年，漢水溢，壞城郭，坐不謹防，下遷太子少保，進少師。明年，以太子太傅留守東都。因事黜爲太子少保，累貶循州刺史。宣宗立，徙衡、汝二州，還爲太子少師。卒年六十九，贈太尉，謚曰文簡。僧孺性怪僻，而頗嗜志怪，著有玄怪錄十卷，今已佚。然太平廣記所引，尚有三十三篇，今行於世。

一八六　李德裕（七八七—八四九）

李德裕字文饒，趙郡人。元和宰相吉甫之子。少力於學，既冠，卓犖有大節，不喜與諸生試有司，以蔭補校書郎。河東張弘靖辟爲掌書記。府罷，召拜監察御史。穆宗卽位，擢翰林學士。帝爲太子時，已聞吉甫名，由是顧德裕厚，凡號令大典冊，皆出其手。數召見，賞獎優華，進中書舍人。未幾，授御史中丞。始吉甫相憲宗，牛僧孺對直言策，痛詆當路，條失政，吉甫遂與爲怨。至是僧孺益樹黨，乃出德裕爲浙西觀察使。由是牛、李之憾結矣。敬宗立，侈用無度，詔浙西上脂盝妝具。德裕奏比年旱災，物力未完，優詔停獻。太和三年，召拜兵部侍郎。踰年，徙劍南節度使。因在邊有政，俄拜中書門下平章事，封贊皇縣伯。帝暴感風，鄭注始因王守澄以藥進。帝少間，又薦李訓。帝欲授諫官，德裕諫不可。帝不懌，訓、注皆怨，徙鎮海軍。及訓、注等亂，帝追悟德裕，以太子賓客分司東都。開成初，起爲浙西觀察使。十年，遷淮南節度使，代牛僧孺。淮南府錢八十萬緡，德裕奏言止四十萬。僧孺訴於帝，而諫官姚合等共劾奏德裕挾私怨沮傷僧孺，帝置章不下。武宗立，召爲門下侍郎，同中書門下平章事。以功拜太尉，進封趙國公。德裕固讓，乃改衛國公，威名獨重於時。宣宗卽位，德裕奉册太極殿。帝退謂左右：「德裕每顧我，毛髮爲森豎。」翌日，罷爲檢校司徒，同中書門下平章事，荊南節度使。大中元年，又斥爲太子少保，分司東都，再貶潮州司馬，俄又貶崖州司戶參軍事。三年卒，年六十三。德裕性孤誚，明辯，有風采，善爲文章，雖至大位，猶不去書。所居安邑里第，有院號起草，亭曰精思，每計大事，則處其中。其沒十年，懿宗詔追復德裕太子少保，衛國公，贈尚書左僕射。著有李衛公文集二十卷，及次柳氏舊聞等書，並傳於世。

一八七　李紳

李紳字公垂，潤州人。六歲而孤，母盧躬授之學。爲人短小精悍，於詩最有名，時號短李。蘇州刺史韋夏卿數稱之。元和初，擢進士第，補國子助教。不樂，輒去，客金陵。李錡愛其才，辟掌書記。錡寖不法，賓客莫敢言，紳數諫，不入。錡召紳作疏，坐錡前。紳陽怖栗，至不能爲字，下筆輒塗去，盡數紙。錡怒，而囚紳獄中。後錡誅，乃免。或欲以聞，謝曰：「本激於義，非市名也。」乃止。久之，從辟山南觀察府。穆宗召爲右拾遺、翰林學士，與李德裕、元稹同時，號三俊。累擢中書舍人。牛僧孺輔政，以紳爲御史中丞。顧其氣剛卞，易疵累，罷爲江西觀察使。帝素厚遇紳，遣使者就第勞賜，以爲樂外遷。紳泣言爲人中傷，帝悟，改戶部侍郎。會敬宗立，李逢吉知紳失勢可乘，使王守澄奏言先帝始議立太子，李紳勸立深王，獨宰相李逢吉請立陛下。帝初卽位，不能辨，乃貶紳爲端州司馬。後帝得先帝手緘書一笥，發之，見裴度、元穎與紳三疏請立帝爲嗣，始大感悟，得徙江州長史，又遷滁、壽二州刺史。太和中，李德裕當國，擢紳浙東觀察使，復以太子賓客分司。開成初，遷河南尹，治剛嚴；復遷宣武節度使。武宗即位，徙淮南。召拜中書侍郎，同中書門下平章事，進尚書右僕射，門下侍郎，封趙郡公。居位四年，以足緩不任朝謁，辭位。以檢校右僕射平章事復節度淮南。卒贈太尉，謚文肅。紳以文藝節操見用，而屢爲怨仇所根抑，卒能自伸其才，以名位終。爲文舂容恬雅，無雕琢細碎之習。著有追昔遊集三卷，今傳於世。

一八八　李翱

李翱字習之，趙郡人，韓愈之姪壻。中進士第，始調校書郎。元和初，爲國子博士，史館修撰。嘗謂史官紀事，必須實錄。再遷考功員外郎。初、諫議大夫李景儉表翱自代。景儉斥，翱下除朗州刺史。久之，召爲禮部郎中。翱性峭鯁，論議無所屈，仕不得顯官，怫鬱無所發。見宰相李逢吉，面斥其過失，逢吉詭不校。翱恚懼，即移病。滿百日，有司白免官。逢吉更表爲廬州刺史。時州旱遂疫，逋捐係路，亡籍口四萬，權豪賤市田屋牟利，而窶戶仍輸賦。翱下教，使以田占租，無得隱，收豪室稅萬二千緡，貧弱以安。入爲諫議大夫，知制誥，改中書舍人。柏耆使滄州，翱盛言其才，耆得罪，由是左遷少府少監。歷遷桂管湖南觀察使，山南東道節度使。卒，謚文。翱始從昌黎韓愈爲文章，辭致渾厚，見推當時。有李文公集十八卷，今傳於世。

一八九 皇甫湜

皇甫湜字持正，睦州新安人。擢進士第，爲陸渾尉，仕至工部郎中。卞急使酒，數忤同省，求分司東都，留守裴度辟爲判官。度修福先寺，將立碑，求文於白居易。湜怒曰：「近捨湜而遠取居易，請從此辭。」度謝之。湜卽請斗酒，飲酣，援筆立就，度贈以車馬繒綵甚厚。湜大怒曰：「自吾爲顧況集序，未常許人。今碑字三千，字三縑，何遇我薄耶？」度笑曰：「不羈之才也。」從而酬之。湜嘗爲蜂螫指，購小兒斂蜂，擣取其液。一日命其子錄詩，一字誤，詬躍呼杖，杖未至，嚙其臂血流。湜文與李翺同出韓愈，翺得愈之醇，而湜得愈之奇崛。有皇甫持正文集六卷，今傳於世。

一九〇 李益（？—八二七）

李益字君虞，隴西人。故宰相揆族子。大曆四年第進士，調鄭縣尉。同輩行稍稍進達，益獨不調，鬱鬱去游燕、趙間。幽州節度使劉濟辟置幕府，進爲營田副使，嘗與濟詩語多怨望。憲宗雅知其名，召爲祕書少監，集賢殿學士。自負才地，凌藉士衆，致不能堪。諫官因暴幽州時怨望詩有「不上望京樓」等句，詔降秩。俄復舊官，累遷右散騎常侍。太和初，以禮部尚書致仕卒。益少有僻疾，多猜忌，防閑妻妾，過爲苛嚴，有散灰扃戶之談，時稱妬癡尚書。風流有詞藻，於詩尤所長。貞元末，名與宗人賀相埒。每一篇成，樂工爭以賂求取之，被於聲歌，供奉天子。至征人早行等篇，天下皆施之圖繪。嘗從軍十年，運籌決勝，尤其所長。往往鞍馬爲文，橫槊賦詩，故多激厲悲壯之作，高適、岑參之流也。時又有太子庶子李益，同在朝，故世言文章李益以辨云。有集傳於世。

一九一　賈島（七八八—八四三）

賈島字浪仙，范陽人。初連敗文場，囊篋空甚，遂爲浮屠，名无本。來東都，時洛陽令禁僧午後不得出，島爲詩自傷。韓愈憐之，因敎其爲文，遂去浮屠，舉進士。然累舉不中第。文宗時，坐飛謗，貶長江主簿。會昌初，以普州司倉參軍，遷司

賈島

戶。未受命卒，年五十六。島爲詩，按格入僻，力矯浮豔，行坐寢食，苦吟不輟。當其苦吟，雖逢値公卿貴人，皆不之覺也。嘗跨蹇驢，訪李凝幽居，得句云：「鳥宿池中樹，僧推月下門。」又欲作僧敲，鍊之未定，吟哦引手作推敲之勢，旁觀亦訝。時韓愈爲京兆尹，車騎方出，不覺衝至第三節，左右擁到馬前。島具實對，未定推敲，神遊象外，不知迴避。愈駐久之，曰：「敲字佳。」遂並轡歸，共論詩道，結爲布衣交。島每至除夕，輒取

一歲所作，置几上，焚香再拜，酹酒祝曰：「此吾終年苦心也。」痛飲長謠而罷。臨死之日，家無一錢，惟病驢古琴而已。著有賈長江集十卷，今傳於世。

一九二　李賀（七九〇—八一六）

李賀字長吉，隴西成紀人。系出鄭王後。七歲能辭章。韓愈、皇甫湜始聞未信，過其家，使賀賦詩，援筆輒就，如素構，自目曰高軒過。二人大驚，自是有名。為人纖瘦，通眉，長指爪，能疾書。每旦日出，騎弱馬，從小奚奴，背古錦囊，遇有所得，

李賀

書投囊中。未始先立題，然後為詩，如他人牽合程課者。及暮歸，足成之。非大醉、弔喪日，率如此。過亦不甚省。母使婢探囊中，見所書多，卽怒曰：「是兒要嘔出心乃已耳。」以父名晉肅，不肯舉進士。韓愈為作諱辨，然卒亦不就舉。後為協律郎，卒年二十七。賀辭尙奇詭，所得皆驚邁，絕去翰墨畦逕，當時無能效者。樂府數十篇，雲韶諸工，皆合之絃管。與游者權璩、楊敬之、王恭元。每譔著，時為所取去。賀亦早世，故其詩歌傳者甚鮮，約存十之四五。杜牧為之序云：「蓋騷之苗裔，理雖不及，辭或過之。」又云：「使賀且未死，少加以理，奴僕命騷可也。」其為人推重如此。今有李長谷歌詩四卷，外集一卷，又有吳正子箋

注本等傳於世。

一九三　盧仝（？—八三五）

盧仝，范陽人。初隱少室山，號玉川子。家甚貧，惟圖書堆積。後卜居洛城，破屋數間而已。一奴，長鬚不裹頭；一婢，赤足老無齒。終日苦哦，隣僧送米。朝廷知其淸介之節，凡兩備禮徵為諫議大夫，不起。時韓愈為河南令，愛其操，敬待之。嘗為惡少所恐，訴於愈，方為申理。仝慮盜憎，願罷之，愈益服其度量。元和間月蝕，仝賦詩，意切當時逆黨，愈極稱工，餘人稍恨之。時王涯秉政，胥怨於人。及禍起，仝偶與諸客會食涯書館中，因留宿，吏卒掩捕。仝曰：「我盧山人也，於衆無怨，何罪之有？」吏曰：「既云山人，來宰相宅，容非罪乎？」倉皇不能自理，竟罹甘露之禍。仝老無髮，奄人於腦後加釘而死。仝性高古介僻，所作自成一家。語尙奇譎，讀者難解，識者易知。有玉川子集一卷，今傳於世。

盧仝

一九四　沈亞之

沈亞之字下賢，吳興人。元和十年第進士。涇原李彙辟掌書記。長慶中，補櫟陽令，累遷殿中丞，御史內供奉。太和三年，柏耆宣慰德州，辟爲判官。耆以罪貶，亞之亦貶爲南康尉。後終郢州掾。亞之以文詞得名，然狂躁貪冒，輔耆爲惡，頗憑陵晚達，故及於貶。嘗從韓愈門下，李賀稱之爲吳興才人。時杜牧、李商隱俱有擬亞之詩，蓋甚爲當時名輩所器重也。其文能創窈窕之思，皆以華豔之筆，敘恍忽之情。而好言仙鬼亦有生死，與同時文人異趣。著有沈下賢集十二卷，今傳於世。集內有秦夢記、異夢錄、湘中怨傳奇三篇，並見於太平廣記中。

一九五　段成式（？—八六三）

段成式，字柯古，齊州臨淄人，宰相文昌之子。以蔭入官，爲祕書省校書郎。研精苦學，祕閣書籍，披覽皆遍。累遷至尚書郎。大中中，出爲吉州刺史。咸通四年，以太常少卿致仕，卒。成式家多奇篇祕籍，博學彊記，尤深於佛書。而性好畋獵，嘗以雉兔徧遺於幕府。早有文名，詞句多奧博，世所珍異。嘗搜錄祕書異事，自仙佛人鬼，以至動植諸物，靡不畢載。以類相聚，有如類書，每篇各有題目，抉擇記敘，多古豔穎異，名曰酉陽雜俎，凡二十卷三十篇。又有續集十卷，今幷傳於世。

一九六　杜牧（八〇三—八五二）

杜牧

杜牧字牧之，京兆萬年人。祖父佑，嘗編通典，有名於時。牧善屬文，第進士，復舉賢良方正。沈傳師表爲江西團練府巡官，又爲牛僧孺淮南節度府掌書記。擢監察御史，移疾分司東都。復爲宣州團練判官，拜殿中侍御史內供奉。累遷左補闕，史館修撰，改膳部員外郎。宰相李德裕，素奇其才。會昌中，黠戛斯破回鶻，回鶻種落潰入漠南。牧說德裕，不如遂取之，德裕善其言。始劉從諫守澤潞，何進滔據魏博，頗驕蹇，不循法度。牧追咎長慶以來，朝廷措置亡術，復失山東。鉅封劇鎮，所以繫天下輕重，不得承襲輕授，皆國家大事。嫌不當位而言，實有罪，故作罪言。俄而澤潞平，略如牧策。歷黃、池、睦三州刺史，入爲司勳員外郎，常兼史職，改吏部，復乞爲湖州刺史。踰年，以考功郎中知制誥，遷中書舍人。卒年五十。牧剛直，有奇節，不爲齪齪小謹，敢論列大事，指陳病利，尤切至。少與李甘、李中敏、宋祁善，其通古今，善處成敗，甘等不及也。牧亦以疏直，時無右援者。從兄悰，更歷將相，而牧困躓不自振，頗怏怏不平。初牧夢人告曰：「爾應名畢。」復夢書「皎皎白駒」字，或曰：「過隙也。」俄而炊甑裂，牧曰：「不祥也。」乃自為墓誌，悉取所為文章焚之。牧於詩情致豪邁，人號為小杜，以別杜甫。太和末，牧嘗往湖州，目成一女子，年方十餘歲，約以十年後吾來守郡，當納之。比至，已十四年，前女子從人，兩抱雛矣，因賦詩自傷云。著有樊川文集二十卷，今傳於世。

一九七　李商隱（八一三—八五八）

李商隱字義山，懷州河內人。或言英國公世勣之裔孫。令狐楚帥河陽，奇其文，使與諸子遊。楚徙天平、宣武，皆表署巡官。開成二年，高鍇知貢舉，楚子綯雅善鍇，奬譽甚力，故擢為進士第。調弘農尉，以活獄忤觀察使孫簡，將罷去。會姚合代簡，諭使還官，又試拔萃中選。王茂元鎮河陽，愛其才，表掌書記，以子妻之，得侍御史。茂元善李德裕，而牛李黨人嗤謫商隱，以為詭薄無行，共排笮之。茂元死，來游京師，久不調。更依桂管觀察使鄭亞府為判官。亞謫循州，商隱從之，凡三年，乃歸。亞亦為德裕所善，綯以為忘家恩，放利偷合，謝不通。京兆尹盧弘止表為府參軍，典箋奏。綯當國，商隱歸窮自解，綯憾不置。弘止鎮徐州，表為掌書記。久之還朝，復干綯，乃補商隱為太學博士。柳仲郢節度劍南東川，辟判官，檢校工部

李商隱

員外郎。府能，客滎陽卒。商隱初爲文，瑰邁奇古。及在令狐楚府，楚本工章奏，因授其學。商隱儷偶長短，而繁縟過之。時溫庭筠、段成式俱用是相誇，號「三十六體」。每屬綴，多檢閱書册，左右鱗次，號獺祭魚。初得大名，薄遊長安，尚希識面，因投宿逆旅，有衆客方酣飮，賦商隱所作木蘭花詩，就呼與坐，不知爲商隱也。及客問姓名，乃大驚稱罪。商隱詩自成一格，宋以後學之者目爲「西崑體」。今有李義山詩集六卷及文集五卷傳於世。

一九八　溫庭筠

溫庭筠

溫庭筠本名岐，字飛卿，幷州祁人。少敏悟，工爲辭章。然薄於行，無檢幅，又多作側辭艷曲，與貴冑裴誠、令狐滈等，蒱飮狎昵。數舉進士，不中第。思神速，多爲人作文。大中末，試有司，廉視尤謹。庭筠不樂，上書千餘言，然私占授者已八人。執政鄙其爲，授方山尉。徐商鎭襄陽，往依之，署巡官。不得志，去歸江東。令狐綯方鎭淮南，庭筠怨居中時，不爲助力，過府不肯謁。丐錢揚子院，夜醉，爲邏卒所擊，敗面折齒。乃還揚州，訴之於令狐綯，捕邏卒治之。邏卒極言庭筠狹邪醜迹，乃兩釋之。自是汚行聞於京師。庭筠自至長安，徧見公卿，言爲誣染。俄而徐商執政事，頗爲言之，欲白用。會商罷，楊收疾之，遂廢卒。庭筠詩，與李商隱齊名，時號「溫李」。才情綺麗，尤工於詞。每試，押官韻，未嘗起草，但籠袖凭几，每一韻一吟而已，場中稱爲溫八吟。又能八叉手成八韻，名溫八叉。宣宗喜歌菩薩蠻，綯假其修撰，密進之，戒勿洩，而遽言於人。著有握蘭集三卷，金荃集十卷，詩集五卷，漢南眞稾十卷。今有溫飛卿詩集七卷及別集一卷等傳於世。

一九九　羅隱（八三三—九〇九）

羅隱字昭諫，錢塘餘杭人。少英敏，善屬文，詩筆尤俊拔，養浩然之氣。乾符初，舉進士，累不第。本名橫，至是改名隱。廣明中，遇亂歸鄉里。時錢鏐鎮東南，節鉞崇重，隱欲依焉。進謁投素作，卷首過夏口云：「一個禰衡容不得，思量黃祖漫英雄。」鏐得之大喜，遂辟爲掌書記。性簡傲，高談闊論，滿座風生。好諧謔，感遇輒發。鏐愛其才，前後賜予無數，陪從不頃刻相背。表遷節度判官、鹽鐵發運使，未幾，奏授著作郎。鏐初授鎮，命沈崧草表謝，盛言浙西富庶。隱曰：「今浙西焚盪之餘，朝臣方切賄賂，表奏將鷹犬我矣。」鏐請隱改之，有云：「天寒而麋鹿曾遊，日暮而牛羊不下。」時人稱之。轉司勳郎中。朱全忠篡唐，以諫議大夫相召，不行。以老病卒，年七十七。隱恃才傲睨，衆頗憎忌。自以當得大用，而一第落落，傳食諸侯，因人成事，深怨唐室。詩文多以譏刺爲主，雖荒祠木偶，莫能免者。貌寢陋，嘗以詩投相國鄭畋，畋有女殊醜，喜詩，咏讀隱作，至「張華謾出如舟語，不及劉侯一紙書」由是切慕之。後隱來謁，女從簾後窺見寢陋之狀，不復念矣。隱詩中喜用俗語，如「今宵有酒今宵醉，明日愁來明日愁」「只知事逐眼前去，不覺老從頭上來」又以出語成讖，後人遂有「羅隱皇帝口」之稱。自號江東生。著有甲乙集十卷，今傳於世。

二〇〇　杜荀鶴

杜荀鶴字彥之，池州人。牧之微子也。會昌末，牧自齊安移守秋浦，時有妾懷姙，出嫁長林鄉士杜筠，而生荀鶴。大順初，擢進士第二。時時危勢晏，荀鶴復還舊山。田頵在宣州，甚重之。頵起兵陰令以牋間至朱全忠，許及頵遇禍，全忠表授翰林學士，主客員外郎中，知制誥。恃勢侮易縉紳，衆怒欲殺之未及。天祐初卒。荀鶴初謁朱全忠，與之坐，忽無雲而雨，全忠以為不祥。荀鶴賦詩，有「若教陰翳都相似，爭表梁王造化功」句，頗為後人所譏。為詩亦如羅隱，喜用俗句，如「舉世盡從愁裏老，誰人肯向死前休」「世間多少能言客，誰是無愁行睡人」皆膾炙人口。好飲酒，善彈琴。嘗居九華山，因自號九華山人。著有唐風集三卷，今傳於世。

二〇一　皮日休（？—八八〇）

皮日休字襲美，一字逸少，襄陽人。性放達，能文章。咸通八年，舉進士及第，為著作郎，遷太常博士。時值末年，虎狼放縱，百姓手足無措，上下所行，皆大亂之道。黃巢反出關爲毘陵副使，陷賊中。巢惜其才，授以翰林學士。日休惶恐踼蹶，欲死未能。劫令作讖文以惑衆曰：「欲知聖人姓，田八二十一；欲知聖人名，果頭三屈律。」賊疑其譏己，遂殺之。日休嘗隱居鹿門山，嗜酒癖詩，因自號醉吟先生，亦稱醉士。又號閒氣布衣，言己天地之閒氣也。素以文章自負，尤善箴銘，作鹿門隱書六十篇，以譏切當時謬政。與陸龜蒙交，擬金蘭，日相贈和。自集所爲雜文詩樂府共十卷，名皮子文藪，傳於世。

二〇二　陸龜蒙（？—八八一）

陸龜蒙，字魯望，吳郡人。父賓虞，以文歷侍御史。龜蒙少高放，通六經大義，尤明春秋。舉進士一不中，往從湖州刺史張摶遊。摶歷湖、蘇二州，辟以自佐。嘗至饒州，三日無所詣。刺史蔡京率官屬就見之，龜蒙不樂，拂衣去。居松江甫里，多所論撰；雖幽憂疾痛，貲無十日計，不少輟也。文成竄稾篋中，或歷年不省，爲好事者盜去。得書熟誦乃錄，讎比勤勤，朱黃不去手。所藏雖少，其精皆可傳。借人書，篇帙壞舛，必爲輯褫刊正。樂聞人學，講論不倦。有田數百畝，屋三十楹，田苦下，雨潦則與江通，故常苦飢。身畚鍤，茠刺無休時。或譏其勞，答曰：「堯舜黴瘠，禹胼胝，彼聖人也；吾一褐衣，敢不勤乎？」嗜茶，置園顧渚山下，歲取租茶，自判品第。張又新爲水說七種，其二、慧山泉，三、虎丘井，六、松江。人助其好者，雖百里爲致之。初病酒，再期乃已。其後客至，絜壺置杯，不復飲。不喜與流俗交，雖造門不肯見。不乘馬，升舟設篷席，齎束書、茶竈、筆牀、釣具往來，時謂江湖散人，或號天隨子、甫里先生。自比涪翁、漁父、江上丈人。後以高士召，不至。李蔚、盧攜素與善，及當國，召拜左拾遺。詔方下，龜蒙卒。光化中，韋莊表龜蒙及孟郊等十人，皆贈右補闕。陸氏在姑蘇，門有巨石，遠祖績常事吳爲鬱林太守，罷歸，無裝，舟輕不可越海，取石爲重，人稱其廉，號鬱林石，世保其居云。有甫里先生文集二十卷，今傳於世。

二〇三　司空圖（八三七—九〇八）

司空圖字表聖，河中虞鄉人。咸通末，擢進士。禮部侍郎王凝特所獎待，俄而凝坐法貶商州，圖感知己，往從之。凝起拜宣歙觀察使，乃辟置幕府。召爲殿中侍御史，不忍去凝府，臺劾，左遷光祿寺主簿，分司東都。盧攜以故宰相居洛，嘉圖節，常與游。會攜還朝，復執政，召拜禮部員外郎，尋遷郎中。黃巢陷長安，將奔不得前。圖弟有奴段章者，陷賊，執圖手曰：「我所主張將軍，喜下士，可往見之，無虛死溝中。」圖不肯往，章泣下。遂奔咸陽，間關至河中。僖宗次鳳翔，卽行在拜知制誥，進中書舍人。景福中，拜諫議大夫，不赴。後再以戶部侍郎召，身謝闕下，數日卽行去。昭宗在華，召拜兵部侍郎，以足疾固自乞。會遷洛陽，柳璨希賊臣意，誅天下才望，助喪王室，詔圖入朝。圖陽墮笏，趣意野耄。璨知無意於世，乃聽還。圖本居中條山王官谷，有先人田，遂隱不出。作亭觀素室，悉圖唐興節士文人。名亭曰休休，作文以見志。豫爲冢棺，遇勝日，引客坐壙中，賦詩酌酒。客或難之，圖曰：「君何不廣耶？生死一致，吾寧暫游此中哉！」每歲時，祠禱鼓舞，圖與閭里耆老相樂。王重榮父子雅重之，數饋遺，弗受。嘗爲作碑，贈絹數千，圖置虞鄉市，人得取之，一日盡。時寇盜所過殘暴，獨不入王官谷，士人依以避難。朱全忠已篡，召爲禮部尙書，不起。哀帝弒，圖聞，不食而卒，年七十二。今有司空表聖文集十卷及詩集五卷傳於世。

二〇四　韓偓

韓偓字致堯，京兆萬年人。龍紀初，擢進士第，佐河中幕府，召拜左拾遺，以疾解。後遷累左諫議大夫。宰相崔胤判度支，表以自副。王溥薦爲翰林學士，遷中書舍人。偓嘗與胤定策誅劉季述，昭宗反正，爲功臣。帝疾宦人驕橫，欲盡去之，偓畫策稱旨。帝前膝曰：「此一事終始屬卿。」偓因薦御史大夫趙崇勁正雅重，可以準繩中外。帝知偓，崇門生也，嘆其能讓。崔胤請以輝王爲元帥，帝問偓：「它日累吾兒否？」偓曰：「陛下在東內時，天陰霧，王聞烏聲曰：『上與后幽困，烏雀聲亦悲。』陛下聞之，惻然。有是否？」帝曰：「然。是兒天生忠孝，與人異意。」遂決。偓議附胤，類如此。帝反正後，勵精政事。偓處可機密，率與帝意合，欲相者三四，讓不敢當。蘇檢復引同輔政，遂固辭。初，偓侍宴，與京兆鄭元規、威遠使陳班並席，辭曰：「學士不與外班接。」主席者固請，乃坐。既元規、班至，終絕席。朱全忠、崔胤臨陛宣事，坐者皆去席，偓不動，曰：「侍宴無輒立，二公將以我爲知禮。」全忠怒偓薄己，悻然出。有譖偓喜侵侮有位，胤亦與偓貳。會逐王溥、陸扆，帝以王贊、趙崇爲相。胤執贊、崇非宰相器，帝不得已而罷。贊、崇皆偓所薦爲相者。全忠見帝，斥偓罪，帝數顧胤，胤不爲解。全忠至中書，欲召偓殺之，鄭元規曰：「偓位侍郎學士承旨，公無遽！」全忠乃止，貶濮州司馬。帝執其手流涕曰：「我左右無人矣。」再貶榮懿尉，徙鄧州司馬。天祐二年，復召爲學士，還故宮，偓不敢入朝，挈其族南依王審知而卒。偓自號玉山樵人，工詩。爲學士時，內預祕謀，外爭國是，屢觸逆臣之鋒，死生患難，百折不渝，實爲唐末完人。其詩雖局於風氣，側豔淸巧；而忠憤之氣，間亦溢於語外。著有韓內翰別集一卷，香奩集一卷，今傳於世。

五代

二〇五　韋莊（？—九一〇）

韋莊，字端己，杜陵人。唐臣見素之後也。曾祖少微，宣宗中書舍人。莊幼能詩，以豔語見長。應舉時，遇黃巢犯闕，著秦婦吟云：「內庫燒爲錦繡灰，天街踏盡公卿骨。」人稱爲秦婦吟秀才。乾寧元年登進士第，爲判官，晉秩左補闕。王建爲西川節度副使，昭宗命莊及李珣宣諭西川，遂留蜀，同馮涓並掌書記。時有縣令擾民者，莊爲建草牒曰：「正當凋瘵之秋，好安凋瘵；勿使瘡痍之後，復作瘡痍。」一時以爲口實。尋擢起居舍人。天復間，建遣莊入貢，亦修好於梁王全忠。談言微中，頗得全忠心，隨使押牙王殷報聘。昭宗既遇弒，全忠遣告哀使司馬卿宣諭蜀士。興元節度使王宗綰馳驛上白建，頗內懷興復。莊以兵者大事，不可倉卒而行，乃爲建答宗綰書，謂自聞此詔，五內糜潰，方枕戈待旦，思爲主上報讎。今使來，不知以何宣告？且令宗綰以此意諭之，卿乃惶懼而返。明年，建立行臺於蜀，承制封拜，以莊爲安撫副使。未幾，梁篡唐改元，莊與諸將佐詣建勸進曰：「大王雖忠於唐，唐已亡矣。此所謂天與不取也。」於是帥吏民哭三日，擁建卽皇帝位，是爲前蜀高祖。進莊爲左散騎常侍，判中書門下事，凡開國制度、號令、刑政、禮樂，皆由莊所定。頃之，梁復通好於蜀，推高祖爲兄。莊得書笑曰：「此神堯驕李密之意也。」其機敏多類此。累官至門下侍郎、吏部尚書，同平章事。武成三年卒於花林坊，葬白沙之陽，謚曰文靖。初，莊常誦杜甫「白沙翠竹江村暮，相送柴門月色新」之詩，吟諷不輟，人以爲詩讖焉。莊有美姬，善文翰，建託以敎宮人爲詞，强奪去。莊作謁金門詞憶之，姬聞之，不食而死。莊文不加點，而語多稱情。尤工詩詞，清新素樸。著有浣花集十卷，今傳於世。

二〇六　牛嶠

牛嶠字松卿，一字延峯，隴西人。唐相僧孺之後也。博學有文，以歌詩著名。乾符五年，登進士第。歷官拾遺、補闕、校書郎。王建以節度使鎭西川，辟爲判官。及建卽帝位，拜給事中。尋卒。嶠自言「竊慕李賀長歌，擧筆輒效之。」尤善製小詞，風格與温庭筠相類。女冠子云：「繡帶芙蓉帳，金釵芍藥花。」菩薩蠻云：「山月照山花，夢回燈影斜。」皆嶠佳句也。著有集三十卷，歌詩三卷。今所傳者，惟花間集所載詞三十餘首而已。

二〇七　李珣

李珣字德潤，先世本波斯人，後居梓州。前蜀後主王衍昭儀李舜弦之兄也。兄玹，字廷儀，隨僖宗入蜀，故珣亦約於此時入蜀。珣在蜀，以外戚故，未任何種官職，以小詞爲後主所賞。嘗製浣溪沙詞，有「早爲不逢巫峽夢，那堪虛度錦江春。」詞家互相傳誦。曾以秀才預賓貢。除工詞外，又通醫理，嘗著海藥本草，李時珍本草綱目多引用之。詞則多寫其瀟洒之處士心懷。著有瓊瑤集一卷，久已亡佚。今所傳者，在花間集中有詞三十七首，及尊前集中多出十七首而已。

二〇八　毛文錫

毛文錫字平珪，南陽人。唐太僕卿龜範子也。年十四，登進士第。已而來成都，仕蜀爲翰林學士承旨。永平四年，遷禮部尚書判樞密院事。先是峽上有堰，或勸高祖宜乘江漲決之，以灌江陵。文錫諫曰：「高季昌不服，其民何罪？陛下方以德懷天下，忍以鄰國之民爲魚鱉食乎？」高祖乃止。通正元年，進文思殿大學士，已又拜司徒，判樞密院如故。天漢時，宦官唐文扆同宰相張格爲表裏，與文錫爭權。文錫以女適僕射庾傳素子，宴親族於樞密院，用樂不先奏聞。高祖聞鼓吹聲，怪之。文扆因極口摘其短，貶文錫茂州司馬，子詢流維州，籍其家。及國亡，隨後主降後唐，未幾，復事後蜀孟氏，與歐陽炯等五人，以小詞爲後蜀主所賞，供奉於內廷。尋卒。文錫詞以質直爲情致，多流於率露，故後人有評庸陋詞者，必曰：「此仿毛文錫之贊成功而不及者。」於此可以想見矣。所著又有前蜀紀事二卷，茶譜一卷。其詞錄入於花間集中，凡三十一首。

二〇九　牛希濟

牛希濟，隴西人。嶠兄之子也。蜀後主時，累官翰林學士，御史中丞。國亡後，入後唐。明宗宣宰相王鍇、張格、庾傳素及希濟，各賜一韻試蜀主降唐詩五十六字。鍇等皆諷後主僭號，荒淫失國。獨希濟得川字，詩意但述數盡，不謗君親。詩云：「滿城文物欲朝天，不覺鄰師犯塞烟。唐主再懸新日月，蜀王還却舊山川。非千將相扶持拙，自是吾君數盡年。古往今來亦如此，幾曾歡笑幾潸然！」明宗得詩，歎曰：「如希濟才思敏妙，不傷兩國，迴存忠孝者，罕矣！」卽拜雍州節度副使。希濟素以詩詞擅名，嘗次牛嶠女冠子四闋，時輩嘖嘖稱道。所作臨江仙有云：「風流皆道勝人間，須知狂客拚死爲紅顏。」特爲詞家之雋其詞今存於花間集中，祇十一首而已。

二一〇　李存勗（八八五—九二六）

李存勗，其先本西突厥人，姓朱耶氏。克用長子也。曾祖赤心，唐咸通中討龐勛有功，入爲金吾將軍，賜姓李氏，名國昌。存勗爲嬰兒，體貌奇特，沈厚不羣，克用特所鍾愛。年十一，從行，初令入覲獻捷，迎駕還宮，昭宗一見，駭之曰：「此兒有奇表。」因撫其背曰：「兒將來之國棟也，勿忘忠孝於予家。」因賜鸂鶒酒卮、翡翠盤。十三習春秋，手自繕寫，略通大義。及壯，便射騎，膽略絕人，其心豁如也。天祐四年，克用卒，明年，立爲晉王。屢破梁兵。龍德三年，梁亡，存勗卽皇帝位，國號唐，改元同光，是爲莊宗。旣卽位，志意驕怠，雅好俳優，遂爲宦官伶人亂政。同光四年，伶人從馬直指揮使郭從謙反。存勗聞亂，率諸王衛士擊亂軍出門，亂兵縱火焚門，緣城而入，從樓上射存勗。存勗傷重，踣於絳霄殿廊下。自皇后諸王左右皆奔走。至午時崩，年四十二。五坊人善友，聚樂器而焚之。明宗入洛，始斂其骨燼葬之。存勗以好於俳優，

李存勗

死於俳優，論者譏之。嘗與羣優戲於庭，四顧而呼曰：「李天下，李天下何在？」一伶官敬新磨遽前一手批其頰，存勗失色，左右皆恐，羣伶亦大驚駭，共持新磨詰曰：「汝奈何批天子頰？」新磨對曰：「李天下者，一人而已，復誰呼耶？」於是左右皆笑。存勗亦喜，賜與新磨甚厚。存勗雖爲武夫，然雅好音律，能度曲，其詞深情婉約，風格旖旎，絕不似其人。今其詞多散佚，祇存三首於世。

二一一 顧夐

顧夐，不詳其何許人。前蜀高祖通正時，以小臣給事內廷。會禿鶖鳥翔摩訶池上，夐作詩刺之，禍幾不測。久之，擢茂州刺史。後蜀開國，又事孟知祥，累官至太尉。夐善小詞，有醉公子曲，爲一時豔稱。尤善詼諧，常於前蜀時，見隸武秩者，多拳勇之夫，戲造武舉諜以譏之。其辭曰：「大順年侍郎李吒叱下進士及第三十餘人，姜癩子、張打胸、李嗑咀、李破肋、李吉了、樊忽雷、王號驪、郝牛矢、陳波斯、羅蠻子等，試亡命山澤賦、到處不生草詩。」人以爲滑稽云。所作詞，含情獨厚，如訴衷情後數句云：「怨孤衾，換我心，爲你心，始知相憶深。」論者謂其透骨情語，已開柳七一派。其詞見於花閒集中，凡五十五首。

二一二　歐陽炯（八九六—九七一）

歐陽炯，益州華陽人。父玭，通泉令。炯少事蜀主王衍，爲中書舍人。後唐同光中，蜀亡，隨衍至洛陽，補秦州從事。孟知祥鎭成都，炯復來入蜀。知祥稱帝，以爲中書舍人。廣政十二年，拜翰林學士。明年知貢舉，判太常寺，遷禮部侍郎，領陵州刺史，轉吏部侍郎，加承旨。二十四年，拜門下侍郎，兼戶部尙書平章事，監修國史。後主昶時，嘗擬白居易諷諫詩五十篇以獻，昶手詔嘉美，賚以銀器錦綵。後從昶歸宋，爲右散騎常侍，俄充翰林學士，轉左散騎常侍。嶺南平，議遣炯祭南海，炯聞之，稱病不出。太祖怒，罷其職，以本官分司西京。開寶四年卒，年七十六，贈工部尙書。炯性坦率，無檢操，雅善長笛，宋太祖常召於偏殿，令奏數曲。御史中丞劉溫叟聞之，叩殿門求見，諫曰：「禁署之職，典司誥命，不可作伶人之事。」太祖曰：「朕嘗聞孟昶君臣溺於聲樂，炯至宰司，尙習此技，故爲我所擒。所以召炯，欲驗言者之不誣也。」自是不復召。炯好爲歌詩，大抵婉約輕和，不欲强作愁思，對於小兒女情態，刻劃甚至。嘗爲趙崇祚花閒集作序，今存詞凡四十餘首，散見於花閒集及尊前集中。

二一三　孫光憲（?—九六八）

孫光憲字孟文，貴平人。家世業農，至光憲獨讀書好學。後唐時爲陵州判官，有聲。天成初，避地江陵，高季興奄有荆土，稱爲武信王，招致四方之士，梁震薦入掌書記。時季興方大治戰艦，欲與楚角，光憲諫曰：「荆南亂離之後，賴公休息，士民始有生意；若又交惡於楚，一旦他國乘吾弊，良足憂也。」季興乃止。高存誨立，是爲文獻王，會梁震乞休，悉以政事委光憲。王居恆羨馬氏豪靡，謂僚佐曰：「如馬王可謂大丈夫矣。」光憲曰：「天子諸侯，禮有等差。彼乳臭子徒驕侈僭汰，取快一時，危亡無日，又足慕乎？」王忽悟曰：「公言是也。」爲悔謝者久之。光憲事南平三世，皆處幕中，累官荆南節度副使，朝議郎，檢校祕書少監，試御史中丞，賜紫金魚袋。高繼冲時，宋使慕容延釗等平湖南，假道於荆，約以兵過城外。大將李景威勸繼冲嚴兵備之。光憲叱之曰：「汝峽江一民爾，安識成敗？中國自周世宗時，已有混一天下之志，況聖宋受命，眞主出邪。王師未易當也。」因敎繼冲去斥堠，封府庫以待，悉獻三州之地。宋太祖嘉其功，授光憲黃州刺史，賜賚加等。在郡亦稱治。乾德末卒。光憲博物稽古，性嗜經籍，聚書凡數千卷，或自鈔寫，孜孜校讎，老而不廢，自號葆光子。素以文學自負，處荆南，快快不得意。常慕史氏之作，頗恨居諸侯幕府，不足展其才力，每謂知交曰：「寧知獲麟之筆，反爲倚馬之用。」雅善小詞，蜀人輯花閒集，采其詞至六十篇。所著又有荆臺、橘齋、筆傭等集，今多散佚。又有北夢瑣言三十卷，傳於世。

二一四　和凝（八九八—九五五）

和凝字成績，汶陽須昌人。幼而聰敏，姿狀秀拔，神采射人。少好學書，一覽者咸達其大義。年十七，舉明經。至京師，忽夢人以五色筆一束以與之，謂曰：「子有如此才，何不舉進士？」自是才思敏贍，十九登進士第。滑帥賀瓌知其名，辟寘幕下。凝善射，時瓌與唐莊宗相拒於河上，戰胡柳陂，瓌軍敗而北，惟凝隨之。瓌顧曰：「子勿相隨，當自努力。」凝對曰：「丈夫受人知，有難不報，非素志也；但恨未有死所。」旋有一騎士來逐瓌，凝叱之不止，遂引弓以射，應弦而斃，瓌獲免。既而謂諸子曰：「昨非和公，無以至此。和公文武全才，而有志氣，後必享重位，爾宜謹事之！」遂以女妻之。由是聲望益隆。後歷鄆、鄧、洋三府從事。後唐天成中，入拜殿中侍御史，歷禮部刑部員外郎，改主客員外郎，知制誥。尋召入翰林院充學士，遷中書舍人。晉有天下，拜端明殿學士，兼判度支，轉戶部侍郎。會廢端明之職，復入翰林充承旨。五年，拜中書侍郎平章事。晉高祖將幸鄴都，時襄州安從進反狀已彰，凝乃奏曰：「車駕離闕，安從進或有悖逆。」欲預出宣勅十數道，密付開封尹鄭王，令領兵擊之。高祖從之。後從進敗，皆由凝之力也。少帝嗣位，加右僕射。開運初，罷相守本官。未幾，轉左僕射。漢興，授太子太保。周初，遷太子太傅。顯德二年秋，以背疽卒於第，年五十八。贈侍中。凝性好修整，自釋褐至登台輔，車服僕從，必加華楚，進退容止，偉如也。又好延納進士，無賢不肖，皆虛懷以待之，或致其仕進，故甚有當時之譽。平生爲文章，長於短歌豔曲，尤好聲譽。有集百卷，自篆於版，模印數百帙，分惠於人。少時好爲小詞，布於汴、洛，洎入相，契丹號爲曲子相公。今其集多散佚，傳於世者，祗詞二十餘首而已。

二一五　馮延巳（九〇三—九六〇）

馮延巳一名延嗣，字正中，廣陵人。父令頵，事南唐烈祖爲歙州鹽鐵院判官。刺史滑言病篤，或云已死，裨將樊思纑作亂，燔營火及令頵第，叛卒皆釋兵救火，其得人心如此。延巳年十四，以父命入問言疾，出以言命謝將吏，外賴以安。及長，以文雅稱，白衣見烈祖，授祕書郎。中主以吳王爲元帥，用延巳掌書記，與陳覺善，因覺以附宋齊邱，同府位高者，悉以計出之，於是無居己右者。中主亦頗悟其非端士，而不能去。延巳負其材藝，狎侮朝士，嘗謂孫晟曰：「君有何所解而爲丞郎？」晟憤然答曰：「僕山東書生，鴻筆藻麗，十不及君；詼諧飲酒，百不及君；諂佞險詐，累劫不及君。然上所以寘君於王邸者，欲君以道規益，非遣君爲聲色狗馬之友也。」延巳慚不得對。給事中常夢錫屢言延巳小人，不可使在王左右。烈祖感其言，將斥之，會晏駕，不果。中主立，延巳喜形於色，未聽政，屢入白事。中主方哀慕，厭之，曰：「書記自有常職，餘各有司存，何其繁也！」乃少止。保大初，拜諫議大夫、翰林學士，遷戶部侍郎、翰林學士承旨，又進中書侍郎。又與弟延魯交結魏岑、陳覺、查文徽，侵損時政，時人謂之「五鬼」。四年，同平章事、集賢殿大學士，罷爲太子少傅，以母憂去。起復冠軍大將軍，召爲太子太保。俄以左僕射同平章事。延巳數居柄任，揣中主不能察其奸，遂謂己之才略，經營天下有餘，而人主躬覽庶務，大臣備位，安足致理。中主果悉委以政，凡事奏可而已。由是紀綱廢弛，愈欲以大言壓衆，而惑人主。九年，湖南平，而朗州劉言叛，勢張甚。中主知用兵之難，欲授劉言職，以息兵戈。延己持不可，又不欲以軍興取貲內帑，乃遣使於長沙調兵賦，由是重失民心。言遂取長沙，盡據故楚地。周人亦伺釁而動，朝論藉藉。延己力求去，中主待之如初。及周師大入，盡失江北地，始罷延己相位，猶爲太子少傅。數月復相，會疾，改太子太傅。建隆元年五月卒，年五十八。謚忠肅。延己工詩詞，雖貴且老不廢。中主嘗因曲宴內殿，從容謂曰：「吹皺一池春水，何干卿事？」延己對曰：「安得如陛下小樓吹徹玉笙寒，特高妙也！」君臣相謔如此。延己自爲相後，動多狗私，故人親戚，殆於謝絕。晚年稍自厲爲平恕，所著詩詞，多已散佚，今所傳者，爲宋陳世修所輯，名陽春集凡一卷。

二一六　李璟（九一六—九六一）

李璟，初名景通，字伯玉，徐州人。齊王昪之長子也。徐溫死，昪專政，以爲兵部尚書，參知政事。及昪篡國，封爲齊王。昪卒，嗣立爲帝，改元保大。以馮延己、常夢錫爲翰林學士，馮延魯爲中書舍人，陳覺爲樞密使，魏岑、查文徽爲副使，夢錫直宣政殿，專掌密命。而延己等皆以邪佞用事，吳人謂之「五鬼」。夢錫屢言五人皆不可用，璟不納。十三年，周師南征，取滁州，璟懼，遣泗州牙將王知朗至徐州，稱唐皇帝奉書，願效貢賦，陳兄事之禮，世宗不答。東都副留守馮延魯等，皆棄城走。蘄州裨將李福，殺其刺史王承雋降周，璟益懼，至是改名景，以避周廟諱。遣翰林學士鍾謨，文理院學士李德明，奉表稱臣，獻犒軍牛酒甚多，金銀羅綺數千，又割壽、濠、泗、楚、光、海六州，以求罷兵，世宗不報。明年，又遣司空孫晟，禮部尚書王崇質奉表，辭益卑服，世宗猶不答。及表盡獻江北諸地，始許之。已而景頗悔之，並怒斬德明。交泰元年，周又南征，兵臨大江。景初恃水戰，以周兵非敵，及見周師列於江次甚盛，乃不敢戰。並下令去帝號，稱江南國主，奉周正朔，時顯德五年也。宋建隆二年，慮後世不能容，遷都於洪州，爲南都。其年景卒，年四十六。後主嗣立，以喪歸金陵。遣使入宋，願復景帝號，宋太祖許之，乃謚曰明道崇德文宣孝皇帝，廟號元宗。後亦稱爲中主。景美容止，有文學，甫十歲，吟新詩云：「棲鳳枝梢猶軟弱，化龍形狀已依稀。」人皆奇之。相傳景嘗戲問馮延己曰：「吹皺一池春水，干卿甚事？」延己對曰：「未若陛下小樓吹徹玉笙寒也。」其注意於詞，乃至以此爲戲。其詞今多失散，祇傳三首，附見於後主詞中。

二一七 李煜（九三七－九七八）

李煜字重光，徐州人，南唐中主第六子也。初名從嘉。母光穆聖后鍾氏。煜爲人仁惠，有慧性，廣顙，豐頰，駢齒，一目重瞳子。文獻太子惡其有奇表，煜乃避禍，覃思經籍。歷封安定郡公、鄭王。文獻太子薨，徙吳王，以尚書令知政事，居東宮。宋太祖建隆二年，中主南遷，立爲太子，留金陵監國，以嚴續、殷崇義輔之，張洎主牋奏。六月，中主晏駕，嗣立於金陵，是爲後主。立妃周氏爲國后，遣侍郎馮延魯如宋，表陳襲位，凡奉朔稱號等禮，悉遵周舊。宋遣樞密承旨王文來賀襲位。初，中主雖臣於中原，惟去年號，他猶用王者禮，至是始易紫袍見使者，使退如初服。乾德二年，封子仲寓清源郡公。

仲宣宣城郡公。時仲宣猶四歲，一日，獻佛象前，有大琉璃燈爲猫觸墮地，仲宣因驚癇得疾竟薨。時周后亦疾甚，聞仲宣夭，悲哀更甚，數月亦殂，年二十九。後主既痛子殤，又遭后殂，哀苦傷神，幾不能已。開寶元年，立周后妹爲繼國后，後主寵愛愈甚，嘗於羣花中作亭，羃以紅羅，押以玳牙，雕鏤華麗，而極迫小，僅容二人，每與后酣飲其間。素信佛教，開寶

李煜

三年，命境內崇修佛寺，改寶公院爲開善道場。己則與后頂僧伽帽，衣袈裟，誦佛經，拜跪頓顙，至爲瘤贅。四年，後主聞宋滅南漢，屯兵於漢陽，大懼，遣太尉中書令韓王從善朝貢，稱江南國主，請罷詔書不名，許之。翌年，乃下令貶損儀制，改易官號，以避中朝；並降封子弟，封王者皆爲公。是年，宋欲徵後主入朝，後主遣戶部尚書馮延魯謝。七年，宋又遣閤門使梁迥來，從容言曰：「天子今冬行柴燎之禮，國主宜往助祭。」後主不答。宋復遣知制誥李穆爲國信使，持詔來曰：「朕將以仲冬有事圜丘，思與卿同閱犧牲。」且諭以將出師，宜早入朝之意。後主又辭以疾，且曰：「臣事大朝，冀全宗祀，不意如此，今有死而已。」時宋已遣潁州團練使曹翰，率師先出江陵。宣徽南院使曹彬，侍衛馬軍都虞候李漢瓊，賓州刺史田欽祚，率舟師繼發。及是又命

山南東道節度使潘美侍衛步軍都虞候劉遇東上閤門使梁迥率師水陸並進，與國信使李穆同日行。後主遣江國公從鎰貢帛二十萬疋白金二十萬斤。又遣起居舍人潘慎修貢買宴帛萬疋錢五百萬。築城聚糧，大爲守備。已而宋師陷池州，後主於是下令戒嚴，去開寶紀年，稱甲戌歲。宋師又陷蕪湖，兵次采石磯，破兵二萬人，獲馬三百匹。宋又用樊若水策造浮梁以濟師，三日而成，長驅渡江，遂至金陵。初，後主聞作浮梁，語侍臣張洎，洎對曰：「載籍以來，長江無爲梁之事。」後主曰：「吾亦以爲兒戲耳。」後主以軍旅委皇甫繼勳，機事委陳喬、張洎，又以徐元瑀、刁衎爲內殿傳詔，遽書警奏。元瑀等輒屏不以聞。宋師屯城南十里，閉門守陴，內庭猶不知也。時後主方幸淨居室，聽沙門德明、雲眞、義倫、崇節講楞嚴圓覺經。用鄱陽隱士周惟簡爲文館詩、易侍講學士，並賜金紫。舉國皆知亡在旦暮，而張洎猶謂北師已老，將自遁去，後主益甘其言，晏然自安。及宋師拔關城，後主猶不知。一日登城，見列柵於外，旌旗遍野，始大懼，知爲近習所蔽，遂殺皇甫繼勳。即書招鎮南節度使朱令贇帥勝兵十五萬赴難，旌旗戰艦甚盛，將斷采石浮梁，至皖口與宋師遇，傾火油焚北船，適北風，反焰自焚，軍遂大潰。於是宋師百道攻城，晝夜不休，城中米斗萬錢，人病足弱，死者相枕藉。後主兩遣徐鉉等厚貢方物，求緩兵守祭祀，皆不報。十一月城陷，時後主猶作長短句櫻桃落盡一闋，未就而城已破。侍郎陳喬請死不許。後主帥司空殷崇義等四十五人肉袒降於軍門，宋將曹彬整軍而入。彬諭後主以歸朝俸祿有限，費用日廣，當厚自齎裝。後主乃入以黃金分遺近臣治裝。已而彬遣健卒五百人爲津致輜重登舟。開寶八年正月至汴京，太祖御明德樓，令後主等白衣紗帽至樓下待罪。詔並釋之，賜賚有差。賜後主爲光祿大夫、檢校太傅，右千牛衛上將軍，仍封違命侯。太宗即位，始去違命侯，加特進，封隴西郡公。太平興國二年，後主自言其貧，太宗命增給月俸，仍予錢三百萬。太宗嘗因曲宴，問後主在國中好作詩，使舉得意者一聯。後主沈吟久之，誦其詠扇云：「揖讓月在手，動搖風滿懷。」他日復宴，顧近臣曰：「好一箇翰林學士。」三年，太宗使徐鉉見後主於賜第，後主忽吁嘆曰：「當時悔殺潘佑、李平。」蓋潘、李皆以切諫而死者也。鉉不敢隱，太宗頗銜恨之。及七夕，後主蓋以是日生，因命故伎作樂，聲聞於外。太宗聞之，大怒。又傳「小樓昨夜又東風」及「一江春水向東流」句，併坐之，遂賜後主以牽機藥。蓋餌其藥，則病頭足相就如牽機狀也。是夕卒，年四十二。贈太師，封吳王，葬洛陽北邙山。後主天資純孝，能盡子道。嗣位之初，屬軍輿之後，國勢削弱，奉事中原，不憚卑屈，境內賴以少安者十有餘年。然性尙奢侈，嘗於宮中製銷金紅羅幕壁，而以白金釘瑇瑁押之；又以綠鈿刷隔眼中，障以朱綃，植梅花於其外。每七夕延巧，必命紅白羅百餘疋以爲月宮天河之狀，一夕而罷，乃散之。自入宋後，忽忽不樂，嘗與金陵舊宮人書，詞甚悲惋，有云「此中日夕以眼淚洗面」。

後主之詞，其初備極華豔溫馨，蓋其環境所使然也。及國亡後，哀怨淒絕，如嫠婦夜泣，孤猿曉啼，眞所謂以血書者也。著有雜說百篇，時人以爲可繼曹丕典論；又有集十卷，今俱不傳。今所傳者，惟零星詩詞五十餘首而已。其詞常與李璟合輯，名南唐二主詞。今亦有單行本李後主詞，盛傳於世。

二一八　張泌

張泌字子澄，淮南人。事南唐中主，初官句容尉。建隆二年，憤國事日非，上書後主，幾數千言。後主覽書大悅，優詔慰答，然亦未竟用其言。徵爲監察御史歷考功員外郎，進中書舍人，改內史舍人。南唐亡，隨後主歸宋，仍入史館，遷郎中。歸，寓家毗陵，辭卒。泌少與鄰女浣衣善，經年不見，夜必夢之。女別字人，泌寄以詩云：「多情只有春庭月，猶爲離人照落花。」浣衣爲之隕涕。泌工詞，幽豔尖新，古今詞話稱其以江城子得名。有集一卷，今已失傳，其詞錄於花間集中凡二十七首，全唐詩又多出一首。或以花間集中張泌非事南唐者，蓋花間集產生較前，其時南唐猶未亡國也。集中稱爲張舍人，當係另有其人，且其名列在韋莊之後，則當爲與韋莊同時人也。姑誌於此，以備參攷。

宋代

二一九　徐鉉（九一六—九九一）

徐鉉字鼎臣，世爲會稽人，後徙揚州廣陵。十歲能屬文，不妄游處。初仕吳，爲校書郎。又仕南唐，知制誥，歷尚書右丞，兵部侍郎，翰林學士，御史大夫，吏部尚書。宋師圍金陵，隨後主入覲宋太祖，太祖責之，聲甚厲。鉉對曰：「臣爲江南大臣，國亡罪當死，不當問其他。」太祖嘆曰：「忠臣也，事我當如李氏。」命爲太子率更令。太平興國初，直學士院。從征太原，軍中書詔塡委，鉉援筆無滯，辭理精當，時論能之。師還，加給事中。八年，出爲右散騎常侍，遷左常侍。淳化二年，廬州女僧道安，誣鉉姦私，下吏，道安坐不實抵罪，鉉亦貶靜難行軍司馬。初，鉉至京師，見被毛褐者，輒哂之。邠州苦寒，終不御毛褐，致冷疾。一日晨起，方冠帶，遽索筆手疏，約束後事；又別署曰：「道者，天地之母。」書訖而卒，年七十六。鉉無子，門人鄭文寶護其喪至汴，胡仲容歸其葬於南昌之西山。鉉性簡淡寡欲，質直無矯飾，不喜釋氏，而好神怪。有以此獻者，所求必如其請。鉉亦精小學，好李斯小篆，臻其妙，隸書亦工。與弟鍇同有名於江左，李穆見其兄弟文章，嘆曰：「二陸不能及也！」其文沿溯燕、許，迥然孤秀。著有騎省集三十卷，及小說稽神錄六卷，並傳於世。

二二〇　李昉（九二五—九九六）

李昉字明遠，深州饒陽人。漢乾祐舉進士，爲祕書郎。改右拾遺，集賢殿修撰。入周爲主客員外郎，知制誥，集賢殿直學士，翰林學士。宋初加中書舍人。太宗卽位，爲戶部侍郎，受詔與扈蒙、李穆、郭贄、宋白同修太祖實錄。從攻太原，車駕次常山，常山卽昉之故里，因賜羊酒，俾召公侯相與宴飲盡歡，里中父老及嘗與遊從者咸預焉。七日而罷，人以爲榮。師還，以勞拜工部尙書兼承旨。太平興國中，改文明殿學士，拜平章事。未幾，加監修國史。雍熙元年，加中書侍郎。淳化四年，昉以私門連遭憂戚，求解機務，詔不允。後數月，罷爲右僕射。明年，昉年七十，以特進司空致事，朝會宴饗，令綴宰相班，歲時賜予，益加厚焉。至道元年正月望，上觀燈乾元樓，召昉賜坐於側，酌御罇酒飲之，自取果餌以賜。二年，陪祀南郊，禮畢入賀，因拜舞仆地，臺吏掖之以出。臥病，數日薨，年七十二。贈司徒，謚文正。昉和厚多恕，不念舊惡，在位小心循謹，無赫赫稱。好接賓客，江南平，士大夫歸朝者，多從之游。昉與盧多遜善，待之不疑。多遜屢譖昉於上，或以告昉，不之信。及入相，太宗言及多遜事，昉多爲解釋。帝曰：「多遜居常毀卿一錢不值。」昉始信之。上由此益重昉。昉居中書日，有求進用者，雖知其材可取，必正色拒絕之，已而擢用；或不足用，必和顏溫語待之。蓋不市私恩，不取怨於人也。嘗奉敕監修太平御覽一千卷，文苑英華一千卷，及太平廣記五百卷。廣記乃搜集古來軼聞異事佳話瑣談，引用書至三百數十種，自漢魏至五代之小說家言，原書已亡佚者，往往賴以考見；且分類纂輯，得五十五部，尤便稽覽，故世多稱爲小說之淵海。同修者尙有扈蒙、李穆、湯悅、徐鉉、宋白、王克貞、張洎、董淳、趙鄰幾、陳鄂、呂文仲、吳淑等十二人。自著有文集五十卷傳於世。

二二一　樂史（九三〇—一〇〇七）

樂史字子正，撫州宜黃人。齊王景達鎮臨川，召奏牋，授祕書郎。入宋爲平原主簿。太平興國五年，與顏明遠、劉昌言、張觀並以見任官舉進士。太宗惜科第不與，但授諸道掌書記。史得佐武成軍。既而復賜及第，上書言事，擢爲著作佐郎。知陵州，獻金明池賦，召爲三館編修。雍熙三年，遷著作郎，直史館，轉太常博士，知舒州，遷水部員外郎。淳化四年春，與司封員外郎直昭文館李巽同使兩浙巡撫，加都官，知黃州。咸平初，出知商州。史前後臨民，頗以賄聞，俄以老疾爲言，聽解職，分司西京。五年，郊祀畢，奉留守司表入賀，因得召對。上見其矍鑠不衰，又知篤學，盡取所著書藏祕府，復授舊職。與子黃目，同在文館，人以爲榮。出掌西京磨勘司，改判留司御史臺。車駕幸洛，召對，賜金紫。史久在洛，因卜居，有亭榭竹樹之勝，優游自得。未幾卒，年七十八。史好著述，然博而寡要，以五帝三王皆云仙去，論者嗤其詭誕。累獻所著書共四百二十餘卷，皆記敍科第、孝弟、神仙之事。所撰又有傳奇綠珠傳一卷，楊太眞外傳二卷，並傳於世。又有太平寰宇記二百卷，徵引羣書至百餘種，而時雜以小說家言，今亦傳世。

二二二　吳淑（九四七—一〇〇二）

吳淑字正儀，潤州丹陽人。徐鉉之壻。幼俊爽，屬文敏速。韓熙載、潘佑以文章著名江左，一見淑，深加器重。自是每有滯義，難於措詞者，必命淑賦述。以校書郎，直內史。江南平，歸宋，久不得調，甚窮窘。俄以近臣延薦試學士院，授大理評事，預修太平御覽、太平廣記、文苑英華。一日召對便殿，出古碑一編，令淑與呂文仲、杜鎬讀之。歷太府寺丞、著作佐郎。始置祕閣，以本官充校理。嘗獻九絃琴五絃阮頌，太宗賞其學問優博。又作事類賦百篇以獻，詔令注釋，淑分注成三十卷上之，遷水部員外郎。至道二年，兼掌起居舍人事，預修太宗實錄，再遷職方員外郎。會詔詢禦戎之策，淑抗疏請用古車戰法，上覽之，頗嘉其博學。咸平五年卒，年五十六。淑性純靜，好古詞學典雅。初，宋師圍建業，城中乏食，里閈有與淑同宗者，舉家皆死，惟存二女孩，淑即收養如所生，及長嫁之，時論多其義。有集十卷。又善筆札，著江淮異人錄三卷，祕閣閒談五卷，傳於世。

二一三　柳開（九四八—一〇〇一）

柳開字仲塗，大名人。幼穎異，有膽勇。周顯德末，從父承翰任南樂。夜與家人立庭中，有盜入室，衆恐，不敢動。開裁十三，亟取劍逐之，盜踰垣出，開揮刃斷二足指。既就學，喜討論經義。五代文格淺弱，慕韓愈、柳宗元爲文，因名肩愈，字紹元。既而改名字，以爲能開聖道之塗也。著書自號東郊野夫，又號補亡先生，作二傳以見意。尙氣自任，不顧小節，所交皆一時豪儁。范杲好古學，大重開，世稱爲柳、范。王祜知大名，開以文贄，大蒙賞激。楊昭儉、盧多遜並加延獎。太祖開寶六年，舉進士，補宋州司寇參軍。以治獄稱職，遷本州錄事參軍。太平興國中，擢右贊善大夫。會征太原，督楚、泗八州遐糧。還知常州，遷殿中丞，徙潤州，拜監察御史。又出知貝州，轉殿中侍御史。雍熙二年，坐與監軍忿爭，貶上蔡令。會大舉北征，上書願從邊軍效死。太宗憐之，復授殿中侍御史。雍熙中，又上疏請兵，乃詔爲崇儀使，知寧邊軍，徙全州。全西延洞有粟氏聚族五百餘人，常鈔劫民口糧畜。爲作衣帶巾帽，選牙吏勇辯者三人入諭之，粟氏皆慴服。即賦其居案作時鑑一篇，刻石戒之。歷知桂、滁等州。眞宗即位，加如京使。歸朝，知代州。至州葺城壘戰具，諸將多沮議不協。即求換郡，徙忻州刺史。及契丹犯邊，上書又請車駕觀兵河朔。四年，徙滄州，道病首瘍卒，年五十四。善射，喜奕棊，性倜儻重義。在大名，嘗過酒肆飲，有士人在旁，辭貌稍異，詢其名，則至自京師，以貧不克葬其親，聞王祜篤義，將丐之。問所費，曰：「二十萬足矣。」即罄所有，得白金百餘兩，益錢數萬遺之。爲文樸茂質直，體近艱澀，開宋代古文之先河，蓋洗五代薄弱之氣。著有河東集十五卷，爲門人張景所編，今傳於世。

二二四　王禹偁（九五四——一〇〇一）

王禹偁字元之，濟州鉅野人。世爲農家，九歲能文，畢士安見而器之。太平興國八年擢進士，授成武主簿，徙長洲，未幾，改大理評事。端拱初，太宗聞其名，召試擢右拾遺、直史館，賜緋。故事賜緋者，給塗金銀帶，上特命以文犀帶寵之。即日獻端拱箴以寓規諷。時北庭未寧，訪羣臣以邊事，禹偁獻禦戎十策，大略假漢事以明之，帝深嘉之。二年，親試貢士，召禹偁賦詩立就，上悅曰：「此不踰月遍天下矣。」即拜左司諫、知制誥。未幾，判大理寺。廬州妖尼道安，誣訟徐鉉，道安當反坐，有詔勿治。禹偁抗疏雪鉉，請論道安罪，坐貶商州團練副使。歲餘，移解州。四年，召拜左正言。上以其性剛直，不容物，命宰相戒之，直弘文館。求補郡，以便奉養，得知單州，賜錢三十萬。至郡十五日，召為禮部員外郎，再知制誥。至道元年，召入翰林為學士，知審官院，兼通進銀臺封駁司。孝章皇后崩，遷梓宮於故燕國長公主第，羣臣不成服。禹偁與客言，后嘗母儀天下，當遵用舊禮。坐謗訕，罷為工部郎中，知滁州。初，禹偁嘗草李繼遷制，送馬五十匹為潤筆，禹偁却之。及出滁，閩人鄭褒徒步來謁，禹偁愛其儒雅，為買一馬。或言買馬虧價者，太宗曰：「彼能却繼遷五十馬，顧肯虧一馬價哉？」移知揚州。真宗即位，遷秩刑部，復知制誥。咸平初，預修太祖實錄，直書其事。時宰相張齊賢、李沆不協，意禹偁議論輕重其間，出知黃州，嘗作三黜賦以見志。四年，徙蘄州，至郡未踰月而卒，年四十八。禹偁詞學敏贍，遇事敢言，喜臧否人物，以直躬行道為己任。嘗云「吾若生元和時，從事於李絳、崔羣間，斯無媿矣。」其為文著書，多涉規諷，以是頗為流俗所不容，故屢見擯斥。所與游，必儒雅，後進有詞藝者，極意稱揚之，如孫何、丁謂輩，多游其門。嘗自次其文，以易筮之，得乾之小畜，因以名集，凡三十卷，今傳於世。尚有外集若干卷，今衹傳殘本七卷。

二三五　楊億（九六四——一〇二〇）

楊億字大年，建州浦城人。祖文逸，南唐玉山令。億將生，文逸夢一道士，自稱懷玉山人來謁。未幾，億生，有毛被體，長尺餘，經月乃落。能言，母以小經口授，隨即成誦。七歲能屬文，對客談論，有老成風。雍熙初，年十一，太宗聞其名，詔江南轉運使張去華，就試詞藝，送闕下，連三日得對試詩賦五篇，下筆立成。太宗深加賞異，命內侍都知王仁睿送至中書，又賦詩一章，宰相驚其俊異，削章爲賀。翌日下制曰：「汝方髫齔，不由師訓，精爽神助，文字生知，越景絕塵，一日千里，予有望於汝也。」卽授祕書省正字，特賜袍笏。俄丁外艱，服除，會從祖徽之知許州，億往依焉，務學晝夜不息。徽之間與語，歎曰：「與吾門者在汝矣。」淳化中，詣闕獻文，改太常寺奉禮郎，仍令讀書祕閣。獻二京賦，命試翰林，賜進士第，遷光祿寺丞。屬後苑賞花曲宴，太宗召命賦詩於坐側。又上金明池頌，太宗誦其警句於宰相。明年三月，苑中曲宴，億復以詩獻。太宗訝有司不時召，宰相言舊制未貼職者不預，卽以億直集賢院。表求歸鄉里，賜錢十五萬。至道初，太宗親製九絃琴五絃阮，文士奏頌者衆，獨稱億爲優，賜緋魚。二年春，遷著作佐郎，帝知其貧，屢有霑賚。嘗命爲越王生辰使。時公卿表疏，多假文於億，名稱益著。眞宗在京府，徽之爲首僚，邸中書疏，悉億草定。卽位初，超拜左正言。詔錢若水修太宗實錄，奏億參預，凡八十卷，而億獨草五十六卷。書成，乞外補就養，知處州。眞宗稱其才長於史學，留不遣；固請，乃許之。景德初，以家貧乞典郡江左，詔令知通進銀臺司，兼門下封駁事。會修冊府元龜，億與王欽若同總其事，其序次體制，皆億所定，羣寮分撰篇序，詔經億竄定方用之。三年，召爲翰林學士，又同修國史，凡變例多出億手。大中祥符初，加兵部員外郎。五年，以疾在告，遣中使致太醫視之。以久疾求解近職，優詔不許，但權免朝直。億剛介寡合，在書局，唯與李維、路振、刁衎、陳越、劉筠輩厚善。當時文士，咸賴其題品；或被貶議者，退多怨謗。王欽若驟貴，億素薄其人，欽若銜之，屢抉其失。陳彭年方以文史售進，忌億名出其右，相與毀訾。上素重億，皆不惑其說。億有別墅在陽翟，母往視之，因得疾，請歸省，不待報而行，上親緘藥劑並金帛以賜。億體素羸，至是以病聞，請解官。有嫉憲官劾億不俟命而去，授太常少卿，分司西京，許就所居養療。嘗作君可思賦以抒忠憤。册府元龜成，進秩祕書監。天禧二年冬，拜工部侍郎。明年，權同知貢舉，坐考較差謬，降授祕書監。四年，復爲翰林學士，受詔注釋御集，又兼史館修撰。十二月卒，年五十七。

億天性穎悟，自幼至終，不離翰墨。文格雄健，才思敏捷，略不凝滯。對客談笑，揮翰不輟，精密有規裁，善細字，起草一幅數千言，不加點竄，當時學者翕然宗之。爲詩宗法李商隱；劉筠、錢惟演輩皆從而效之。三人以詩更相屬和，極一時之麗，時稱「西崑體」。著有括蒼、武夷等集一百九十四卷，今但傳武夷新集二十卷及歷代銓政要略，餘均亡佚。

二二六　李宗諤（九六四—一〇一二）

李宗諤字昌武，深州饒陽人，李昉第三子。七歲能屬文，恥以父任得官，獨由鄉舉第進士，授校書郎。明年獻文自薦，遷祕書郎，集賢校理，同修起居注。先是後苑陪宴，校理官不與，京官乘馬不得入禁門，至是皆因宗諤之請復之，遂爲故事。眞宗卽位，拜起居舍人，預重修太祖實錄，遷知制誥。景德二年，召爲翰林學士。大中祥符初，從封泰山，改工部郎中。二年，始建昭應宮，命副丁謂爲同修宮使。三年，知審官院，屬祀汾陰后土，禮成，優拜右諫議大夫。嘗侍宴玉宸殿，上謂曰：「翰林清華之地，前賢數歷，多有故事，卿父子爲之，必周知也。」宗諤嘗著翰林雜記，以紀國朝制度，明日上之。五年迎眞州聖像，副丁謂爲迎奉使。五月以疾卒，年四十九。帝甚悼之，厚賻其家，以白金賜其繼母。宗諤風流儒雅，內行淳至。事繼母以孝聞，二兄早世，奉嫂字孤，恩禮兼至。與弟宗諒友愛尤至，覃恩所及，必先羣從。勤接士類，無賢不肖，恂恂盡禮。獎掖後進，唯恐不及，以是士人皆歸仰之。著有文集六十卷，及家傳談錄等傳於世。

二三七　林逋（九六七—一〇二八）

林逋字君復，杭州錢塘人。少孤，力學不爲章句。性恬淡，好古，弗趨榮利。家貧，衣食不足，晏如也。初放遊江、淮間，久之，歸杭州，結廬西湖之孤山，二十年足不及城市。眞宗聞其名，賜粟帛，詔長吏歲時勞問。薛映、李及在杭州，每造其廬，清談終日而去。嘗自爲墓於其廬側，臨終爲詩，有「茂陵他日求遺藁，猶喜曾無封禪書」之句。既卒，州爲上聞。仁宗嗟悼，賜謚和靖先生，賻粟帛。逋善行書，喜爲詩。其詞澄浹峭特，多奇句。既就藁，隨輒棄之。或謂何不錄以示後世，逋曰：「吾方晦迹林壑，且不欲以詩名一時，況後世乎？」然好事者往往竊記之。嘗客臨江，時李諮方舉進士，未有知者，逋

林逋

謂人曰：「此公輔器也。」及逋卒，諸適罷三司使爲州守，爲素服，與其門人臨七日，葬之，刻遺句於壙中。逋不娶，無子，性愛植梅養鶴，有「梅妻鶴子」之稱。今傳有和靖先生詩集四卷，凡三百餘篇，梅堯臣爲之序。

二二八　陳越（九七三——一○一二）

陳越字損之，開封尉氏人。少好學，尤精歷代史，善屬文，辭氣俊拔。咸平中，詔舉賢良，刑部侍郎郭贄薦之，策入第四等。解褐將作監丞，通判舒州，徙知端州，又徙袁州。未幾，召還，遷著作佐郎，直史館，掌鼓司登聞院，預修册府元龜，與陳從易、劉筠尤爲勤職。眞宗以其俸薄，並命月增錢五千。車駕朝陵，掌留司名表，時稱爲工。自是兩府牋奏多命草之。勳貴家以銘誌爲請者甚衆。遷太常丞，羣牧判官。祀汾陰，擢爲左正言。大中祥符五年卒，年四十。無子，母老，人皆傷之。越耿介任氣，喜箴切朋友。放曠盃酒間，家徒壁立，不以屑意。然嗜酒過差，每食必先引數升，罕有醒日，因是遘疾。其詩模範西崑體，與楊億、劉筠等相唱和。有文集行於世。

二二九　劉筠

劉筠字子儀，大名人。舉進士，爲館陶縣尉。還，會詔知制誥楊億試選人校太清樓書，擢筠第一，以大理評事爲祕閣校理。眞宗北巡，命知大名府觀察判官事。自邊鄙罷兵，國家閒暇，帝垂意篇籍，始集諸儒考論文章，爲一代之典。筠預修圖經及冊府元龜，推爲精緻。帝屢召筠崇和殿賦歌詩，數稱善。車駕西巡，又命筠纂土訓。是時四方獻符瑞，天子方興禮文之事，筠數上賦頌。及冊府元龜成，進左正言、直史館、修起居注。出知鄧州，徙陳州，遷尚書兵部員外郎，進翰林學士。初、筠嘗草丁謂與李迪能相制，既而謂復留，令別草制，筠不奉詔，乃更召晏殊。筠自院出，遇殊樞密院南門，殊側面而過，不敢揖，蓋內有所愧也。知廬州。仁宗即位，遷給事中，復召爲翰林學士。踰月，拜御史中丞。天聖二年，進尚書禮部侍郎，龍圖閣直學士，同修國史。筠素愛廬江，遂築室城中，構閣藏前後所賜書，帝飛白書曰：「眞宗聖文祕奉之閣」。再知廬州，營塚墓作棺，自爲銘刻之。既病，徙於書閣卒。筠自景德以來，居文翰之選，其文辭善對偶，尤工爲詩。初爲楊億所識拔，後遂與齊名，時號「楊、劉」。凡三入禁林，又三典貢部，以策論升降天下士，自筠始。性不苟合，遇事明達。著有玉堂等詩文七集，傳於世。

二三〇 錢惟演

錢惟演字希聖，臨安人，吳越王俶之子也。少補牙門將，從俶歸宋，爲右屯衛將軍，歷右神武軍將軍。博學能文辭，召試學士院，以笏起草立就，眞宗稱善。改太僕少卿，獻咸平聖政錄，命直祕閣，預修冊府元龜，詔與楊億分爲之序。除尙書司封郎中、知制誥，再遷給事中、知審官院。大中祥符八年，爲翰林學士，累遷工部尙書。仁宗即位，進兵部。王曾爲相，以惟演嘗位曾上，因拜樞密使。初、惟演見丁謂權盛，附之，與爲婚。謂逐寇準，惟演與有力焉。及序樞密題名，獨刊去準名，謂禍既萌，惟演慮幷得罪，遂擠謂以自解。宰相馮拯惡其爲人，因言惟演以妹妻劉美，乃太后姻家，不可與機政，請出之，乃罷爲鎭國軍節度使觀察留後，卽日改保大軍節度使，知河陽。天聖七年，改武勝軍節度使。惟演雅意柄用，抑鬱不得志。太后崩，惟演不自安，請以莊獻明肅太后、莊懿太后並配眞宗廟室，以希帝意。惟演既與劉美親，又爲其子曖娶郭后妹，至是又欲與莊懿太后族爲婚。御史中丞范諷劾之，落平章事，爲崇信軍節度使，歸本鎭。未幾卒，特贈侍中，謚曰思，取謚法追悔前過之意。慶曆間，子曖復訴前議，乃改謚曰文僖。惟演出於勳貴，文辭清麗，名與楊億、劉筠相上下。於書無所不讀，家儲文籍侔祕府。尤喜獎勵後進，嘗語人曰：「吾平生不足者，惟不得於黃紙上押字爾。」蓋未嘗歷中書故也。著有典懿集三十卷及金坡遺事、飛白書敍錄等書傳於世。

錢惟演

二三二　穆修（九七九—一〇三二）

穆修字伯長，鄆州人。幼嗜學，不事章句。眞宗東封，詔舉齊、魯經行之士，修預選，賜進士出身，調泰州司理參軍。負才與衆齟齬，通判忌之，使人誣告其罪，貶池州。中道亡至京師，叩登聞鼓訴冤，不報。居貶所歲餘，遇赦得釋。迎母居京師，間出遊，匄以給養。久之，補潁州文學參軍，徙蔡州，明道中卒。修性剛介，好論斥時病，詆誚權貴人，欲與交結，往往拒之。張知白守亳，亳有豪士作佛廟成，知白使人召修作記。記成，不書士名。士以白金五百遺修爲壽，且求載名於記。修投金庭下，趣裝去郡。士謝之，終不受，且曰：「吾寧糊口爲旅人，終不以匪人汚吾文也。」宰相欲識修，且將用爲學官，修終不往見。母死，自負櫬以葬，日誦孝經、喪記，不用浮屠爲佛事。自五代文敝，宋初柳開始爲古文，其後楊億、劉筠，尚聲偶之辭，天下學者，靡然從之。修於是時，獨以古文稱，蘇舜欽兄弟多從之游。修雖窮死，然一時士大夫稱能文者，必曰穆參軍。慶曆中，祖無擇訪得所著詩書序記誌等數十首，爲河南穆公集，或名穆參軍集，凡三卷，今傳於世。

二三二　范仲淹（九八九—一〇五二）

范仲淹字希文，唐宰相履冰之後。其先邠州人也，後徙家江南，遂爲蘇州吳縣人。仲淹二歲而孤，母更適長山朱氏，從其姓，名說。少有志操，既長，知其世家，迺感泣辭母，去之應天府，依戚同文學，晝夜不息。冬月憊甚，以水沃面；食不給，至以糜粥繼之。人不能堪，仲淹不苦也。舉進士第，爲廣德軍司理參軍，迎其母歸養。改集慶軍節度推官，始還姓，更其名。監泰州西溪鹽稅，遷大理寺丞，徙監楚州糧料院。母喪去官。晏殊知應天府，聞仲淹名，召寘府學。上書請擇郡守，舉縣令，斥游惰，去冗僭，愼選舉，撫將帥，凡萬餘言。服除，以殊薦爲祕閣校理。仲淹汎通六經，長於易，學者多從質問，爲執經講解，亡所倦。嘗推其奉，以食四方游士，諸子至易衣而出，仲淹晏如也。每感激論天下事，奮不顧身，一時士大夫矯厲尚風節，自仲淹倡之。天聖中，通判河中府，徙陳州。時方建太一宮及洪福院，仲淹上疏宜罷修寺觀，減常歲市木之數，雖不行，仁宗以為忠。出知睦州，徙蘇州，召還判國子監，遷吏部員外郎，權知開封府。時呂夷簡執政，進用者多出其門。仲淹上百官圖，指其次第，夷簡不悅，以仲淹為譏切時政，離間君臣，由是罷知饒州，徙潤州，又徙越州。元昊反，召為天章閣待制，知永興軍，改陝西都轉運使，進龍圖閣直學士。時延州諸砦多失守，仲淹自請行，遷戶部郎中，兼知延州，守邊數年，號令嚴明，愛撫士卒。羌人呼仲淹為龍圖老子。後葛懷敏敗於定川，賊大掠至潘原，關中震恐，民多竄山谷間，仲淹率衆六千，由邠涇援之，賊已出塞，乃還。奏至，帝大喜，

范仲淹

進樞密直學士，右諫議大夫。元昊請和，召拜樞密副使。諫官歐陽修等，言仲淹有相材，請用之，遂改參知政事。仲淹固辭，願與韓琦出行邊，命為陝西宣撫使，未行，復除參知政事。後以疾請鄧州，再遷戶部侍郎，徙青州。會病甚，請潁州，未至，卒，年六十四。贈兵部尚書，謚文正。初，仲淹病，帝常遣使賜藥存問，既卒，嗟悼久之，又遣使就問其家。既葬，帝親書其碑曰：「褒賢之碑。」仲淹內剛外和，性至孝，以母在時方貧，其後雖貴，非賓客不重肉，妻子衣食僅能自充，而好施予，

置義莊里中以贍族人。汎愛樂善，士多出其門下，雖里巷之人，皆能道其名字。死之日，四方聞者，皆爲歎息。著有丹陽集二十卷，別集四卷，補編五卷，政府奏議二卷等，今傳於世。

二三三　張先（九九〇—一〇七八）

張先字子野，吳興人。天聖八年進士。晏殊尹京兆，辟爲通判。又嘗知吳縣，歷官都官郎中。曾遊南徐、邢州、渭州諸地，後居錢塘，創花月亭。人稱之爲張三中，因其詞能道「心中事」「眼中景」「意中人」也。（一云，其詞有心中事眼中淚意中人也。）先曰：「何不曰張三影，『雲破月來花弄影，』『嬌柔懶起簾壓捲花影，』『柳徑無人墜絮輕無影，』吾平生得意句也。」嘗作碧牡丹末數句云：「望極藍橋，但暮雲千里，幾重山，幾重水。」晏殊讀之，爲之憮然曰：「人生行樂耳，何自苦如此！」蓋晏殊嘗納侍兒，善歌先詞，後爲夫人所不容出之。至是乃亟於宅庫支錢若干，復取前所出侍兒。先詞清豔輕膩，與柳永齊名。著有安陸集二十卷，今多失傳，後人輯其詞爲二卷傳於世。

二三四　晏殊（九九一—一〇五五）

晏殊字同叔，撫州臨川人。七歲能屬文。景德初，張知白撫江南，以神童薦之。帝召殊與進士千餘人並試廷中，殊神氣不懾，援筆立成。帝嘉賞，賜同進士出身。宰相寇準曰：「殊江外人。」帝顧曰：「張九齡非江外人耶？」後二日，復試詩賦論。殊奏臣嘗私習此賦，請賜他題。帝愛其不欺，既成，數稱善，擢祕書省正字，祕閣讀書，命直史館。陳彭年察其所與遊處者，每稱許之。明年召試中書，遷太常寺奉禮郎，東封恩，遷光祿寺丞，爲集賢校理。遷尚書戶部員外郎，爲太子舍人，尋知制誥，判集賢院。久之，爲翰林學士，遷左庶子。帝每訪殊以事，率用方寸小紙細書，以答奏輒并稾封上，帝重其縝密。仁宗卽位，遷右諫議大夫，兼侍讀學士，加給事中，預修眞宗實錄。從幸玉淸昭應宮，從者持笏後至，殊怒，以笏撞之折齒。御史彈奏，罷知宣州。數月，改應天府，延范仲淹以敎生徒。自五代以來，天下學校廢，興學自殊始。召拜御史中丞，改資政殿學士，兼翰林侍讀學士。太后謁太廟，有請服袞冕者，太后以問，殊以周官后服對。太后崩，以禮部尙書罷知亳州，遷刑部尙書，兼御史中丞。慶曆中，拜集賢殿學士，同平章事，兼樞密使。孫甫、蔡襄上言，宸妃生聖躬，爲天下主，而殊嘗被詔誌宸妃墓，沒而不言。又奏論殊役官兵，治僦舍以規利。坐是降工部尙書，知潁州。然殊以章獻太后方臨朝，故誌不敢斥言；而所役兵乃輔臣例宣借者，時以爲非殊罪，徙陳州，又徙許州，稍復禮部刑部尙書，遷戶部，以觀文殿大學士知永興軍。遷兵部，以疾請歸京師，訪醫藥。既平復，求出守，特留侍經筵，詔五日一與起居，儀從如宰相。踰年病寖劇，已而薨，帝雖臨奠，以不視疾爲恨，特罷朝二日，贈司空兼侍中，謚元獻，篆其碑首曰：「舊學之碑」。殊性剛簡，奉養淸潔。累典州，吏民頗畏其悁急。平居好賢，當世知名之士，如范仲淹、孔道輔皆出其門。文章贍麗，應用不窮。尤工詩，閑雅有情思。論者謂其所作不減馮延已。晚歲，篤學不倦。著有文集二百四十卷，今但存晏元獻遺文一卷，珠玉詞一卷，餘多失傳。

二三五　柳永

柳永字耆卿，崇安人。初名三變。景祐元年進士。三變好爲淫冶曲調，傳播四方。嘗爲鶴冲天詞云：「忍把浮名，換了淺斟低唱。」時仁宗留意儒雅，深斥浮豔虛薄之文，及臨軒放榜，特斥之曰：「得非塡詞柳三變乎？此人任從花前月下，淺斟低酌，豈可令仕宦！」至及第後，乃改名永，方得磨勘轉官。官至屯田員外郎，故世號柳屯田。秋霽宴禁中，仁宗命左右詞臣爲樂章，內傳屬永應制。永方冀進用，因奏醉蓬萊詞。仁宗見首有「漸」字，色若不懌，讀至「此際宸遊，鳳輦何處？」與御製眞宗挽詞暗合，仁宗慘然。又讀至「太液波翻，」曰：「何不言波澄！」投之於地。自是遂罷不復用。永爲舉子時，多游狎狹，善爲歌詞。敎坊樂工，每得新腔，必求永爲詞，始行於世。時人有云：「凡有井水飮處，即能歌柳詞。」其名重可知。後流落不偶，死之日，羣妓醵金葬之郊外。其詞非羈旅窮愁之作，即閨門淫媟之語。尤善於長調，故稱爲慢詞之創始者。著有樂章集三卷，今傳於世。

二三六　宋祁（九九八—一〇六一）

宋祁字子京，安州安陸人。與兄庠同時擧進士。禮部奏祁第一，庠第三，章獻太后不欲以弟先兄，乃擢庠第一而寘祁第十。人呼曰二宋，以大小別之。釋褐復州軍事推官，孫奭薦之，改大理寺丞，國子監直講。召試，授直史館，再遷太常博士，同知禮儀院。預修廣業記成，遷尙書工部員外郎，同修起居注，權三司度支判官。出知壽州，徙陳州，還知制誥。以龍圖閣直學士知杭州，留爲翰林學士。庠知政事，罷祁翰林學士，改龍圖學士，史館修撰，修唐書。累遷右諫議大夫。唐書成，遷左丞，進工部尙書。以羸疾，請便醫藥，入判尙書都省。踰月，拜翰林學士承旨。詔遇入直，許一子主湯藥。尋卒。祁嘗自爲誌銘及治戒以授其子，有云：「三日歛，三月葬，愼無爲流俗陰陽拘忌也。棺用雜木，漆其四會，三塗卽止，使數十年足以腊吾骸朽衣巾而已。毋以金銅雜物置冢中。且吾學不名家，文章僅及中人，不足垂後。爲吏在良二千石下，勿請諡，勿受贈典。冢上植五株柏，墳高三尺，石翁仲他獸不得用」等語。後贈尙書，諡曰景文。祁以文學顯，善議論。修唐書十餘年，自守亳州，出入內外，嘗以稾自隨，爲列傳百五十卷。又宋景文集百卷，今傳六十五卷於世。

二三七　尹洙（一〇〇一—一〇四七）

尹洙，字師魯，河南人。少與兄源俱以儒學知名。擧進士，調正平縣主簿，歷河南府戶曹參軍，安國軍節度推官，知光澤縣。擧書判拔萃，改山南東道節度掌書記，知伊楊縣。召試爲館閣校勘，遷太子中允。會范仲淹貶，勅牓朝堂，戒百官爲朋黨。洙上奏自請罷免，復爲掌書記，監唐州酒稅。趙元昊反，大將葛懷敏辟爲經略判官。頃之，朝廷以夏竦爲經略安撫使，范仲淹、韓琦副之，復以洙爲判官。洙數上疏論兵，講求開寶以前故實，特出睿斷，以重邊計。因擅發兵，降爲通判濠州。未幾，韓琦知秦州，辟洙通判州事。加直集賢院。以當時命令數更，恩寵過濫，賜與不節，乃上疏諫之，仁宗嘉納其言。改太常丞，知涇州，以右司諫知渭州，兼領涇原路經略公事。又遷起居舍人，直龍圖閣，知潞州。後徙監均州酒稅。感疾，沿牒至南陽訪醫卒年四十七。嘉祐中宰相韓琦爲洙言，乃追復故官及官其子構。洙內剛外和，博學有識度，尤深於春秋。自唐末歷五代文格卑弱，至宋初，柳開始爲古文。洙與穆修復振起之。錢惟演守西都起雙桂樓，建臨園驛，命歐陽修及洙作記。修文千餘言，洙止用五百字，修服其簡古。其爲文古峭勁潔，簡而有法。著有河南先生集二十七卷，今傳於世。

二三八　梅堯臣（一〇〇二—一〇六〇）

梅堯臣字聖俞，宣州宣城人。侍讀學士詢從子也。工爲詩，以深遠古淡爲意，間出奇巧。初未爲人所知，用詢蔭爲河南主簿。錢惟演守西京，特嗟賞之，爲忘年交，引與酬唱，一府盡傾。歐陽修與爲詩文，自以爲不及堯臣，益刻厲精思苦學，由是知名於時。宋興，以詩名家爲世所稱如堯臣者，蓋少也。嘗語人曰：「凡詩意新語工，得前人所未道者，斯爲善矣。必能狀難寫之景，如在目前，含不盡之意，見於言外，然後爲至也。」世以爲知言。歷德興縣令，知建德、襄城縣，監湖州稅，僉書忠武、鎮安判官，監永豐倉。大臣屢薦，宜在館閣。召試，賜進士出身，爲國子監直講，累遷尚書都官員外郎，預修唐書，成未奏而卒。堯臣家貧，喜飲酒，賢士大夫多從之游，時載酒過門。善談笑，與物無忤，詼嘲譏刺，託於詩，晚益工。有人得西南夷布弓衣，其織文乃堯臣詩也，名重於時如此。其詩旨趣古淡，有晉、宋遺風。著有宛陵集六十卷，今傳於世。

二三九　石介（一〇〇五—一〇四五）

石介字守道，兗州奉符人。進士及第，歷鄆州南京推官。篤學有志尚，樂善疾惡，喜聲名，遇事奮然敢爲。御史臺辟爲主簿，未至，以論赦書不當，求五代及諸僞國後，罷爲鎮南掌書記。入爲國子監直講，學者從之甚衆，太學由此益盛。著唐鑑以戒姦臣宦官宮女，指切當時，無所諱忌。杜衍、韓琦薦，擢太子中允，直集賢院。會呂夷簡罷相，夏竦既除樞密使，復奪之以衍代。章得象、晏殊、賈昌朝、范仲淹、富弼及琦同時執政，歐陽修、余靖、王素、蔡襄並爲諫官，介喜曰：「此盛事也，歌頌吾職，其可已乎？」作慶曆聖德詩，稱斥有加。介不畜馬，借馬而乘，出入大臣之門，頗招賓客，預政事，人多指目，不自安，求出通判濮州。未赴，卒。會徐狂人孔直溫謀反，搜其家得介書，夏竦銜介甚，且欲中傷杜衍等，因言介詐死，北走契丹，請發棺以驗。衍時在兗州，以驗介事語官屬，衆數百均願保介已死，乃免。介家故貧，妻子幾凍餒，富弼、韓琦共分奉買田以贍養之。初丁父母憂，耕於徂徠山，時號介爲徂徠先生。爲文有氣，嘗患文章之弊，佛老爲蠹，著怪說、中國論，言去此二者，乃可以有爲。今有徂徠集二十卷傳於世。

二四〇　石延年

石延年，字曼卿，先世幽州人。晉以幽州遺契丹，其祖舉族南走，家於宋城。延年為人跌宕任氣節，讀書通大略，為文勁健，於詩最工，而善書。累舉進士不中。真宗錄三舉進士，以為三班奉職，延年恥不就。張知白素奇之，謂曰：「母老，乃擇祿耶？」延年不得已就命。後以右班殿直，改太常寺太祝，知金鄉縣，有治名。用薦者通判乾寧軍，徙永靜軍，為大理評事、館閣校勘，歷光祿大理寺丞。范諷欲引延年，延年力止之。後諷敗，延年坐與諷善，落職，通判海州。久之，為祕閣校理，遷太子中允，同判登聞鼓院。後與吳遵路同使河東，客卒。延年喜劇飲，嘗與劉潛造王氏酒樓對飲，終日不交一言。王氏怪其飲多，以為非常人，益奉美酒肴果。二人飲啖自若，至夕無酒色，相揖而去。明日，都下傳王氏酒樓有二仙來飲，已乃知劉、石也。延年雖酣放，若不可攖以世務，然與人論天下事，是非無不當。著有詩集二卷傳於世。

二四一　歐陽修（一〇〇七—一〇七二）

歐陽修字永叔，廬陵人。四歲而孤，母鄭守節自誓，親誨之學。家貧，至以荻畫地學書。幼敏悟過人，讀書輒成誦。及冠，嶷然有聲。宋興且百年，而文章體裁，猶仍五季餘習，鏤刻駢偶，淟涊弗振，士因陋守舊，論卑氣弱。蘇舜元、舜欽、柳開、穆修輩，咸有意作而張之，而力不足。修游隨，得唐韓愈遺稾於廢書簏中，讀而心慕焉。苦志探賾，至忘寢食，必欲并轡絕馳而追與之並。舉進士，試南宮第一，擢甲科，調西京推官。始從尹洙游，為古文，議論當世事，迭相師友。與梅堯臣游，為歌詩相倡和，遂以文章名冠天下。入朝為館閣校勘。范仲淹以言事貶，在廷多論救，司諫高若訥獨以為當黜，修貽

書責之，謂其不復知人間有羞恥事。若訥上其書，坐貶夷陵令。稍徙乾德令，武成節度判官。仲淹使陝西，辟掌書記。修

歐陽修

笑而辭曰：「昔者之舉，豈以為己利哉？同其退，不同其進可也。」久之復校勘，進集賢校理。慶曆三年，知諫院。時仁宗更用大臣，杜衍、富弼、韓琦、范仲淹皆在位，增諫官員，用天下名士，修首在選中。每進見，帝延問執政，咨所宜行甚多。初，范仲淹之貶饒州也，修與尹洙、余靖皆以直仲淹見逐，目之曰黨人。自是朋黨之論起，修乃為朋黨論以進之。帝獎其敢言，面賜五品服，顧侍臣曰：「如歐陽修者，何處得來！」同修起居注，遂知制誥。後杜衍等相繼以黨議罷去，修亦因孤甥張氏獄，為忌者傅致以罪，左遷知制誥，知滁州。居二年，徙揚州、潁州，復學士，留守南京，召判流內銓。時在外十二年矣，帝見其髮白，問勞甚至。遷翰林學士，俾修唐書。奉使契丹，其主命貴臣四人押宴，曰：「此非常制，以卿名重故爾。」知嘉祐二年貢舉，時學子尚為險怪奇

澀之文，號「太學體，」修痛排抑之，凡如是者輒黜。畢事，向之囂薄者，伺修出，聚譟於馬首，街邏不能制。然場屋之習從是遂變。加龍圖閣學士，知開封府，改羣牧使。唐書成，拜禮部侍郎，兼翰林侍讀學士。修在翰林八年，知無不言。五年，拜樞密副使；六年參知政事。與韓琦同心輔政，凡兵民官吏財利之要，中書所當知者，集爲總目，遇事不復求之有司。修平生與人盡言無所隱，及執政，士大夫有所干請，輒面諭可否；雖臺諫官論事，亦必以是非詰之，以是怨誹益衆。英宗卽位，將追崇濮王，有司議當稱皇伯。修以本生之親，改稱皇伯，歷考前世，皆無典據，極諫不可。於是御史呂誨等詆修主此議，爭論不已，皆被逐。神宗時，修亦力求退，罷爲觀文殿學士，刑部尚書，知亳州。明年，遷兵部尚書，知青州，徙蔡州。修以風節自持，旣數被汙衊，年六十，卽連乞謝事，帝輒優詔弗許。及守青州，又以請止散青苗錢，爲王安石所詆，故求歸愈切。熙寧四年，以太子少師致仕。五年卒，贈太子太師，謚曰文忠。修始在滁州，號醉翁，晚更號六一居士。謂藏書一萬卷，所輯集古錄一千卷，琴一張，棋一局，酒一壺，與己一老翁，是爲六一。天資剛勁，見義勇爲，雖機穽在前，觸發之不顧，放逐流離，至於再三，志氣自若也。爲文天才自然，豐約中度，其言簡而明，信而通，引物連類，折之於至理，以服人心。超然獨騖，衆莫能及，故天下翕然師尊之。奬引後進，如恐不及，賞識之下，率爲聞人。曾鞏、王安石、蘇洵，洵子軾、轍，布衣屏處，未爲人知，修卽游其聲譽，謂必顯於世。篤於朋友，生則振掖之，死則調護其家。好古嗜學，凡周、漢以降，金石遺文，斷編殘簡，一切掇拾，研稽異同，立說於左，的的可表證，謂之集古錄。奉詔修唐書紀志表，自撰五代史記，法嚴詞約，多取春秋遺旨。蘇軾敍其文曰：「論大道似韓愈，論事似陸贄，記事似司馬遷，詩賦似李白。」識者以爲知言。又有居士集一百五十三卷，詩本義十六卷，六一詞三卷，六一詩話一卷等，今並傳於世。

二四二　蘇舜欽（一〇〇八—一〇四八）

蘇舜欽字子美，其先梓州人，家開封。少慷慨有大志，狀貌怪偉。當天聖中，學者爲文多病偶對，獨舜欽與河南穆修，好爲古文歌詩，一時豪俊多從之游。初以父任，補太廟齋郎，調滎陽縣尉。尋舉進士，改光祿寺主簿，知長垣縣，遷大理評事。范仲淹薦其才，召試爲集賢校理，監進奏院。舜欽娶宰相杜衍女，衍時與范仲淹、富弼在政府，多引用一時聞人，欲更張庶事，御史中丞王拱辰等不便其所爲。會進奏院祠神，舜欽與右班殿直劉巽，輒用鬻故紙公錢，召妓樂，閒多會賓客。拱辰廉得之，諷其屬魚周詢等劾奏，因欲搖動衍。事下開封府劾治，於是舜欽與巽俱坐自盜除名。舜欽既放廢，寓於吳中，買水石作滄浪亭，益讀書，時發憤懣於歌詩。其友人韓維，責以世居京師，而去離都下，隔絕親交。舜欽報書有云：「此雖與兄弟親戚相遠，而伏臘稍足，居室稍寬，無終日應接奔走之勞，耳目清曠，不設機關以待人，心安閒而體舒放，三商而眠，高春而起，靜院明窗之下，羅列圖史琴樽，以自愉悅。有興則泛小舟，出盤、閶二門，吟嘯覽古於江山之間。渚茶野釀，足以消憂；蓴鱸稻蟹，足以適口。又多高僧隱君子，佛廟勝絕。家有園林，珍花奇石，曲池高臺，魚鳥留連，不覺日暮。以彼此較之，孰爲然哉？」後得湖州長史，卒。舜欽爲詩豪放雄健，往往驚人。且善草書，每酣酒落筆，爭爲人所傳。及驕死，世尤惜之。著有蘇學士集十六卷，今傳於世。

二四三　蘇洵（一〇〇九—一〇六六）

蘇洵字明允，眉州眉山人。年二十七，始發憤為學。歲餘，舉進士，及舉茂才異等，皆不中。悉焚常所為文，閉戶益讀書，遂通六經百家之說，下筆頃刻數千言。至和、嘉祐間，與其二子軾、轍皆至京師。翰林學士歐陽修上其所著書二十二篇，既出，士大夫爭傳之，一時學者競效蘇氏為文章。宰相韓琦見其書善之，奏於朝，召試舍人院，辭疾不至，遂除祕書省校書郎。會太常修纂建隆以來禮書，乃以為霸州文安縣主簿，與陳州項城令姚闢同修禮書，為太常因革禮一百卷。書成，方奏未報，卒。賜其家縑銀二百，子軾辭所賜，求贈官，特贈光祿寺丞，敕有司具舟載其喪歸蜀。洵嘗過韓琦，琦置酒私第，惟歐陽修與一二執政，而洵以布衣參其間，都人以為異禮。為文簡古勁峭，精於鍊字。詩不多見，亦精深有味。因家有老人泉，故世稱老泉。石林燕語則謂老泉為洵子軾晚年之別號，云於卷冊間見有東坡居士老泉山人共一印；其所畫竹，或用老泉居士朱文印章。著有嘉祐集十五卷、謚法三卷，並傳於世。

蘇　洵

二四四　李覯（一〇〇九—一〇五九）

李覯字泰伯，建昌南城人。母鄭氏無子，禱於麻姑山，一夕，夢二道士對奕戶外，往觀之，其一取局中一子授焉，遂娠生覯。穎悟過人，五歲能調聲律，習字書，十歲通舉子業。或時閱書，恍忽憶舊嘗讀之，徐思之未嘗見也。倡立盱江書院，講明正學，從而師之者恆數十百人。所學以推明聖經爲本，不泥於漢、唐諸儒穿鑿之說。獨不喜孟子，嘗曰：「孔子尊王，孟子乃勸諸侯叛王。」故作常語，其間多毀孟子。郡舉茂才異等，有旨召試，及試六論，不得其一。覯語人曰：「吾於書無不讀，此必孟子注疏也。」擲筆而出。皇祐中，范仲淹、余靖交薦之，召爲太學助教。嘉祐中，用國子監奏，召爲海門主簿、太學說書而卒。臨終，執門人陳次公手，以明堂制圖爲託，以三禮論未成爲恨，言不及他。熙寧中，門人鄧潤甫爲御史中丞，上覯所著書，請官其子。覯文格次於歐、曾，其論治體，悉可見於實用。今有盱江集四十卷傳於世。

二四五　邵雍（一〇一一—一〇七七）

邵雍字堯夫，其先范陽人。父古徙衡漳，又徙共城。雍年三十，游河南，葬其親伊水上，遂爲河南人。雍少時自雄其才，慷慨欲樹功名。於書無所不讀，始爲學，卽堅苦刻厲，寒不爐，暑不扇，夜不就席者數年。已而歎曰：「昔人尚友於古，而吾獨未及四方。」於是踰河、汾，涉淮、漢，周流齊、魯、宋、鄭之墟。久之，幡然來歸，曰：「道在是矣。」遂不復出。北海李之才攝共城令，聞雍好學，嘗造其廬，謂曰：「子亦聞物理性命之學乎？」雍對曰：「幸受教。」乃事之才受河圖、洛書、宓羲八卦六十四卦圖像。雍探賾索隱，妙悟神契，洞徹蘊奧，遂衍宓羲先天之旨，著書十餘萬言。初至洛，蓬蓽環堵，不芘風雨，躬樵爨以事父母，雖平居屢空，而怡然有所甚樂，人莫能窺也。及執親喪，哀毀盡禮。富弼、司馬光、呂公著諸賢退居洛中，雅敬雍，恆相從游，爲市園宅。雍歲時耕稼，僅給衣食，名其居曰安樂窩，因自號安樂先生。旦則焚香燕坐，晡時酌酒三四甌，微醺即止，常不及醉也。興至，輒哦詩自詠。春秋時出遊城中，風雨常不出。出則乘小車，一人挽之，惟意所適。士大夫家識其車音，爭相迎候。童孺廝隸，皆驩相謂曰：「吾家先生至也。」不復稱其姓字。或留信宿乃去。好事者別作屋，如雍

邵雍

所居，以候其至，名曰行窩。司馬光兄事雍，而二人純德尤爲鄉里所慕嚮，父子兄弟每相飭曰：「毋爲不善，恐司馬端明、邵先生知。」士之道洛者，有不之公府，必之雍。一時洛中人才特盛，而忠厚之風聞天下。嘉祐詔求遺逸，留守王拱辰以雍應詔，授將作監主簿，復舉逸士，補潁州團練推官，皆固辭；乃受命，竟稱疾不之官。熙寧十年卒，年六十七。贈祕書省著作郎。元祐中，賜諡康節。雍高明英邁，迥出千古，而坦夷渾厚，不見圭角，是以淸而不激，和而不流，人與交久，益尊信之。河南程顥初侍其父識雍，論議終日，退而歎曰：「堯夫內聖外王之學也。」雍疾病，司馬光、張載、程顥、程頤晨

夕候之。將終，共議喪葬事外庭，雍皆能聞衆人所言，召子伯温謂曰：「諸君欲葬我近城地，當從先塋爾。」既葬，顥爲銘墓。其詩源於白居易，閒適平易，正如其人。著有伊川擊壤集二十卷，今傳於世。

二四六　劉敞（一〇一九—一〇六八）

劉敞字原父，臨江新喩人。舉慶曆進士，廷試第一。編排官王堯臣，其內兄也，以親嫌自列，乃以爲第二。通判蔡州，直集賢院，判尚書考功，權度支判官，徙三司使。未幾，擢知制誥。奉使契丹，素習知山川道徑。順州山中，有異獸如馬，而食虎豹。契丹不能識，問敞，敞曰：「此所謂駮也。」爲說其音聲形狀，且誦山海經、管子書曉之，契丹益歎服。使還，求知揚州。狄青起行伍，爲樞密使，每出入，小民輒聚觀，相與推誦其拳勇，至壅馬足不得行。帝不豫，人心動搖，青益不自安。敞辭赴郡，爲帝言：「陛下幸愛青，不如出之，以全其終。」帝頷之，乃去青位。敞在揚，還民田，平寃獄，相傳以爲神明。徙鄆州，敞決獄訟，明賞罰，境亦肅然，道不拾遺。敞以識論與衆忤，求知永興軍。拜翰林侍讀學士，帝固重其才，每燕見他學士，必問敞安否。帝食新橙，命賜之。旋改集賢院學士，判南京御史臺。熙寧元年卒，年五十。敞學問淵博，自佛老、卜筮、天文、方藥、山經、地志，皆究知大略。嘗得先秦彝鼎數十，銘識奇奧，皆案而讀之，因以考知三代制度，尤珍惜之，每曰：「我死，子孫以此蒸嘗我。」朝廷每有禮樂之事，必就其家以取決焉。爲文尤贍敏，掌外制時，將下直，會追封王主九人，立馬却坐，頃之九制成。歐陽修每於書有疑，折簡來問，對其使揮筆答之，不停手，修服其博。著有公是集七十五卷，原本不傳。今本乃據永樂大典所載，裒輯排次，凡五十四卷，傳於世。

二四七　晏幾道

晏幾道字叔原，撫州臨川人。臨淄公殊之幼子也。嘗監潁昌許田鎮，與鄭俠往還。熙寧中，鄭俠上書下獄，悉治平時所往還厚善者，幾道亦在其中。從俠家搜得其詩，裕陵稱之，始得釋。幾道爲人磊隗權奇，疏於顧忌，文章翰墨，自立規摹，常欲軒輊人，而不受世之輕重，蓋一耿介忠厚之輩也。黄庭堅謂幾道固人英也，其癡亦自絕人。仕宦連蹇，而不一傍貴人之門，是一癡也；論文自有體，不肯作一新進士語，此又一癡也；費資千百萬，家人寒飢，而面有孺子之色，此一癡也；人百負之而不恨，己信人，終不疑其欺己，此又一癡也。惟其癡得如此，於是其詞益華貴而不屑淺，沈鬱而不枯寂。其位雖卑於乃父，而詞賞勝於乃父也。古今詞話云：伊川聞人誦幾道詞：「夢魂慣得無拘檢，又踏楊花過謝橋。」曰：「鬼語也。」意頗賞之。其爲當時推挹如是。別號小山。著有小山詞一卷，今傳於世。

二四八　司馬光（一〇一九—一〇八六）

司馬光字君實，陝州夏縣人。父池，天章閣待制。光生七歲，凜然如成人，聞講左氏春秋，愛之，退爲家人講，即了其大旨。自是手不釋卷，至不知饑渴寒暑。羣兒戲於庭，一兒登甕，足跌沒水中，衆皆棄去。光持石擊甕破之，水迸，兒得活。

其後京、洛間，畫以爲圖。仁宗寶元初，中進士甲科，年甫冠。性不喜華靡，聞喜宴，獨不戴花。同列語之曰「君賜不可違。」乃簪一枝。除奉禮郎，時池在杭，求簽蘇州判官事以便親，許之。後龐籍薦爲館閣校勘，同知禮院。籍沒，升堂拜其妻如母，撫其子如昆弟，時人賢之。改直祕閣，開封府推官。修起居注，判禮部，同知諫院。仁宗始不豫，國嗣未立，天下寒心，而莫敢言。光上三章，勸帝選宗室爲繼嗣，帝乃立英宗爲皇子。進知制誥，固辭，改天章閣待制兼侍講，知諫院。英宗即位，

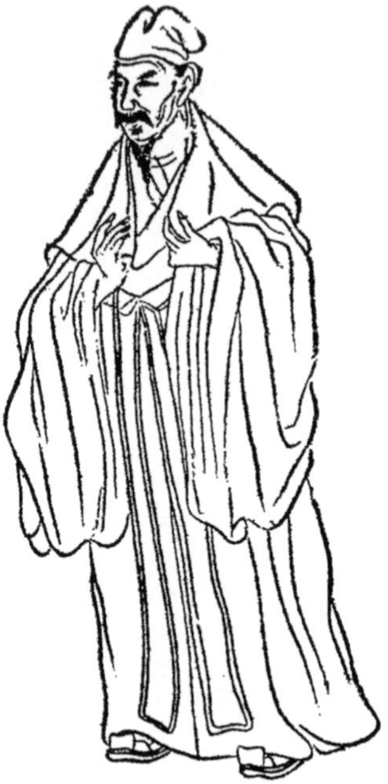
司馬光

議濮王典禮，學士王珪等相視莫敢先，光獨謂爲人後者爲之子，不得顧私親，王宜準封贈期親尊屬故事，稱爲皇伯。議成，以上與大臣意殊，御史六人爭之力，皆斥去，光亦自請俱貶。神宗即位，擢爲翰林學士，御史中丞。上疏論修心之要三，治國之要三。張方平參知政事，光論其不協物望，帝不從，還光翰林兼侍讀學士。光常患歷代史繁，人主不能遍覽，遂爲通志八卷以獻。英宗悅之，命置局祕閣續其書。至是，神宗名之曰資治通鑑，自製序授之，俾日進讀。王安石得政，行新法，光逆疏其利害。帝欲用光，訪之安石，安石乃言光所言盡害政之事，不可輕聽。帝仍欲拜光爲樞密副使，光固辭，以端明殿學士知永興軍，徙知許州。趣入覲，不赴，請判西京御史臺，歸洛，自是絕口不論事。而求言詔下，光讀之感泣，欲嘿不忍，乃復陳六事。帝以資治通鑑未

就，數促使終篇，賜以潁邸舊書二千四百卷。及書成，加資政殿學士。凡居洛陽十五年，天下以爲眞宰相，田夫野老皆號爲司馬相公，婦人孺子亦知其爲君實也。帝崩，赴闕臨，衞士望見，皆以手加額曰：「此司馬相公也」。所至民遮道聚觀，馬至不得行，曰：「公毋歸洛，留相天子，活百姓。」哲宗立，知陳州，過闕，留爲門下侍郎。蘇軾自登州召還，緣道人相聚號呼曰：「寄謝司馬相公，毋去朝廷，厚自愛以活我。」是時天下之民，引領拭目，以觀新政。光乃罷安石新法，皆復其舊，拜尚書左僕射兼門下侍郎，以疾，詔免朝覲，許乘肩輿，三日一入省。光不敢當，曰：「不見君，不可以視事。」詔令子康扶入對，且曰：「毋拜。」時遼、夏使至，必問光起居，敕其邊吏曰：「中國相司馬矣，毋輕生事開邊隙。」光自見言行計從，欲以身殉社稷，躬親庶務，不舍晝夜。及病革，亦不復自覺，諄諄如夢中語，然皆朝廷天下事也。是年九月薨，年六十八。帝聞之慟，卽臨其喪，贈太師溫國公，襚以一品禮服，賻銀絹七千，詔戶部侍郎趙瞻護其喪，歸葬陝州。謚曰文正，賜碑曰「忠淸粹德」。及葬，哭者如哭其私親。都中及四方皆畫像以祀。光孝友忠信，恭儉正直，居處有法，動作有禮。自少至老，語未嘗妄，自言吾無過人者，但平生所爲，未嘗有不可對人言耳。光於學無所不通，但不喜釋老。爲文簡潔贍實，類似西漢。神宗時知制誥，自云不善爲四六，帝許其用古文體。所著除資治通鑑二百九十四卷及目錄、考異各三十卷外，尚有溫國文正司馬公文集八十卷，涑水紀聞十六卷，今傳於世。

二四九　曾鞏（一〇一九—一〇八三）

曾鞏字子固，建昌南豐人。生而警敏，讀書數百言，脫口輒誦。年十二，試作六論，援筆而成，辭甚偉。甫冠，名聞四方，歐陽修見其文奇之。嘉祐二年進士第，調太平州司法參軍。召編校史館書籍，遷館閣校勘，集賢校理，爲實錄檢討官。出通判越州，知齊州。其治以疾姦急盜爲本，盜多出而自首。又徙襄州、洪州。會江西歲大疫，鞏命縣鎭亭傳，悉儲藥待求。軍民不能自養者，來食息宮舍，資其食飲衣衾之具，分醫視診，書其全失多寡。歷知福、明、亳、滄四州。鞏負才名，久外徙，世頗謂偃蹇不偶，一時後生輩鋒出，鞏視之，泊如也。過闕，神宗召見，勞問甚寵，遂留判三班院。上疏議經費，帝曰：「鞏以節用爲理財之要，世之言理財者，未有及此。」帝以三朝兩朝國史各自爲書，將合而爲一，加鞏史館修撰專典之，不以大臣監總，既而不克成，

曾　鞏

會官制行，拜中書舍人。尋掌延安郡王牋奏，故事命翰林學士，至是特屬之。甫數月，丁母艱去。又數月而卒，年六十五。

鞏性孝友，父亡，奉繼母益至。撫四弟九妹於委廢單弱之中，宦學婚嫁，一出其力。爲文章上下馳騁，愈出而愈工。本原於六經，斟酌於司馬遷、韓愈，一時工作文詞者，鮮能過也。少與王安石游，安石聲譽未振，鞏導之於歐陽修。及安石得志，遂與之異。呂公著嘗告神宗，以鞏爲人行義不如政事，政事不如文章，以是不大用。有元豐類藁五十卷，今傳於世。

二五〇　王安石(一〇二一—一〇八六)

王安石字介甫，撫州臨川人。父益，都官員外郎。安石少好讀書，一過目不忘。其屬文動筆如飛，初若不經意，既成，見者皆服其精妙。友人曾鞏攜以示歐陽修，修爲之延譽，擢進士上第，簽書淮南判官。舊制秩滿，許獻文求試館職，安石獨否，再調知鄞縣。起堤堰，決陂塘，爲水陸之利。貸穀與民，立息以償，俾新陳相易，邑人便之。通判舒州。文彥博爲相，薦安石，乞不次進用，以激奔競之風。尋召試館職，不就。修薦爲諫官，以祖母年高辭。修以其須祿養，言於朝，用爲羣牧判官，請知常州。又入爲度支判官，時嘉祐三年也。

王安石

安石議論高奇，能以辨博濟其說；果於自用，慨然有矯世變俗之志。於是上萬言書，以爲今天下之財力日以困窮，風俗日以衰壞，患在不知法度，不法先王之政故也。後安石當國，其所注措，大抵皆祖此書。俄直集賢院，朝廷每欲俾以美官，安石輒辭不就。明年，同修起居注，辭之累日，閤門吏齎敕就付之，拒不受，吏隨而拜之，則避於廁，吏置敕於案而去，又追還之。上章至八九，乃受。遂知制誥，糾察在京刑獄，自是不復辭官矣。會以母憂去，終英宗世，召不赴。安石本楚士，未知名於中朝，以韓、呂二族爲巨室，欲借以取重，故深與韓絳、絳弟維及呂公著友。三人更游揚之，名始盛。神宗在藩邸，維爲記室，每講說見稱，維曰：「此非維之說，維友王安石之說也。」及爲太子庶子，又薦自代，帝由是想見其人。甫卽位，命知江寧府。數月，召爲翰林學士兼侍講。熙寧元年四月，始造朝入對。二年，拜參知政事。帝問其施設以何先，安石曰：「變風俗，立法度，正方今之所急也。」帝以爲然。於是安石令其黨呂惠卿預其事，而農田、水利、青苗、均輸、保甲、免役、市易、保馬、方田諸役相繼並興，號爲新法。遣提舉官四十餘輩，頒行天下。由是賦斂愈重，而天下騷然矣。御史中丞呂誨，論安石過失十事，帝爲出誨，安石薦呂公著代之。司馬光答詔，有士夫沸騰，黎民騷動之語，安石怒，抗章自辨。因爲上言中外大臣從官臺諫朝士朋比之情，上以爲然。安石與光素厚，光援朋友責善之義，三詒書反覆勸之，安石不樂。帝用光副樞密，光辭未拜。公著雖爲所引，亦以請罷新法，出潁州。刺史劉述、劉琦等，諫官范純仁、李常等，皆不得其言，相繼去。翰林學士范鎮，三疏言青苗，奪職致仕。三年，拜同中書門下平章事。帝用韓維爲中丞，安石憾維曩嘗言新法不便，指爲善附流俗，非上所建立。歐陽修乞致仕，安石以修附韓琦，不之用。富弼以格青苗解使相。文彥博言市易與下爭利，致華嶽山崩，安石乃出彥博守魏。於是凡往日藉以立聲譽延薦與相交者，悉排斥不遺。其剛愎自用率類此。七年春，天下久旱，饑民流離，人情咨怨，至出不遜語。帝憂形於色，太后流涕謂帝曰：「安石亂天下。」帝亦疑之，遂罷爲觀文殿大學士，知江陵府。八年，復拜尚書左僕射，兼門下侍郎。帝曰：「聞民間殊苦新法。」安石不悅，屢謝病求去。及子雱死，尤悲傷不堪，力請解機務，罷爲鎮南軍節度使，同平章事，判江寧府。明年，改集禧觀使，封舒國公。元豐三年，復拜左僕射，觀文殿大學士，換特進，改封荊。哲宗立，加司空。元祐元年卒，年六十六，贈太傅。紹聖中，謚曰文。初，安石訓釋詩、書、周禮既成，頒之學官，天下號曰新義。晚居金陵，又作字說，多穿鑿傅會。其流入於佛老。一時學者，無敢不傳習。主司純用以取士，士莫得自名一說，先儒傳注，一切廢不用。黜春秋之書，不使列於學官，至戲目爲斷爛朝報。安石未貴時，名震京師，性不好華腴，自奉至儉，或衣垢不澣，面垢不洗。所著除周禮新義外，又有臨川集一百卷，及所纂唐百家詩選二十卷（一說此書非其所纂）並傳於世。

二五一　劉攽（一〇二二—一〇八八）

劉攽字貢父，臨江新喻人。與兄敞同登科，仕州縣二十年，始爲國子監直講。歐陽修、趙槩薦試館職，御史中丞王陶有夙憾，率侍御史蘇寀共排之。攽官已員外郎，纔得館閣校勘。熙寧中，判尙書考功，同知太常禮院。考試開封舉人，與同院王介爭詈，爲監察御史所劾，罷禮院。初，考官呂惠卿，列阿時者在高等，訐直者反居下。攽覆考，悉反之。又嘗貽安石書，論新法不便。安石怒，摭前過，斥通判泰州。以集賢校理，判登聞檢院、戶部判官，知曹州。曹爲盜區，重法不能止，攽治尙寬平，盜亦衰息。爲開封府判官，復出爲京東轉運使，徙知兗、亳二州。哲宗初起知襄州，入爲祕書少監。以疾求去，加直龍圖閣，知蔡州。於是給事中孫覺、胡宗愈、中書舍人蘇軾、范百祿，言攽博記能文章，政事侔古循吏，身兼數器，守道不回，宜優賜之告，使留京師。至蔡數月，召拜中書舍人。請復舊制，建紫薇閣於西省。竟以疾不起，年六十七。攽爲人疎儁，不守威儀，喜諧讔，數用以招怨悔，終不能改。遂於史學，作東漢刊誤，爲人所稱頌。司馬光修資治通鑑，專職漢史。今有彭城集四十卷，中山詩話二卷，傳於世。

二五二　蘇軾（一〇三六—一一〇一）

蘇軾字子瞻，眉州眉山人。生十年，父洵游學四方，母程氏親授以書。聞古今成敗，輒能語其要。程氏讀東漢范滂傳，慨然太息。軾請曰：「軾若爲滂，母許否乎？」程氏曰：「汝能爲滂，吾顧不能爲滂母耶？」比冠，博通經史，屬文日數千言。好賈誼、陸贄書。既而讀莊子，歎曰：「吾昔有見，口未能言；今見是書，得吾心矣。」嘉祐二年，試禮部。方時文磔裂詭異之弊勝，主司歐陽修思有以救之，得軾刑賞忠厚論，驚喜，欲擢冠多士，猶疑其客曾鞏所爲，但寘第二。復以春秋對義居第一，殿試中乙科。後以書見修，修語梅聖俞曰：「吾當避此人出一頭地。」聞者始譁不厭，久乃信服。丁母憂。五年，調福昌主簿。歐陽修以才識兼茂薦之祕閣。試六論，舊不起草，以故文多不工。軾始具草，文義粲然。復對策入三等。自宋初以來，制策入三等，惟吳育與軾而已。除大理評事、簽書鳳翔府判官。關中自元昊叛，民貧役重，軾爲減輕。治平二年，入判登聞鼓院。會洵卒，賻以金帛，辭之，求贈一官，於是贈光祿丞。熙寧二年還朝。王安石執政，惡其議論異己，以判官告院，權開封府推官。會上元，敕府市浙燈，且令損價。軾上疏，謂以耳目不急之玩，奪其口體必用之資，此事雖小，體則甚大。上乃罷之。時安石創行新法，軾上書論其不便；並勸帝結人心，厚風俗，存綱紀。安石滋怒，使御史謝景溫論奏其過，窮治無所得。軾遂請外，通判杭州。徙知密州、徐州，又徙知湖州。以事不便民者，不敢言，以詩託諷，庶有補於國。御史李定、舒亶、何正言摭其詩以爲訕謗，逮赴臺獄，欲寘之死，鍛鍊久之不決。神宗憐之，以黃州團練副使安置。軾

蘇軾

與田父野老相從溪山間，築室於東坡，自號東坡居士。三年，神宗數有意復用，輒爲當路者沮之。神宗嘗語宰相王珪曰：「國史至重，可命蘇軾成之。」珪有難色。神宗曰：「軾不可，姑用曾鞏。」帝遂手札移軾汝州，有曰：「蘇軾黜居思咎，閱歲滋深，人材實難，不忍終棄。」軾未至汝，上書自言饑寒，有田在常，願得居之，朝奏入，夕報可。至常，神宗崩，哲宗立，復朝奉郎、知登州，召爲禮部郎中，遷起居舍人。軾起於憂患，不欲驟履要地，辭於宰相蔡確，卒不許。元祐元年，軾以七品服入侍延和，即賜銀緋，遷中書舍人，尋除翰林學士。二年，兼侍讀。三年，權知禮部貢舉，會大雪苦寒，士坐庭中，噤未能言。軾寬其禁約，使得盡技。以論事爲當局者所恨，軾恐不見容，請外，拜龍圖閣學士，知杭州。杭本近海，地泉鹹苦，居民稀少。軾見茅山一河，專受江湖，鹽橋一河，專受湖水，遂浚二河以通漕。復造堰牐，以爲湖水蓄洩之限，江湖不復入市。又取葑

田積湖中，南北徑三十里，爲長堤，以通行者。募人種菱湖中，葑不復生，收其利，以備修湖。堤成，植芙蓉楊柳其上，望之如畫圖，杭人名爲蘇公堤。軾二十年間，再蒞杭，有德於民，家有畫像，飲食必祝，又生作祠以報。六年，召爲吏部尙書，未至，以弟轍除右丞，改翰林承旨。在翰林數月，復以讒請外。乃以龍圖閣學士出，知潁州，七年，徙揚州。復以兵部尙書召，兼侍讀。遷禮部，兼端明殿翰林侍讀兩學士，爲禮部尙書。八年，宣仁后崩，哲宗親政。軾乞補外，以兩學士出知定州。紹聖初，御史論軾掌內外制日所作詞命，以爲譏斥先朝，遂以本官知英州。尋降一官，未至，貶寧遠軍節度副使，惠州安置。居三年，泊然無所蔕芥，人無賢愚，皆得其歡心。又貶瓊州別駕，居昌化。昌化故儋耳地，非人所居，藥餌皆無有。初僦官屋以居，有司猶謂不可，軾遂買地築屋，儋人運甓畚土以助之。獨與幼子過處，著書以爲樂。時時從其父老游，若將終身。徽宗立，移廉州，改舒州團練副使，徙永州。更三大赦，還，提舉玉局觀，復朝奉郎。軾自元祐以來，未嘗以歲課乞遷，故官止於此。建中靖國元年卒，年六十六。軾與弟轍，師父洵爲文，既而得之於天。嘗自謂作文如行雲流水，初無定質；但常行於所當行，止於所不可不止，雖嬉笑怒罵之辭，皆可書而誦之。其體渾涵光芒，雄視百代，自有文章以來，蓋亦鮮矣。洵晚作易傳未究，命軾述其志。軾成易傳，復作論語說。後居海南，作書傳。一時文人如黃庭堅、晁補之、秦觀、張耒、陳師道、李廌，舉世未之識，軾待之如朋儔，未嘗以師資自予也。高宗卽位，贈資政殿學士，又以其文寘左右，讀之終日忘倦，謂爲文章之宗，親製集贊，遂崇贈太師，謚文忠。今傳有東坡文集六十卷，東坡詩集二十五卷，東坡詞一卷，仇池筆記二卷，東坡志林五卷等於世。

二五三　蘇轍（一〇三九—一一一二）

蘇轍字子由，眉州眉山人。年十九，與兄軾同登進士科，又同策制舉。仁宗春秋高，轍慮或倦於勤，因極言得失，而於禁廷之事，尤爲切至。策入，轍自謂必見黜，果寘之下等，授商州軍事推官。神宗立，轍上書言事，召對延和殿。時王安

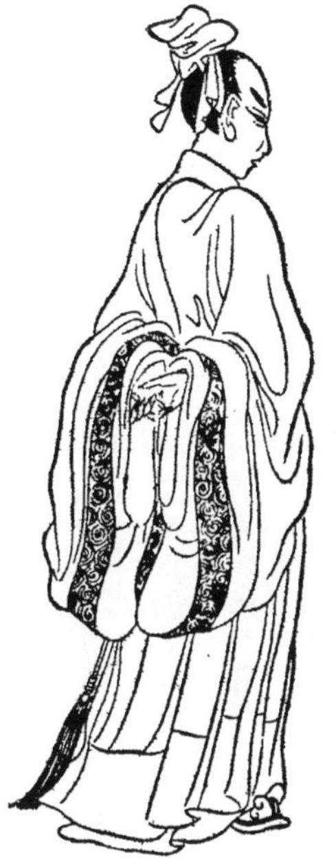

蘇轍

石執政，出青苗書使轍熟議，轍極言不可行。安石怒，出爲河南推官。會張方平知陳州，辟爲教授。三年，授齊州掌書記。又三年，改著作佐郎。復從方平簽書南京判官。居二年，坐兄軾以詩得罪，謫監筠州鹽酒稅，五年不得調。移知績溪縣。哲宗立，以祕書省校書郎召。元祐元年，爲右司諫。宣仁后臨朝，用司馬光、呂公著，欲革弊事，而舊相蔡確、韓縝，樞密使章惇皆在位，轍皆論去之。代軾爲翰林學士，尋權吏部尚書。使契丹，還爲御史中丞。六年，拜尚書右丞，進門下侍郎。紹聖初，李清臣爲中書舍人，稍復言熙豐事以激怒哲宗意。會廷試進士，清臣撰策題，轍見策題中有歷詆近歲行事之意，乃上疏極諫。哲宗覽奏，以爲引漢武方先朝，不悅，落職知汝州。居數月，再責知袁州。未至，降朝議大夫，試少府監，分司南京，筠州居住。三年，又責化州別駕，雷州安置，移循州。徽宗即位，徙永州、岳州。已而復大中大夫，提舉鳳翔上清太平宮。崇寧中，

蔡京當國，又降朝請大夫，罷祠居許州。再復大中大夫致仕。築室於許，號潁濱遺老，自作傳萬餘言，不復與人相見，終日默坐，如是者幾十年。政和二年卒，年七十四。追復端明殿學士。淳熙中，諡文定。轍性沉靜簡潔，為文汪洋澹泊，似其為人，不願人知之，而秀傑之氣，終不可掩，其高處殆與兄軾相迫。所著詩傳、春秋傳、古史、老子解外，又有欒城集五十卷，欒城後集二十四卷，欒城三集十卷，應詔集十二卷及龍川志略等，今傳於世。

二五四　黃庭堅（一〇四五—一一〇五）

黃庭堅字魯直，洪州分寧人。幼警悟，讀書數過輒成誦。舅李常過其家，取架上書問之，無不通。常驚以為一日千里。舉進士，調葉縣尉。熙寧初，舉四京學官，第文為優，教授北京國子監。留守文彥博才之，留再任。蘇軾嘗見其詩文，以為超軼絕塵，獨立萬物之表，世久無此作，由是聲名始震。知太和縣。哲宗立，召為校書郎，神宗實錄檢討官。踰年，遷著作佐郎，加集賢校理。實錄成，擢起居舍人。遷祕書丞，提點明道宮，兼國史編修官。紹聖初，出知宣州，改鄂州。章惇、蔡卞與其黨論實錄多誣，庭堅書用鐵龍爪治河，有同兒戲。至是首問焉，庭堅曰：「庭堅時官北都，嘗親見之，真兒戲耳。」凡有所問，皆直辭以對，聞者壯之。貶涪州別駕，言者猶以處善地為嫌，遂移戎州。庭堅不以遷謫介意，蜀士慕從之游，講學不倦。凡經指授，下筆皆可觀。徽宗即位，起監鄂州稅，僉書寧國軍判官，知舒州，以吏部員外郎召，皆辭不行。丐郡得知太平州，至之九日罷，主管玉龍觀。趙挺之執政，與庭堅有微隙，復除名，羈管宜州。三年，徙永州，未聞命而卒，年六

十一。庭堅學問文章，天成性得。陳師道謂其詩得法杜甫，學甫而不為者。善行草書，楷法亦自成一家。與張耒、晁補之、

黃庭堅

秦觀俱游蘇軾之門，天下稱為「四學士」。庭堅尤長於詩，蜀江西君子，以庭堅配軾，稱「蘇、黃。」軾為侍從時，舉堅自代，有「瓌瑋之文，妙絕當世；孝友之行，追配古人」之語。初游灊皖山谷寺石牛洞，樂其林泉之勝，因自號山谷道人。其詩後人宗之，號為「江西詩派」。著有山谷內集三十卷，外集十四卷，別集二十卷，詞一卷，簡尺二卷，今傳於世。

二五五　秦觀（一〇四九—一一〇〇）

秦觀字少游，一字太虛，揚州高郵人。少豪雋慷慨，溢於文詞。舉進士不中，強志盛氣，好大而見奇。讀兵家書，與己意合。見蘇軾於徐，為賦黃樓，軾以為有屈、宋才。又介其詩於王安石，安石亦謂清新似鮑、謝。軾勉以應舉為親養，始登第，調定海主簿，蔡州教授。元祐初，軾以賢良方正薦於朝，除太學博士，校正祕書省書籍，遷正字，復為兼國史院編修

秦觀

官。上日有硯墨器幣之賜。紹聖初，坐黨籍出通判杭州。以御史劉拯，論其增損實錄，貶監處州酒稅。又以寫佛書爲罪，削秩徙郴州。繼編管橫州，又徙雷州。徽宗立，復宣德郎，放還至藤州，出遊華光亭，爲客道夢中長短句，索水欲飲。水至，笑視之而卒，年五十二。先自作挽詞，其語哀甚，讀者悲傷之。軾聞之，歎曰：「少游不幸死道路，哀哉！世豈復有斯人乎？」觀爲文長於議論，辭麗而思深。詩則淸新婉麗，鮑、謝似之。著有淮海集四十卷，後集六卷，長短句三卷，今傳於世。

二五六　張耒（一〇五二——一一一二）

張耒字文潛，楚州淮陰人。幼穎異，十三歲能爲文。十七時作函關賦，已傳人口。游學於陳，學官蘇轍愛之，因得從軾游。軾亦深知之，稱其文汪洋沖澹，有一倡三歎之音。弱冠第進士，歷臨淮主簿，壽安尉，咸平縣丞。入爲太學錄，范純仁以館閣薦試祕書省正字，著作佐郎，祕書丞，著作郎，史館檢討。居三館八年，顧義自守，泊如也。擢起居舍人。紹聖初，請郡，以直龍圖閣知潤州。坐黨籍，徙寧州，謫監黃州酒稅，徙復州。徽宗立，起爲通判黃州，知兗州，召爲太常少卿。甫數

月，復出知潁州、汝州。崇寧初，復坐黨籍落職，主管明道宮。初，耒在潁，聞蘇軾計，爲舉哀行服。言者以爲言，遂貶房州別

張耒

駕，安置於黃。五年，得自便，居陳州。時二蘇及黃庭堅、晁補之輩相繼歿，耒獨存，士人就學者衆，分日載酒殽飲食之。誨人作文，以理爲主，學者以爲至言。久於投閑，家益貧，郡守翟汝文，欲爲買公田，謝不取。晚監南嶽廟，主管崇福宮，卒年六十一。建炎初，贈集英殿修撰。耒儀觀甚偉，有雄才，筆力絕健，於騷詞尤長，作詩晚歲亦務平淡，效白居易體，而樂府效張籍。著有宛邱集六十卷，又名張右史集或柯山集，今傳於世。

二五七　晁補之（一〇五三—一一一〇）

晁補之字无咎，濟州鉅野人。父端有，工於詩。補之聰敏強記，纔解事即善屬文。王安國一見奇之。十七歲，從父官杭州，倅錢塘山川風物之麗，著七述以謁州通判蘇軾。軾先欲有所賦，讀之歎曰：「吾可以閣筆矣。」又稱其文博辯儁偉，絕人遠甚，必顯於世，由是知名。舉進士，試開封及禮部別院，皆第一。神宗見其文曰：「是深於經術者，可革浮薄。」

調澧州司戶參軍，北京國子監教授。元祐初，爲太學正。李淸臣薦堪館閣，召試，除祕書省正字，遷校書郞。以祕閣校

晁補之

理，通判揚州。召還爲著作佐郞。章惇當國，出知齊州。坐修神宗實錄失實，降通判應天府亳州，又貶監處、信二州酒稅。徽宗立，復以著作召。既至，拜吏部員外郞，禮部郞中，兼國子編修實錄檢討官。黨論起，爲管師仁所論，出知河中府，徙湖州、密州、果州，遂主管鴻慶宮。還家，葺歸來園，自號歸來子，忘情仕進，慕陶潛爲人。大觀末，出黨籍，起知達州，改泗州，卒年五十八。補之才氣飄逸，嗜學不知倦。文章溫潤典縟，其淩麗奇卓出於天成。尤精楚詞，論集屈、宋以來賦詠爲變離騷等三書。安南用兵，著罪言一篇，議者以爲通達世務。著有雞肋集七十卷，及晁无咎詞六卷，詞集亦稱琴趣外篇，今傳於世。

二五八　陳師道（一〇五三—一一〇一）

陳師道字履常，一字無己，彭城人。少而好學，苦志。年十六，早以文謁曾鞏，一見奇之，許其以文著，時人未之知也，

留受業。熙寧中王氏經學盛行，師道心非其說，遂絕意進取。鞏典五朝史事，得自擇其屬，朝廷以白衣難之。元祐初，蘇軾、傅堯俞、孫覺薦其文行，起爲徐州教授。又用梁燾薦爲太常博士。言者謂在官嘗越境出南京見蘇軾，改教授潁州。又論其進非科第，罷歸。調彭澤令，不赴。家素貧，或經日不炊，妻子慍見，弗恤也。久之，召爲祕書省正字。卒年四十九。友

陳師道

人鄒浩買棺歛之。師道高介有節，安貧樂道。於諸經尤邃詩、禮，爲文精深雅奧。喜作詩，自云學黃庭堅，至其高處，或謂過之；然小不中意，輒焚去。初游京師，踰年未嘗一至貴人之門。傅堯俞欲識之，先以問秦觀，曰：「是人非持刺字俛顏色伺候乎公卿之門者，殆難致也。」堯俞曰：「非所望也，吾將見之，懼其不吾見也。子能介於陳君乎？」知其貧，懷金欲爲餽。比至，聽其論議，益敬畏，不敢出。章惇爲相，將薦於朝，終不往。官潁時，蘇軾知州事，待之絕席，欲參諸門弟子間，而師道賦詩有「嚮來一瓣香，敬爲曾南豐」之語，其自守如是。與趙挺之友壻，素惡其爲人。適預郊祀行禮，寒甚，衣無綿，妻就假於挺之家，問所從得，卻去不肯服，遂以寒疾死。自號後山。著有後山集二十四卷，後山詞一卷，後山談叢四卷，後山詩話二卷，並傳於世。

二五九　李廌

李廌字方叔，其先自鄆徙華。廌六歲而孤，能自奮立。少長，以學問稱鄉里。謁蘇軾於黃州，贄文求知。軾謂其筆墨瀾翻，有飛沙走石之勢，拊其背曰：「子之才，萬人敵也。抗之以高節，莫之能禦矣。」廌再拜受教。而家素貧，三世未葬。一夕，撫枕流涕曰：「吾忠孝爲是學，而親未葬，何以學爲？」旦而別軾，將客游四方以藏其事。軾解衣爲助，又作詩以勸風義者。於是不數年，盡累世之喪三十餘柩，歸窆華山下，范鎮爲表墓以美之。益閉門讀書。又數年，再見軾，試閱其所著，歎曰：「張耒、秦觀之流也。」鄉舉試禮部，軾典貢舉，遺之，賦詩以自責。呂大防歎曰：「有司試藝，乃失此奇才耶！」軾與范祖禹謀曰：「廌雖在山林，其文有錦衣玉食氣。棄奇寶於路隅，昔人所歎，我曹得無意哉？」將同廌諸朝。未幾，相繼去國，不果。軾亡，廌哭之慟，即走許、汝間，相地卜兆，授其子作文祭之。中年絕進取意，謂潁爲人物淵藪，始定居。長社縣令李佐，及里人買宅處之。卒年五十一。廌喜論古今治亂，條暢曲折，辯而中理。當喧鬨倉卒間，如不經意，睥睨而起，落筆如飛馳。今有濟南集八卷傳於世。

二六〇　周邦彥（一〇五六—一一二一）

周邦彥字美成，錢塘人。疎雋少檢，不爲州里推重，而博涉百家之書。元豐初，游京師，獻汴都賦萬餘言。神宗異之，命侍臣讀於邇英閣。召赴政事堂，自太學諸生，一命爲正。居五歲不遷，益盡力於辭章，出教授廬州，知溧水縣，還爲國子主簿。哲宗時召對，使誦前賦，除祕書省正字。徽宗立，遷校書郎，考功員外郎，衛尉宗正少卿，兼議禮局檢討。以直龍圖閣知河中府。徽宗欲使畢禮書，復留之，踰年，乃知龍德府，徙明州，入拜祕書監，進徽猷閣待制，提舉大晟府，未幾，知順昌府，徙處州。卒年六十六，贈宣奉大夫。邦彥好音樂，能自度曲，製樂府長短句，詞韻淸蔚，當時貴人學士市儈妓女，皆愛其詞。嘗戀汴妓李師師，師師欲委身而未能。一夕，徽宗幸師師家，邦彥倉卒不能出，匿複壁間，遂製少年遊以紀其事。徽宗知而譴發之，師師知，爲餞行。邦彥復作蘭陵王詞，有「長亭路年去歲來，應折柔條過千尺」之句。師師於徽宗前歌之，徽宗大喜，復召邦彥還。邦彥既通音律，下字用韻，皆有法度。著有淸眞居士集十一卷，今有片玉詞二卷及補遺一卷傳於世。

二六一　賀鑄（一〇六三—一一二〇）

賀鑄字方回，衛州人。孝惠皇后之族孫。長七尺，面鐵色，眉目聳拔。喜談當世事，可否不少假借。雖貴要權傾一時，少不中意，極口詆之無遺辭，人以爲近俠。博學強記，工語言，深婉麗密，如次組繡。尤長於度曲，掇拾人所棄遺，少加檃括，皆爲新奇。嘗言吾筆端驅使李商隱、溫庭筠常奔命不暇。諸公貴人多客致之，鑄或從或不從，其所不欲見，中不貶也。初娶宗女，隸籍右選，監太原工作，有貴人子同事，驕倨不相下。鑄廉得盜工作物，屏侍史，閉之密室，以杖數曰：「來！

若某時盜某物，爲某用某時盜某物，入於家；然乎？」杖之數下。貴人子叩頭祈哀，卽大笑釋去。自是諸挾氣力頡頏者，皆側目不敢仰視。時江、淮間有米芾以魁岸奇譎知名，鑄以氣俠雄爽適相先後。二人每相遇，瞋目抵掌，論辯鋒起，終日各不能屈，談者爭傳爲口實。元祐中，李清臣執政，奏換通直郎，通判泗州，又倅太平州。竟以尙氣使酒，不得美官，悒悒不得志。食宮祠祿，退居吳下，以是杜門，將遂其老。鑄所爲詞章，往往傳播人口。黃庭堅得其江南梅子之句，以爲似謝玄暉。嘗自裒歌詞，名東山樂府，自謂賀知章之後，而唐玄宗賜知章之鏡湖本慶湖，故號慶湖遺老。所著尙有慶湖遺老前後集二十卷，今但傳前集九卷於世。

二六二　葉夢得（一〇七七——一一四八）

葉夢得字少蘊，蘇州吳縣人。嗜學蚤成，多識前言往行，談論亹亹不窮。紹聖四年，登進士第，調丹徒尉。徽宗朝，自婺州教授召爲議禮武選編修官。用蔡京薦，遷祠部郎中。大觀初，除起居郎。二年，累遷翰林學士，極論士大夫朋黨之弊。三年，以龍圖閣直學士知汝州，尋落職提舉洞霄宮。政和五年，起知蔡州，復龍圖閣直學士。尋提舉南京鴻慶宮，自是或廢或起。逮高宗駐蹕揚州，遷翰林學士兼侍讀，除戶部尙書。陳待敵之計有三：曰形，曰勢，曰氣。又請上南巡，阻江爲險，以備不虞。疏入，不報。既而帝駐蹕杭州，遷尙書左丞。會州民有上書訟夢得過失者，乃改資政殿學士，提舉中太一宮，辭不拜，歸湖州。紹興初，起爲江東安撫大使，兼知建康府兼壽春等六州宣撫使，總四路漕計，以給饋餉，軍用不乏，詔加觀文殿學士，移知福州。上章請老，特遷一官，提舉臨安府洞霄宮。尋拜崇信軍節度使致仕。十八年卒湖州，贈檢校少保。夢得天資粹雅，文詞幹略，不在人下。以少良禽擇木之智，人多惜之。自號石林山人。著有石林居士建康集八卷，石林詞一卷，石林詩話一卷，石林燕語十卷，避暑錄話二卷，巖下放言三卷，及石林春秋傳等傳於世。

二六三　汪藻（一〇七九—一一五四）

汪藻字彥章，饒州德興人。幼穎異，入太學，中進士第，調婺州觀察推官。改宣州教授，稍遷江西提舉學事司。時胡仲亦以文名，人爲之語曰：「江左二寶，胡仲、汪藻。」尋除九域圖志所編修官，再遷著作佐侍郎。時王黼與藻不相合，出通判宣州，提點江州太平觀。投閑凡八年，終黼之世不得用。欽宗卽位，召爲屯田員外郎，再遷太常少卿，起居舍人。高宗踐祚，召爲中書舍人，遷兵部侍郎兼侍講，拜翰林學士。帝以所御白團扇，親書「紫誥仍兼綰，黃麻似六經」十字以賜，縉紳艷之。時多事，詔令類出其手。紹興二年，以龍圖閣直學士知湖州。纂集元符庚辰以來詔旨，爲日歷之備。八年，上所修書凡六百六十五卷。除顯謨閣學士，遣使賜茶藥。尋知徽州，又徙宣州。言者論其嘗爲蔡京、王黼之客，奪職居永州，累赦不宥。二十四年卒。二十八年，詔贈端明殿學士。藻通顯三十年，無屋廬以居，博極羣書，老不釋卷。尤喜讀春秋左氏傳及西漢書。工儷語，多著述，所爲制詞，明白洞達，曲當情事，天下傳誦，以比陸贄。著有浮溪集三十六卷今傳於世。

二六四　朱敦儒

朱敦儒字希眞，河南人。父勃，紹聖諫官。敦儒志行高潔，雖爲布衣，而有朝野之望。靖康中，召至京師，將處以學官，敦儒辭曰：「麋鹿之性，自樂閑曠，爵祿非所願也。」固辭還山。高宗即位，詔舉草澤才德之士，預選者命中書策試，授以官，於是淮西部使者言敦儒有文武才，召之。敦儒又辭，避亂客南雄州。紹興二年，有言敦儒達治體，有經世才，詔以爲右迪功郎。敦儒不肯受詔。其故人勸之曰：「今天子側席幽士，翼宣中興，君何爲棲茅茹藿，白首巖谷？」敦儒幡然而起。既至，命對便殿，論議明暢。上悅，賜進士出身，爲祕書省正字。俄兼兵部郎官，遷兩浙東路提點刑獄。會右諫議大夫汪勃劾敦儒專立異論，與李光交通，敦儒遂罷。十九年，上疏請歸，許之。敦儒素工詩及樂府，婉麗淸暢。時秦檜當國，喜獎用騷人墨客以文太平，遂復用敦儒爲鴻臚少卿。檜死，敦儒亦廢。談者謂敦儒老懷舐犢之愛，而畏避竄逐，故其節不終云。晚號巖壑老人。著有巖壑老人集及樵歌三卷，今傳於世。

二六五　李清照（一〇八一—？）

李清照號易安居士，濟南人。禮部郎提點京東刑獄格非之女，嫁諸城趙挺之之子明誠爲妻。時年二十一歲，明誠猶在太學讀書。明誠每朔望謁告出，質衣取半千錢，步入相國寺，市碑文果實歸，相對展玩咀嚼，自謂葛天氏之民也。崇寧初，明誠出仕，便有飯蔬衣練，窮遐方絕域，盡天下古文奇字之志。後或見古今名人書畫，三代奇器，亦復脫衣市易。連守兩郡，竭其俸入以事鉛槧。每獲一書，夫婦卽共同校勘，整集籤題。得書畫彝鼎，亦摩玩舒卷，指摘疵病，夜盡一燭爲率。每飯罷，與明誠同坐堂中，烹茶，指堆積書史，言某事在某書某卷第幾頁第幾行，以中否角負勝，爲飲茶先後。中卽舉盃大笑，至茶傾覆懷中，反不得飲而起。夫婦生活，類皆如是。建炎中，明誠守湖州，以病卒。時金兵南侵，乃攜書畫古器，至台、剡、溫、越、衢諸地避難。家藏書物，十去七八。紹興初，復由越至杭州。或云再適張汝舟，未幾反目，竟至搆訟。四年卜居金華，遂終老焉。清照性喜金石，與明誠合著金石錄。尤善於詞，能曲盡人意，輕巧尖新，姿態百出，後人以爲能抗軼周、柳。今有漱玉詞傳於世。

李清照

二六六　呂本中

呂本中字居仁，先世本萊州人，後徙壽州。元祐宰相公著之曾孫，好問之子。幼而敏悟，公著奇愛之。公著薨，宣仁太后及哲宗臨奠，諸童穉立庭下，宣仁獨進本中，摩其頭曰：「孝於親，忠於君，勉焉！」少長，從楊時遊。以公著遺表恩授承務郎。元符中，辟大名府帥司幹官。宣和六年，除樞密院編修官。欽宗時，爲祠部員外郎，以疾告去。再直祕閣，主管崇道觀。紹興中召赴行在，特賜進士出身，擢起居舍人、兼權中書舍人。引疾乞祠，直龍圖閣，知台州。召爲太常少卿。八年，又遷中書舍人兼權直學士院。金使通和，有司議行人之供，本中言使人之來，當示儉約，免啓戎心。後爲秦檜等所劾，罷之。提舉太平觀卒。學者稱爲東萊先生，賜謚文清。本中嘗以宋興歌詩之作，多依效舊文，未盡所趣，惟黃庭堅始大而力振之，因作江西詩社宗派圖，自庭堅以下，列陳師道、潘大臨、謝逸、洪芻、饒節、僧祖可、徐俯、洪朋、林敏修、洪炎、汪革、李錞、韓駒、李彭、晁沖之、江端本、楊符、謝薖、夏倪、林敏功、潘大觀、何顒、王直方、僧善權、高荷等二十五人，而以己爲之殿。其詩得黃庭堅、陳師道句法，如散聖安禪，自能奇逸。著有東萊詩集二十卷，紫微詩話一卷等傳於世。

二六七　向子諲（一〇八六—一一五三）

向子諲字伯恭，臨江人。神宗欽聖憲肅皇后再從姪也。元符三年，以后復辟，恩補假承奉郎，三遷知開封府。宣和初，除江、淮發運司，主管文字。淮南歲旱，漕不通，子諲用故制，三日一啓閘，作澳儲水，漕得復通。進秩一等，除淮南轉運判官。七年，入爲右司員外郎，不就，以直祕閣爲京畿轉運副使。建炎元年，金人犯亳州，時康王次濟州，子諲獻金帛錢穀以助軍費。張邦昌僭位，遣人持勅書往廬州，問其家安否，子諲檄郡守馮詢使拘之。邦昌又使其甥劉達賚手書來，子諲不啓封焚之，械繫達於獄。明年，知潭州。禁卒爲亂，出瀏陽縣。金人破江西，移兵湖南，敵至失守，落職。紹興元年，移鄂州，主管荊湖東路安撫司。尋知江州，改江東轉運使，進祕閣修撰，徽猷閣待制，除戶部侍郎。入見，論京都舊事，頗及珍玩。起居郎潘良貴，以爲無益之談，叱之。上不悅，欲抵良貴罪。中丞常同言良貴無罪，遂俱罷，出知平江府。金使議和，將入境，子諲不肯拜金詔。因忤秦檜意，乃致仕，卒年六十八。子諲相家子，能修飭，友愛諸弟，置義莊，贍宗族貧者。退閒十五年，號所居曰薌林，自稱薌林居士。工詩詞，前期華貴妍冶，後期瀟洒亢爽，蓋遭靖康之亂故也。著有酒邊詞二卷，上卷爲江南新詞，下卷爲江北舊詞，今傳於世。

二六八　陳與義（一〇九〇—一一三八）

陳與義字去非，其先居京兆，自曾祖希亮始遷洛，故爲洛人。與義天資卓偉，爲兒時已能作文，致名譽，流輩斂衽，莫敢與抗。登政和三年上舍甲科，授開德府教授。累遷太學博士，擢符寶郎。尋謫監陳留酒稅。及金人入汴，高宗南遷，遂避亂襄漢，轉湖湘，踰嶺嶠。久之，召爲兵部員外郎。紹興元年夏，至行在，遷中書舍人，兼掌內制，拜吏部侍郎。尋以徽猷閣直學士知湖州。召爲給事中，駁議詳雅。又以顯謨閣直學士，提舉江州太平觀。六年，拜翰林學士，知制誥。七年，參知政事，唯師用道德以輔朝廷，務尊主威而振綱紀。從帝如建康，明年扈蹕還臨安。以疾請，復以資政殿學士知湖州。陛辭，帝勞問甚渥，遂請閒，提舉臨安洞霄宮。十一月卒，年四十九。與義容狀儼恪，不妄言笑，平居雖謙以接物，然內剛不可犯。其薦士於朝，退未嘗以語人，士以是多之。尤長於詩，體物寓興，清邃紆餘，高舉橫厲，上下陶、謝、韋、柳之間。嘗賦墨梅，徽宗嘉賞之，以是受知於上。後又爲高宗所賞，遂訓至執政。在南渡詩人之中，最爲顯達。自號簡齋，著有簡齋集十五卷，無住詞一卷今傳於世。無住以所居有無住庵，故以名之。

二六九　王十朋（一一一二——一一七一）

王十朋字龜齡，溫州樂清人。資穎悟，日誦數千言。及長，有文行，聚徒梅溪，受業者以百數人。入太學，主司異其文。秦檜死，上親政，策士，嘉其經學淹通，議論醇正，遂擢為第一，授紹興府簽判。既至，或以書生易之，十朋裁決如神，吏姦不行。時以四科求士，帥王師心謂十朋身兼四者，獨以應詔。召為祕書郎，兼建王府小學教授。先是教授入講堂居賓位，十朋不可，皇孫特加禮而位教授中坐。孝宗受禪，知嚴州。召對，拜司封郎中，累遷國子司業，除起居舍人，升侍講。十朋見上英銳，每見必陳恢復之計。因論史浩八罪，上為出知紹興府。又奏王師以弔民為主，先之以招納，不獲已而戰伐隨之。金將既降，宜速加爵賞，以勸來者。上皆嘉納。會李顯忠、邵宏淵不協，王師失律，張浚上表自劾，主和者乘此倡異議。十朋以浚為己所薦，乞賜竄殛。除吏部侍郎，力辭，出知饒州，又移夔、湖、泉三州。凡歷四郡，布上恩，恤民隱，人皆繪而祠之。去之日，老稚攀留涕泣，越境以送。東宮建，除太子詹事。以足疾不能趨詔，給扶減拜謁。疾革，累章告老，以龍圖閣學士致仕，命下而卒，年六十。謚忠文。十朋事親孝，友愛二弟，書室匾曰「不欺」。每以諸葛亮、顏眞卿、寇準、范仲淹、韓琦、唐介自比，朱熹、張栻雅敬之。其文專尚理致，條鬯明白；詩則渾厚懇惻，如其為人。著有梅溪集五十四卷，今傳於世。

二七〇　洪邁（一一二三—一二〇二）

洪邁字景盧，鄱陽人。幼讀書，日數千言，一過目，輒不忘。從二兄适、遵，試博學宏詞科，邁獨被黜。紹興十五年，始中第，授兩浙轉運司幹辦公事，入爲勅令所刪定官。父皓忤秦檜投閑，檜憾未已。御史汪勃論邁知其父不靖之謀，遂出添差教授福州。累遷吏部郎兼禮部。三十二年春，金主遣左監軍高忠建來告登位，且議和。邁爲接伴使，知閤門張掄副之。持以舊禮折服金使，進起居舍人。時議遣使報金國聘，邁慨然請行。於是假翰林學士，充賀登位使，欲令金稱兄弟敵國，而歸河南地。至燕，金閤門見國書，呼曰「不如式。」抑令使人於表中改陪臣二字，朝見之儀，必欲用舊禮。邁初執不可，既而金鎖使館，自旦及暮，水漿不通；三日乃得見金人，語極不遜。乃遣還回朝，則孝宗已即位矣。殿中侍御史張震，以邁使金辱命，論罷之。明年，起知泉州。乾道二年，復知吉州。入對，遂除起居舍人。三年，遷起居郎，拜中書舍人，兼侍讀直學士院，仍參史事。六年，除知贛州。尋知婺州，以勤匪有功，特遷敷文閣待制。明年召對，邁論淮東邊備六地，上嘉之。以提舉佑神觀兼侍講，同修國史。拜翰林學士，上四朝史。淳熙改元，進煥章閣學士，知紹興府。上章告老，進龍圖閣學士，尋以端明殿學士致仕。卒年八十，贈光祿大夫，謚文敏。邁兄弟皆以文章取盛名，躋貴顯。邁尤以博洽，受知孝宗，謂其文備衆體。邁考閱典故，漁獵經史，極鬼神事物之變，手書資治通鑑凡三。著有容齋隨筆五集，凡七十四卷；又雜錄仙鬼諸事爲夷堅志，凡四集，各若干卷，今傳於世。

二七一　楊萬里（一一二四—一二〇六）

楊萬里字廷秀，吉州吉水人。中紹興二十四年進士第，爲贛州司戶，調永州零陵丞。時張浚謫永，杜門謝客，萬里三往，不得見，以書力請，始見之。浚勉以正心誠意之學。萬里服其教終身，迺名讀書之室曰誠齋。浚入相，薦之朝，除臨安府教授，未赴，丁父憂。改知隆興府奉新縣。召爲國子博士，遷太常博士，尋升丞兼吏部右侍郎。出知漳州，改常州。召爲尚左郎官。萬里應詔上書言治國之策，帝親擢萬里爲侍讀。王淮爲相，問孰爲人才，萬里卽疏朱熹、袁樞以下六十人以獻，淮次第擢用之。光宗卽位，爲祕書監，借煥章閣學士，爲接伴金國賀正旦使，兼實錄院檢討官。以忤宰相意，出知贛州，不赴，乞祠，除祕閣修撰，提舉萬壽宮。寧宗嗣位，召赴行在，升煥章閣待制，提舉興國宮。年老乞休致，進寶文閣待制致仕。開禧二年，升寶謨閣學士。卒年八十三，贈光祿大夫，謚文節。萬里爲人剛而褊，韓侂胄用事，欲網羅四方知名士相羽翼，嘗築南園，屬萬里爲之記，許以掖垣。萬里曰：「官可棄，記不可作也。」侂胄恚，改命他人。侂胄專僭日益甚，萬里憂憤怏怏成疾。家人知其憂國，皆不告以時政。忽族子自外至，遽言侂胄用兵事。萬里慟哭失聲，亟呼紙書其罪惡，又書十四言別妻子，筆落而逝。學者稱誠齋先生。精於詩，舖敍纖悉，曲盡其妙，才思健拔，包孕富有。與陸游、尤袤、范成大稱南渡後四大家。著作甚富，人稱其一官一集，每集必變一格。著有誠齋集一百三十三卷，及誠齋樂府等，今傳於世。

二七二　范成大（一一二五——一一九三）

范成大字致能，吳郡人。紹興二十四年擢進士第，授戶曹監和劑局。隆興元年，遷正字，累遷著作佐郎，除吏部郎官。言者論其超躐，罷奉祠。起知處州。除禮部員外郎，兼崇政殿說書。遷起居郎，假資政殿大學士，充金祈請國信使。國書專求陵寢，蓋泛使也。金迓使者慕成大名，至求巾幘效之。至燕山，密草奏，具言受書式，懷之入。初進國書，詞氣慷慨，金君臣方傾聽。成大忽奏曰：「兩朝既爲叔姪，而受書禮未稱，臣有疏搢笏出之。」金主大駭曰：「此豈獻書處耶？」左右以笏標起之，成大屹不動，必欲書達。金庭紛然。太子欲殺成大，越王止之，竟得全節而歸。除中書舍人，尋改除敷文閣待制，四川制置使。凡人才可用者，悉致幕下。用所長，不拘小節，其傑然者，露章薦之。召對，除權吏部尚書，拜參知政事。兩月，爲言者所論，奉祠。起知明州，奏罷海物之獻。除端明殿學士，尋帥金陵，會歲旱，奏移軍儲米二十萬振饑民。以病請閑，進資政殿學士，再領洞霄宮。紹興三年加大學士，四年薨。成大素有文名，尤工於詩。追溯蘇軾、黃庭堅之遺法，而約以婉峭，自爲一家。時與尤袤、楊萬里、陸游齊名。自號石湖居士。著有石湖集一百三十六卷，今有詩集三十四卷傳於世。

二七三　陸游（一一二五——一二〇九）

陸游字務觀，越州山陰人。年十二，能詩文，蔭補登仕郎。鎖廳薦送第一，秦檜孫塤適居其次，檜怒，至罪主司。明年，試禮部主事，復置游前列。檜顯黜之，由是爲所嫉。檜死，始赴福州寧德簿，以薦者除敕令所刪定官，遷大理寺司直兼宗正簿。孝宗卽位，遷樞密院編修官兼編類聖政所檢討官。史浩、黃祖舜薦游善詞章，諳典故，召見，上曰：「游力學有

陸游

聞，言論剴切。」遂賜進士出身。與金和議將成，游以書白二府，謂建康、臨安，皆係駐蹕之地，北使朝聘，或就建康，或就臨安，如此則我得以暇時建都立國，彼不我疑。時龍大淵、曾覿用事，游爲樞臣張燾言彼兩人招權植黨，宜速去之。燾遽以聞，上詰語所自來，燾以游對。上怒，出通判建康府，尋易隆興府。言者論游交結臺諫，鼓唱是非，力說張浚用兵，免歸。久之，通判夔州。王炎宣撫川、陝，辟爲幹辦公事。吳璘子挺代掌兵，頗驕恣。游請以玠子拱代挺，炎不用。及挺子曦僭叛，游言始驗。范成大帥蜀，游爲參議官，以文字交，不拘禮法，人譏其頹放，因自號放翁。後累遷江西常平提舉。召還，給事中趙汝愚駁之，遂與祠。起知嚴州，過闕陛辭，上諭曰：「嚴陵山水勝處，職事之暇，可以賦詠自適。」再召入見，上曰：「卿筆力回斡甚善，非他人可及。」除軍器少監。紹熙元年，遷禮部郎中兼實錄院檢討官。嘉泰二年，以孝宗、

光宗兩朝實錄，及三朝史未就，招游權同修國史實錄院同修撰，免奉朝請，尋兼祕書監。三年，書成，遂升寶章閣待制，致仕。嘉定二年卒，年八十五。游才氣超逸，尤長於詩。晚年再出爲韓侂冑撰南園閱古泉記，見譏淸議。朱熹嘗言其能太高，迹太近，恐爲有力者所牽挽，不得全其晚節，蓋有先見之明焉。其詩淸新刻露，而出以圓潤，實能自闢一宗。游嘗西泝僰道，樂其風土，有終焉之志，因題其詩卷爲劍南詩稾，凡八十五卷。又有渭南文集五十卷，放翁詞一卷，老學庵筆記十二卷，及南唐書十八卷等，並傳於世。

二七四　尤袤（一一二五—一一九四）

尤袤字延之，常州無錫人。少穎異，蔣偕、施坰呼爲奇童。入太學，以詞賦冠多士，尋冠南宮。紹興十八年，擢進士第。嘗爲泰興令，修築外城。已而金渝盟，陷揚州，獨泰興以有城得全，民爲立生祠。虞允文以史事過三館，問誰可爲祕書丞者，僉以袤對，亟授之。張栻曰：「眞祕書也！」兼國史院編修官、實錄院檢討官，遷著作郎，兼太子侍讀。後以諫張說自閤門入西府事出知台州，有善政。除淮東提舉常平，又改江東。進直祕閣，除吏部郎官、太子侍講。屢上疏申言民貧兵怨甚切。高宗崩前一日，除太常少卿。高宗廟號，卽袤與禮官所定，蓋本朝創業中興皆在商丘，取商高宗之義。孝宗嘗稱袤曰：「如卿才識，近世罕有。」乃兼權中書舍人，復詔兼直學士院。力辭，且薦陸游自代，上不許。光宗立，言者以爲周必大黨，遂與祠。起知婺州，又改太平，召除給事中。韓侂冑以武功大夫、和州防禦使用應辦賞直轉橫行，袤奏謂正使有正法，可回授，不可直轉。不宜首壞國法，開攀援之門。詔從之，除禮部尚書。時上已屬疾，國事多舛。袤積憂成疾，請告不報；疾篤，乞致仕，又不報，遂卒，年七十。口占遺書，以別政府。明年轉正奉大夫致仕，贈金紫光祿大夫。嘉定五年，謚文簡。袤少從喻樗、汪應辰游。樗學於楊時，時，程頤高弟也，故袤在掖垣，首倡道學以治國。死後數年，侂胄擅國，於是禁錮道學，賢士大夫皆受其禍。袤嘗取孫綽遂初賦以自號，光宗書匾賜之。著有遂初小稾六十卷，今已亡佚。袤在當時，與楊萬里、陸游、范成大，並以詩名，時稱「尤、楊、范、陸」。楊出奇峭，陸善悲壯，而袤與范，冠冕佩玉，端莊婉雅。今但傳梁谿遺稾一卷，爲清尤侗所編。

二七五　周必大（一一二六——一二〇四）

周必大字子充，一字洪道，其先鄭州管城人。祖詵，宣和中倅廬陵，因家焉。必大少英特，父死，鞠於母家，母親督課之。紹興二十年第進士，授徽州戶曹。中博學宏詞科，教授建康府，除太學錄。召試館職，高宗讀其策曰：「掌制手也。」守祕書省正字。館職復召試自此始。兼國史院編修官，除監察御史。孝宗踐祚，除起居郎。先是左右史久不除，必大請言兼修，月進，乃命必大兼編類聖政所詳定官，又兼權中書舍人。金索講和時舊禮，必大條奏，請正敵國之名，金爲之屈。未幾，以事請祠去。久之，差知南劍州，改提點福建刑獄，召除祕書少監，兼直學士院，兼領史職。趙雄使金賫國書，議受書禮，必大立具草略，謂尊卑分定，或較等威；叔姪親情，豈嫌坐起。上褒之，兼權兵部侍郎。改吏部侍郎，拜翰林學士。

乞歸，勿許，召呂祖謙與之分職。被旨撰選德殿記及皇朝文鑑序。在翰林幾六年，制命温雅，周盡事情，爲一時詞臣之冠。淳熙十四年，拜右丞相。十五年，恩封濟國公。光宗時，拜少保，益國公。何澹爲司業，久不遷，留正奏遷之，澹憾必大而德正，至是爲諫長，遂首劾必大。詔以少保充醴泉觀使，判隆興府。復坐所舉官以賄敗，降榮陽郡公。寧宗卽位，求直言，奏四事：聖孝，敬天，崇儉，久任。遂以少傅致仕。嘉泰四年薨，年七十有九。贈太師，諡文忠，寧宗題篆其墓碑曰「忠文耆德」。自號平園老叟。嘗建三忠堂於鄉，謂歐陽文忠修、楊忠襄邦乂、胡忠簡銓，皆廬陵人，必大平生所敬慕也。著有平園集二百卷，今傳於世。

二七六　張孝祥

張孝祥字安國，歷陽烏江人。讀書一過目不忘，下筆頃刻數千言。年十六，領鄉書，再舉冠里選。紹興二十四年，廷試第一，授承事郎，簽書鎭東軍節度判官。曹泳揖孝祥於殿廷，以請婚爲言，孝祥不答，泳憾之。於是風言者誣孝祥父祁有反謀，詔繫獄。賴魏良臣密奏得釋罪，遂以孝祥爲祕書省正字。故事殿試第一人次舉始召，孝祥第甫一年得召，由此更著名。遷尙書禮部員外郞，尋爲起居舍人，權中書舍人。初，孝祥與汪澈同爲館職，澈老成重厚，而孝祥年少氣銳，往往陵拂之。至是澈爲御史中丞，首劾孝祥，遂罷。提舉江州太平興國宮。尋知撫州，年未三十，蒞事精確，人所不及。孝宗卽位，復集英殿修撰，知平江府。張浚自蜀還朝，薦孝祥，召赴行在。孝祥入對，乃陳二相當同心戮力，以副陛下恢復之心。上嘉之，除中書舍人，尋除直學士院，兼都督府參贊軍事。金再犯邊，孝祥陳金之勢，不過欲要盟，被劾落職罷。俄起知潭州，爲政簡易，徙知荆南湖北路安撫使。請祠，以疾卒。孝宗惜之，有用才不盡之歎。進顯謨閣直學士致仕，年三十八。孝祥俊逸，文章過人。渡江初，張浚主復讎，湯思退祖秦檜之說力主和。孝祥出入二人之門，而兩持其說，議者惜之。孝祥每作詩文，輒問門人視東坡何如，惟根柢稍薄，時露竭蹶之狀。著有于湖集四十卷，今傳於世。

二七七　朱熹（一一三〇—一二〇〇）

朱熹字元晦，一字仲晦，徽州婺源人。幼穎悟，甫能言，父松指天示之曰：「天也。」熹問曰：「天之上何物？」松異之。就傅，授以孝經，一閱，題其上曰：「不若是，非人也。」嘗從羣兒戲沙上，獨端坐以指畫沙，視之八卦也。年十八，貢於鄉，中紹興十八年進士第，主泉州同安簿。罷歸，請祠，監潭州南嶽廟。孝宗即位，求直言。熹上封事，言帝王之學，必先格

朱熹

物，以致其知，隨事以觀理，卽理以應事。及言君父之讐，不共戴天，今日所當爲者，非戰無以復讐。時湯思退、洪适輩方主和論，以不合，屢召不赴。上曰：「熹安貧守道，廉退可嘉。」特改令入官，主管台州崇道觀。熹再辭，淳熙元年，始拜命。

二年，除祕書郎。力辭，主管武夷山沖佑觀。五年，除知南康軍，熹再辭，不許。熹至郡，興利除害，訪白鹿洞書院遺址，奏復其舊。又上疏言天下之務莫大於恤民，而恤民之本在人君正心術以立紀綱。今陛下聽信一二近習之臣，爲一二人陰執其柄，莫大之禍必至，而陛下未之知也。上讀之，大怒。熹以疾請祠，不報。陳俊卿以舊相入見，薦熹甚力，乃除熹提舉江西常平茶鹽公事，又改浙東。後周必大爲相，除熹提點江西刑獄公事。尋除兵部郎官，以足疾丐祠。本部侍郎林栗與熹不合，劾熹本無學術，徒竊張載、程頤緒餘，謂之道學，所至輒攜門生數十人，妄希孔、孟歷聘之風，邀索高價，不肯供職，其僞不可掩。乃令依舊職江西提刑。始熹嘗以爲口陳之說有所未盡，乞具封事以聞，至是投匭進之。言當時天下大勢，並陳六事。疏入，夜漏下七刻，上已就寢，亟起秉燭，讀之終篇。明日，除主管太一宮，兼崇政殿說書。熹力辭，除祕閣修撰，奉外祠。光宗卽位，直寶文閣，降詔獎諭。居數月，除江東轉運副使，以疾辭，改知漳州，又知潭州。寧宗時，除煥章閣待制侍講。辭，不許。初，趙汝愚旣相，收召四方知名之士，中外引領望治。熹獨惕然，以韓侂胄用事爲慮。旣屢爲上言，又數以手書啓汝愚，勿使得預朝政。汝愚不以爲意。及汝愚罷，朝廷大權悉歸侂胄。沈繼祖誣熹十罪，詔落職，罷祠。熹以年近七十，申乞致仕，明年依所請。慶元六年，疾且革，手書屬其子及門人，拳拳以勉學及修正遺書爲言。翌日，正坐整衣冠，就枕而逝，年七十一。侂胄死，詔賜熹謚曰文，尋贈中大夫。寶慶三年，贈太師，追封信國公，改徽國。熹登第五十年，仕於外者僅九考，立朝纔四十日。家故貧，簞瓢屢空，晏如也。諸生之自遠而至者，豆飯藜羹，率與之共。往往稱貸於人以給用，而非其道義，則一介不取也。熹既沒，將葬，言者謂爲僞黨，令守臣約束之。嘉泰初，學禁稍弛，嘗師事胡憲、劉勉之、劉子翬，又事李侗。其爲學大抵窮理以致其知，反躬以踐其實，而以居敬爲主。著作甚富，大抵關於經學。雜文則有晦庵集一百卷，續集五卷，別集七卷，今傳於世。

二七八　呂祖謙（一一三七—一一八一）

呂祖謙字伯恭，壽州人。好問之孫。祖謙之學本之家庭，有中原文獻之傳。長從林之奇、汪應辰、胡憲游，既又友張栻、朱熹，講索益精。初蔭補入官，後舉進士，復中博學宏詞科，調南外宗教。丁內艱，居明招山，四方之士爭趨之。除太學博士，兼國史院編修官，實錄院檢討官。嘗讀陸九淵文，喜之，而未識其人。考試禮部，得一卷曰：「此必江西小陸之文也。」揭示，果九淵，人服其精鑑。後除祕書郎。以修撰李燾薦，重修徽宗實錄。書成，進秩，遷著作郎。以末疾，請祠歸。先是，書肆有書曰聖宋文海，孝宗命臨安府校正刊行。學士周必大言文海去取差謬，恐難傳後。孝宗以命祖謙，遂斷自中興以前，崇雅黜浮，類爲百五十卷上之，賜名皇朝宋鑑。詔除直祕閣，尋主管沖佑觀。明年，除著作郎兼國史院編修官，卒年四十五。諡曰成。祖謙少卞急，一日，誦孔子言躬自厚而薄責於人，忽覺平時忿懥，渙然冰釋。朱熹嘗言學如伯恭，方是能變化氣質。晚年會

呂祖謙

友之地曰麗澤書院，在金華城中。既歿，郡人即而祠之。祖謙於詩、書、春秋，皆多究古義。其文詞閎肆辨博，淩厲無前。著述甚富。文集有東萊集四十卷，別集十六卷，今傳於世。

二七九　陸九淵（一一三九—一一九二）

陸九淵字子靜，撫州金溪人。父賀，以學行爲里人所宗。九淵生三四歲，問其父天地何所窮際，父笑而不答。遂深思，至忘寢食。及總角，擧止異凡兒，見者敬之。謂人曰：「聞人誦伊川語，自覺若傷我者。」又曰：「伊川之言，奚爲與孔子、孟子之言不類？近見其間，多有不是處。」初讀論語，即疑有子之言支離。他日讀古書，至「宇宙」二字，解者曰：「四方上下曰宇，往古來今曰宙。」忽大省曰：「宇宙內事，乃己分內事；己分內事，乃宇宙內事。」登乾道八年進士第。至行在，士爭從之游。初調隆興靖安縣主簿，丁母憂，服闋，改建寧崇安縣。以少師史浩薦，召審察，不赴。侍從復薦，除國子正，教諸生無異在家時。九淵少聞靖康間事，慨然有感於復讎之義。因輪對，遂陳五論，帝稱善。詔主管台州崇道觀。還鄉，學者輻

陸九淵

淺。每開講席，戶外屨滿，耆老扶杖觀聽。因居象山，自號象山翁，學者稱象山先生。光宗卽位，差知荊門軍，民有訴者，無早暮，皆得造於庭，多所勸釋，使自毀其狀，以厚風俗。逾年，政行令修，民俗爲變。一日，謂家人曰：「吾將死矣。」又告僚屬曰：「某將告終。」明日雪，迺沐浴更衣端坐，後二日，日中而卒。會葬者以千數，謚文安。初，九淵嘗與朱熹會鵝湖，論辨所學，多不合。及熹守南康，九淵訪之，熹與至白鹿洞，九淵爲講君子小人喻義利一章，聽者至有泣下。熹以爲切中學者隱微深痼之病。至於「無極而太極」之辨，則貽書往來，論難不置焉。爲文雍容俊逸，善論事理，著有象山集二十八卷，外集四卷，語錄四卷，今傳於世。

二八〇　辛棄疾（一一四〇——一二〇七）

辛棄疾字幼安，齊之歷城人。少師蔡伯堅，與党懷英同學，號辛、党。始筮仕，決以蓍，懷英遇坎，因留事金，棄疾得離，遂決意南歸。金主亮死，中原豪傑並起，耿京聚兵山東，稱天平節度使，節制山東、河北忠義軍馬。棄疾爲掌書記，卽勸京決策南向。紹興三十二年，京令棄疾奉表歸宋，高宗勞師建康，召見，嘉納之，授承務郎、天平節度掌書記，會張安國、邵進殺京降金，棄疾乃約統制王世隆等，徑趨金營，安國方與金將酣飲，卽衆中縛之以歸，金將追之不及，獻俘行在，斬安國於市，仍授前官，改差江陰僉判，時年僅二十三也。乾道四年，通判建康府。六年，孝宗召對延和殿，棄疾因論南北形勢及三國、晉、漢人才，持論勁直，以講和方定，議不行。遷司農寺主簿，出知滁州。葉衡入相，力薦棄疾有大略，遷倉部郎官，提點江西刑獄。有功，加祕閣修撰。尋知潭州兼湖南安撫。盜連起湖、湘，棄疾悉討平之。時獠夷猖獗，武備空虛，棄疾乃上疏別創一軍，以湖南飛虎爲名。有不樂之者，數沮撓之，棄疾行愈力。軍成，雄鎮一方，爲江上諸軍冠。加右文殿修撰，差知隆興府兼江西安撫。以言者落職，久之，主管沖佑觀。紹熙二年，起福建提點刑獄。召見，遷大理少卿，知福州兼福建安撫使。棄疾積鏹至五十萬緡，以備有患。又欲造萬鎧，招強壯補軍額，以防盜賊。未行，臺臣王藺劾其用錢如泥沙，殺人如草芥，旦夕望端坐閩王殿，遂丐祠歸。久之，起知紹興府兼浙東安撫使。進寶文閣待制，又進龍圖閣，知江陵府。令赴行在奏事，試兵部侍郎，辭免，進樞密都承旨，未受命而卒。紹定六年，贈光祿大夫。德祐初，謝枋得請於朝，加贈少師，諡忠敏。棄疾豪爽，尚氣節，識拔英俊，所交多海內知名士。嘗謂人生在勤，當以力田爲先，故以稼名軒。與朱熹同遊武夷山，賦九曲櫂歌。熹書「克己復禮」「夙興夜寐」題其二齋室。熹歿，僞學禁方嚴，棄疾爲文往哭之。雅善長短句，悲壯激烈，有不可一世之概，能於翦紅刻翠之外，屹然別立一宗。今有稼軒詞四卷傳於世。

二八一　陳傅良（一一四一—一二〇七）

陳傅良字君舉，溫州瑞安人。初患科舉程文之弊，思出其說，爲文章自成一家，人爭傳誦，從者雲合，由是其文擅當世。當時永嘉鄭伯熊、薛季宣皆以學行聞，傅良皆師事之。入太學，與張栻、呂祖謙友善。登進士甲科，教授泰州。龔茂良薦於朝，改太學錄，出通判福州，論罷之。後起知桂陽軍。光宗立，稍遷提舉常平鹽轉運判官，轉浙西提點刑獄，除吏部員外郎。去朝四十年，至是而歸，鬚鬢無黑者。都人聚觀嗟歎，號老陳郎中。因輪對，言太祖垂裕後人，以愛惜民力爲本。帝嘉納其言，遷祕書少監，兼實錄院檢討官。紹熙三年，除起居舍人。明年，兼權中書舍人。帝以疾不往重華宮，傅良力諫。帝將從之，至御屏，皇后挽帝回，傅良遂趨上引裾，后叱之。傅良哭於庭，后益怒。詔改祕閣修撰，不受去。寧宗卽位，召爲中書舍人兼侍讀，直學士院，同實錄院修撰。明年，察官交疏劾罷。嘉泰二年，復官，起知泉州，辭，授集英殿修撰，進寶謨閣待制。終於家，年六十七。謚文節。學者稱止齋先生。傅良爲學，自三代、秦漢以下，靡不研究，一事一物，必稽於極而後已。爲文密栗堅峭，自然高雅，無南宋末流宂沓腐濫之氣。著有止齋文集五十二卷及詩解詁、春秋後傳、左氏章指等傳於世。

二八二　陳亮（一一四三——一一九四）

陳亮字同父，婺州永康人。生而目光有芒，爲人才氣超邁，喜談兵，論議風生，下筆數千言立就。嘗攷古人用兵成敗之跡，著酌古論。郡守周葵得之，相與論難，奇之曰：「他日國士也。」請爲上客。及葵爲執政，朝士白事，必指令揖亮，因得交一時豪俊，盡其議論。隆興初，與金人約和，天下忻然，獨亮持不可。退修於家，學者多歸之。益力學著書者十年。淳熙五年，亮更名同，詣闕上書，言天下大勢。孝宗赫然震動，欲牓朝堂以勵羣臣。大臣惡其直言無諱，交沮之。亮又上書，帝欲官之，亮笑曰：「吾欲爲社稷開數百年之基，寧用以博一官乎？」亟渡江而歸，日落魄醉酒，與邑之狂士飲，醉中戲爲大言，言涉犯上。刑部侍郎何澹素惡亮，以聞，事下大理，笞掠亮無完膚，誣服爲不軌，事聞。孝宗知爲亮，陰遣左右廉知其事。及奏入取旨，帝曰：「秀才醉後妄言，何罪之有！」劃其牘於地，亮遂得免。居無何，又以家僮殺人事下獄，臺官論亮情重，下大理。辛棄疾、羅點素高亮才，力援之，得不死。亮自以豪俠屢遭大獄，歸家益勵志讀書，所學益博。光宗策進士，問以禮樂刑政之要，亮以君道師道對。帝大喜，奏名第三，御筆擢第一，授僉書建康府判官廳公事。未至官，一夕卒。端平初，諡文毅。亮之既第而歸也，弟充迎拜於境，相對感泣。亮曰：「使吾他日而貴，澤首逮汝。死之日，各以命服見先人於地下足矣。」聞者悲傷，其意。然志存經濟，重許可，人人見其肺肝。雖爲布衣，薦士恐弗及，家僅中產，畸人寒士衣食之，久不衰。所著以議論之文爲多，才辨縱橫，不可控勒。間亦作詞，多纖麗。著有龍川文集四十卷，今傳三十卷，及龍川詞二卷、三國紀年等於世。

陳亮

二八三　葉適（一一五〇—一二二三）

葉適字正則，溫州永嘉人。淳熙五年，擢進士第二，授平江節度推官。丁母憂，改武昌軍節度判官。少保史浩薦於朝，召之不至，改浙西提刑司幹辦公事，士多從之游。參政知事龔茂良復薦之，召爲太學正，遷博士。因論對，奏以四難五不可，帝慘然久之。除太常博士，兼實錄院檢討官。嘗薦陳傅良等三十四人於丞相，後皆召用，時稱得人。朱熹爲林栗所劾，適上疏辨之，不報。光宗時，由祕書郎出知蘄州，入爲尙書左選郎官。寧宗卽位，趙汝愚爲相，賞功將及適。適曰：「國危效忠，職也，適何功之有！」而韓侂冑恃功以遷秩不滿，望怨汝愚。及汝愚罷相，適亦爲御史胡紘所劾，罷，主管沖佑觀。遷知泉州，召對，除權兵部侍郎，改工部。侂冑欲藉其草詔，以動中外，改權吏部侍郎，兼直學士院。會詔諸將四路出師，適告侂冑宜先防江，不聽。未幾軍敗，侂冑懼，除適寶謨閣待制，知建康府，兼沿江制置使。以解和州圍，進寶文閣待制，兼江、淮制置使。及侂冑被誅，中丞雷孝友，劾適附侂冑，遂奪職。自後奉祠者凡十三年，至寶文閣學士，通議大夫。嘉定十六年卒，年七十四，贈光祿大夫，諡忠定，學者稱水心先生。適志意慷慨，雅以經濟自負，方侂冑之欲開兵端也，以適每有大讎未復之言重之，然適屢勸其審而後發，第出師之時，未嘗力諫，議者惜之。適文章雄贍，才氣奔逸，在南渡卓然爲一大宗。著有水心集二十九卷，今傳於世，另有別集十六卷，已亡佚。

二八四　劉過（一一五四—一二〇六）

劉過字改之，江西廬陵人。當光宗、寧宗時，以詩鳴於江西，厄於韋布，放浪荊、楚。嘗叩閽上書，請光宗過宮，頗得抗直聲。又屢陳恢復大計，謂中原可不戰而取，皆不能用。嘉泰中，過在中都，時辛棄疾帥越，聞其名，遣介招之。適以事不及行，因效辛體沁園春一詞寄之。辛得詞大喜，館燕彌月，贈千緡。過蕩於酒，不問也。韓侂胄當國，嘗欲官之，使金國，而輕率漏言，卒以窮死。過性疏豪，蓋縱橫游士，常志在功名，而不能規言矩行。詩文多麤豪抗厲，不甚協於雅言。惟跌宕縱橫，才氣坌溢，要非齷齪者所及。尤工於詞，多壯語，蓋學棄疾，而實則並出蘇軾。著有龍洲集十四卷，龍洲詞一卷，今並傳於世。

二八五　姜夔

姜夔字堯章，饒州鄱陽人。唐宰相姜公輔後裔。父噩，紹興進士，知漢陽縣。夔幼時隨父宦居漢陽，父死，遂家於此。在漢陽結識友朋甚衆。蕭東夫愛其才，以兄女妻之。常與友人遊頭陀、黃鶴、郎官、大別等勝地，登臨吟賞，意態自得。淳熙三年遊揚州。十三年，又遊湖南，是年秋，歸山陽。冬末，應蕭德藻召赴湖州，遂家焉。鄰有白石洞，遂自號白石道人。復三寓合肥，兩泛巢湖，至金陵謁楊廷秀。又往蘇州，與范成大過從甚密。成大贈以歌妓小紅，情極相得。嘗作詩云：「自作新詞韻最嬌，小紅低唱我吹簫，曲終過盡松陵路，回首煙波十四橋。」可知其生活之蕭閒矣。紹熙、慶元間，復與張平甫、俞商卿、黃慶長等同遊紹興、武康、杭州、南昌等處。成大卒，夔又往蘇弔之。後居杭州。時江南無事，士大夫多思蒐講古制，補正廟堂樂典墜缺。夔乃上書論雅樂，進大樂議、琴瑟考古圖、聖宋鐃歌鼓吹曲。詔付太常同寺官校正，並免

姜夔

解。與試禮部，以不合未中第。尋遊吳興、嘉興卒，年約八十餘。夔爲學深思獨造，嘗謂作詩求與古人合，不如求與古人異；求與古人異，不如不與古人合。其自命亦不凡矣。其詩風格高秀，誠有拔於宋人之外者。詞亦精深華妙，尤善自度新腔，蓋由精通音律，故音節文采冠絕一時，當時南宋諸家，殆無其匹。今傳有白石詩集二卷，詩說一卷，白石道人歌曲五卷於世。

二八六　史達祖

史達祖字邦卿，河南汴人。寧宗時，韓侂胄用事，達祖爲堂吏，盡握三省權。一時士大夫無廉恥者皆趨其門，呼爲梅溪先生。雅與山陰高觀國善，疊相酬唱。後侂胄敗，達祖亦貶死。達祖雖爲人不足道，而富於才思，爲詞頗工。詞自姜夔句琢字鍊，始歸醇雅，而達祖、觀國，實爲之羽翼。時人稱其分鑣清眞，平睨方回，而紛紛三變行輩不足比數。清眞爲周邦彥之號，方回爲賀鑄之字，三變爲柳永之原名。其推奬未免稍溢，然淸詞麗句，在宋季頗屬錚錚，未可以其人而掩其文。今有梅溪詞一卷，傳於世。

二八七　徐照

徐照字道暉，一字靈暉，溫州永嘉人。與徐璣、（字文淵，號靈淵。）翁卷、（字續古，一字靈舒。）趙師秀（字紫芝，號靈秀。）同稱爲「永嘉四靈。」照卽四靈之首也。南渡以來，詩人多沿江西派之緒，惟四靈則效晚唐，專以賈島、姚合爲法。四人詩格相類，皆葉適之門人。其徒翕然效之，有八俊之目。照又自號山民，早卒，葉適爲作墓誌，稱其詩數百，琢思尤奇，皆橫絕欻起，冰懸雪跨，使讀者變掉憀慄，肯首吟歎，不能自已。然無異語，皆人所知也，人不能道耳，所以推奬之者甚至。然四靈之詩，雖鏤心鉥腎，刻意雕琢，而取徑太狹，終不免破碎尖酸之病。照在諸家中，尤爲清瘦，性嗜苦茶。著有芳蘭軒集一卷，今傳於世。

二八八　嚴羽

嚴羽字儀卿，一字丹邱，邵武人。自號滄浪逋客。與嚴仁、嚴參齊名，世號「三嚴。」嘗言論詩如論禪，漢、魏、晉與盛唐之詩，則第一義也。大曆以還之詩，則小乘禪也。晚唐之詩，則聲聞辟支果也。盛唐諸人，惟在興趣，羚羊掛角，無迹可求。故其妙處透徹玲瓏，不可湊泊，如空中之音，相中之色，水中之月，鏡中之象，言有盡而意無窮。近代諸公，乃作奇特解會，以才學爲詩，以議論爲詩，夫豈不工，終非古人之詩也。其平生大旨，具在於是。蓋南宋以來，江西詩派盛行，其矯之者，如四靈之徒，又落晚唐破碎尖巧之習。羽則力主盛唐。後人以爲所論超離塵俗，眞若有所自得，反覆譬說，未嘗有失，爲當時一大批評家也。著有滄浪詩話一卷，首詩辨，次詩體，次詩法，次詩評，次詩證。又有滄浪集二卷，均傳於世。

二八九　眞德秀（一一七七—一二三五）

眞德秀字景元，後更景希，建之浦城人。四歲受書，過目成誦。十五而孤，母吳氏力貧教之。同郡楊圭見而異之，使

眞德秀

歸共諸子學，卒妻以女。登慶元五年進士第，授南劍州判官。繼試中博學宏詞科，入閩帥幕。召爲太學正。嘉定元年，遷博士。召試學士院，改祕書省正字兼檢討。三年，遷祕書郎，又遷起居舍人。時史彌遠方以爵祿縻天下士，德秀慨然引去，遂出爲祕閣修撰、江東轉運副使。江東旱蝗，德秀與太守發廩振給，民頌其德。以右文殿修撰知泉州。復以寶謨閣待制、湖南安撫使知潭州。以廉仁功勤四字勵僚屬，立惠民倉、慈幼倉以利民。理宗卽位，召爲中書舍人，尋擢禮部侍郎、直學士院。德秀屢進鯁言，上皆虛心開納。彌

遠等劾之，遂以煥章閣待制，提舉玉隆宮。諫議大夫朱端常又劾之，落職罷祠。監察御史梁成大又劾之，請加竄殛。上曰：「仲尼不爲已甚。」乃止。紹定五年，進徽猷閣知泉州，迎者塞路，歡聲動地。彌遠薨，召爲戶部尙書。入見，上迎謂曰：「卿去國十年，每切思賢。」改翰林學士，知制誥。踰年，拜參知政事。三乞祠祿，上不得已，進資政殿學士，提舉萬壽觀，辭。疾亟，冠帶起坐，迄謝事，猶神爽不亂。卒，上震悼輟視朝，贈銀青光祿大夫，諡文忠。學者稱西山先生。德秀長身廣額，容貌如玉。立朝不滿十年，奏疏無慮數十萬言，皆切當世要務。以生朱熹之鄉，故力崇熹之緖論，編有文章正宗，持論嚴刻，於古人不貸尺寸。著作甚富，今有西山文集五十五卷傳於世。

二九〇　魏了翁（一一七八—一二三七）

魏了翁字華父，邛州蒲江人。年數歲，從諸兄入學，儼如成人。少長，英悟絕出，日誦千餘言，過目不再覽，鄉里稱爲神童。年十五，著韓愈論，抑揚頓挫，有作者風。慶元五年，登進士第，授僉書劍南西川節度判官廳公事。嘉泰二年，召爲國子正。明年，改武學博士，遷校書郎。以親老乞補外，乃知嘉定府。朝廷召賢，了翁預焉。會史彌遠入相，專國事，了翁察其所爲，力辭召命。丁父憂解官，築室白鶴山下，開門授徒，士爭負笈從之。差知漢州。會境內橋壞，民有壓死者，降官一秩，主管建寧府武夷山沖佑觀。未數月，知眉州。嘉定十年，遷直祕閣，知瀘州。被召入對，疏二千餘言，上嘉其言，進兵部郎中，俄改司封郎中，兼國史院編修官。累遷祕書監，起居舍人。理宗卽位，時事忽異，了翁積憂成疾，三疏求閒，不得請。

遷起居郎，俄權尙書工部侍郎。諫議大夫朱端常劾了翁欺世盜名，朋邪謗國，詔降三官，靖州居住。一時湖、湘、江、浙之士，不遠千里負書從學。紹定四年復職。彌遠薨，上親庶政，進華文閣待制，賜金帶。了翁念權臣擅國，法度墮弛，上章論

魏了翁

十弊，乞復舊典，上爲感動。權禮部尙書兼直學士院，俄兼吏部尙書。經幃進讀，上必改容以聽，將引以共政。而忌者相與排擠，遂謂近臣惟了翁知兵體國，乃以端明殿學士同僉樞密院事，督視京、湖軍馬。蓋在朝諸人假此命以出了翁。未幾改資政殿學士，知福州，福建安撫使。疾革，口授遺奏，少焉拱手而逝。上爲輟視朝，贈太師，諡文靖，賜第宅蘇州，累贈秦國公。學者稱鶴山先生。了翁天姿絕異，覃思經術，造詣甚深。所作醇正有法，紆徐宕折，出手自然，絕不染江湖遊士叫囂狂誕之風，亦不染講學諸儒空疎拘腐之病，在南宋中葉，自爲一家。著作甚富，今有鶴山全集一百十卷等傳於世。

二九一　劉克莊（一一八七—一二六九）

劉克莊字潛夫，莆田人。本世家子，以恩典補官，曾知福陽縣。端平初，官至樞密院編修官，兼權右郎官。時朝內黨

爭甚烈，屢進屢退。理宗爲賜居第，並特降旨，賜同進士出身，除祕書少監，後以崇政殿說書兼中書舍人。以耿直劾宰相史嵩之，出知漳州，尋改福建提刑。被召爲太常少卿，直學士院，兼史館事。景定初，賈似道秉政，愛其才，除兵部侍郎兼中書舍人，進兵部尚書，復以煥章閣學士出知建寧府。年老左右目皆瞽。卒，諡文定。克莊歷事三朝，而晚節不終，年八十，乃失身於賈似道，有賀賈相啓、賀賈太師復相啓、再賀平章啓、諛詞諂語，連章累牘，議者非之。初受業於眞德秀，其詩派近楊萬里，大抵詞病質俚，意傷淺露。其文則體裁雅潔，較勝於詩。蓋南宋末年，江湖一派盛行，詩則汩於時趨，文則未失舊格也。克莊嘗賦梅花百首，當國者惡其語含譏諷，遂遭貶斥。其後因作訪梅詩云：「夢得因桃卻左遷，長源爲柳忤當權。幸然不識桃幷柳，卻被梅花誤十年。」自號後村。今有後村集五十卷，後村詩話十四卷，傳於世。

二九二　吳文英

吳文英字君特，慶元人。自號夢窗。嘗與姜夔、辛棄疾游，時有酬唱。與周密交誼甚篤，密號草窗，合稱「二窗」。生平事蹟，多不可考。晚有壽賈似道諸作，殆亦晚節頹唐，如朱希眞、陸游之比。其詞則卓然爲南宋一大宗，深得周邦彥之妙。但用事下語，頗多晦澀，人不易知。張炎稱其詞如七寶樓臺，炫人眼目，拆碎下來，不成片段。蓋其天分不若周邦彥，而研鍊之功則過之。詞家之有文英，亦如詩家之有李商隱也。所著詞有甲乙丙丁四稿，今合爲一集，名夢窗稿四卷，又補遺一卷傳於世。

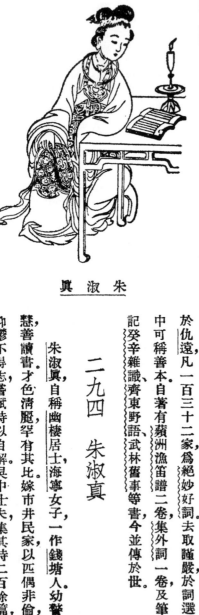

二九三　周密（一二三二—一三〇八）

周密字公謹，本濟南人。宋室南渡，其祖上亦隨之南遷，寓居吳興弁山，自稱弁陽嘯翁。隨父官遊閩、衢等處。淳祐末，爲義烏令。景定初，爲浙西帥司幕官。未久，奉檄至宜興，尋去官，遊杭，退居湖州。咸淳中，監杭豐儲倉。宋亡，家杭，以歌詠著述自娛，與宋遺民唐珏等相倡和。密號草窗，又號蕭齋，與吳文英交誼至篤。且精究聲律，風格清標，無一不似文英也。文英稱其詞比張先。實則密詞盡洗靡曼，獨標清麗，有韶秀之色，有綿渺之思。嘗彙編南宋歌詞，始於張孝祥，終於仇遠，凡一百三十二家，爲絕妙好詞。去取謹嚴，於詞選中可稱善本。自著有蘋洲漁笛譜二卷，集外詞一卷，及筆記癸辛雜識、齊東野語、武林舊事等書，今並傳於世。

朱淑眞

二九四　朱淑真

朱淑眞，自稱幽棲居士，海寧女子，一作錢塘人。幼警慧，善讀書，才色清麗，罕有其比。嫁市井民家，以匹偶非倫，抑鬱不得志，嘗賦詩以自解。吳中士夫集其詩二百餘篇，謂之斷腸集，凡十卷，宛陵魏仲恭爲作序。尤工於詞，文詞淸婉，較詩更爲警麗。詩雖有翩翩之致，然少深思。詞則較易遣詞，哀感頑豔，讀之令人斷腸。後人以爲與李淸照之漱玉詞，遙遙相對，並稱雙絕。今有斷腸詞一卷傳於世。

二九五　謝枋得（一二二六—一二八九）

謝枋得字君直，信州弋陽人。爲人豪爽。每觀書，五行俱下，一覽終身不忘。性好直言，一與人論古今治亂國家事，必擫髯抵几，跳躍自奮，以忠義自任。寶祐中舉進士，對策極攻丞相董槐與宦官董宋臣。意擢高第矣，及奏名，中乙科。除撫州司戶參軍，卽棄去。明年，復出試教官，中兼經科，除教授建寧府。未上，吳潛宣撫江東西，辟差幹辦公事。五年，枋得以摘賈似道政事，坐居鄉。德祐元年，起爲江東提刑，江西招諭使，知信州。元兵攻信州，不守，乃變姓名，入建寧唐石山，轉茶坂，寓逆旅中。日麻衣躡屨，東鄉而哭。人不識之，以爲被病也。已而去，賣卜建陽市中。有來卜者，惟取米屨而已；委以錢，率謝不取。其後

謝枋得

人稍稍識之，多延至其家，使爲弟子論學。宋既亡，遂居閩中。元至元二十三年，集賢學士程文海薦枋得，辭不赴。行省丞相忙兀台將旨詔之，亦不赴。尙書留夢炎又薦，枋得遺書有云：「今吾年六十餘矣，所欠一死耳，豈復有它志哉？」終不行。福建行省參政魏天祐欲薦枋得爲功，强之而北。至京師，問謝太后攢所及瀛國公所在，再拜慟哭。已而病，遷憫忠寺，見壁間曹娥碑，泣曰：「小女子猶耳，吾豈不汝若哉？」留夢炎使醫持藥雜米飲進之，枋得曰：「吾欲死，汝乃欲生我耶？」棄之於地，終不食而死。門人私謚文節，世稱疊山先生。枋得忠孝大節，炳著史冊，其文亦博大昌明，具有法度。所著易、詩、書三傳及四書解，雜著詩文，共六十四卷，歲久散佚。今有疊山集十六卷，及所編文章軌範七卷，傳於世。

二九六　文天祥（一二三六——一二八二）

文天祥，字宋瑞，又字履善，吉之吉水人也。體貌豐偉，美皙如玉，秀眉而長目，顧盼燁然。自爲童子時，見學宮所祠鄉先生歐陽修、楊邦乂、胡銓像，皆謚忠，卽欣然慕之，曰：「沒不俎豆其間，非丈夫也。」年二十，舉進士，對策集英殿，其言萬餘，不爲稾，一揮而成。帝親拔爲第一。開慶初，爲海寧軍節度判官，稍遷至刑部郎官，尙書左司郎官。累爲臺臣論罷，除軍器監，兼權直學士院。咸淳九年，爲湖南提刑。十年，改知贛州。時江上報急，天祥以家貲爲軍費，每與賓佐語及時事，輒流涕撫几言曰：「樂人之樂者，憂人之憂；食人之食者，死人之事。」尋除右丞相兼樞密使。時元兵破常州，如軍中請和，與元相伯顏抗論皐亭山，被拘。夜亡入眞州，乃東入海道，遇兵，伏環堵中得免，然亦饑莫能起，從樵者乞得餘糝羹。行入板橋，兵又至，伏叢篠中，衆多被執。天祥偶不見獲，至高郵，汎海至溫州。聞益王未立，乃上表勸進，拜右丞相。與陳宜中等不合，出江西收兵入汀州，移漳州，入興國縣。元兵猝至，天祥妻妾子女皆見執，己獨以身免，收殘兵奔循州。益王殂，衞王繼立，加天祥少保信國公。元帥張弘範兵濟潮陽，天祥方飯五坡嶺，不及戰，皆被執。天祥呑腦子不

文天祥

死，弘範以客禮見之，與俱入厓山，使爲書招張世傑。天祥不可，固索，乃書所作過零丁洋詩與之，其末云「人生自古誰無死，留取丹心照汗青。」弘範勸天祥事元，天祥泫然出涕，謂死有餘罪，奚敢逃死。弘範送天祥至京師。天祥在道不食八日，不死，卽復食。至燕，館人供張甚盛，天祥不寢處，坐達旦。元世祖欲官之，天祥不受。在燕凡三年，帝欲釋之，有以天祥起兵江西事爲言者，不果釋。召入諭之曰：「汝何願？」天祥對曰：「天祥受宋恩，爲宰相，安事二姓，願賜之一死足矣。」從之。俄有詔使止之，天祥死矣。天祥臨刑殊從容，謂吏卒曰：「吾事畢矣。」南嚮拜而死。數日，其妻歐陽氏收其屍，面如生，年四十七。其衣帶中有贊曰：「孔曰成仁，孟曰取義，惟其義盡，所以仁至。讀聖賢書，所學何事？而今而後，庶幾無愧。」天祥

平生大節照耀今古，而著作亦極雄贍，如長江大河，浩瀚無際。自號文山。生時有文山隨筆數十大冊，常以自隨，遭難後盡失之。今所傳有文山集二十一卷。又集杜詩四卷，爲文山詩史，亦傳於世。

二九七　張炎（一二四八—？）

張炎字叔夏，本西秦人。宋室南渡，其祖先隨之南來，遂居臨安。南宋名將循王俊之五世孫也。炎少時翩翩然飄阿錫之衣，乘纖離之馬，於時風神散朗，常馳騁於西子湖上。自以爲承平故家貴遊少年不翅也。垂及强壯，喪其行資，則既牢落偃蹇。嘗以藝北游，不遇；亟亟南歸，愈不遇。家居十年。久之又去，東遊山陰、四明、天台間，若少遇者。既又棄之西歸。後復至鄞，設肆賣卜，遂以落拓而終。炎工爲長短句，初以春水詞得名，人因號曰張春水。炎生當宋室淪覆之際，猶及見臨安全盛之日，故所作往往蒼涼激楚，即景抒情，備寫其身世盛衰之感，非徒以翦紅刻翠爲工。至其研究聲律，尤得神解，以之接武姜夔，號爲「姜、張」，允爲宋末一大家也。自號玉田，又號樂笑翁。所著有玉田詞二卷，山中白雲詞八卷，及評論詞之聲律修辭與歷代詞人得失爲詞源二卷等，今並傳於世。

金代

二九八　韓昉（一〇八二—一一四九）

韓昉字公美，燕京人。仕遼，累世通顯。昉五歲喪父，哭泣能盡哀。天慶二年，中進士第一，補右拾遺，轉史館修撰，累遷少府少監，乾文閣待制，加衛尉卿，知制誥，充高麗國信使。高麗雖舊通好，天會四年，奉表稱藩，而不肯進誓表。累使要約，皆不得要領，而昉復至，一言遂決，高麗乃進誓表。明年，加昭文館直學士，兼堂後官，再加諫議大夫，遷翰林侍講學士，改禮部尚書，遷翰林學士，兼太常卿，修國史，尚書如故。昉自天會十二年入禮部，在職凡七年。當是時，朝廷方議禮制度，或因或革，故昉在禮部兼太常甚久。尋除濟南尹，拜參知政事。皇統四年，乞致仕，不許。六年，再表乞致仕，乃除汴京留守，封鄆國公。復請如初，以儀同三司致仕。天德初，加開府儀同三司，薨年六十八。昉性仁厚，待物甚寬。有家奴誣告昉，以馬貲送叛人出境，考之無狀。有司以奴還昉，昉待之如初。人稱其長者。昉雖貴，讀書未嘗去手，善屬文，最擅詔冊。今其文多失傳。

二九九　宇文虛中（？—一一四五）

宇文虛中字叔通，蜀人。初仕宋，累官資政殿大學士。金太宗天會六年，以奉使至金，遂被留。時金廷方議禮制，頗愛虛中有才藝，加以官爵，虛中卽受之，與韓昉輩俱掌詞命。天會十三年，熙宗卽位，累官翰林學士，知制誥，兼太常卿，封河內郡開國公。書太祖睿德神功碑，進階金紫光祿大夫。皇統二年，宋人請和，並不禁止人民流移。時虛中子師瑗仕宋至轉運判官，至是攜家北來。四年，轉承旨，加特進，遷禮部尚書，承旨如故。虛中恃才輕肆，好譏訕，凡見女眞人，輒以礦鹵目之，貴人達官，往往積不能平。虛中嘗撰宮殿牓署，本皆嘉美之名；惡虛中者，摘其字以爲謗訕朝廷，由是媒孽以成其罪矣。六年二月，唐括酬斡家奴杜天佛留告虛中謀反，詔有司鞫治無狀，乃羅織虛中家圖書爲反具。虛中曰：「死自吾分，至於圖籍，南來士大夫家家有之。高士談圖書尤多於我家，豈亦反耶？」有司承順風旨，遂幷殺之。宋人以其不忘故國，贈諡肅愍。虛中爲文正如其人，大都怨懟當朝，自標孤高之作。趙秉文謂皇統間文章，以虛中爲最。今其文多失傳。

三〇〇　吳激（？—一一四二）

吳激字彥高，建州人。父拭，宋進士，官終朝奉郎，知蘇州。激，米芾之壻也。將宋命至金，以知名留不遣，命爲翰林待制。皇統二年，出知深州，到官三日卒。詔賜其子錢百萬，粟三百斛，田三頃，以周其家。激工詩能文，尤工樂府，與蔡松年齊名，時號「吳蔡體」。激情同徐陵、庾信，文望亦相埒。所作頗多憶國懷鄉之什，造語淸婉，哀而不傷。亦工字畫，俱得芾之筆意。自號東山。著有東山集十卷，今傳於世。

三〇一　蔡松年（一一〇七—一一五九）

蔡松年字伯堅，眞定人。父靖，宋宣和末守燕山，松年從父來管勾機宜文字。金宗望軍至白河，郭藥師敗，靖以燕山府降，元帥府辟松年爲令史。天會中，遼、宋舊有官者皆換授松年爲太子中允，除眞定府判官，自此爲眞定人。嘗從元帥府與齊俱伐宋。齊國廢，置行臺尚書省於汴，松年爲行臺刑部郎中，都元帥宗弼領行臺事，伐宋，松年兼總軍中六部事。宋稱臣，師還，宗弼入爲左丞相，薦松年爲刑部員外郎，遷左司員外郎。松年前在宗弼府，而海陵以宗室子在宗弼軍中任使，用是相厚善。及海陵就位，擢松年爲吏部侍郎，俄遷戶部尚書。海陵謀伐宋，以松年家世仕宋，故亟擢顯位，以聳南人觀聽，改吏部尚書，拜參知政事。自崇德大夫，進銀青光祿大夫，遷尚書右丞，未幾爲左丞，封郜國公。久之，拜右丞相，加儀同三司，封衞國公。正隆四年薨，年五十三。海陵悼惜之，奠於其第。加封吳國公，謚文簡。松年事繼母以孝聞，喜周恤親黨，性復豪侈，不計家之有無。文詞淸麗，尤工樂府，與吳激齊名，時號「吳蔡體」。著有文集六卷傳於世。

三〇二　王寂

王寂字元老，薊州玉田人。父礎，金初名士，仕金凡四十年，官至通奉大夫。天德二年，寂登進士第。世宗大定二年，爲太原祁縣令。十五年，嘗奉使往白霫治獄。十七年以父艱歸。明年起復眞定少尹，兼河北西路兵馬副都總管。遷通州刺史兼知軍事，又遷中都副留守。二十六年冬由戶部郎出守蔡州。二十九年被命提點遼東路刑獄。章宗明昌初召還，終於轉運使之職，年六十七，諡文肅。寂忠君愛國，夢寐之間，耿耿不忘。又篤於友，到老不渝。詩境清刻鑱露，有戛戛獨造之風。古文亦博大疏暢。在大定、明昌間，卓然不愧爲作者。而文章體格，亦足與趙秉文、王若虛相與抗行。所著詩文，舊多散逸。今有拙軒集六卷傳於世。

三〇三　蔡珪（？—一一七四）

蔡珪字正甫，眞定人。松年之子也。初中進士第，不求調，久乃除澄州軍事判官，遷三河主簿。丁父憂，起復翰林修撰，同知制誥。在職八年，改戶部員外郎，兼太常丞。安國軍節度判官高元鼎，坐監臨姦事，求援於太常博士田居實等，珪亦坐與居實等轉相傳教，及令元鼎逃避；居實等各杖八十，珪亦笞四十。久之，除河東北路轉運副使。復入爲修撰，遷禮部郎中，封眞定縣男。時珪已得風疾，失音不能言，乃除濰州刺史。同輩已奏謝，珪獨不能入見。世宗謂中丞劉仲誨曰：「蔡珪風疾，不能奏謝，卿等何不糾之？人言卿等相爲黨蔽，今果然耶？」珪乃致仕，尋卒，時大定十四年也。珪文詞純清博辯，傳父松年之家學，遂開金代文章之正宗。多識古文奇字，所著甚富，今多散亡。有蔡正甫文集五十五卷傳於世。

三〇四　党懷英（一一三四—一二一一）

党懷英字世傑，馮翊人。故宋太尉進十一代孫。父純睦，泰安軍錄事參軍，卒官，妻子不能歸，因家焉。懷英應舉不得意，遂脫略世務，放浪山水間，簞瓢屢空，晏如也。大定十年中進士第，調莒州軍事判官，累除汝陰縣尹，國史院編修官，應奉翰林文字，翰林待制，兼同修國史。二十九年，與鳳翔府治中郝俁充遼史刊修官。章宗初即位，好尚文辭，旁求文學之士以備侍從，謂宰臣曰：「翰林闕人，如之何？」張汝霖奏曰：「郝俁能屬文，宦業亦佳。」上曰：「近日制詔惟党懷英最善。」明昌元年，再遷國子祭酒。二年，遷侍講學士。明年，遷翰林學士。承安二年，乞致仕，改泰寧軍節度使。明年，召爲翰林學士承旨。泰和元年，增修遼史編修官三員，詔分紀、志、列傳刊修官。久之，致仕。大安三年卒，年七十八。謚曰文獻。懷英少與辛棄疾同舍，棄疾南歸，懷英在金。趙秉文謂其文似歐公，不爲尖新危險之語；其詩似陶、謝，奄有魏、晉。尤工制誥，爲金開國第一。有竹溪集十卷，傳於世。

三〇五　王庭筠（一一五六—一二〇二）

王庭筠字子端，河東人。生未期，視書識十七字。七歲學詩，十一歲賦全題。稍長，涿郡王翛一見，期以國士。登大定十六年進士第，調恩州軍事判官，臨政即有聲。再調館陶主簿。明昌元年三月，章宗諭旨學士院曰：「王庭筠所試文句太長，朕不喜此，亦恐四方傚之。」四月，召庭筠試館職，中選，御史臺言庭筠在館陶嘗犯贓罪，不當以館閣處之，遂罷。乃卜居彰德，買田隆慮，讀書黃華山寺，因以自號曰黃華山主。三年，召爲應奉翰林文字，命與祕書郎張汝方品第法書名畫，遂分入品者爲五百五十卷。遷翰林修撰。承安元年，坐趙秉文上書事，削一官，杖六十，解職。二年，降授鄭州防禦判官。四年，起爲應奉翰林文字。泰和元年，復爲翰林修撰。明年卒，年四十七。上素知其貧，詔有司賻錢八十萬，以給喪事。庭筠儀觀秀偉，善談笑，外若簡貴，人初不敢與接，既見，和氣溢於顏間，殷勤慰藉，如恐不及。少有可取，極口稱道，他日雖百負不恨也。其薦引者如趙秉文、李純甫，皆一時名士，世以知人許之。爲文能道所欲言。暮年詩律深嚴，七言長篇尤工險韻。亦善書畫。著有文集四十卷，傳於世。

三〇六　趙秉文（一一五九—一二三二）

趙秉文字周臣，磁州滏陽人。幼穎悟，讀書若夙習。登大定二十五年進士第，調安塞簿，以課最，遷邯鄲令，再遷唐山。丁父憂。用薦者起復南京路轉運司都勾判官。明昌六年，入爲應奉翰林文字，同知制誥。上書論宰相胥持國當罷，宗室守貞可大用。章宗召問，言頗差異，於是命知大興府事內族膏等鞫之。秉文初不肯言，詰其僕，歷數交游者，秉文乃曰：「初欲上言，嘗與修撰王庭筠、御史周昂、省令史潘豹、鄭贇道、高坦等私議。」庭筠等皆下獄，決罰有差。當時以秉文攀人，士大夫莫不恥之，坐是久廢。後起爲同知岢嵐軍州事。泰和二年，召爲戶部主事，遷翰林修撰。十月，出爲寧邊州刺史。三年，改平定州。秉文爲政，一從寬簡，旬月盜悉屏跡。大安初，元兵南嚮，召秉文與待制趙資道論備邊策。尋爲兵部郎中，兼翰林修撰，俄轉翰林直學士。貞祐四年，拜翰林侍講學士。興定元年，拜禮部尙書，兼侍讀學士，同修國史，知集賢院事。又明年，知貢舉，坐取進士盧亞重用韻，削兩階，因請致仕。五年，復爲禮部尙書。哀宗卽位，改翰林學士，兼益政院說書官。正大九年正月，汴京戒嚴，上命秉文爲赦文，以布宣悔悟哀痛之意。是年三月，草開興改元詔，閭巷間皆能傳誦。洛陽八拜詔畢，舉城痛哭，其感人如此。五月卒，年七十四。積官至資善大夫、上護軍、天水郡侯。秉文自幼至老，未嘗一日廢書。其文長於辨析，極所欲言而止，不以繩墨自拘。七言長詩，筆勢縱放，不拘一律。律詩壯麗，小詩精絕，古詩沉鬱頓挫。爲人至誠樂易，與人交不立崖岸，未嘗以大名自居。仕五朝，官六卿，自奉養如寒士。楊雲翼嘗與秉文代掌文柄，時人號「楊趙」。晚年頗以禪語自汚，人亦以爲秉文之恨沄。自號閑閑道人。著作甚富，有滏水集二十卷等，今傳於世。

三〇七　楊雲翼（一一七〇—一二二八）

楊雲翼，字之美，其先贊皇檀山人。六代祖忠，客平定之樂平縣，遂家焉。雲翼天資穎悟，初學語，輒畫地作字，日誦數千言。登明昌五年進士第一，詞賦亦中乙科，特授承務郞、應奉翰林文字。承安四年，出爲陝西東路兵馬都總管判官。泰和元年，召爲太學博士，遷太常寺丞，兼翰林修撰。大安元年，授提點司天臺，俄兼禮部郎中。興定元年，遷翰林侍講學士，兼修國史，知集賢院事。二年拜禮部尚書，兼職如故。四年改吏部尚書，又改御史中丞。哀宗即位，首命雲翼攝太常卿，尋拜翰林學士。正大三年，復爲禮部尚書兼侍讀。明年設益政院，雲翼爲選首。每召見，賜坐而不名。雲翼嘗患風痺，至是稍愈，上親問愈之之方，對曰：「但治心耳，心和則邪氣不干。治國亦然，人君先正其心，則朝廷百官，莫不一於正矣。」上矍然，知其爲醫諫也。五年卒，年五十九，謚文獻。雲翼天性雅重，自律甚嚴，其待人則寬，與人交分一定，死生禍福不少變。與趙秉文齊名，時號「楊、趙。」當時高文典册，多出其手。典貢舉至三十年，門生半天下。文詞疏朗，尤通象數之學。著有楊文獻文集若干卷。

三〇八　王若虛（一一七四——一二四三）

王若虛字從之，稾城人。幼穎悟，若夙昔在文字間者。擢承安二年經義學士，調鄜州錄事，歷管城、門山二縣令，皆有惠政。秩滿，老幼攀送，數日乃得行。用薦入爲國史院編修官，遷應奉翰林文字。奉使夏國，還授同知泗州軍州事，留爲著作佐郎。正大初，章宗宣宗實錄成，遷平涼府判官。未幾，召爲左司諫，後轉延州刺史，入爲直學士。天興元年，哀宗去歸德，明年春，崔立變，羣小附和，請爲立建功德碑，翟奕以尚書省命，召若虛爲文。時奕恃勢作威，人或少忤，則讒搆立見屠滅。若虛自分必死，私謂左右司員外郎元好問曰：「今召我作碑，不從則死；作之則名節掃地，不若死之爲愈。雖然，我固以理喩之。」乃謂奕輩曰：「丞相功德碑，當指何事爲言？」奕輩怒曰：「丞相以京城降，活生靈百萬，非功德乎？」曰：「學士代王言，功德碑謂之代王言可乎？且丞相既以城降，則朝官皆出其門，自古豈有門下人爲主帥誦功德，而可信乎後世哉？」奕輩不能奪，乃召太學生劉祁草定之。金亡，若虛微服北歸鎮陽，與渾源劉郁東游泰山，至黃峴峯，憩萃美亭，顧謂同游曰：「汨沒塵土中一生，不意晚年乃造仙府，誠得終老此山，志願畢矣！」乃令子忠先歸，遣子恕同行，視夷險，因垂足坐大石上，良久瞑目而逝，年七十。若虛博學强記，善持論，爲文不事雕篆，唯求當理；尤不善四六。自號慵夫，學者又稱滹南先生。著有滹南遺老集四十五卷，今傳於世。

三〇九　麻九疇（一一七四—一二三二）

麻九疇字知幾，易州人。三歲識字，七歲能草書，作大字有及數尺者，一時目爲神童。章宗召見，問汝入宮殿中亦懼怯否？對曰：「君臣，父子也，子寧懼父耶！」上大奇之。弱冠入太學，有文名。南渡後，寓居郾、蔡間，入遂平西山，始以古學自力。興定末，試開封府，詞賦第二，經義第一。再試南省，復然，聲譽大振，雖婦人小子，皆知其名。及廷試，以誤出，士論惜之。已而隱居，不爲科舉計。正大初，門人王說、王采苓俱中第，上以其年幼，怪而問之，乃知嘗師九疇。平章政事侯摯，翰林學士趙秉文連章薦之，特賜盧亞榜進士第。以病未拜官，告歸。再授太常寺大祝，權博士，俄遷應奉翰林文字。頃之，復謝病去，居郾城。天興元年，元兵入河南，挈家走確山，爲兵士所得，驅至廣平，病死，年五十九。九疇性資野逸，高蹇自便，與人交，一語不相入，則逕去不返。爲文精密奇健，詩尤工緻。後以避謗忌，持戒不作。今其文多失傳。

三一○　李純甫（一一八五—一二三一）

李純甫字之甫，弘州襄陰人。幼穎悟異常，擢承安二年進士。章宗南征，兩上疏，策其勝負，上奇之，給送軍中。後多如所料。宰執愛其文，薦入翰林。及元兵起，又上疏論時事，不報。宣宗遷汴，再入翰林。時丞相高琪擅威福，擢爲左司都事。純甫審其必敗，以母老辭去。既而高琪誅，復入翰林，連知貢舉。正大末，坐取人踰新格，出倅坊州。未赴，改京兆府判官。卒於汴，年四十七。純甫爲人聰敏，少自負其才，謂功名可俯拾，作矮柏賦，以諸葛孔明、王景略自期。由小官上萬言書，援宋爲證甚切。當路者以迂闊見抑。中年度其道不行，益縱酒自放，無仕進意。日與禪僧士子游，以文酒爲事。嘯歌袒裼出禮法外，或飲數月不醒。人有酒見招，不擇貴賤必往，往輒醉。雖沉醉，亦未嘗廢著書。嘗自類其文，凡論性理及關佛老二家者號內稿，其餘應物文字爲外稿，傳於世。

三一一　元好問（一一九○—一二五七）

元好問字裕之，系出拓拔魏，太原秀容人。父德明，累舉不第，飲酒賦詩以自適。好問七歲能詩。年十四，從陵川郝經學，不事舉業，淹貫經傳百家，六年而業成。下太行，渡大河，爲箕山、琴臺等詩。禮部趙秉文見之，以爲近代無此作也，於是名震京師。中興定五年第，歷內鄉令。正大中，爲南陽令。天興初，擢尙書省掾，頃之，除左司都事，轉行尙書省左司員外郎。金亡不仕，以著作自適。晚年以金源氏有天下，典章法度，幾及漢、唐，國亡史作，己所當任。時金國實錄在順天張萬戶家，乃言於張，願爲撰述。既而爲樂夔所沮而止。好問曰：「不可令一代之跡，泯而不傳。」乃搆亭於家，著述其上，因名曰野史。凡金源君臣遺言往行，采摭所聞，有所得，輒以寸紙細字爲記錄，至百餘萬言。年六十八卒。好問爲文

元好問

有繩尺，備衆體。其詩奇崛而絕雕劌，巧縟而謝綺麗。五言高古沉鬱。七言樂府，不用古題，特出新意。歌謠慷慨，挾幽、幷之氣。其長短句，揄揚新聲，以寫恩怨者又數百篇。兵後，故老皆盡，好問蔚爲一代宗工。自號遺山，著述甚富。今有遺山文集四十卷，杜詩學一卷，東坡詩雅三卷，錦機一卷，詩文自警十卷，及所選金代二百四十家詩爲中州集十卷，並傳於世。

元代

三一二　楊果（一一九七—一二六九）

楊果字正卿，祁州蒲陰人。幼失怙恃，自宋遷亳，復徙居許昌。以章句授徒爲業，流寓轗軻十餘年。金正大甲申登進士第。會參政李蹊行大司農於許，果以詩送之，蹊大稱賞，歸言於朝，用爲偃師令。到官以廉幹稱，改滿城，改陝，皆劇縣也。果有應變材，能治煩劇，諸縣以果治效爲最。金亡，歲己丑，楊奐徵河南課稅，起果爲經歷。未幾，史天澤經略河南，果爲參議。時兵革之餘，法度草創，果隨宜贊畫，民賴以安。世祖中統元年，設十道宣撫使，命果爲北京宣撫使。明年，拜參知政事。及例罷，猶詔與右丞姚樞等日赴省議事。至元六年，出爲懷孟路總管。大修學廟，以前嘗爲中書執政官，移文申部，特不署名。以老致政，卒於家，年七十三，謚文獻。果性聰敏，美風姿，工文章，尤長於樂府。外若沈默，內懷智用，善諧謔，聞者絕倒。微時避亂河南，娶羈旅中女，後登科，歷顯仕，竟與偕老，不易其初心，人以是稱之。著有西庵集數卷傳於世。

三一三　關漢卿

關漢卿，大都人。金末，以解元貢於鄉，後爲太醫院尹，則未知其在金世，抑在元世。元初，大名王和卿滑稽佻達，傳播四方。中統初，燕市有一蝴蝶，其大異常。和卿賦醉中天小令，由是其名益著。漢卿與之善，和卿嘗以譏謔加之。漢卿雖極意還答，終不能勝。已而和卿忽坐逝，鼻垂雙涕尺餘，人皆驚駭。漢卿來弔唁，詢其由，或曰：「此釋家所謂坐化也。」復問鼻懸何物，又對曰：「此玉筯也。」漢卿曰：「我道你不識，不是玉筯是嗓。」咸發一笑。或戲漢卿云：「你被王和卿輕侮半世，死後方還得一籌。」蓋凡六畜勞傷，則鼻中常流膿水，謂之嗓；又愛訐人之過者，亦謂之嗓，故云爾。漢卿在元劇作家中，錄鬼簿列於第一人。平生所作，有六十五本之多。卽除去疑似者外，至少亦在六十本以上，今古才人著作如此健富者實不多見。太和正音譜評其曲如瓊筵醉客。所作以通俗者爲多，與馬致遠、白樸、王實甫，並稱元劇四大家。此外如套曲小令，亦溫綺多姿。自號己齋叟。所作雜劇，著名者如感天動地竇娥冤、趙盼兒風月救風塵、包待制三勘蝴蝶夢、閨怨佳人拜月亭、關大王單刀會以及續西廂等凡十四種，今傳於世。餘皆散佚。

三一四　王實甫

王實甫名德信，大都人。與關漢卿同時，亦由金入元。生平事蹟，多不可考。涵虛子太和正音譜稱實甫之曲，如花間美人，鋪敍委婉，深得騷人之趣。極有佳句，若玉環之出浴華淸，綠珠之採蓮洛浦，可謂稱讚備至。實甫所作，錄鬼簿著錄十四種，今存者，唯崔鶯鶯待月西廂記與四丞相歌舞麗春堂二種，及芙蓉亭、販茶船二種殘文。然實甫之得名，實只西廂記一種耳。相傳實甫著作西廂時，殫其畢生精力，寫至「碧雲天，黃花地，西風緊，北雁南飛」諸語時，卽思竭踣地而死。西廂記全部五本，實甫祇作四本，第五本爲關漢卿所續，故世人頗譏漢卿爲狗尾續貂。在昔亦有以西廂爲漢卿所作；或謂漢卿作，實甫續。然今多公認爲實甫作漢卿續矣。

三一五 白樸（一二二六—？）

白樸字太素，一字仁甫，本隩州人，後居眞定，遂爲眞定人焉。父華，仕金爲樞密院判官，與元好問爲通家。樸年甫七歲，遭壬辰之難，華以事遠適。明年春，京城變，好問遂挈以北渡。自是不茹葷血，人問其故，曰：「俟見吾親則如初。」嘗罹疫，好問晝夜抱持。凡六日，竟於臂上得汗而愈。蓋撫愛之如親子姪焉。後數年，華北歸，父子卜居於滹陽。律賦爲專門之學，而樸有能聲，遂爲後進翹楚。好問每遇之，必問爲學次第。樸嘗以詩謝好問曰：『顧我眞成喪家犬，賴君曾護落巢兒。』好問亦贈樸以詩曰：『元白通家舊，諸郎汝獨賢。』樸學問博洽。然自幼經喪亂，倉皇失母，便有滿目山川之歎。逮亡國，恆鬱鬱不樂，以故放浪形骸，期於適意。中統初，開府史公將以所業薦之於朝，再三遜謝。棲遲衡門，視榮利蔑如也。至元一統後，徙家金陵，從諸遺老放情山水間，日以詩酒優游，用示雅志。後以子貴，贈嘉議大夫，掌禮儀院大卿。樸自號蘭谷。在元代曲家中，論者以與關漢卿、馬致遠、鄭光祖爲四大家。太和正音譜評其曲如鵬摶九霄。所著雜劇，凡十六種，今所存者惟唐明皇秋夜梧桐雨及裴少俊牆頭馬上二種而已。梧桐雨一劇，尤爲膾炙人口。詩詞亦俊爽秀美，有天籟集二卷，今傳於世。

三一六　馬致遠

馬致遠，大都人。嘗任江浙行省務官。其他事蹟多不可考。致遠爲人瀟灑，少時亦頗迷戀於功名事業，然所遇不遂，頗自抑鬱。後乃退居山林，日與「酒中仙，塵外客，林間友，」以蹉跎其「剪裁冰雪，追陪風月」之生涯。自號東籬，蓋卽取意於此。致遠工於雜劇，太和正音譜列爲第一人，頌讚備至，謂其曲如朝陽鳴鳳，典雅清麗，可與靈光、景福相頡頏；有振鬣長鳴，萬馬皆瘖之意。又若神鳳飛鳴於九霄，豈可與凡鳥共語哉？宜列羣英之上。致遠所作凡十四種，大都寫文人學士之不得志者。今所存者爲江州司馬青衫淚、呂洞賓三醉岳陽樓、太華山陳摶高臥、破幽夢孤雁漢宮秋、半夜雷轟薦福碑、馬丹陽三度任風子等六種。其中尤以漢宮秋一種，寫漢元帝思念王昭君之情景，曾被稱爲元劇冠軍。所著散曲，亦豪放清逸，今有東籬樂府一卷傳於世。

三一七　金履祥（一二三二—一三〇三）

金履祥字吉父，婺之蘭谿人。其先本劉氏，後避吳越錢武肅王嫌名，更爲金氏。幼而敏睿，父兄稍授之書，卽能記誦。比長，益自策勵。時宋之國事已不可爲，履祥遂絕意進取。會襄、樊之師日急，宋人坐視而不敢救，履祥因進牽制擣虛之策，請以重兵由海道直趨燕、薊，則襄、樊之師，將不攻而自解。然宋終莫能用。德祐初，以迪功郎中館編修起之，辭

弗就。宋將改物，所在盜起。履祥屏居金華山中，兵燹稍息，則上下岩谷，追逐雲月，寄情嘯咏，視世故泊如也。平居獨處，

金履祥

終日儼然。至與物接，則盎然和懌。大德中卒。至正中，賜諡文安。履祥以孝行著稱，其父母疾，齋禱於天，而靈應隨至。事聞於朝，爲改所居鄉曰純孝。訓迪後學，諄切無倦，而尤篤於分義。有故人子，坐事，母子分配爲隸，不相知者十年，履祥傾貲營購，卒贖以完。其子後貴，履祥終不自言，相見，勞問辛苦而已。嘗居仁山，學者稱仁山先生。著有仁山文集若干卷，今傳於世。

三一八　姚燧（一二三九—一三一四）

姚燧字端甫，河南柳城人。父格。燧生三歲而孤，育於伯父樞。樞隱居蘇門，謂燧蒙暗，敎督之甚急，燧不能堪。楊奐馳書止之曰：「燧令器也，長自有成爾，何以急爲？」且許醮以女。年十三，見許衡於蘇門。十八，始受學於長安。時未嘗爲文，視流輩所作，惟見其不如古人，則心弗是也。二十四，始讀韓愈文，試習爲之，人謂有作者風。稍就正於衡，衡亦賞其辭。至元七年，衡以國子祭酒敎貴冑，奏召舊弟子十二人，燧自太原驛致館下。燧年三十八，始爲秦王府文學。未幾，授奉議大夫，兼提擧陝西、四川、中興等路學校。十七年除陝西漢中道提刑按察司副使，錄囚延安，逮繫詿誤，皆縱釋

之，人服其明決。元貞元年，以翰林學士召修世祖實錄。至大元年，仁宗居藩邸，開宮師府，燧年已七十，遣正字呂洙，如漢徵四皓故事起燧爲太子賓客。未幾，除承旨學士，尋拜太子少傅。明年，授榮祿大夫，翰林學士承旨，知制誥，兼修國史。四年，得告南歸，中書以承旨召，明年復召，燧以病俱不赴。卒於家，年七十六，諡曰文。燧爲文閎肆該洽，豪而不宕，剛而不厲，舂容盛大，有西漢風；宋末弊習，爲之一變。當時孝子順孫，欲發揮其先德，必得燧文始可傳信；其不得者，每爲愧恥。每來謁文，必其行業可嘉，然後許可，辭無溢美。又稍廣置燕樂，燧則爲之喜而援筆大書，否則弗易得也。然頗恃才，輕視趙孟頫輩，以是人或少之。號牧庵。著有牧庵文集三十六卷，今傳於世。

三一九　張伯淳（一二四二——一三〇二）

張伯淳字師道，杭州崇德人。少舉童子科，以父任，銓受迪功郎，淮陰尉，改揚州司戶參軍。尋舉進士，監臨安府都稅院，陞觀察推官，除太學錄。至元二十三年，授杭州路儒學教授，遷浙東道按察司知事。二十八年，擢爲福建廉訪司知事。歲餘，有薦伯淳於帝前者，遣使召問。明年入見，帝問宄官、風憲、鹽筴、楮幣，皆當時大議，所對悉稱旨，命至政事堂，將重用之，固辭，遂授翰林直學士，進階奉訓大夫。謁告以歸，授慶元路總管府治中，行省檄按疑獄衢、秀，皆得其情。大德四年，即家拜翰林侍講學士。明年造朝，扈從上都。又明年卒。伯淳爲文，源出韓愈，多謹嚴峭健，得立言之體。著有養蒙集十卷，今傳於世。

三二〇　戴表元（一二四四—一三一〇）

戴表元字帥初，一字曾伯，慶元奉化人。七歲學古詩文，多奇語。稍長，從里師習詞賦，輒棄不肯爲。咸淳中入太學，以三舍法陞內舍生。既而試禮部第十人，登進士乙科，敎授建寧府。後遷臨安敎授，行戶部掌故，皆不就。大德八年，表元年已六十餘，執政者薦於朝，起家拜信州敎授，再調敎授婺州。以疾辭，年六十七卒。表元閔宋季文章氣萎薾而辭骫骳，弊已甚，慨然以振起斯文爲己任。時四明王應麟、天台舒岳祥，並以文學師表一代，表元皆從而受業焉。故其學博而肆，其文淸深雅潔，化陳腐爲神奇。至元、大德間，東南以文章大家名重一時者，唯表元而已。著有剡源集三十卷，今傳於世。

三二一　劉因（一二四九—一二九三）

劉因字夢吉，保定容城人。世爲儒家。父述，因生之夕，述夢神人馬載一兒至其家，曰：「善養之！」既覺而生，乃名曰駰，字夢驥，後改今名及字。因天資絕人，三歲識書，日記千百言，過目卽成誦。六歲能詩，七歲能屬文，落筆驚人。甫弱冠，才器超邁，日閱方冊，思得如古人者友之，作希聖解。國子司業硯彌堅敎授眞定，因從之游，同舍生皆不能及。不忽木以因學行薦於朝。至元十九年，有詔徵因，擢承德郎、右贊善大夫。初，裕皇建學宮中，命贊善王恂敎近侍子弟。恂卒，乃命因繼之。未幾，以母疾辭歸。明年，丁內憂。二十八年，詔復遣使者以集賢學士、嘉議大夫徵，因以疾固辭，且上書宰相。書上，朝廷不强致。帝聞之，亦曰：「古有所謂不召之臣，其斯人之徒歟！」三十年夏四月十六日卒，年四十五。延祐中，贈翰林學士、資善大夫、護軍，追封容城郡公，謚文靖。因早喪父，事繼母孝。有父祖喪未葬，投書先友翰林待制楊恕憐而助之，始克襄事。因性不苟合，不妄交接。家雖甚貧，非其義，一介不取。家居敎授，師道尊嚴。弟子造其門者，隨材器敎之，皆有成就。公卿過保定者，聞因名，往往來謁，因多遜避，不與相見，不知者或以爲傲，弗恤也。嘗愛諸葛孔明靜以修身之語，表所居曰靜修。因爲文遒健排奡，動循法度，春容有餘味。爲古詩不減陶、柳，其歌行律詩，直溯盛唐。著有靜修集三十卷，今傳於世。

劉因

三二二　趙孟頫（一二五四—一三二二）

趙孟頫字子昂，湖州人。宋太祖子秦王德芳之後也。五世祖秀安僖王子偁，四世祖崇憲靖王伯圭。高宗無子，立子偁之子，是爲孝宗，伯圭其兄也。賜第於湖州，遂居焉。曾祖師垂，祖希永，父與訔，仕宋皆至大官。孟頫幼聰敏，讀書過目輒成誦，爲文操筆立就。宋亡，益自力於學。至元二十三年，行臺侍御史程鉅夫奉詔搜訪遺逸於江南，得孟頫以之

趙孟頫

入見。孟頫才氣英邁，神采煥發，如神仙中人。世祖顧之喜，使坐右丞葉李上。或言孟頫宋宗室子，不宜使近左右，帝不聽。時方立尙書省，命孟頫草詔頒天下，帝覽之喜曰：「得朕心之所欲言者矣！」帝欲大用孟頫，議者難之。二十四年六月，授兵部郎中。桑哥爲丞相，鐘初鳴卽坐尙書省治事，六曹官後至者則笞之，孟頫偶後至，斷事官遽引孟頫受笞。孟頫入訴於都堂右丞葉李曰：「古者刑不上大夫，所以養其廉恥，敎之節義。且辱士大夫，是辱朝廷也。」桑哥亟慰孟頫使出，自是所笞唯曹史以下。他日行東御牆外，道險，孟頫馬跌，墮於河。帝聞之，移築御牆稍西二丈許。二十七年，遷集賢直學士。及桑哥以罪誅，帝欲使孟頫與聞中書政事，孟頫固辭，有旨令出入宮門無

禁。每見，必從容語及治道，多所裨益。孟頫自念久在上側，必爲人所忌，力請補外。二十九年，出同知濟南路總管府事。時總管闕，孟頫獨署府事，官事清簡。久之，遷知汾州，未上，有旨書金字藏經，旣成，除集賢直學士、江、浙等處儒學提舉。至大三年，召至京師，以翰林侍讀學士，與他學士撰定祀郊南祝文，及擬進殿名議，不合，謁告去。仁宗卽位，召除集賢侍講學士，中奉大夫。三年，拜翰林學士承旨，榮祿大夫。帝眷之甚厚，以字呼之而不名。孟頫嘗累月不至宮中，帝以問左右，皆謂其年老畏寒，勅御府賜貂鼠衣。六年，得請南歸，帝遣使賜衣幣，趣之還朝，以疾不果行。至治元年，英宗遣使卽其家，傳書孝經。二年，賜上尊及衣二襲。是歲六月卒，年六十九。追封魏國公，謚文敏。孟頫詩文淸邃奇逸，讀之使人有飄飄出塵之想。元仁宗以之比唐李白、宋蘇軾。又嘗稱孟頫操履純正，博學多聞，皆人所不及云。詩文以外，篆籀分隸眞行草書，無不冠絕古今。其畫山水木石花竹人馬，亦稱精緻。楊載稱孟頫之才，頗爲書畫所掩，人以爲知言云。著有松雪齋集十卷，今傳於世。

三一三　陸文圭（一二五六—一三四〇）

陸文圭字子方，江陰人。幼而穎悟，讀書過目成誦，終身不忘。宋咸淳初，文圭年十八，以春秋中鄉選。宋亡，隱居城東，學者稱之曰牆東先生。延祐設科，有司强之就試，凡一再中鄉舉。朝廷數遣使馳幣聘之，以老疾不果行。卒年八十五。文圭爲人剛明超邁，以奇氣自負。一日，語門人曰：「以數考之，吾州二十年後，必有兵變，慘於五代、建炎。吾死當葬不食之地，勿封勿樹，使人不知吾墓，庶無暴骨之患。」其後江陰之亂，冢墓盡發，人乃服其先知。爲文融會經傳，縱橫變化，莫測其涯際。東南學者，皆宗師之。著有牆東類稾二十卷，今傳於世。

三三四　馮子振（一二五七—？）

馮子振，字海粟，攸州人。累官至承事郎，集賢待制。爲人豪俊，與臨海陳孚略同。孚敬畏之，自以爲不可及。子振於天下之書無所不記。當其爲文也，酒酣耳熱，命侍史二三人潤筆以俟，子振據案疾書，隨紙數多寡，頃刻輒盡。雖事料醲郁，美如簇錦，律之法度，未免乖剌，人亦以此少之。子振所作散曲，在當時亦甚負名。勁逸瀟爽，爲同時作者曲中所罕見者。自號怪怪道人。今存小令約四十餘首行於世。

三三五　仇遠（一二六一—？）

仇遠字仁近，一字仁父，錢塘人。至元中，嘗爲溧陽教授，旋罷歸，優游湖山以終。因居餘杭溪上之仇山，自號曰山村民。遠在宋咸淳間，即以詩名，與白珽齊名，號曰「仇、白」。厥後張翥、張羽，以詩鳴於元代者，皆出其門。所與唱和者，周密、趙孟頫、黃溍、馬臻等，皆一時名士。故其詩格高雅，往往頡頏古人，無宋末麤獷之習。嘗謂近體吾主唐，古體吾主選。又云近世習唐詩者，以不用事爲第一格，少陵無一字無來處，衆人固不識也。若不用事之說，正以文不讀書之過耳。其言頗中江湖、四靈二派之病。今觀所作，不愧所言。著有金淵集六卷，山村遺集一卷，並傳於世。

三二六　袁桷（一二六七—一三二七）

袁桷字伯長，慶元人。宋同知樞密院事韶之曾孫。爲童子時已著聲，部使者舉茂才異等，起爲麗澤書院山長。大德初，閻復、程鉅夫、王構薦爲翰林國史院檢閱官。時初建南郊，桷進十議，用之。陞應奉翰林文字同知制誥兼國史院編修官。請購求遼、金、宋三史遺書，歷兩考，遷待制，又再任，拜集賢直學士。久之，移疾去官。復仍以直學士召入集賢。未幾，改翰林直學士，知制誥，同修國史。至治元年，遷侍講學士。泰定初，辭歸。四年卒，年六十一。贈中奉大夫，江、浙等處行中書省參知政事護軍，追封陳留郡公，諡文清。桷在詞林，朝廷制冊，勳臣碑銘，多出其手。故其文章博碩偉麗，有盛世之音。尤練習掌故，長於考據。其詩格俊邁高華，造語工鍊，卓然能自成一家，爲虞、楊、范、揭等先路之導。自號清容居士。有清容居士集五十卷，今傳於世。

三二七　劉詵（一二六八—一三五〇）

劉詵字桂翁，吉安廬陵人。性穎悟，幼失父，知自樹立。年十二，作爲科場律賦論策之文，蔚然有老成氣象。宋之遺老鉅公一見，即以斯文之任期之。既冠，重厚醇雅，素以師道自居。江南御史臺屢以教官館職遺逸薦，皆不報。至正十年卒，年八十三。諡曰文敏。詵爲文根柢六經，躪躒諸子百家，融液今古，而不露其踔厲風發之狀。教學者有法，聲譽日隆，四方求文者日至於門。亦長於詩，尤以五言古體短篇爲最。自號桂隱。著有桂隱文集四卷，詩集四卷，今傳於世。

三二八　張養浩（一二六九—一三二九）

張養浩字希孟，濟南人。幼有行義。嘗出遇人有遺楮幣於途者，其人已去，追而還之。年方十歲，讀書不輟，父母憂其過勤而止之。養浩晝則默誦，夜則閉戶，張燈竊讀。山東按察使焦遂聞之，薦爲東平學正。游京師，獻書於平章不忽木，大奇之，辟爲禮部令史，仍薦入御史臺。一日病，不忽木親至其家問疾，四顧壁立，嘆曰：「此眞臺掾也。」及爲丞相掾，選授堂邑縣尹。人言官舍不利，居無免者，竟居之。首毀淫祠三十餘所，罷舊盜之朔望參者，曰：「彼皆良民，飢寒所迫，不得已而爲盜耳。既加之以刑，猶以盜目之，是絕其自新之路也。」衆皆感泣，互相戒曰：「毋負張公！」去官十年，猶爲立碑頌德。仁宗在東宮，召爲司經，未至，改文學，拜監察御史。養浩疏時政萬餘言，言皆切直。當國者不能容，遂除翰林待制，復構以罪罷之，戒省臺勿復用。養浩恐及禍，乃變姓名遁去。旋召爲右司都事，遷翰林直學士，改祕書少監。延祐初，設進士科，遂以禮部侍郎知貢舉，擢陝西行臺治書侍御史，拜禮部尙書。英宗卽位，命參議中書省事。會元夕，帝欲於內庭張燈爲鰲山，卽上疏直諫，帝大怒，既覽而喜曰：「非張希孟不敢言。」卽罷之，仍賜尙服金織幣一帛一，以旌其直。後以父老棄官歸養，召拜吏部尙書，不赴。天曆二年，關中大旱，特拜陝西行臺中丞。既聞命，卽散其家所有，與鄉里貧乏者登車就道，遇餓者賑之，死者葬之。到官四月，未嘗家居，止宿公署。卒於官，年六十一。關中人哀之，如失父母。至順二年，贈攄誠宣惠功臣、榮祿大夫、陝西等處行中書省平章政事、柱國，追封濱國公，謚文忠。養浩爲元代名臣，雖不以詞翰工拙爲重輕，然讀其文，風采凜然。詩亦豪放清逸，兼而有之。著有歸田類稾二十四卷，今傳於世。

三二九 楊梓

楊梓，海鹽人。至元三十年二月，元師征爪哇，梓以招諭爪哇等處宣慰司官，隨福建行省平章政事伊克穆蘇，以五百餘人船十艘先往招諭之。大軍繼進，爪哇降。梓引其宰相昔刺難答吒耶等五十餘人來迎。後爲安撫總使，官至嘉議大夫、杭州路總管。致仕卒，贈兩浙都轉運使、上輕車都尉，追封弘農郡侯，謚康惠。梓節俠風流，善音律，與貫雲石交善。雲石翩翩公子，所製樂府散套，駿逸爲當行之冠，而梓亦獨得其法。所著雜劇，有忠義士豫讓吞炭、霍光鬼諫、敬德不伏老三種，傳於世。

三三〇 宮天挺

宮天挺字大用，大名開州人。歷學官，除釣臺書院山長。後爲權豪所中，事獲辨明，亦不見用，卒於常州。天挺所著雜劇凡六種，今惟生死交范張雞黍一本存。又有嚴子陵垂釣七里灘一本，見於古今雜劇，未署作者姓氏，不知卽錄鬼簿所著錄天挺之嚴子陵釣魚臺否。考其時作家，並無與此相同之題目，或即爲天挺所作，當亦可信。子陵爲光武舊友，而深鄙利祿，願以隱居爲樂。天挺爲官時，既遭權豪所毀，是或借物以自喻耳。

三三一　鄭光祖

鄭光祖字德輝，平陽襄陵人。以儒補杭州路吏。爲人方直，不妄與人交。病卒，火葬於西湖之靈芝寺。錄鬼簿謂光祖所作，名聞天下，聲振閨閣，伶倫輩稱鄭老先生，皆知其爲德輝也。惜乎所作貪於俳諧，未免多於斧鑿。然就今所知者論之，其作品未見有如何俳諧之處。所作雜劇，凡十九種，今存㑇梅香、翰林風月、醉思鄉王粲登樓、迷青瑣倩女離魂及周公輔成王攝政四種。其中尤以㑇梅香與倩女離魂兩種爲最著名。後人曾以光祖並關漢卿、馬致遠、白樸，稱爲「關、馬、鄭、白」四大家。是則未免太抑王實甫矣。要其曲文之美好，確可成爲一大家也。亦工散曲，頗爲雕飾詞句；今存者甚少。

三三二　喬吉（？——一三四五）

喬吉一作吉甫，字夢符，太原人。美容儀，能詞章。以威儀自飭，人敬畏之。居杭州太乙宮前，有題西湖梧葉兒百篇，名公爲之序。江湖間四十年，欲刊行所作，竟無成事者。至正五年，病卒於家。嘗謂作樂府亦有法，所謂鳳頭猪肚豹尾是也。大概起要美麗，中要浩蕩，結要響亮。尤貴在首尾貫串，意思清新。能若是，斯可以言樂府矣。所作雜劇凡十一種，今存者三本，玉簫女兩世姻緣、杜牧之詩酒揚州夢及李太白匹配金錢記。此三本均描寫戀愛，光豔動人，嬌媚可喜。亦善散曲，所作小令，明人李開先曾爲刊板流傳。自號笙鶴翁，又號惺惺道人。有惺惺道人樂府一卷，今傳於世。

三三三　張可久

張可久字小山，一字伯遠，慶元人。曾由路吏轉首領官，後爲桐廬典史。晚年隱居西湖以終。生平頗不得志，性愛遊覽，嘗至虎邱、黃山、天台、武夷諸勝地。餘如金陵、金華、維揚、長沙等處，亦有其遊踪。專致力於散曲，時與喬吉同稱之爲「雙璧」。至比之爲詩中之李、杜，而可久尤負盛名。太和正音譜稱其曲如瑤天笙鶴，清而且麗，華而不豔，有不喫烟火食氣。明人李開先謂小山清勁，瘦至骨立，而血肉銷化俱盡，乃孫悟空鍊成萬轉金鐵軀矣。其爲人推重若是。著有北曲聯樂府三卷，外集一卷，今有後人改編之小山樂府六卷傳於世。

三三四　柳貫（一二七〇—一三四二）

柳貫字道傳，婺州浦陽人。大德四年，始用察舉爲江山縣儒學教諭。延祐四年，授湖廣儒學副提舉。六年，改國子助教。至治元年，遷博士。泰定元年，遷太常博士。三年，出爲江西儒學提舉。至正元年，擢翰林待制，兼國史院編修官。僅七月而卒，故世稱柳待制焉。貫雖受經於金履祥，其文章軌度，則出於仇遠、戴表元等。其文精湛閎肆，與黃溍、吳萊，同稱爲元季古文三家。戴良、王禕、宋濂，皆出貫門。早年不自存稾，年四十餘北游燕，始集爲游稾，其後又有西游等稾。今有柳待制集二十卷，傳於世。

三三五　楊載（一二七一—一三二三）

楊載字仲弘，其先居建之浦城，後徙杭，因爲杭人。少孤，博涉羣書，年四十不仕。戶部賈國英數薦於朝，以布衣召爲翰林國史院編修官，與修武宗實錄。調管領係官海船萬戶府照磨，兼提控案牘。延祐初，仁宗以科目取士，載首應詔，遂登進士第，授承務郎、饒州路同知浮梁州事。遷儒林郎、寧國路總管府推官，以卒。初、吳興趙孟頫在翰林，得載所爲文，極推重之，由是載之文名，隱然動京師。凡所撰述，人多傳誦之。其文章一以氣爲主，博而敏，直而不肆，自成一家言。而於詩尤有法，嘗語學者曰：「詩當取材於漢、魏，而音節則以唐爲宗。」自其詩出，一洗宋季之陋。載詩清思不及范梈，秀韻不及揭傒斯，權奇飛動尤不及虞集。然風規雅贍，四家並稱，終無怍色。著有楊仲弘集八卷，今傳於世。

三三六　虞集（一二七二—一三四八）

虞集字伯生，臨川崇仁人。宋丞相允文五世孫也。父汲，爲黃岡尉。娶楊文仲女。咸淳間，文仲守衡，以汲從未有子，為禱於南岳。集之將生，文仲晨起衣冠，坐而假寐，夢一道士至前，牙兵啓曰：「南岳眞人來見。」既覺，聞甥館得男，心頗異之。集三歲，卽知讀書。歲乙亥，汲挈家趨嶺外，干戈中無書册可攜，母楊氏，卽口授論語、孟子、左氏傳、歐蘇文，聞輒成誦。比還長沙，就外傅，始得刻本，則已盡讀諸經，通其大義矣。大德初，始至京師，以大臣薦，授大都路儒學教授。秩滿，

虞集

除國子助教，卽以師道自任。仁宗卽位，除太常博士。丞相拜住，問從集問禮器祭義甚悉。集爲言先王制作，以及古今因革治亂之由，拜住爲之歎息。遷集賢修撰，上書議學校事。六年，除翰林待制兼國史院編修官。英宗卽位，拜住爲相，頗超用賢俊。時集以憂還江南，拜住不知也，遂未用。泰定初，除國子司業，遷祕書少監，俄拜翰林直學士，兼國子祭酒。文宗卽位，集以先世墳墓在吳越者，歲久湮沒，乞一郡自便。不許，除奎章閣侍書學士。有旨采輯本朝典故，仿唐、宋會要，修經世大典，命集與中書平章政事趙世延同任總裁。書成，乞以目疾解職，不允。御史中丞趙世安爲集請曰：「虞伯生久居京師，甚貧，又病目，幸假一外任便醫！」帝怒曰：「一虞伯生，汝輩不容耶？」時帝方

嚮用文學，以集弘才博識，無施不宜，一時大典冊，咸出其手，故重聽其去。元統二年，遣使賜上尊酒金織文錦二。召還禁林，疾作不能行。屢有勅卽家撰文。至正八年五月病卒，年七十七。贈江西行中書省參知政事護軍，封仁壽郡公。集孝友，事二親承順無違。弟槃早卒，敎育其孤無異己子。山林之士知古學者，必折節下之。家素貧，歸老後食指益衆，登門之徒相望於道，好事爭起邸舍以待之。然碑板之文，未嘗苟作。其束脩羔雁之入，還以爲賓客費，雖空乏弗恤也。早歲與弟槃同闢書舍爲二室：左室書陶淵明詩於壁，題曰陶庵，右室書邵堯夫詩，題曰邵庵，故世稱邵庵先生。文章至南宋之末，古法蕩然，有元一代，作者雲興，而詞壇宿老，要必以集爲大宗，與楊載、范梈、揭傒斯，時稱四大家。著有道園學古錄五十卷，道園遺稿六卷等，今並傳於世。

三三七　范梈（一二七二—一三三〇）

范梈字亨父，一字德機，清江人。家貧，早孤，母熊氏守志不他適，長而敎之。梈天資穎異，所誦讀，輒記憶。雖癯然淸瘦，若不勝衣，於流俗中克自樹立。年三十六，始客京師，卽有聲諸公間。中丞董士選延之家塾，以朝臣薦，爲翰林院編修官。秩滿，御史臺擢海南海北道廉訪司照磨，巡歷遐僻，不憚風波瘴癘。所至興學敎民，雪理寃滯甚衆。遷江西湖東長吏，素稱嚴明，於僚屬中獨敬異之。還充翰林供奉，御史臺又改擢福建閩海道知事。閩俗素汙，文繡局取良家子爲繡工，無別尤甚。梈作歌詩一篇，述其弊。廉訪司取以上聞，皆罷遣之，其弊遂革。未幾，移疾歸故里。天曆二年，授湖南嶺北道廉訪司經歷，以養親辭。是歲母喪，明年十月，亦以疾卒，年五十九。楟持身廉正，居官不可干以私，疏食飲水，泊如也。吳澄以道學自任，少許可，嘗曰：「若亨父可謂特立獨行之士矣。」爲文志其墓，以東漢諸君子擬之。楟爲詩豪宕清遒，兼擅諸勝。揭傒斯稱其詩如秋空行雲，晴雷卷雨，縱橫變化，出入無朕，其名貴可知。著有范德機詩集七卷，今傳於世。

三三八　揭傒斯（一二七四—一三四四）

揭傒斯字曼碩，龍興富州人。父來成，宋鄉貢進士。傒斯幼貧，讀書尤刻苦，晝夜不少懈。父子自爲師友，由是貫通百家，早有文名。大德間，稍出游湘、漢。湖南帥趙淇，雅號知人，見之驚曰：「他日翰苑名流也！」程鉅夫、盧摯先後爲湖南憲長，咸器重之。鉅夫因妻以從妹。延祐初，鉅夫、摯列薦於朝，特授翰林國史院編修官。時平章李孟監修國史，讀其所撰功臣列傳，歎曰：「是方可名史筆，若他人直謄吏牘爾。」陞應奉翰林文字，仍兼編修，遷國子助教，復留爲應奉。天曆初，開奎章閣，首擢爲授經郎，以教勳戚大臣子孫。文宗時幸閣中，有所咨訪，奏對稱旨，恆以字呼之而不名。與修經世大典，文宗取其所撰典讀之，顧謂近臣曰：「此豈非唐律乎！」特授藝文監丞，參檢校書籍事。元統初，詔對便殿，慰諭良久，命賜以諸王所服表裏各一，躬自辨識以授之。遷翰林待制，陞集賢學士，階中順大夫，及開經筵，再陞侍講學士，同知經筵事，以對品進階中奉大夫。時新格超陞不越二等，獨傒斯進四等，轉九階，蓋異數也。命撰明宗神御殿碑，文成，賜楮幣萬緡，白金五十萬，中宮賜白金亦如之，求去不許，詔修遼、金、宋三史，傒斯與爲總裁官。傒斯留宿史館，朝夕不敢休，因得寒疾，七月卒。帝爲嗟悼，賜楮幣萬緡，仍給驛舟護送其喪歸江南。制贈護軍，追封豫章郡公，諡曰文安。傒斯少處窮約，事親菽水粗具，而必得其歡心。平生清儉，至老不渝。友於兄弟，始終無間言。揚人之善，惟恐不及。爲文章敍事嚴整，語簡而當。詩尤清婉麗密。殊方絕域，咸慕其名，得其文者，莫不以爲榮云。傒斯與虞集、楊載、范梈齊名，時稱四家。獨集謂其詩如三日新婦，傒斯頗不平，常作詩自誇云。著有文安集十四卷，今傳於世。

揭傒斯

三三九　黃溍（一二七七－一三五七）

黃溍字晉卿，婺州義烏人。母童氏，夢大星墜於懷，乃有娠，歷二十四月始生溍。溍生而俊異，比成童，授以書詩，不一月成誦。迨長，以文名於四方。中延祐二年進士第，授台州寧海丞。遷兩浙都轉運鹽使司石堰西場監運，改諸暨州判官，所至皆有政績。入爲應奉翰林文學同知制誥，兼國史院編修官。轉國子博士，視弟子如朋友，未始以師道自尊，輕納人拜，而來學者滋益恭。出爲江、浙等處儒學提舉。未幾，除翰林直學士，知制誥，同修國史，尋兼經筵官。執經進講者三十有二，帝嘉其忠，數出金織紋段賜之。陞侍講學士，同知經筵事，階自將仕郎七轉至中奉大夫。旋上章求歸，不俟報而行。帝聞之，遣使追還京師，復爲前官。久之，始得謝南還，優游田里間凡七年。卒於繡湖之私第，年八十一。贈中奉大夫，江西等處行中書省參知政事，護軍，追封江夏郡公，謚曰文獻。溍天資介特，在州縣唯以清白爲治，月俸弗給，每鬻產以佐其費。及升朝行，挺立無所附，足不登鉅公勢人之門，君子稱其清風高節，如冰壺三尺，纖塵弗汙。然剛中少容，觸物或弦急霆震，若未易涯涘，一旋踵間，煦如陽春。溍之學，博極天下之書，而約之於至精。文辭布置謹嚴，援據精切，俯仰雍容，不大聲色。著有黃文獻集十卷，今傳於世。

三四〇　馬祖常（一二七九—一三三八）

馬祖常字伯庸，世爲雍古部人，居靖州天山。有錫里吉思者，於祖常爲高祖，金季爲鳳翔兵馬判官，以節死，贈恆州刺史，子孫因其官以馬爲氏。父潤，同知漳州路總管府事，家於光州。祖常七歲知學，得錢而以市書。十歲時，見燭欹燒屋，解衣沃水以滅火，咸嗟異之。既長，益篤於學。延祐初，科舉法行，鄉貢會試皆中第一，廷試爲第二，授應奉翰林文字，拜監察御史。是時仁宗在御已久，猶居東宮，飲酒常過度，祖常上書諫之。英宗爲皇太子，又上書請慎簡師傅。時姦臣鐵木迭兒爲丞相，威權自恣。祖常知其盜觀國史，率同列奏其十罪，仁宗震怒，黜罷之。俄起爲宣政院經歷，月餘辭歸，又起爲社稷署令。姦臣死，除翰林待制。泰定建儲，擢典寶少監，太子左贊善。尋兼翰林直學士，除禮部尚書。尋辭歸。天曆元年，召爲燕王內尉，仍入禮部，兩知貢舉。元統元年，帝以其有疾，詔特免朝禮。西臺御史劾其僚禁酤時，而有酒容，以苛細黜之。山東廉訪司。尋除樞密副使，辭歸。復除江南行臺中丞，又遷陝西行臺中丞，皆以疾不赴。至元四年卒，年六十。贈攄忠宣憲協正功臣，河南行省右丞上護軍，追封魏郡公，謚文貞。祖常工於文章，宏贍而精核，務去陳言，專以先秦兩漢爲法，而自成一家之言。尤致力於詩，圓密清麗，大篇短章，無不可傳。所居名石田山房。今有石田集十五卷傳於世。

三四一　貫雲石（一二八六—一三二四）

貫雲石原名小雲石海涯，字酸齋，畏吳人。父貫只哥，封楚國忠惠公，雲石遂以貫爲氏焉。母廉氏，夜夢神人授以大星使呑之，已而有妊。及生，神彩秀異。年十二三，膂力絕人，使健兒驅三惡馬疾馳，持槊立而待馬至，騰上之，越二而跨三，運槊生風，觀者辟易。或挽彊射，生逐猛獸，上下峻阪如飛，諸將咸服其趫捷。稍長，折節讀書，目五行下。初襲父官，爲兩淮萬戶府達魯花赤，鎭永州，御軍極嚴猛，行伍肅然。稍暇，輒投壺雅歌，意所暢適，不爲形跡所拘。一日，呼弟忽都海涯，語之曰：「吾平生宦情素薄，顧祖父之爵不敢不襲，今已數年矣，願以讓弟，弟幸勿辭！」語已，即解所綰黃金虎符佩之。比從姚燧學，燧見其古文峭厲有法，及歌行古樂府慷慨激烈，大奇之。仁宗在東宮，聞其以爵位讓弟，謂宮臣曰：

「將相家子弟，其有如是賢者耶！」俄選爲英宗潛邸說書秀才，宿衞禁中。仁宗踐祚，拜翰林侍讀學士，中奉大夫，知制誥，同修國史。忽稱疾辭還江南，賣藥於錢塘市中，詭姓名，易服色，人無有識之者。偶過梁山濼，見漁父織蘆花爲被，欲易之以紬。漁父疑其爲人，陽曰：「君欲吾被，當更賦詩。」遂援筆立成，竟持被去。遠近傳之，稱爲蘆花道人。其依隱玩世多類此。泰定元年五月卒，年三十九。贈集賢學士，中奉大夫，護軍，追封京兆郡公，諡文靖。雲石吐辭爲文，不蹈襲故常，其旨皆出人意表。晚年爲文日邃，詩亦沖澹。所至士大夫從之若雲，得其片言尺牘，如獲拱璧。其視生死若晝夜，絕不入念慮，翛翛若欲遺世而獨立云。尤工散曲，著有酸齋集及酸齋樂府，今傳於世。

三四二　張翥（一二八七—一三六八）

張翥字仲舉，晉寧人。少時負其才雋，豪放不羈，好蹴踘，喜音樂，不以家業屑其意。其父以爲憂。翥一旦翻然改曰：「大人勿憂，今請易業矣。」乃謝客閉門讀書，晝夜不暫輟。初受業於李存，既留杭，又從仇遠學。遠於詩最高，翥學之，盡得其音律之奧，於是翥遂以詩文知名一時。已而薄游維揚，居久之，學者及門甚衆。至元末，同郡傅巖起居中書，薦翥隱逸。至正初，召爲國子助教，分教上都生，尋退居淮東。會朝廷修遼、金、宋三史，起爲翰林國史院編修官。史成，歷奉修撰，遷太常博士，陞禮儀院判官，又遷翰林，歷直學士，侍講學士，乃以侍讀兼祭酒。嘗奉旨詣中書，集議時政，衆論蜂起，翥獨默然。丞相搠思監曰：「張先生平日好論事，今一語不出，何耶？」翥對曰：「諸人之議皆是也，但事勢有緩急，施行有先後，在丞相所決耳。」搠思監善之。明日，除集賢學士。俄以翰林學士承旨致仕，階榮祿大夫。方孛羅帖兒之入京師也，命翥草詔，削奪擴廓帖木兒官爵，且發兵討之，翥毅然不從。左右或勸之，翥曰：「吾臂可斷，筆不能操也。」及孛羅帖兒誅，詔乃以翥爲河南行省平章政事，仍翰林學士承旨致仕，給全俸終其身。二十八年三月卒，年八十二。翥平日善諧謔，出談吐語，輒令人失笑，一座盡傾。入其室，藹然春風中也。勤於誘掖後進，絕去崖岸，不徒以師道自尊，用是學者樂親炙之。長於詩，其近體長短句尤工。文不如詩。著有蛻菴集五卷，今傳於世。

三四三　蘇天爵（一二九四——一三五二）

蘇天爵字伯脩，眞定人。父志道，官嶺北行中書省左右司郎中。天爵由國子學生公試，名在第一。釋褐，授從仕郎，大都路薊州判官。泰定元年，改翰林國史院典籍官，陞應奉翰林文字。至順元年，預修武宗實錄。二年，陞修撰，擢江南行臺監察御史。明年，慮囚於湖北。湖北地僻遠，民獠所雜居，天爵冒瘴毒，徧歷其地。每事必究心，雖盛暑，猶夜篝燈治文書無倦。江陵民文甲無子，育其甥雷乙，後乃生兩子，而出乙。乙俟兩子行賣茶，卽舟中取斧並斮殺之，沉斧水中，而血漬其衣，跡故在。事覺，乙具服。部使者乃以三年之疑獄釋之。天爵曰：「此事二年半耳，且不殺人，何以衣汚血？又何以知斧在水中？又其居去殺人處甚近，何謂疑獄？」遂復寘於理。其明於詳讞，大抵如此。入爲監察御史，改奎章閣授經郎。元統元年，復拜監察御史。在官四閱月，章疏凡四十五上。明年，預修文宗實錄，遷翰林待制，尋除中書右司都事，兼經筵參贊官。三年，遷禮部侍郎。五年，出爲淮東道肅政廉訪使，憲綱大振，一道肅然。入爲樞密院判官，明年，改吏部尙書。天爵知無不言，言無顧忌，夙夜謀畫，鬚髮盡白。究民之所疾苦，察吏之姦貪，其興除者七百八十有三事，其糾劾者九百四十有九人，都人有包、韓之譽。然以忤時相意，竟坐不稱職，罷歸。至正七年，天子察其誣，乃復起爲湖北道宣慰使，未行，拜江、浙行省參知政事。十二年，妖寇自淮右蔓延及江東，總兵于饒信所克復者，一路六縣，皆得力於天爵。然以憂深病積，遂卒於軍中，年五十九。天爵爲學，博而知要。爲文長於序事，平易溫厚，成一家言，而詩尤得古法。學者稱爲滋溪先生。著有滋溪文稾三十卷，及所選元文類七十卷，元名臣事略十五卷等，今並傳於世。

三四四　楊維楨（一二九六—一三七〇）

楊維楨字廉夫，山陰人。母李夢月中金錢墮懷而生。維楨少時，日記書數千言。父宏築樓鐵崖山中，繞樓植梅百株，聚書數萬卷，去其梯，俾誦讀樓上者五年，因自號鐵崖。泰定四年成進士，署天台尹，改錢淸場鹽司令。狷直忤物，十年不調。會修遼、金、宋三史成，維楨著正統辨千餘言，總裁官歐陽玄功讀且嘆曰：「百年後公論定於此矣！」將薦之而不果。轉建德路總管府推官，擢江西儒學提舉。未上，會兵亂，避地富春山，徙錢塘。張士誠累招之，不赴，遣其弟士信咨訪之，因撰五論，具書復士誠，反覆告以順逆成敗之說，士誠不能用也。又忤達識丞相，徙居松江之上。明太祖洪武二年，召諸儒纂禮樂書，以維楨前朝老文學，遣翰林詹同奉幣詣門。維楨謝曰：「豈有老婦將就木而再理嫁者耶？」

明年復遣有司敦促，賦老客婦謠一章進。帝乃賜安車，詣闕廷，留百有一十日。所纂敍例略定，卽乞骸骨。帝成其志，仍給安車還山。抵家，卒年七十五。維楨詩名擅一時，「號鐵崖體。」與永嘉李孝光、茅山張羽、錫山倪瓚、崑山顧瑛爲詩文友。其在松江時，海內薦紳大夫與東南才俊之士，造門納屨無虛日。酒酣以往，筆墨橫飛。或戴華陽巾，披羽衣，坐船屋上，吹鐵笛，作梅花弄。或呼侍兒歌白雪之辭，自倚鳳琶和之，賓客皆蹁躚起舞，以爲神仙中人云。維楨詩歌樂府，出入盧仝、李賀之間，奇奇怪怪，溢爲牛鬼蛇神者，時所不免，故人或譏之爲文妖。所著有東維子文集三十卷，鐵崖古樂府十六卷，復古詩集六卷等，今傳於世。

三四五　吳萊（一二九七—一三四〇）

吳萊字立夫，婺州浦陽人。集賢大學士直方之子也。天資絕人，七歲能屬文。凡書一經目，輒成誦。嘗往族父家，日易漢書一帙以去。族父迫叩之，萊琅然而誦，不遺一字，三易他編皆如之，衆驚以爲神。延祐七年，以春秋舉上禮部，不利，退居深褭山中，益窮諸書奧旨。以御史薦，調長薌書院山長。未上卒，年僅四十四。君子惜之，私諡曰淵穎先生。萊與黃溍、柳貫俱同郡人，雖輩行稍後，然二人極稱許之。嘗論作文云：作文如用兵，兵法有正有奇，正是法度，要部伍分明；奇是不爲法度所縛。舉眼之頃，千變萬化，坐作進退擊刺，一時俱起；及其欲止，什伍各還其隊，元不曾亂。聞者服之。萊雖身未試一官，而在元人中，屹然負詞宗之目。黃溍稱其文嶄絕雄深，類秦、漢間人。著有淵穎集十二卷，今傳於世。

三四六　倪瓚（一三〇一—一三七四）

倪瓚字元鎭，無錫人。家雄於貲，工詩，善書畫。四方名士日至其門。所居有閣曰清閟，幽迥絕塵，藏書數千卷，皆手自勘定。古鼎法書名琴奇畫陳列左右。四時花木，縈繞其外。高木修篁，蔚然深秀，故自號雲林居士。時與客觴咏其中。爲人有潔癖，盥濯不離手。俗客造廬，比去，必洗滌其處。求縑素者踵至，瓚亦時應之。至正初，海內無事，忽散其貲給親故，人咸怪之。未幾兵興，富家悉被禍，而瓚扁舟箬笠，往來震澤、三泖間，獨不罹患。張士誠累欲鈎致之，逃漁舟以免。其弟士信以幣乞畫，瓚又斥之。士信恚，他日從賓客遊湖上，聞異香出葭葦間，疑爲瓚也，物色漁舟中，果得之，抶幾斃，終無一言。及吳平，瓚年老矣，黃冠野服，混迹編氓。洪武七年卒，年七十四。瓚畫居逸品，詩文不屑屑苦吟，而神思散朗，意格自高，不可限以繩墨。著有清閟閣集十二卷，今傳於世。

三四七　薩都剌（一三〇八—？）

薩都剌字天錫，本蒙古人。祖思蘭不花，父阿魯赤，以世勳鎭雲代，居於雁門，遂爲雁門人。登泰定間進士，爲京口錄事長。南行臺辟爲掾，繼而御史臺奏爲燕南架閣官，遷閩海廉訪知事，進河北廉訪經歷。後陞侍御史於南臺，以彈劾權貴，左遷鎭江錄事宣差。後陟官閩憲幕，尋致仕。好游山水，嘗登安慶司空太白臺，歎曰：「此老眞山水精！」遂結

薩都剌

廬其下，著書其中以終，年八十餘。案薩都刺係蒙古語譯音，四庫全書提要云應改稱薩都拉。又孔齊至正直記，載薩都刺本朱姓，非阿魯赤所生，其說不知何據。虞集作傅若金詩序，稱進士薩天錫，最長於情，流麗淸婉，尤以宮詞爲最得名。其詩於虞集、揭傒斯外，別具一格。自號直齋。著有雁門集八卷，世罕流傳，後人輯其殘稿，併爲三卷，仍名雁門集傳於世。

三四八　王冕

王冕字元章，諸暨人。幼貧，父使牧牛，竊入學舍，聽諸生誦書，暮乃返，亡其牛，父怒撻之。已而復然，母曰：「兒癡如此，曷不聽其所爲！」冕因去依僧寺，夜坐佛膝上，映長明燈讀書。會稽韓性聞而異之，錄爲弟子，遂稱通儒。性卒，門人事冕如事性。屢應舉不中，棄去，北遊燕都，客祕書卿泰不花家。擬以館職薦，力辭不就。既歸，每大言天下將亂，攜妻孥隱九里山，樹梅千株，桃杏半之，自號梅花屋主。善畫梅，求者踵至，以幅長短爲得米之差。嘗仿周官著書一卷，曰：「持此遇明主，伊、呂事業不難致也。」明太祖下婺州，物色得之，置幕府，授諮議參軍。一夕病卒。冕天才聰穎，頗自縱逸。既應舉不第，即焚所爲文，讀古兵法。常著高簷帽，衣綠蓑衣，躡長齒屐，執木製劍，騎牛行市中，鄉里小兒皆訕笑。冕勿顧也。其詩多排奡遒勁之氣，不可拘以常格。然高視闊步，落落獨行，無楊維楨等詭俊纖仄之習。著有竹齋集五卷，今傳於世。

王　冕

三四九　戴良（一三一七——一三八三）

戴良字叔能，浦江人。學古文於黃溍、柳貫、吳萊。貫卒，經紀其家。明太祖初定金華，命與胡翰等十二人會食省中，日二人更番講經史陳治道。明年，用良爲學正，與宋濂、葉儀輩訓諸生。太祖既旋師，良忽棄官逸去。辛丑，元順帝用薦者言，授良江北行省儒學提舉。良見時事不可爲，避地吳中，依張士誠。久之，士誠將敗，遂挈家泛東海，渡黑水洋，抵登萊間，僑寓昌樂凡數年。洪武六年，始南還，變姓名，隱四明山。太祖物色得之。十五年召至京師，賜以文，命居會同館，日給大官膳。欲官之，以老疾固辭，忤旨。明年四月，暴卒，蓋自裁也。元亡後，惟良不忘故主，每形於歌詩，故卒不獲其死云。良世居金華九靈山，自號九靈山人。爲詩風骨高秀，迥出一時。睠懷宗國，慷慨激烈，發爲吟咏，多磊落抑塞之音。著有九靈山房集三十卷，今傳於世。

三五〇　高明

高明字則誠，温州瑞安人，或云永嘉平陽人。中至正五年張士堅榜第，授處州錄事，後改調浙江閫幕都事，轉江西行臺掾，又轉福建行省都事。初方國珍叛，省臣以明爲温人，知海濱事，擇以自從。後仍以江西、福建官佐幕事，與幕府論事不合。國珍就撫，欲留寘幕下，不從。即日解官，旅寓鄞之櫟社沈氏，以詞曲自娛。明太祖聞其名，召之，以老病辭，歸，卒於寧海。明所交，皆當世名士。嘗往來無錫顧阿瑛玉山草堂。阿瑛選其詩入草堂雅集，稱其長才碩學，爲時名流。其爲浙幕都事與歸温州也，會稽楊維楨與東山趙汸作序送之。嘗作烏寶傳，雖以文爲戲，亦有裨於世教。明所著尙有琵琶記，最負盛名。姚福青溪暇筆，稱明避世鄞之櫟社時，見劉後村有「死後是非誰管得，滿村聽唱蔡中郞」之句，因編琵琶記，用雪伯喈之恥。蓋當時民間，傳說蔡伯喈登第別娶，不忠不孝。青溪暇筆又稱明卒後，有以琵琶記進者。上覽畢，曰：「五經、四書在民間，如五穀不可缺；此記如珍羞百味，富貴家其可無耶！」其見推許如此。王世貞藝苑巵言且云，明塡詞，夜案燒雙燭，塡至吃糠一齣，句云：「糠和米本一處飛」，雙燭光交爲一，洵異事也。所著又有柔克齋集，傳於世。

三五一　施耐菴

施耐菴，名子安，淮安人。元末以賜進士出身，官錢塘，與當道不合，棄官歸里，閉戶著書以自遣。張士誠聞其名，聘之不出，親造其門敦請，仍不從，因避居東京，尋歸卒。耐菴志質高超，感時喪亂，乃著小說以寄其情，所著水滸傳，胡應麟莊嶽委談云：「元人武林施某所編水滸傳，特爲盛行，世率以其鑿空無據，要不盡然也。余偶閱一小說序，稱施某嘗入市肆，紬閱故書，於敝楮中得宋張叔夜擒賊招語一通，備悉一百八人所由起，因潤飾成此編。」則亦有所依據。又相傳耐菴撰水滸傳時，憑空畫三十六人於壁，老少男女不一其狀，每日對之吮毫，務求刻畫盡致，故能一人有一人之精神，脈絡貫通，摹神入化。其故事大約由宋宣和遺事脫化而出，惟遺事本三十六人，至是增衍爲一百八人，有天罡星三十六員，地煞星七十二人。百八云者，或云百八煩惱，或云百八銅鎚，要皆爲有因緣之數也。其描寫極爲淋漓痛快，金聖嘆以與莊、騷、馬史、杜詩相媲，而稱爲天下第五才子書。世亦以與三國、西遊記、金瓶梅爲小說界四大奇書。而此四書，亦遂爲姦、盜、邪、淫之代表。惟此書後人頗疑爲羅貫中所作，或云施作羅編，或云施作羅續。版本甚夥，通行者有七十回本（卷首有楔子一回，實七十一回）一百回本，一百十五回本，一百二十回本四種。各本文辭，頗多異同；敘述描寫，亦有巧拙。

三五二　羅貫中

羅貫中名本，太原人。或云武林人，廬陵人。相傳爲施耐菴門人，樂府隱語，極爲清新。與人寡合，惟與作續錄鬼簿之賈仲名訂爲忘年交。然遭時多故，天各一方，未嘗相會。既生不逢時，才鬱而不得展，乃著講史傳奇，以抒其不平之鳴。其著名者有三國志通俗演義一百二十回，隋唐演義一百回，三遂平妖傳二十回。然其書皆爲後人所增潤删改，大失本來面目。又有水滸傳，據明王圻續文獻通考云，亦爲貫中所作。郎瑛七修類稿、田汝成西湖遊覽志餘亦多作如是說。金聖嘆則斷云水滸傳七十回後爲貫中所續。貫中又作雜劇宋太祖龍虎風雲會、忠正孝子連環諫、三平章死哭蜚虎子等三本，然其結構描寫，均不如其講史傳奇之緊湊動人。今諸書多傳於世。

三五三　宋濂（一三一〇—一三八一）

宋濂

宋濂字景濂，其先金華潛溪人，至濂乃遷浦江。幼英敏強記，就學於聞人夢吉，通五經。復往從吳萊學。既遊柳貫、黃溍之門，兩人皆亟遜濂，自謂弗如。元至正中，薦授翰林編修，以親老辭不行，入龍門山著書，踰十餘年。明太祖取婺州，召見濂，時已改寧越府，命知府王顯宗開郡學，因以濂及葉儀為五經師。明年三月，以李善長薦，與劉基、章溢、葉琛，並徵至應天，除江南儒學提舉，命授太子經。尋改起居注。洪武二年，詔修元史，命充總裁官。是年八月，史成，除翰林院學士。明年二月，儒士歐陽佑等採故元元統以後事蹟還朝，仍命濂等續修，六越月再成，賜金帛。四年，坐考祀孔子禮，不以時奏，謫安遠知縣。旋召為禮部主事。明年，遷贊善大夫。是時帝留意文治，徵召四方儒士，入禁中文華堂肄業，命濂為之師。六年七月，遷侍講學士，知制誥，同修國史。九年，進學士承旨。明年致仕，賜御製文集及綺帛，問濂年幾何，曰：「六十有八。」帝乃曰：「藏此綺三十二年，作百歲衣可也。」

其寵待如此。又明年，長孫愼坐胡惟庸黨，帝欲置濂死，皇后太子力救，乃安置茂州。尋卒於夔，年七十二。正德中，追謚文憲。濂狀貌豐偉，美鬚髯，視近而明，一黍上能作數字。自少至老，未嘗一日去書卷，於學無所不通。爲文醇深演迤，與古作者並，推爲開國文臣之首。士大夫造門乞文者，後先相踵。外國貢使亦知其名，數出兼金購文集。四方學者悉稱爲太史公，不以姓氏。性誠謹，官內庭久，未嘗訐人過。所居室署曰溫樹。著有宋學士鑾坡集二十卷，翰苑集二十卷，芝園集三十卷，朝京稿五卷等，今並傳於世。

三五四　劉基（一三一一——一三七五）

劉基字伯溫，青田人。幼穎異，其師鄭復初謂其父爚曰：「君祖德厚，此子必大君之門矣！」元至順間，舉進士，除高安丞，有廉直聲，行省辟之，謝去。起爲江浙儒學副提舉，論御史失職，爲臺臣所阻，再投劾歸。方國珍起海上，掠郡縣，有司不能制，行省復辟基爲元帥府都事。基議築慶元諸城以逼賊，國珍氣沮。後國珍被招撫，授以官，基遂棄官，還青田，著郁離子以見志。及明太祖下金華，定括蒼，聞基及宋濂等名，以幣聘，基未應。總制孫炎再致書，固邀之，基始出。既至，陳時務十八策，太祖大喜，築禮賢館以處基等，寵禮甚至。太祖之成帝業，略如基謀。尋拜御史中丞兼太史令。太祖卽皇帝位，基奏立軍衞法。初定處州稅糧，視宋制畝加五合，惟青田命毋加，曰：「令伯溫鄉里世世爲美談也。」帝幸汴梁，基與左丞相李善長居守，以紀綱嚴肅，人多忌之。帝歸，諸怨基者亦譖之，帝怒。會基有妻喪，遂請告歸。已而帝悔，

手詔敍基勳伐，召赴京，賜賚甚厚，追贈基祖、父，皆永嘉郡公。累欲進基爵，基固辭不受。其後大封功臣，授基開國翊運

劉　　基

守正文臣、資善大夫、上護軍，封誠意伯，祿二百四十石。明年，賜歸老於鄉。爲吏許基謂談洋地有王氣，基圖爲墓。帝雖不罪基，頗爲所動，遂奪基祿。基憂憤疾作，抵家愈篤，居一月而卒，年六十五。基虬髯，貌修偉，慷慨有大節，論天下安危，義形於色。帝察其至誠，任以心膂，常呼爲老先生而不名，曰「吾子房也。」性剛嫉惡，與物多忤。所爲文章氣昌而奇，與宋濂並爲一代之宗。詩則沈鬱頓挫，自成一家，足與高啓相抗。著有誠意伯文集二十卷，今傳於世。

三五五　王褘（一三二一—一三七二）

王褘字子充，義烏人。幼敏慧，及長，身長嶽立，屹有偉度。師柳貫、黃溍，遂以文章名世。覩元政衰敝，爲書七八千言上時宰，危素、張起巖並薦，不報，隱青巖山著書，名日盛。明太祖取婺州，召見，用爲中書省掾史。征江西，褘獻頌，太祖喜

曰：「江南有二儒，卿與宋濂耳。學問之博，卿不如濂；才思之雄，濂不如卿。」太祖創禮賢館，李文忠薦禕及許元、王天錫，召置館中。旋授江南儒學提舉司校理。累遷侍禮郎，掌起居注，同知南康府事，多惠政，賜金帶寵之。太祖將即位，召

王禕

還議禮，坐事忤旨，出爲漳州府通判。洪武二年，修元史，命禕與濂爲總裁。書成，擢翰林待制，同知制誥，兼國史院編修官。五年正月，議招諭雲南，命禕齎詔往。至則諭梁王亟宜奉版圖歸職方，不然，天討旦夕至，悔無及矣。梁王駭服，會元遣脫脫徵餉，脅王以危言，必欲殺禕。王不得已，出禕見之。脫脫欲屈禕，禕叱曰：「天旣訖汝元命，我朝實代之。汝爝火餘燼，敢與日月爭明耶？且我與汝皆使也，豈爲汝屈？」遂遇害，時十二月二十四日也。梁王遣使致祭，具衣冠斂之。建文中，詔贈翰林學士，謚文節。正統中，改謚忠文。禕爲文醇朴宏肆，有宋人軌範。宋濂稱禕文凡三變：初年所作，幅程廣而運化宏；壯年出遊之後，氣象益以沈雄；暨四十以後，乃渾然天成，有條不爽。著有王忠文公集二十四卷，今傳於世。

三五六　張羽（一三三三—一三八五）

張羽字來儀，後以字行，更字附鳳，本潯陽人，從父宦江、浙，兵阻不獲歸，與友徐賁約卜居吳興。領鄉薦，爲安定書院山長，再徙於吳。洪武四年，徵至京師，應對不稱旨，放還。再徵，授太常司丞。太祖重其文，十六年，自述滁陽王事，命羽撰廟碑。尋坐事竄嶺南，未半道召還。羽自知不免，投龍江以死。羽文學歐陽修，緻密宛轉，當時莫及。尤長於詩，五古學杜、韋，有神理，而微嫌鬱轖；歌行則筆力雄放；律詩清圓渾脫，不事琱繢，而自見平熟。與高啓、楊基、徐賁齊名，論者以比唐初四傑，不惟文才相似，而結局亦大率相同，羽之投江，正如照鄰之溺水也。著有靜居集六卷，今傳於世。

三五七　高啓（一三三六—一三四七）

高啓字季迪，長洲人。張士誠據吳，啓依外家居吳淞江之青邱。洪武初，被薦，偕同縣謝徽召修元史，授翰林院國史編修官。復命教授諸王。三年冬，帝御闕樓，啓、徽俱入對，擢啓戶部右侍郎，徽吏部郎中。啓自陳年少，不敢當重任，徽亦固辭，乃見許。已並賜白金放還。啓嘗賦宮女圖及畫犬詩，刺帝好色，帝嗛之未發也。及歸，居青邱，授書自給。知府魏觀爲移其家郡中，旦夕延見，甚歡。觀以改修府治獲譴，帝見啓所作上梁文，因發怒，腰斬於市，年僅三十九。啓詩上自漢、魏、盛唐，下至宋、元諸家，靡不出入。緣情隨事，因物賦形，縱橫百出，自是一代作手。惜其早逝，未足以語大成。時吳下多詩人，啓與楊基、張羽、徐賁稱四傑，以配唐之王、楊、盧、駱。啓又嘗家於北郭，與張羽、徐賁、王行、高遜志、宋克、唐肅、余堯臣、呂敏、陳則結比隣，號「北郭十友。」自號青邱子。著有高太史大全集十八卷，鳧藻集五卷，附扣舷詞，並傳於世。

三五八　楊基

楊基字孟載，其先蜀嘉州人，祖官吳中，生基，遂家焉。九歲背誦六經，及長，著書十萬餘言，名曰論鑒。遭亂，隱吳之赤山，張士誠辟爲丞相府記室。未幾辭去，客饒介所。明師下平江，基以饒氏客，安置臨濠，旋徙河南。洪武二年放歸。尋起爲滎陽知縣，謫居鍾離，被薦爲江西行省幕官。以省臣得罪落職。六年起官，奉使湖廣。召還，授兵部員外郎，遷山西副使，進按察使。被讒奪官，謫輸作，竟卒於工作。初，會稽楊維楨客吳中，以詩自豪。基於座上賦鐵笛歌，維楨驚喜，與俱東，語從游者曰：「吾在吳又得一鐵矣，若曹就之學，優於老鐵學也。」其爲人推重若是。爲詩秀蒨清潤，神致雋爽，惟未脫元人纖麗之習。當時與高啓、張羽、徐賁，論者擬之爲唐初四傑。著有眉菴集十二卷，今傳於世。

三五九　徐賁

徐賁字幼文，其先蜀人，徙常州，再徙平江。張士誠辟爲屬，已謝去。吳平，謫徙臨濠。洪武七年，被薦至京。九年春，奉使晉、冀，有所廉訪。既還，檢其橐，惟紀行詩數首。太祖悅，授給事中，改御史，巡按廣東。又改刑部主事，遷廣西參議，以政績卓異，擢河南左布政使。大軍征洮、岷，道其境，坐犒勞不時，下獄瘐死。賁詩體裁明密，情喻幽深，頗似唐之皮、陸。同時與高啓、楊基、張羽，稱爲吳中四傑，以之比擬唐初王、楊、盧、駱，而以賁比駱賓王云。亦工書畫。其客吳時，常居城北之齊門，故名集曰北郭。今有北郭集十卷行於世。

三六〇　袁凱

袁凱字景文，松江華亭人。元末，爲府吏，博學有才辨，議論飆發，往往屈座人。洪武三年，薦授御史。武臣恃功驕恣，得罪者漸衆。凱上言諸將習兵事，恐未悉君臣禮，請於都督府，延通經學古之士，令諸武臣赴都堂聽講，庶得保族全身之道。帝敕臺省，延名士直午門，爲諸將說書。後帝慮囚畢，命凱送皇太子覆訊，多所矜減。凱還報，帝問朕與太子孰是，凱頓首言陛下法之正，東宮心之慈。帝以凱老猾持兩端，惡之。凱懼，佯狂免，告歸。久之以壽終。凱工詩，有盛名。性詼諧，自號海叟。背戴烏巾，倒騎黑牛，游行九峯間，好事者至繪爲圖。初在楊維楨座，客出所賦白燕詩，凱微笑，別作一篇以獻。維楨大驚賞，徧示座客，人遂呼袁白燕云。其詩古體學文選，近體學杜甫，著有海叟集四卷及集外詩一卷，今傳於世。

三六一　林鴻

林鴻字子羽，福淸人。洪武初，以人才薦授將樂縣訓導，歷禮部精膳司員外郎。性脫落，不善仕，年未四十，自免歸。閩中善詩者稱十才子，鴻爲之冠。十才子者，閩鄭定、侯官王褒、唐泰、長樂高棅、王恭、陳亮、永福王偁及鴻弟子周元、黃元，時人目爲「二元」者也。鴻論詩大指，謂漢、魏骨氣雖雄，而菁華不足，晉祖元虛，宋尙條暢，齊、梁以下，但務春華，少秋實，惟唐作者可謂大成；然貞觀尙習故陋，神龍漸變常調，開元、天寶間，聲律大備，學者當以是爲楷式。閩人言詩者，率本於鴻。晉府引禮舍人浦源，無錫人，慕鴻名，踰嶺訪之，造其門。二元請誦所作，曰：「吾家詩也。」鴻延之入社。鴻詩宗法唐人，繩趨矩步，不惟字句，且並其題而效之，論者譏其唐臨晉帖，爲晉安詩派之祖。著有鳴盛集四卷，今傳於世。

三六二　方孝孺（一三五七—一四〇二）

方孝孺字希直，一字希古，寧海人。父克勤，爲洪武中循吏。孝孺幼警敏，雙眸炯炯，讀書日盈寸，鄉人目爲小韓子。長從宋濂學，濂門下知名士，皆出其下。先輩胡翰、蘇伯衡，亦自謂弗如。孝孺顧末視文藝，恆以明王道致太平爲己任。洪武十五年，以吳沉、揭樞薦，召見。太祖喜其舉止端整，謂皇太子曰：「此莊士，當老其才。」禮遣還。後爲仇家所連，逮至京。太祖見其名，釋之。二十五年，又以薦召至。太祖曰：「今非用孝孺時。」除漢中教授，日與諸生講學不倦。蜀獻王聞其賢，聘爲世子師。及惠帝卽位，召爲翰林侍講。明年，遷侍講學士，國家大政事，輒咨之。帝好讀書，每有疑，卽召使講解。時修太祖實錄及類要諸書，孝孺皆爲總裁。改文學博士。燕兵起，廷議討之，詔檄皆出其手。及燕兵入京，帝自焚，是日孝孺被執下獄。先是，成祖發北平，姚廣孝以孝孺爲託曰：「城下之日，彼必不降，幸勿殺之。殺孝孺，天下讀書種子絕矣。」成祖頷之。至是欲使草詔。召至，悲慟聲徹殿陛。成祖降榻勞曰：「先生毋自苦，予欲法周公輔成王耳。」孝孺曰：「成王安在？」成祖曰：「彼自焚死。」孝孺曰：「何不立成王之子？」成祖曰：「國賴長君。」孝儒曰：「何不立成

方孝孺

王之弟？」成祖曰：「此朕家事。」顧左右授筆札曰：「詔天下非先生草不可！」孝孺投筆於地，且哭且罵曰：「死即死耳，詔不可草！」成祖怒，命磔諸市。孝孺慨然就死，作絕命詞曰：「天降亂離兮，孰知其由？奸臣得計兮，謀國用猶。忠臣發憤兮，血淚交流。以此殉君兮，抑又何求？嗚呼哀哉兮，庶不我尤！」時年四十六。福王時，追謚文正。門人檢遺骸，瘞聚寶門外山上。妻及子女，均先後自經而死。宗族親友，前後坐誅者數百人。孝孺文章醇深雄邁，每一篇出，海內爭相傳誦。家素貧，嘗臥病絕糧，家人以告，笑曰：「古人三旬九食，貧豈獨我哉？」名其讀書之廬曰正學，學者稱正學先生。孝孺殉節後，文禁甚嚴，有藏其文者罪至死。門人王稌藏其遺稾，宣德後始稍傳播，故其中闕文脫簡頗多。今有遜志齋集三十四卷傳於世。

三六三　楊士奇（一三六五—一四四四）

楊士奇名寓，以字行，泰和人。早孤，隨母適羅氏，已而復宗。貧甚，力學，授徒自給。多游湖、湘間，館江夏最久。建文初，集諸儒修太祖實錄，士奇已用薦徵授教授，當行，王叔英復以史才薦，遂召入翰林，充編纂官。尋命吏部考第史館諸儒。尚書張紞得士奇策，曰：「此非經生言也。」奏第一，授吳王府審理副，仍供館職。成祖卽位，改編修。已簡入內閣，典機務。數月，進侍讀。永樂二年，選宮僚，以士奇爲左中允。五年，進左諭德。帝北征還，時士奇輔太子，以迎駕緩，被劾下錦衣衞獄，尋釋之。累進翰林學士，左春坊大學士。仁宗卽位，擢禮部侍郎兼華蓋殿大學士。尋進少傅，命兼兵部尚書，並食三祿。士奇辭尚書祿。未幾修太宗實錄，與黃淮、金幼孜、楊溥俱充總裁官。宣宗時修仁宗實錄，仍充總裁。尋敕鴻臚寺，士奇老有疾，趨朝或後，毋論奏。時帝勵精圖治，士奇等同心輔佐，海內號爲治平。宣宗崩，英宗卽位，方九齡，軍國大政關白太皇太后，太后推心任士奇及榮、溥三人，修宣宗實錄成，

楊士奇

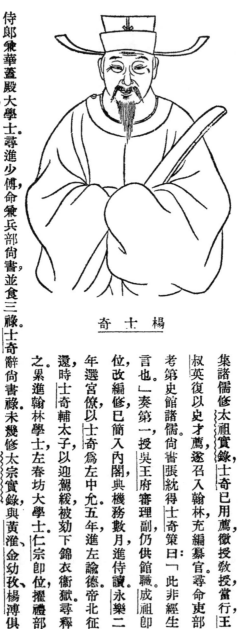

進少師。四年乞致仕，不允。士奇既耄，子稷傲很，嘗侵暴殺人，言官交章劾稷，遂下之理。士奇以老疾在告，天子恐傷士奇意，降詔慰勉。士奇感泣，憂不能起。九年三月卒，年八十。贈太師，謚文貞。士奇雅善知人，好推轂寒士，所薦達，有初未識面者，而于謙、周忱、況鍾之屬，皆用士奇薦，居官至三十年，廉能冠天下，為世名臣云。自永樂至成化八十餘年間，明之昇平時代也。士奇與楊榮、楊溥，俱以久在臺閣，寵任一時。本其地位之所孕育，相率以博大昌明之體，雍容閒雅之作，鼓吹休明，海內宗之，號為「臺閣體。」著有東里全集九十七卷，別集四卷，今傳於世。

三六四　解縉（一三六九—一四一五）

解縉字大紳，吉水人。幼穎敏。洪武二十一年舉進士，授中書庶吉士，甚見愛重，常侍帝前。一日，帝在大庖西室，諭縉：「朕與爾義則君臣，恩猶父子，當知無不言。」縉即日上封事萬言，帝稱其才。已復獻太平十策。縉嘗入兵部索皁隸，語嫚，尚書沈溍以聞，帝曰：「縉以冗散自恣耶？」命改為御史。韓國公李善長得罪死，縉代郎中王國用草疏白其冤。時近臣父皆得入覲，縉父開至，帝謂曰：「大器晚成，若以而子歸，益令進學，後十年來，大用未晚也。」遂歸。太祖崩，縉入臨京師，有司劾縉違詔旨，謫河州衞吏。時禮部侍郎董倫方為惠帝所信任，縉因寓書於倫，倫乃薦縉，召為翰林待詔。成祖入京，擢侍讀，命與黃淮、楊士奇、胡廣、金幼孜、楊榮、胡儼，並直文淵閣，預機務。尋進侍讀學士，命總裁太祖實錄。永樂二年，皇太子立，進縉翰林學士兼右春坊大學士，並賜五品服。五年，坐廷試讀卷不公，謫廣西布政司參議。既行，禮部郎中李至剛言縉怨望，改交阯，命督餉化州。八年，縉奏事入京，值帝北征，縉謁皇太子而還。漢王言縉伺上出，私覲太子，徑歸，無人臣禮。帝震怒，逮縉下詔獄，拷掠備至，詞連大理丞湯宗，宗人府經歷高得暘，中允李貫，贊善王汝玉，編修朱紘，檢討蔣驥、潘畿、蕭引高，幷及至剛，皆下獄。汝玉、貫、紘、引高、得暘皆瘐死。十三年，錦衣衛帥紀綱上囚籍，帝見縉姓名，曰「縉猶在耶？」綱遂醉縉酒，埋積雪中，立死，年四十七。籍其家，妻子宗族徙遼東。正統元年八月，詔還所籍家產。成化二年，復縉官，贈朝議大夫。縉率易狂悖，無所避忌，才氣

解縉

放逸，爲文下筆不能自休，當時有才子之目。所著有文毅集十六卷，今傳於世。

三六五　楊榮（一三七一——一四四〇）

楊榮初名子榮，字勉仁，建安人。建文二年進士，授編修。成祖初入京，榮迎謁馬首曰：「殿下先謁陵乎？先即位乎？」成祖遽趣駕謁陵，自是遂受知。既即位，簡入文淵閣，爲更名榮，同值七人，榮最少，警敏。一日晚，寧夏報被圍，召七人皆

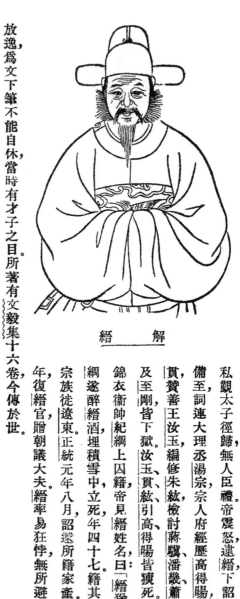

已出，獨榮在。帝示以奏，榮曰：「寧夏城堅，人皆習戰，奏上已十餘日，圍解矣。」夜半，果奏圍解。帝謂榮曰：「何料之審也！」帝益重之，再遷至侍講。太子立，進右諭德，仍兼前職，與在直諸臣同賜二品服。五年命往甘肅經畫軍務，所過覽山川形勢，察軍民，閱城堡，還奏武英殿，帝大悅。值盛暑，親剖瓜啖之。尋進右庶子，兼職如故。嘗隨帝北行，凡宣詔出令

楊榮

及旗志符驗，必得榮奏乃發。十四年進翰林學士，累進文淵閣大學士。二十年復從出塞，軍事悉令參決，賚予優渥。帝凡五出塞，榮均扈從。後帝崩軍中，衆莫知所措，榮與幼孜議六師在外，去京師尚遠，祕不發喪。榮與少監海壽先馳報太子。既至，仁宗卽位，進榮爲太常卿，餘官如故。尋進太子少傅，謹身殿大學士，以大行時所行喪禮及處分軍事有功，進工部尚書，食三祿。英宗卽位，委寄如故。正統三年，與士奇俱進少師。五年乞歸展墓，命中官護行。還至武林驛而卒，年七十。贈太師，諡文敏，授世襲都指揮使。榮歷任四朝，謀而能斷。嘗語人曰：「事君有體，進諫有方，以悻直取禍，吾不爲也。」故其恩遇，亦始終無間。爲文具有富貴福澤之氣，雍容平易，肖其爲人。與楊士奇同主一代文柄，其名重可知。著有楊文敏集二十五

卷，今傳於世。

三六六　楊溥（一三七二—一〇四六）

楊溥字弘濟，石首人。與楊榮同舉進士，授編修。永樂初侍皇太子爲洗馬。十二年，東宮遣使迎帝遲，帝怒，黃淮逮至北京繫獄。及金問至，帝益怒曰：「問何人？得侍太子？」下法司鞫，連溥逮繫錦衣衛獄。家人供養數絕，而帝意不可測，旦夕且死。溥益奮讀書不輟。繫十年，讀經史諸子數周。仁宗即位，釋出獄，擢翰林學士。明年建弘文閣於思善門，左遷諸臣有學行者侍值，命溥掌閣事，親授閣印。尋進太常卿。宣宗即位，召溥入內閣，與楊士奇等共典機務。九年，遷禮部尚書學士，值內閣如故。英宗初立，修宣宗實錄成，進少保武英殿大學士。溥後士奇、榮二十餘年入閣，至是乃與士奇、榮並。是時天下清平，朝無失政，中外臣民，翕然稱三楊。以居第，目士奇曰西楊，榮曰東楊，而溥嘗自署郡望曰南郡，因號爲南楊。十一年七月卒，年七十五，贈太

楊溥

師，諡文定。溥質直廉靜，無城府。性恭謹，每入朝循牆而去。諸大臣論事爭可否，或至違言，溥平心處之，諸大臣皆歎服。時謂士奇有學行，榮有才識，溥有雅操，皆人所不及云。溥之爲文，亦與士奇、榮同時號「三楊」。所著詩文今多散佚，罕傳於世。

三六七 朱權（？—一四四八）

朱權，濠之鍾離人。明太祖第十七子也。洪武二十四年，封爲寧王。踰三年，就藩大寧。大寧在喜峯口外，帶甲八萬，革車六千，所屬朵顏三衞騎兵皆驍勇善戰。權數會諸王出塞，以善謀稱。燕王初起兵，以大寧諸軍慓悍，頗想利用，謂權事成，當中分天下。比卽位，改封南昌，帝親製詩送之，詔卽布政司爲邸，瓴甋規制，無所更。已而人告權巫蠱誹謗事，密探無驗得已。自是韜晦，構精廬一區，鼓琴讀書其間，終成祖世，得無患。仁宗時，法禁稍解，乃上書言南昌非其封國。帝答南昌叔父受之皇考已二十餘年，非封國而何，遂不還。自是權日與文學士相往還，託志翀舉，自號臞仙，又號涵虛子，丹邱先生。正統十三年卒。諡曰獻。權雅好音律，所著有雜劇十二種，今已失傳。又有太和正音譜、瓊林雅韻、詞品等相傳。荊釵記爲其所作。荊釵記敍南宋名儒王十朋少孤貧，以荊釵聘娶女子錢玉蓮，後因各種緣故，離而復合。情節曲折，論者謂其以眞切之詞，寫眞切之情，情文相生，最不易及。與白兔記、拜月亭、殺狗記，同稱明初四大傳奇，今傳於世。

三六八　朱有燉（？—一四三九）

朱有燉，濠之鍾離人。明太祖第五子周定王橚長子也，洪熙元年襲封爲王，博學善書。弟有爋，數訐有燉，宣宗書諭之。正統四年，病篤，嘗奏身後務從儉約，以省民力。妃夫人以下，不必從死。年少有父母者遣歸。既死，妃鞏氏，夫人施氏、歐氏、陳氏、張氏、韓氏、李氏皆殉死。諡曰憲，故世稱周憲王。有燉遭世隆平，奉藩多暇，留心翰墨，尤精詞曲之學。音律諧美，流傳內府，一時中原絃索多用之。李夢陽汴中元宵云：「中山孺子倚新裝，趙女燕姬總擅場。齊唱憲王新樂府，金梁橋外月如霜。」當時其曲之盛行，可想而知。著有雜劇凡三十餘種及散曲等，總名爲誠齋樂府，傳於世。

三六九　徐畛

徐畛字仲由，淳安人。洪武初，徵秀才，至藩省，辭歸。其他事蹟，多不可考。畛自謂吾詩文未足品藻，惟傳奇詞曲，不多讓古人。其著名者，卽所謂殺狗記是也。作風樸拙，與朱權之荆釵記，無名氏之白兔記，（卽劉知遠）施惠之拜月亭，同稱爲明初四大傳奇。或加入高明之琵琶記，合稱爲五大傳奇。其爲人所稱許若是。嘗製葉兒樂府滿庭芳，有云：「淵明彭澤辭官後，不事王侯；愛的是青山舊友，喜的是綠酒新篘。」蓋頗以淸高自賞者也。所著又有巢松集，並傳於世。

三七〇　邱濬（一四二〇—一四九五）

邱濬字仲深，瓊山人。幼孤，母李氏教之讀書，過目成誦。家貧無書，嘗走數百里借書，必得乃已。舉鄉試第一。景泰五年成進士，改庶吉士，授編修。濬既官翰林，見聞益廣，尤熟國家典故，以經濟自負。成化二年，兩廣用兵，濬奏記大學士李賢，指陳形勢，纚纚數千言。賢善其計，聞之帝，命錄示總兵官趙輔、巡撫都御史韓雍。雍等破賊雖不盡用其策，而濬以此名重公卿間。秩滿，進侍講，與修英宗實錄，進侍講學士，遷國子祭酒。孝宗嗣位，進禮部尚書，掌詹事府，修憲宗實錄，充副總裁。弘治四年書成，加太子太保。尋命兼文淵閣大學士，參預機務。尚書入內閣者，自濬始，時年七十一矣。六年，以目疾免朝參。與王恕不相得。會太醫院判劉文泰，嘗往來濬家，以失職訐恕。恕疑文泰受濬所指，而言者譁然，言疏稿出濬手，交章劾濬，不可居相位，帝不問。踰年加少保。八年卒，年七十六。贈太傅，諡文莊。濬廉介，所居邸第，極湫隘，四十年不易。性嗜學，既老，右目失明，猶披覽不輟。議論好矯激，不當意，輒面折之。濬記誦淹洽，冠絕一時，故其文章爾雅。著有瓊臺會稾二十四卷及五倫全備忠孝記、投筆記、舉鼎記、羅囊記等傳奇四種，今多散佚。

三七一　李東陽（一四四七—一五一六）

李東陽字賓之，茶陵人。以戍籍居京師。四歲能作徑尺書，景帝召試之，甚喜，抱置膝上，賜果鈔。後兩召講尚書大義，稱旨，命入京學。天順八年，年十八，成進士，選庶吉士，授編修。累選侍講學士，充東宮講官。弘治五年，憲宗實錄成，由左庶子兼侍講學士進太常少卿，兼官如故。五年，徐溥等以詔敕繁，請如先朝王直故事，設官專領，乃擢東陽禮部右侍郎兼侍讀學士，入內閣專典誥敕。八年，以本官直文淵閣，參預機務。久之，進太子少保，禮部尚書兼文淵閣大學士。

李東陽

十七年重建闕里廟成，奉命往祭。是時帝數召閣臣，面議政事。東陽竭心獻納，時政闕失，必盡言極諫。武宗立，屢加少傅兼太子太傅。劉瑾入司禮，東陽卽日辭位，詔不許。瑾既得志，務摧折縉紳，老臣忠直士，放逐殆盡。東陽悒悒不得志，亦委蛇避禍。先是東陽奉命編通鑑纂要，既成，瑾令人摘筆畫小疵，除謄錄官數人外，欲因以及東陽。東陽大窘，屬焦芳與張綵為解，乃已。瑾凶暴日甚，無所不訕侮，於東陽猶陽禮敬。凡瑾所為亂政，東陽彌縫其間，亦多所補救。當時失瑾意者，皆荷重校，幾死，東陽均力救之，得免。其潛移默奪，保全善類，天下陰受其庇，而氣節之士多非之。侍郎羅玘上書勸其早退，至請削門生籍。東陽得書，俛首長歎而已。四年秋，瑾誅。東陽乃上疏自請罪，帝慰留之。七年，東陽以京師及山西、陝西、雲南、福建相繼地震，而帝講筵不舉，視朝久曠，屢上疏極諫，帝終不聽。東陽以老疾乞休，前後章數上，詔始許。又四年卒，年七十，贈太師，謚文正。東陽事父淳，有孝行。初官翰林時，常飲酒至夜深，父不就寢，忍寒待其歸，自此終身不飲於外。立朝五十年，清節不渝。既罷政居家，請詩文書篆者，塡塞戶限，頗資以給朝夕。一日，夫人方進紙墨，東陽有倦色。夫人笑曰：「今日設客，可使案無魚菜耶？」乃欣然命筆，移時而罷，其風操如此。爲文典雅流麗，朝廷大著作，多出其手。詩宗法老杜，在永樂以後，有如老鶴孤鳴，一洗當時陋習，天下亦嚮然從之。自號西涯。著有懷麓堂集一百卷，今傳於世。

三七二　王鏊（一四五〇—一五二四）

王鏊字濟之，吳人。年十六，隨父琬讀書國子監，諸生爭傳誦其文。侍郎葉盛，提學御史陳選，奇之，稱爲「天下士」。成化十年鄉試，明年會試，俱第一。廷試第三，授編修。杜門讀書，避遠權勢。弘治初，遷侍講學士，充講官。壽寧侯張巒，故與鏊有連，及巒貴，鏊絕不與通。東宮出閣，大臣請選正人爲宮僚，鏊以本官兼諭德。尋轉少詹事，擢吏部右侍郎。嘗上書言宜仿前代制科，如博學宏詞之類，以收異材，不能用。正德元年，劉瑾入司禮，內閣止李東陽一人，瑾欲引焦芳，廷議獨推鏊。瑾迫公論，命以本官兼學士，與芳同入內閣。踰月進戶部尚書、文淵閣大學士。明年，加少傅兼太子太傅。尚寶卿崔璿等三人荷校幾死，與東陽力救之得解。時中外大權，悉歸瑾，而芳專媕阿，瑾橫彌甚，禍流縉紳，鏊不能救，力求去。四年，疏三上，許之。家居十四年，廷臣交薦不起。世宗卽位，遣行人存問，鏊疏謝，因上講學、親政二篇。嘉靖三年復詔有司存問。未幾卒年七十五，贈太傅，諡文恪。鏊博學有識鑒，文章爾雅，議論明暢，純而不弱，奇而不怪，雄偉俊傑，卓然振一代之衰。著有震澤集三十六卷，今傳於世。

三七三　祝允明（一四六〇—一五二六）

祝允明字希哲，長洲人。祖顥，正統四年進士。允明以弘治五年舉於鄉，久之不第，授廣東興寧知縣，捕戮盜魁三十餘邑以無警，稍遷應天通判，謝病歸，嘉靖五年卒年六十七。允明生而枝指，故自號枝山，又號枝指生。五歲作徑尺字，九歲能詩，稍長博覽羣集，文章有奇氣，當筵疾書，思若湧泉。尤工書法，名動海內。好酒色六博，善新聲，求文及書者踵至，多賄妓掩得之。惡禮法士，亦不問生產，有所入，輒召客豪飲，費盡乃已。或分與持去，不留一錢。晚益困，每出，追呼索逋者相隨於後，允明益自喜。爲詩取材頗富，造語頗妍，下擷晚唐，上薄六代，往往得其一體。其文瀟灑自如，不甚依門傍戶，雖無江山萬里之鉅觀，而一丘一壑，時復有致，才人之作也。今有懷星堂集三十卷傳於世。

三七四　王九思（一四六八—一五五一）

王九思字敬夫，鄠人。弘治九年進士，由庶吉士授檢討，尋調吏部，至郎中。以坐劉瑾黨，謫壽州同知，復被論劾致仕。九思與康海同里同官，同以瑾黨廢。每相聚沜東、鄠、杜間，挾聲伎酣飲，製樂造曲，自比俳優，以寄其怫鬱。又嘗費重貲購樂工學琵琶。九思與康海齊名，然九思較海更勝一籌。王世貞稱九思秀麗雄爽，康海大不如也。評者以九思聲價，不在關漢卿、馬致遠下。因嘗居渼陂，自號渼陂。所著有渼陂集十六卷，碧山樂府一卷，樂府拾遺一卷，碧山續稿一卷，今並傳於世。

三七五　唐寅（一四七〇—一五二三）

唐寅字伯虎，一字子畏，吳人。性穎利，與里狂生張靈縱酒，不事諸生業。祝允明規之，乃閉戶浹歲。舉弘治十一年鄉試第一，座主梁儲奇其文，還朝示學士程敏政，敏政亦奇之。未幾敏政總裁會試，江陰富人徐經，賄其家僮得試題。事露，言者劾敏政，語連寅，下詔獄，謫爲吏，寅恥不就。歸家益放浪。寧王宸濠厚幣聘之，寅察其有異志，佯狂使酒，露其醜穢，宸濠不能堪，放還。築室桃花塢，與客日縱飲其中。年五十四而卒。寅詩文初尚才情，晚年頹然自放，謂後人知我不在此，論者傷之。吳中自枝山輩以放誕不羈爲世所指目，而文才輕豔，傾動流輩，傳說者增益而附麗之，往往出名敎外。寅文詞敏快，又工古文，詩歌效白香山，其合者尤令人解頤。又善書畫，均負盛譽。評者謂其遠攻李唐，足任偏師；近交沈周，可當半席。自號六如，又稱江南第一風流才子。著有唐六如集四卷，今傳於世。

三七六　文徵明（一四七〇—一五五九）

文徵明初名璧，以字行，更字徵仲，長洲人。父林，溫州知府。林卒，吏民醵千金爲賻。徵明年十六，悉却之。吏民修故却金亭以配前守何文淵而記其事。徵明幼不慧，稍長穎異挺發，學文於吳寬，學書於李應禎，學畫於沈周，皆父友也。

文徵明

又與祝允明、唐寅、徐禎卿輩相切劘，名日益著。巡撫俞諫欲遺之金，指所衣藍衫，謂曰：「敝至此耶？」徵明佯不喻，曰：「遭雨敝耳。」諫竟不敢言遺金事。寧王宸濠慕其名，貽書幣聘之，辭病不赴。正德末，巡撫李充嗣薦之，會徵明亦以歲貢生詣吏部試，奏授翰林院待詔。世宗立，預修武宗實錄，侍經筵，歲時頒賜，與諸詞臣齒。而是時專尚科目，徵明意不自得，連歲乞歸。楊一清召入輔政，謀徙徵明官，徵明乞歸益力，乃獲致仕。嘉靖三十八年卒，年九十矣。徵明主風雅，以詞翰名於世。既歸，乞詩文書畫者，接踵於道。而富貴人不易得片楮，尤不肯與王府及中人，曰：「此法所禁也。」周、徽諸王以寶玩爲贈，不啓封而還之。外國使者道吳門，望里肅拜，以不獲見爲恨。文筆徧天下，門下士贋作者頗多，徵明亦不禁。爲詩於雅飭之中，時饒逸韻。自號衡山。著有甫田集三十五卷，今傳於世。

三七七　王守仁（一四七二—一五二八）

王守仁字伯安，餘姚人。父華字德輝，成化十七年進士第一，累官學士少詹事。守仁娠十四月而生。祖母夢神人自雲中送兒下，因名雲。五歲不能言，異人拊之，更名守仁，乃言。年十五，訪客居庸、山海關，時闌出塞，縱觀山川形勝。弱

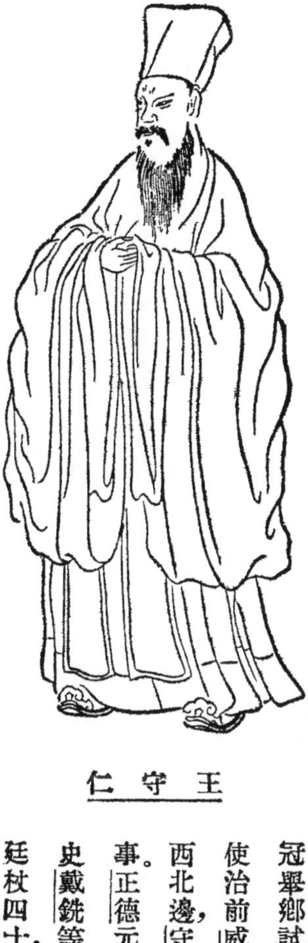

王守仁

冠，舉鄉試，學大進。登弘治十二年進士，使治前威寧伯王越葬，還而朝議方急西北邊，守仁條八事上之。尋授刑部主事。正德元年冬，劉瑾逮南京給事中御史戴銑等二十餘人，守仁抗章救，瑾怒，廷杖四十，謫貴州龍場驛丞。瑾誅，移廬陵知縣。入覲，遷南京刑部主事。屢遷考功郎中，擢南京太僕少卿，尋遷鴻臚卿。兵部尚書王瓊素奇其才，十一年八月，擢右僉都御史，巡撫南贛。時南中盜賊蜂起，守仁皆討平之。守仁所將皆文吏及偏裨小校，平數十年巨寇，遠近驚為神，進右副都御史，予世襲錦衣衛百戶，再進副千戶。十四年六月，命勘福建叛軍，行至豐城，而寧王宸濠反，守仁急趨吉安，暴宸濠罪。又為蠟書遣偽相李士實、劉養正，敍其歸國之誠，令從臾早發兵東下，而縱諜洩之，宸濠果疑，凡三十

五日而賊平。守仁先後平賊，率歸功瓊。楊廷和不喜，因拜守仁南京兵部尙書。守仁不赴，請歸省。已論功，封特進光祿大夫柱國新建伯，世襲，歲祿一千石。然不予鐵券，歲祿亦不給。嘉靖六年，思恩、田州土酋盧蘇王受反，總督姚鏌不能定，乃詔守仁以原官兼左都御史，總督兩廣兼巡撫往討之。及討平叛藩，忌者誣以初同賊謀，又誣其輦載金帛。時守仁亦已病甚，疏乞骸骨，舉鄖陽巡撫林富自代，不俟命，竟歸。行至南安卒，年五十七。喪過江西，軍民無不縞素哭送者。隆慶初，廷臣多頌其功，詔贈新建侯，謚文成。守仁天姿異敏，年十七，謁上饒婁諒，與論朱子格物大指。還家，日端坐，講讀五經，不苟言笑。游九華歸，築室陽明洞中，學者稱陽明先生。其爲教，專以致良知爲主，謂格物致知，當自求諸心，不當求諸事物。爲文博大昌明，詩亦秀逸有致。不獨事功可稱，其文章自足傳世也。著王文成全集三十八卷，今傳於世。

三七八　李夢陽（一四七二——一五二九）

李夢陽字獻吉，慶陽人。父正，官周王府教授，徙居開封。母夢日墮懷而生，故名夢陽。弘治六年舉陝西鄉試第一。明年成進士，授戶部主事，遷郎中。榷關格勢要，搆下獄，得釋。十八年應詔上書，陳二病、三害、六漸，凡五千餘言，極論得失。末言壽寧侯張鶴齡招納無賴，罔利賊民，勢如翼虎。鶴齡奏辨，摘疏中陛下厚張氏語，誣夢陽訕母后爲張氏，罪當斬。帝不得已，繫夢陽錦衣衛獄，尋宥出，奪俸。孝宗崩，武宗立，劉瑾等八虎用事，尙書韓文與其僚語及而泣。夢陽進曰：「公大臣，何泣也？」文曰：「奈何？」曰：「比言官劾羣奄，閣臣持其章甚力，公誠率諸大臣伏闕爭，閣臣必應之，去若輩易耳。」文曰「善。」屬夢陽屬草。會語洩，文等皆逐去。瑾深憾之，矯旨謫山西布政司經歷，勒致仕。既而瑾復摭他事下夢陽獄，將殺之。康海爲說瑾，乃免。瑾誅，起故官，遷江西提學副使。令甲，副使屬總督，夢陽與相抗，總督陳金惡之。監司五日會揖巡按御史，夢陽又不往揖，且敕諸生毋謁上官，即謁長揖毋跪。御史江萬實亦惡夢陽。淮王府校與諸生爭，夢陽笞校。王怒，奏之，下御史按治。又詔下總督金行勘，金檄布政使鄭岳勘之。夢陽僞撰萬實劾金疏以激怒金，并搆岳子沄通賄事。寧王宸濠者，浮慕夢陽，嘗請撰陽春書院記，又惡岳，乃助夢陽劾岳。萬實復奏夢陽短及僞爲奏章事，詔遣大理卿燕忠往鞫，召夢陽羈廣信獄。諸生萬餘爲訟冤，不聽，遂以冠帶閒住去。夢陽既家居，益跅弛負氣。治園池，召賓客，日縱俠少射獵繁臺、晉邱間，自號空同子，名震海內。宸濠反誅，御史周宣劾夢陽黨逆被逮。大學士楊廷和、尙書林俊力救之，坐前作書院記削籍。頃之卒。夢陽才思雄鷙，卓然以復古自命。弘治時宰相李東陽主文柄，天下翕然宗之，夢陽獨譏其萎弱，倡言文必秦漢，詩必盛唐，非是者勿道。與何景明、徐禎卿、邊貢、朱應登、顧璘、陳沂、鄭善夫、康海、王九思等號「十才子」。又與景明、禎卿、貢、海、九思、及王廷相號「七才子」。皆卑視一世，而夢陽尤甚。迨嘉靖朝李攀龍、王世貞出，復奉以爲宗。天下推李、何、王、李爲四大家，無不爭效其體。著有空同集六十六卷，空同子一卷，今傳於世。

三七九　康海（一四七五—一五四〇）

康海字德涵，武功人。弘治十五年殿試第一，授修撰。與夢陽輩相倡和，嘗議諸先達，忌者頗衆。正德初，劉瑾亂政，以海同鄉，慕其才，欲招致之，海不肯往。會夢陽下獄，書片紙招海曰：「對山救我！」對山者，海別號也。海乃謁瑾，瑾大喜，爲倒屣迎。海因設詭辭說之，瑾意解。明日，釋夢陽。踰年，瑾敗，海坐黨落職。遂放浪自恣，徵歌選妓，於文章不復精思。詩尤頹縱，時人名號爵里韻至便押，不麗於雅。然其逸氣往來，翛然自異，固在李夢陽等剽剝秦、漢者上也。著有對山集十卷，今傳於世。

三八〇　顧璘（一四七六—一五四七）

顧璘字華玉，上元人。弘治九年進士，授廣平知縣，擢南京吏部主事，晉郎中。正德四年，出爲開封知府，數與鎮守太監廖堂、王宏忤，逮下錦衣獄，謫全州知州。秩滿，遷台州知府。歷浙江左布政使，山西、湖廣巡撫，右副都御史，所至有聲。還吏部右侍郎，改工部，董顯陵工，畢，還南京刑部尚書，罷歸。年七十餘卒。璘少負才名，與何、李相上下。虛己好士，如恐不及。在浙慕孫太初，不可得見，道衣幅布，放舟湖上。月下見小舟泊斷橋，一僧一鶴一童子煮茗，笑曰：「此必太初也。」移舟就之，遂往還無間。既歸，構息園，大治幸舍居客，客常滿。時與客豪飲，伎樂雜作。初與同里陳沂、王韋號「金陵三俊」，其後寶應朱應登繼起，稱四大家。璘詩矩矱唐人，以風調勝，羽翼李夢陽。著有息園存藁二十四卷，浮湖集四卷，山中集四卷，憑几集七卷等傳於世。

三八一　邊貢（一四七六——一五三二）

邊貢字廷實，歷城人。父節，代州知州。貢年二十，舉於鄉。第弘治九年進士，除太常博士，擢兵部科給事中。孝宗崩，疏劾中官張瑜太醫劉文泰、高廷和用藥之謬；又劾中官苗逵，保國公暉都御史史琳用兵之失。改太常丞，遷衞輝知府，改荊州，並能其官。歷陝西、河南提學副使，以母憂家居。嘉靖改元，用薦起南京太常少卿，三遷太常卿，督四夷館，擢刑部侍郎，拜戶部尚書，並在南京。後都御史劾其縱酒廢職，遂能歸。貢早負才名，美風姿。所交悉海內名士。既久官留都，優閒無事，游覽江山，揮毫浮白，夜以繼日，以是爲人所非議。貢才情甚富，能於沈隱處見其流麗。自號華泉。所著有華泉集十四卷今傳於世。

三八二　徐禎卿（一四七九——一五一一）

徐禎卿字昌穀，吳縣人。天資穎特，家不蓄一書，而無所不通。自爲諸生，已工詩歌。與里人唐寅善，寅言之沈周、楊循吉，由是知名。舉弘治十八年進士。孝宗遣中使問禎卿與華亭陸深名，深遂得館選，而禎卿以貌寢不與。授大理左寺副。坐失囚貶國子博士。卒年祇三十有三。禎卿體癯神淸，詩鎔鍊精警。少與祝允明、唐寅、文徵明齊名，號「吳中四才子」。而以禎卿爲其冠。年雖不永，名滿士林。其爲詩，喜白居易、劉禹錫。既登第，與李夢陽、何景明遊，悔其少作，改而趨漢、魏、盛唐。然故習猶在，夢陽譏其守而未化。著有迪功集六卷，談藝錄一卷，今並傳於世。

三八三　何景明（一四八三——一五二一）

何景明字仲默，信陽人。八歲能詩古文。弘治十一年舉於鄉，年方十五。宗藩貴人，爭遣人負視，所至聚觀者堵。十五年，第進士，授中書舍人。正德改元，劉瑾竊柄，上書吏部尚書許進，勸其秉政毋撓，語極激烈。已遂謝病歸。踰年瑾盡免諸在告者官，景明坐罷。瑾誅，用李東陽薦，起故秩，直內閣制敕房。李夢陽下獄，衆莫敢爲直，景明上書吏部尚書楊一清救之。久之進吏部員外郎，直制敕如故。尋擢陝西提學副使。嘉靖初，引疾歸。未幾卒，年三十九。景明志操耿介，尚節義，鄙榮利，與夢陽並有國士風。兩人爲詩文，初相得甚歡，名成之後，互相詆諆。夢陽主摹倣，景明則主創造，各樹堅壘，不相下，兩人交遊，亦遂分左右袒。說者謂景明之才，本遜夢陽，而其詩秀逸穩稱，視夢陽反爲過之。然天下語詩文，必並稱「何、李。」又與邊貢、徐禎卿，並稱「四傑。」號大復山人。著有大復集三十八卷傳於世。

三八四　鄭善夫（一四八四——一五二二）

鄭善夫字繼之，閩縣人。弘治十八年進士，連遭內外艱。正德六年，始爲戶部主事，榷稅許墅，以清操聞。時劉瑾雖誅，嬖倖用事，善夫憤之，乃告歸，築草堂金鰲峯下，爲遲清亭，讀書其中，曰：「俟天下之清也。」寡交游，日晏未炊，欣然自得起禮部主事，進員外郎。武宗將南巡，偕同列切諫，杖於廷，罰跪五日。善夫更爲疏草置懷中，屬其僕曰：「死卽上之。」幸不死，歎曰：「時事若此，尙可靦顏就列哉？」乞歸未得。明年力請乃得歸。嘉靖改元，用薦起南京刑部郎中，未上，改吏部。行抵建寧，便道游武夷九曲，風雪絕糧，得病卒，年三十九。善夫敦行誼，婚嫁七弟妹，貲悉推予之，葬母黨二十二人。所交盡名士，與孫一元、殷雲霄、方豪尤友善。作詩力摹杜甫，多憂時感事之作。自號少谷。著有鄭少谷集二十五卷，今傳於世。

三八五　楊愼（一四八八—一五五九）

楊愼字用修，新都人。少師廷和之子也。年二十四，舉正德六年殿試第一，授翰林修撰。丁繼母憂，服闋，起故官。十二年八月，武宗微行，始出居庸關，愼抗疏切諫，尋移疾歸。世宗嗣位，起充經筵講官。嘉靖三年，帝納桂萼、張璁言，召爲翰林學士。愼偕同列三十六人上言，不能與萼等同列，願賜罷斥。帝怒，切責停俸有差。踰月，又偕學士豐熙等疏諫，不得命，偕廷臣伏左順門力諫。帝震怒，命執首事八人下詔獄。於是愼及檢討王元正等撼門大哭，聲徹殿庭。帝益怒，悉下詔獄，廷杖之。閱十日，有言前此朝罷，羣臣已散，愼、元正等糾衆伏哭，乃再杖於庭。愼、元正並請戍，餘削籍。愼得雲南永昌衞，扶病馳萬里，憊甚，抵戍所幾不起。五年，聞廷和疾，馳至家。廷和喜，疾愈，還永昌。八年，聞廷和赴，奔告巡撫歐陽重，請於朝，獲歸葬，葬訖復還。自是或歸蜀，或居雲南會城，或留戍所，大吏咸善視之。及年七十，還蜀。嘉靖三十八年七月卒，年七十二。隆慶初，贈光祿少卿。天啓中，追謚文憲。愼幼警敏，十一歲能詩，十二擬作古戰場文、過秦論，長老驚異。入京賦黃葉詩，李東陽見而嗟賞，令受業門下。嘗奉使過鎭江，謁楊一淸，閱所藏書，叩以疑義，一淸皆成誦。愼驚異，益肆力古學。旣投荒多暇，書無所不覽。明世記誦之博，著作之富，推愼爲第一。其詩含吐六朝，於明代獨主門戶。文雖不及其詩，然猶存古法，賢於何、李諸家。自號升菴。所著有升菴集八十一卷及二十一史彈詞等，今傳於世。

楊愼

三八六　王磐

王磐字鴻漸，高郵人。家擁鉅產，有雋才，好讀書。灑落不凡，惡諸生之拘攣，棄之，縱情山水書畫間。尤善音律，度曲淸灑。每風月佳勝，則絲竹觴詠，徹夜忘倦。性好樓居，構樓於城西僻地，凡三楹，日與名流談詠其間，因自號西樓。幅巾藜杖，飄然若仙，一時名重海內，多願與納交。所爲詞曲，瀟洒放逸，正如其人。在弘治、正德間，曾被推爲「詞人之冠」。

江盈科雪濤詩話，謂其材料取諸眼前，句調得諸口頭，其視匠心學古，艱難苦澀者，眞不啻啖哀家梨也。今有西樓樂府一卷，傳於世。

三八七　常倫（一四九二—一五二五）

常倫字明卿，沁水人。少警敏，五六歲能賦詩。正德六年舉進士，尋爲大理評事。世宗卽位，補壽州判官。嘉靖三年，以忤上官，遂棄官歸。好飲酒，既歸，益縱酒自放，居恆從歌伎酒間變新聲，悲壯豔麗，稱其爲人。嘗省墓，飲大醉，衣紅，腰雙刀，馳馬塵絕。前渡水，馬顧見水影，驚蹶，墮水，刃出於腹，潰腸死，年僅三十四。倫才高氣豪，不自檢。然開口言談，有晉人之風。少好游俠，談兵擊劍，甫弱冠，則折節讀書。好治百家言，尤邃黃老。爲詞豪放，而喜言神仙，自號樓居子。有常評事寫情集二卷，今傳於世。

三八八　謝榛（一四九五—一五七五）

謝榛字茂秦，臨清人。眇一目。年十六，作樂府商調，少年爭歌之。已折節讀書，刻意爲歌詩。西遊彰德，爲趙康王所賓禮。入京師，脫盧柟於獄。李攀龍、王世貞輩結詩社，榛爲長，攀龍次之。及攀龍名大熾，榛與論生平，頗相鐫責，攀龍遂貽書絕交。世貞輩右攀龍，力相排擠，削其名於七子之列。然榛游道日廣，秦、晉諸王爭延致，大河南北皆稱謝榛先生。

趙康王卒，乃歸。萬曆元年冬，復游彰德，王曾孫穆王，亦賓禮之。酒闌樂止，命所愛賈姬獨奏琵琶，則榛所製竹枝詞也。榛方傾聽，王命姬出拜，光華射人，藉地而坐，竟十章。榛曰：「此山人俚言耳，請更製以備房中之奏。」詰朝，上新詞十四闋，姬悉按而譜之。明年元旦，便殿奏伎，酒止送客，即盛禮而歸姬於榛。榛游燕、趙間，至大名，客請賦壽詩百章，成八十餘首，投筆而逝。當七子結社之始，榛嘗論詩，謂取李、杜十四家最勝者，熟讀之以會神氣，歌詠之以求聲調，玩味之以裒精華。得此三要，則浩乎渾淪，不必塑謫仙而畫少陵也。諸人心師其言，厥後雖合力擯榛，其稱詩指要實自榛發也。著有四溟集十卷，詩家直說二卷，今傳於世。

三八九　李開先（一五〇一—一五六八）

李開先字伯華，章邱人。嘉靖八年進士，除戶部主事，改吏部，歷員外郎中，官至太常少卿。年四十罷歸。開先弱冠登朝，嘗奉使銀夏，訪康海、王九思於武功、鄠杜間，賦詩度曲，引滿稱壽，二公恨相見晚也。既罷歸，置田產，蓄聲妓，徵歌度曲，為新聲小令，搊彈放歌，自謂馬致遠、張可久無以過也。為文一篇輒萬言，詩一韻輒百首，不循格律，詼諧調笑，信手放筆。嘗改定元人傳奇樂府數百卷，蒐集市井豔詞、詩禪、對類之屬，多流俗瑣碎，士大夫所不道者。自謂古來才士，不得乘時柄用，非以樂事繫其心，往往發狂病死，今借此以坐銷歲月，暗老豪傑耳。其汲汲於經世，不爭文苑之名，於此可知。所著詞多於文，文多於詩，率多隨意之作。與王慎中、唐順之、熊過、陳束、任瀚、趙時春、呂高，號稱「嘉靖八才子」

所藏詞山甚富，有「詞山曲海」之稱。自號中麓。所著詩文有閒居集十二卷，及中麓樂府，傳奇寶劍記、登壇記，雜劇園林午夢等傳於世。

三九〇　歸有光（一五〇六—一五七一）

歸有光字熙甫，崑山人。九歲能屬文，弱冠盡通五經、三史諸書，師事同邑魏校，嘉靖十九年舉鄉試。八上春官不第，徙居嘉定安亭江上，讀書談道，學徒常數百人，稱爲震川先生。四十四年，始成進士，授長興知縣，用古敎化爲治。每聽訟，引婦女兒童案前，刺刺作吳語。斷訖遣去，不具獄。大吏令不便，輒寢閣不行。有所擊斷，直行己意，大吏多惡之，調順德通判，專轄馬政。明世進士爲令，無遷倅者，名爲遷，實重抑之也。隆慶四年，大學士高拱、趙貞吉雅知有光，引爲南京太僕丞，留掌內閣制敕房，修世宗實錄，卒於官。有光爲古文原本經術，好太史公書，得其神理。時王世貞主盟文壇，有光力相觝排，目爲妄庸巨子。世貞大憾，其後亦心折有光。自明季以來，學者知由韓、柳、歐、蘇沿洄以溯秦、漢者，有光實有力焉。徐渭稱之爲今之歐陽子也。世稱王、唐、歸爲「嘉靖三大家」。或益以宋濂、方孝孺、王守仁，稱「有明六大家」。著有震川集三十卷，別集十卷，今傳於世。

三九一　唐順之（一五〇七—一五六〇）

唐順之字應德，武進人。父寶，永州知府。順之生有異稟，稍長，洽貫羣籍。年三十二，舉嘉靖八年會試第一，改庶吉士。座主張璁疾翰林，出諸吉士爲他曹，獨欲留順之，固辭，乃調兵部主事。引疾歸，久之，除吏部。十二年秋，詔選朝官爲翰林，乃改順之編修，校累朝實錄。事將竣，復以疾告，璁持其疏不下。有言順之欲遠璁者，璁發怒，擬旨以吏部主事罷歸，永不復敍。至十八年，選宮僚，乃起故官，兼春坊右司諫。與羅洪先、趙時春請朝太子，復削籍歸。卜築陽羨山中，讀書十餘年。中外論薦並報寢。倭躪江南北，趙文華出視師，疏薦順之，起南京兵部主事。父憂未終，不果出。免喪，召爲職方員外郎，進郎中，出覈薊鎮兵籍，還奏缺伍三萬有奇，見兵亦不任戰，因條上便宜九事。尋命往南畿、浙江視師，與胡宗憲協謀討賊。乃躬泛海，倭泊崇明、三沙，督舟師邀之海外，斬馘一百二十，沉其舟十二。擢太僕少卿，加右通政。賊又犯江北，勢甚熾。順之持刀，欲直前去賊營，衆固請勿進。時方盛暑，居海舟兩月，遂得疾，返太倉，擢右僉都御史。順之疾甚，以兵事棘，不敢辭，渡江，賊已爲李遂等所滅。三十九年春，汛期至，力疾泛海，渡焦山至通州，卒，年五十四。崇禎中，追謚襄文。順之於學無所不窺，生平苦節自勵，輟扉爲床，不飾裀褥。又聞良知說於王畿，閉戶兀坐，匝月忘寢，多所自得。爲古文洸洋紆折，有大家風，不似夢陽之割剝字句，描摹面貌；亦不似茅坤之比擬間架，掉弄機鋒。在有明中葉，屹然爲一大宗。學者稱荊川先生。著有荊川集十二卷，今傳於世。

三九二　王愼中（一五〇九—一五五九）

王愼中字道思，晉江人。四歲能誦詩，十八舉嘉靖五年進士，授戶部主事，尋改禮部祠祭司。時四方名士，唐順之、李開先輩，咸在部曹，愼中與之講習，學大進。十二年，詔簡部郎爲翰林，衆首擬愼中。大學士張孚敬欲一見，辭不赴。乃稍移吏部，爲考功員外郎，進驗封郎中。忌者讒之孚敬，因覆議眞人張衍慶請封疏，謫常州通判。稍遷戶部主事，禮部員外郎，並在南京。久之，擢山東提學僉事，改江西參議，進河南參政。侍郎王杲奉命振荒，以其事委愼中，還朝薦愼中可重用。會二十年大計，吏部註愼中不及，而大學士夏言先與相忤，遂內批不謹，落其職。年五十一卒。愼中爲文，初主秦、漢，繼悟歐、曾作文之法，乃盡焚舊作，一意師倣，尤得力於曾鞏。順之初不服，久亦變而從之。壯年廢棄，益肆力古文，演迤詳贍，卓然成家，與順之齊名，天下稱之曰「王、唐，」又曰「晉江、毘陵。」初號遵巖居士，後號南江居。著有遵巖集二十五卷，今傳於世。

三九二　吳承恩

吳承恩字汝忠，淮安山陽人。嘉靖二十三年歲貢生，後官長興縣丞。隆慶初歸山陽。萬曆初卒。承恩性敏多慧，博極羣書，復善諧劇，著雜記數種，名震一時。其著名者卽西遊記，凡一百回，敍唐玄奘入天竺取經，途遇九九八十一難，經過情形。雖述變幻恍忽之事，然每雜解頤之言，使神魔皆有人情，精魅亦通世故，而玩世不恭之意寓焉。承恩此作，實出於游戲，而後世或云勸學，或云談禪，或云講道，斯皆有失於本旨。承恩又能詩，其詞微而顯，旨博而深，爲有明一代淮郡詩人之冠。惜其老貧乏嗣，稿多散佚。自號射陽山人。後人收拾殘稿，成射陽存稿四卷，續稿一卷及西遊記，並傳於世。

三九四　馮惟敏（一五一一—？）

馮惟敏字汝行，臨朐人。嘉靖十六年登鄉薦。四十一年官郲水知縣。以疎簡不堪臨民，文雅獨足訓士，旋改鎮江教授。隆慶元年，應聘赴滇闈，後又歸鎮江。三年任保定通判。六年，罷歸，自後不復出仕。優遊林泉，放浪詩酒。於縣南二十五里海浮山，構危樓三楹，顏曰憑襟。棲息其中，因自號海浮。惟敏與兄惟訥、惟健，俱有詩名。尤善於散曲，與馬致遠並駕齊驅，同爲豪放派領袖。散曲中之馬、馮，猶詞中之蘇、辛。亦作雜劇。王世貞稱其北調獨爲傑出，拍湊之處，最能曲盡其妙，而才氣亦足發之。今有海浮山堂詞稿四卷及雜劇梁狀元不伏老等，傳於世。

三九五　茅坤（一五一二—一六〇一）

茅坤字順甫，歸安人。嘉靖十七年進士。歷知青陽、丹徒二縣。母憂服闋，遷禮部主事，移吏部稽勳司。坐累，謫廣平通判。屢遷廣西兵備僉事，轄府江道。坤雅好談兵，猺賊據鬼子諸砦，殺陽朔令，朝議大征，總督應檟悉以兵事委坤，連破十七砦。晉秩二等，民立祠祀之。遷大名兵備副使。總督楊博歎爲奇才，特薦於朝，爲忌者所中，追論其先任貪污狀，落職歸。時倭事方急，胡宗憲延之幕中，與籌兵事，奏請爲福建副使。吏部持之，乃已。家人横於里，爲巡按龐尚鵬所劾，遂褫冠帶。坤既廢，用心計治生，家大起。年九十卒。坤善古文，最心折唐順之。順之喜唐、宋諸大家文，坤亦選韓、柳、歐、三蘇、曾、王八家文爲唐宋八大家文鈔一百六十四卷。別號鹿門，著有白華樓藏稿三十四卷，玉芝山房稿二十二卷，今傳於世。

三九六　李攀龍（一五一四——一五七〇）

李攀龍字于鱗，歷城人。九歲而孤，家貧，自奮於學。稍長爲諸生，與友人許邦才、殷士儋學爲詩歌，日讀古書，里人目爲狂生。舉嘉靖二十三年進士，授刑部主事，歷員外郎、郎中，稍遷順德知府。有善政，上官交薦，擢陝西提學副使。鄉人殷學爲巡撫，檄令屬文。攀龍怫然曰：「文可檄致耶？」拒不應。會其地數震，攀龍心悸，念其母，思歸，遂謝病。故事，外官謝病，不再起。吏部重其才，用何景明例，特予告歸。予告者，例得再起。攀龍既歸，構白雪樓，名日益高。賓客造門，率謝不見，大吏至亦然，以是得簡傲聲。獨故交殷、許輩，過從靡間。徐中行亦家居，坐客恆滿，二人聞之，交相得也。歸田將十年，隆慶改元，薦起浙江副使，改參政，擢河南按察使。無何，奔母喪歸，哀毀得疾。疾少間，一日心痛卒。攀龍之始官刑曹也，與濮州李先芳、臨淸謝榛、孝豐吳維岳輩倡詩社。王世貞初釋褐，先芳引入社，遂與攀龍定交。明年先芳出爲外吏，又二年，宗臣、梁有譽入，是爲「五子」，而先芳、維岳不與。未幾，徐中行、吳國倫亦至，乃改稱「七子」。諸人多少年，才高氣銳，互相標榜，視當世無人。其持論，謂文自西京，詩自天寶而下，俱無足觀。於本朝獨推李夢陽。諸子翕然和之，非是則詆爲宋學。攀龍才思勁鷙，名最高，獨心重世貞。天下亦並稱「王、李。」又與李夢陽、何景明並稱「何、李、王、李。」其爲詩務以聲調勝，所擬樂府，或更古數字爲己作，文則聱牙戟口，讀者至不能終篇，好之者推爲一代宗匠。自號滄溟。著有滄溟集三十卷，今傳於世。

三九七　梁辰魚

梁辰魚字伯龍，崑山人。以例貢爲太學士。爲人任俠，好遊，武昌、荊州、長沙、岳陽、毗陵、永嘉諸地，均有其遊蹤。辰魚風流自賞，修髯美姿容，身長八尺。精音律，善度曲。邑人魏良輔創崑山腔，辰魚塡浣紗記傳奇付之，是爲「崑曲」之始，梨園子弟多歌之。時辰魚遊青浦，屠隆爲令，以上客禮之，卽命優人演其新劇爲壽。每遇佳句，輒浮大白，辰魚亦豪飮自快。演至出獵，有所謂擺開擺開者，隆厲聲曰：「此惡句，當受罰。」蓋已預備汙水，以酒海灌三大盂。辰魚氣索，强盡之，大吐委頓。次日不別竟去。自是豔歌清引，傳播戚里間。白金文綺，異香名馬，奇技淫巧之贈，絡繹於道。歌兒舞女，不見辰魚，自以爲不祥也。王世貞所謂「吳閶白面冶遊兒，爭唱梁郎雪豔詞，」其名重若是。其敎人度曲，設大案西向坐，席列左右，遞傳疊和。號少白，又號仇池外史。所著尙有雜劇紅線女及紅綃，散曲江東白苧四卷，及遠遊稿。除紅綃外，今並傳於世。

三九八　鄭若庸

鄭若庸字中伯，崑山人。十六歲爲諸生，隱支硎山。殫精古文辭，以詩名吳下。趙康王厚煜，聞其名，聘入鄴。趙王父子，親迎接席，與交賓主之禮。於是海內游士，爭擔簦而至。趙王爲庀供帳，賜宮女及女樂。乃爲王採掇古今奇文，仿初學記、藝文類聚，二十年成類雋一書，多至千卷。嚴嵩父子請見，不往。趙王卒，乃去趙，居清源。年八十餘歲而卒。若庸亦善製曲，所著有玉玦記，典雅工麗，可詠可歌，開後人駢綺之派。朱彝尊謂若庸曳裾王門，妙擅樂府，嘗塡玉玦詞以訕院妓，一時白門楊柳，少年無繫馬者。尙有大節記一種，今未見。其詩與謝榛齊名，略遜榛之富健。自號虛舟，又號蛣蜣生。詩有蛣蜣集八卷，及北遊漫稿二卷，今並傳於世。

三九九　徐渭（一五二一—一五九三）

徐渭字文長，一字文淸，山陰人。十餘歲，倣揚雄解嘲作釋毀。長師同里季本，爲諸生，有盛名。總督胡宗憲，招致幕府，與歙余寅、鄞沈明臣同筦書記。宗憲得白鹿，將獻諸朝，令渭草表，幷他客草，寄所善學士，擇其尤上之。學士以渭表進，世宗大悅，益寵異宗憲。宗憲以是益重渭。督府勢嚴重，將吏莫敢仰視，渭角巾布衣，長揖縱談。幕中有急需，夜深開戟門以待。渭或醉不至，宗憲顧善之。渭知兵，好奇計，宗憲禽徐海、誘王直，皆預其謀。及宗憲下獄，渭懼禍，遂發狂，引巨錐刺耳，深數寸，又以椎碎腎囊，皆不死。已又擊殺繼妻，論死繫獄。里人張元忭力救得免，乃游金陵，抵宣遼，縱觀諸邊阨塞。善李成梁諸子。入京師，主元忭。元忭導以禮法，渭不能從，久之，怒而去。後元忭卒，白衣往弔，撫棺慟哭，不告姓名去。渭天才超軼，詩文絕出倫輩。善草書，工寫花草竹石。嘗自言吾書第一，詩次之，文次之，畫又次之。當嘉靖時，王、李倡七子社，謝榛以布衣被擯，渭憤其以軒冕壓韋布，誓不入二人黨。其詩欲出入李白、李賀之間，而才高識僻，流爲魔趣。其文則源出蘇軾，頗勝於詩。自號靑藤道士，天池山人，別署田水月。著有徐文長集三十卷，逸稿二十四卷及雜劇四聲猿四種，今並傳於世。

四〇〇　王世貞（一五二六—一五九〇）

王世貞字元美，太倉人。右都御史忬子也。生有異稟，書過目終身不忘。年十九，舉嘉靖二十六年進士，授刑部主事，屢遷員外郎郎中。奸人閻姓者犯法，匿錦衣都督陸炳家，世貞搜得之。炳介嚴嵩以請，不許。楊繼盛下吏，時進湯藥；其妻訟夫寃，爲代草。既死，復棺殮之。嵩大恨，吏部兩擬提學，皆不用。用爲青州兵備副使。父忬，以灤河失事，嵩搆之，論死繫獄。世貞解官奔赴，與弟世懋日蒲伏嵩門，涕泣求貸。嵩陰持忬獄，而時爲謾語以寬之。兩人又日囚服，跽道旁，遮諸貴人輿，搏顙乞救。諸貴人畏嵩，不敢言。忬竟死西市。兄弟哀號欲絕，持喪歸，蔬食三年，不入內寢。既除服，猶却冠帶，苴履葛巾，不赴宴會。隆慶元年八月，兄弟伏闕訟父寃，言爲嵩所害。大學士徐階左右之，復忬官。世貞意不欲出，會詔求直言，疏陳法祖宗、正殿名、廣恩義、寬禁例、修典章、推德意、昭爵賞、練兵實八事以應詔。無何，吏部用言官薦，令以副使蒞大名。遷浙江右參政，山西按察使，母憂歸，服除，補湖廣，旋改廣西右布政使，入爲太僕卿。萬曆二年九月，以右副都御史，撫治鄖陽。張居正枋國，以世貞同年生，有意引之，世貞不甚親附。居正婦弟辱江陵令，世貞論奏不少貸，居正積不能堪。會遷南京大理卿，爲給事中楊節所劾，即取旨罷之。居正歿，久之，所善王錫爵秉政，起南京兵部右侍郎。移疾歸，十八年卒於家。世貞始與李攀龍狎主文盟，攀龍歿，獨操柄二十年。才最高，地望最顯，聲華意氣，籠蓋海內。一時士大夫及山人詞客，衲子羽流，莫不奔走門下。片言褒賞，聲價驟起。其持論文必西漢，詩於盛唐，而藻飾太甚。晚年攻者漸起，朱彝尊謂其病在愛博，千篇一律。自號鳳洲，又稱弇州山人。所著有弇州山人四部稾三百餘卷，又相傳金瓶海亦爲世貞所作，今並傳於世。

四〇二　張鳳翼（一五二七—一六一三）

張鳳翼字伯起，長洲人。嘉靖四十三年舉於鄉。後應會試，不第，遂棄舉業。晚年以鬻書自給。鳳翼文學品格，獨邁時流，而以詩文字翰交結貴人爲恥。乃榜其門曰：「本宅紙筆缺乏，凡有以扇求楷書滿面者銀一錢，行書八句者三分，特撰壽詩壽文每軸各若干。」人爭求之。三十年不改。年八十七卒。鳳翼爲人通脫，嘗與次子合演琵琶記，自扮蔡邕，以子扮趙氏，觀者爲之塡門。善寫戲曲，有紅拂記、祝髮記、竊符記、灌園記、虎符記、扊扅記六種，合稱陽春六集。又嘗爲總兵李應祥作平播記。除竊符記未見全本，扊扅、平播兩記已佚，餘均存。鳳翼所作，與鄭若庸頗相似，好以典雅文句，堆砌於曲中。中以紅拂記爲新婚一月中所作，流行最廣。自號靈墟，又號冷然居士。所著尚有處實堂集八卷，今並傳於世。

四○二　梅鼎祚

梅鼎祚字禹金，宣城人。國子監生。後棄舉子業，肆力詩文，撰述甚富。申時行欲薦於朝，辭不赴。歸隱書帶園，搆天逸閣，藏書著述其中。好聚典籍，嘗與焦弱侯、馮開之、趙玄度訂約蒐訪，期三年一會於金陵，各出所得異書逸典，互相讎寫。後事未就以卒。鼎祚篤志纂輯，嘗納妾鄒氏，一月不出，人怪暱問之，則已輯青泥蓮花記十二卷。所輯之作甚多，其最著名者，有歷代文紀、古樂苑、八代詩乘、唐樂苑、才鬼記、才幻記等十餘種。鼎祚亦善度曲，嘗撰玉合記、長命縷二傳奇，及崑崙奴雜劇。玉合記敍章臺柳事，幾至無句不對，無語不典，梁辰魚極賞稱之。王世貞亦稱其能文。所著尚有鹿裘石室集六十五卷，並傳於世。

四○三　汪道昆

汪道昆字伯玉，歙縣人。嘉靖二十六年，與王世貞、張居正同登進士第，除義烏知縣。歷襄陽知府，福建副使，按察使。擢右僉都御史，巡撫福建，改鄖陽。進右副都御史，巡撫湖廣。晚年召拜兵部左侍郎。初大學士張居正父七十壽，道昆、世貞俱有幛詞，道昆文當其意，居正亟稱賞之。世貞至筆之於藝苑卮言曰：「文繁而有法者于鱗，簡而有法者伯玉。」由是名大噪。起世貞亦嘗貳兵部，天下稱兩司馬，名與世貞相埒。至是世貞頗不樂，嘗自悔獎道昆爲違心之論云。道昆最高自標置，初以襄陽守遷臬副，與丹陽姜寶以翰林出提學四川，道經楚省，會飲於黃鶴樓。道昆舉杯大言曰：「蜀人如蘇軾者，文章一字不通，當以劣等處之。」衆皆愕眙，其狂誕若是。然其文章實皆僞體。嘉靖間，李、王初起，道昆尚未得其列，後以張居正心膂驟貴，王世貞又力引之，遂暴得時名，與余日德、魏裳、張佳允、張九一同稱爲「後五子。」其文刻意摹古，時援古語以證今事，往往扞格不暢。自號南溟，所著有太函集一百二十卷，大雅堂雜劇四種，今並傳於世。

四〇四　王穉登（一五三五—一六一二）

王穉登字伯穀，長洲人。四歲能屬對，六歲善擘窠大字，十歲能詩，長益駿發，有盛名。嘉靖末游京師，客大學士袁煒家。煒試諸吉士紫牡丹詩，不稱意，命穉登爲之，有警句。煒召數諸吉士曰：「君輩職文章，能得王秀才一句耶？」薦之朝，不果。隆慶初，復游京師，徐階當國，頗修憾於煒，或勸穉登勿名袁公客，不從。刻燕市、客越二集，備書其事。萬曆中，詔修國史，大學士趙志皋輩薦穉登，及其同邑魏學禮、江都陸弼、黃岡王一鳴。有詔徵用，未上而史局罷。卒年七十八。

吳中自文徵明後風雅無定屬，穉登嘗及徵明門，遙接其風，主詞翰之席者三十餘年。嘉靖、萬曆間，布衣山人以詩名者十數，俞允文、王叔承、沈明臣輩，尤爲世所稱，然聲華烜赫，穉登爲最。嘗編吳騷集，爲明季南曲選之最早者。所作傳奇，有全德記一本，又有詩文集，今傳於世。

四〇五　屠隆

屠隆字長卿，鄞縣人。生有異才，嘗學詩於沈明臣，落筆數千言立就。族人大山里人張時徹方爲貴官，共相延譽，名大噪。舉萬曆五年進士，除潁上知縣，尋調青浦。時招名士飲酒賦詩，游九峯、三泖，以仙令自許，然吏事不廢，士民皆愛戴之。遷禮部主事。西寧侯宋世恩兄事隆，宴游甚歡。刑部主事俞顯卿險人也，嘗爲隆所詆，心恨之，訐隆與世恩淫縱，詞連禮部尚書陳經邦。隆等上疏自理，并列顯卿挾仇誣陷狀。所司乃兩黜之，而停世恩俸半歲。隆歸，道青浦，父老爲斂田千畝，請徙居。隆不許，歡飲三日謝去。歸益縱情詩酒，好賓客，賣文爲活。詩文率不經意，一揮數紙。嘗戲命兩人對案拈二題，各賦百韻，咄嗟之間，二章並就。又與人對奕，口誦詩文，命人書之，書不逮誦也。亦善製曲，有曇花記、修文記、彩毫記傳奇三本，並白榆集二十卷，由拳集二十三卷，今傳於世。

四〇六　湯顯祖（一五五〇—一六一七）

湯顯祖字若士，一字義仍，臨川人。少善屬文，有時名。張居正欲其子及第，羅海內名士以張之，聞顯祖及沈懋學名，命諸生延致。顯祖謝弗往，懋學遂與居正子嗣修偕及第。顯祖至萬曆十一年始成進士，授南京太常博士，就遷禮部主事。十八年，帝以星變嚴責言官欺蔽，並停俸一年。顯祖上言，謂言官豈盡不肖，蓋陛下威福之柄，潛爲輔臣所竊，故言官向背之情，亦爲默移。帝怒，謫徐聞典史，稍遷遂昌知縣。二十六年上計京師，投劾歸。又明年大計，主者議黜之，李維禎爲監司，力爭不得，竟奪官。家居二十年卒。顯祖意氣慷慨，善李化龍、李三才、梅國禎，後皆通顯有建樹，而顯祖蹭蹬窮老。所居玉茗堂，文史狼籍，賓朋雜坐，雞塒豕圈，接跡庭戶，蕭閒詠歌，俯仰自得。所著詩文以外，尤工於傳奇，有紫簫記、還魂記、邯鄲記、紫釵記、南柯記五種，後四種世稱臨川四夢。其中以還魂記或稱牡丹亭夢，最爲膾炙人口，至譽爲南曲之祖。自號清遠道人。詩文有玉茗堂集二十八卷，今並傳於世。

四〇七　沈璟

沈璟字伯英，吳江人。萬曆初登進士第，任兵部職方司主事，考功員外郎諸職。繼因上疏請定大本，並爲王恭妃請封號，忤旨，遂降爲行人司正。萬曆十六年，還光祿丞。次年乞歸，家居三十餘年始卒。天啓初，追敍國本建定諸臣，贈璟光祿少卿。璟爲人謙和，有幹練，在官留心邊事，詢訪人才。既還居，乃放情聲伎，與同里顧學憲爲香山洛社之游。妙通音律，居常不廢絲竹。善於南曲，所編南九宮譜，爲作曲者之南圭。又有南詞韻選，所選者皆以合韻與否爲上下。所作傳奇，凡十七種，總名之為屬玉堂傳奇，與湯顯祖並比為唐之李、杜。馮夢龍至稱為「詞家開山祖。」號寧菴，又號詞隱。所著又有情癡寱語、詞隱新詞各一卷，曲海青冰二卷，並傳於世。

四〇八　袁宏道（一五六八——一六一〇）

袁宏道字中郎，公安人。與兄宗道弟中道，並有才名，時稱「三袁。」宏道年十六為諸生，即結社城南，為之長。間為詩歌古文，有聲里中。舉萬曆二十年進士。歸家下帷讀書，詩文主妙悟。選吳縣知縣，聽斷敏決，公庭鮮事。與士大夫談說詩文，以風雅自命，已而解官去。起授順天教授，歷國子助教，禮部主事，謝病歸。久之，起故官。尋以清望，擢吏部驗封主事，改文選。尋移考功員外郎，立歲終考察羣吏法。言外官三歲一察，京官六歲，武官五歲，此曹安得獨免？疏上報可，遂為定制。遷稽勳郎中，後謝病歸，數月卒。先是王、李之學盛行，袁氏兄弟獨心非之。宗道在館中，與同館黃輝力排其說，於唐好白居易，於宋好蘇軾，名其齋曰白蘇。至宏道，益矯以清新輕俊，學者多舍王、李而從之，目為「公安體。」然戲謔嘲笑，間雜俚語，空疎者便之，有識者竊以為笑也。如西湖詩云：「一日湖上行，一日湖上坐，一日湖上住，一日湖上臥。」殊類無聊矣。著有袁中郎集，今傳於世。

四〇九　鍾惺（一五七四——一六二四）

鍾惺字伯敬，竟陵人。萬曆三十八年進士，授行人。稍遷工部主事，尋改南京禮部，進郎中，擢福建提學僉事。以父憂歸，卒於家。惺貌寢，羸不勝衣。爲人嚴冷，不喜接俗客，由此得謝人事。官南都，僦秦淮水閣讀史，恆至丙夜，有所見，卽筆之，名曰史懷。晚逃於禪以卒。自宏道矯王、李詩之弊，倡以淸眞，惺復矯其弊，變而爲幽深孤峭。與同里譚元春評選唐人之詩爲唐詩歸，又評選隋以前詩爲古詩歸。時鍾、譚之名滿天下，稱之爲「竟陵體」。然兩人學不甚富，其識解多僻，大爲通人所譏。著有隱秀軒詩文集，今傳於世。

四一〇　馮夢龍（？——一六四五）

馮夢龍字猶龍，一字子猶，吳縣人。崇禎間，官壽寧縣。未幾去官。至淸順治間卒。夢龍對於文學致力甚多。詩歌、劇曲、小說，兼而有之，實爲明季文壇之一怪傑。詩有七樂齋稿。曲則選輯太霞新奏，及刊布掛枝兒小曲。嘗合刻雙雄記、萬事足、精忠旗、楚江情、女丈夫、灑雪堂、酒家傭、量江記、新灌園、夢磊記爲墨憨齋新曲十種。除雙雄記、萬事足係自作外，餘均爲改他人所作。自此種編訂本出，顧曲者無不重之，卽原作者亦爲之心折。此外又改湯顯祖之牡丹亭爲風流夢，邯鄲記爲邯鄲記，及人獸關、永團圓、殺狗記等五種。小說則編有笑府、情史、智囊及智囊補。又編有喻世明言、警世通言及醒世恆言，合稱爲三言；及改作平妖傳、新列國志、兩漢演義等。自號姑蘇詞奴，又號顧曲散人、墨憨子，別署龍子猶。上舉諸書，今並傳於世。

四一一　阮大鋮（？—一六四六）

阮大鋮字圓海，懷寧人。萬曆四十四年進士。崇禎時，附魏忠賢，名列逆案。失職後，避流賊，退居南京，頗招納遊俠。時復社名士顧杲等作留都防亂揭逐之。大鋮大懼，乃閉門謝客，獨與馬士英深相結納。福王立，士英秉政，遂以大鋮爲兵部侍郎，尋進兵部尙書。既得志，專翻逆案，殘害忠良，中外憤怒。清兵渡江，走金華，爲紳士所逐。轉投方國安，尋降清，從攻仙霞嶺。清兵斬士英於延平城下。時大鋮正在遊山，亦自觸石而死，然仍戮屍。大鋮爲人機敏奸滑，有才藻。著傳奇凡九種，今存雙金榜、牟尼合、春燈謎、燕子箋四種。宏光時，曾自將春燈謎用朱絲闌書之，並將燕子箋、雙金榜、牟尼合進諸宮中。今諸劇尤以燕子箋一種，盛傳於世。

四一二　張溥（一六〇二—一六四一）

張溥字天如，太倉人。幼嗜學，所讀書必手鈔，鈔已，朗誦一過，即焚之，又鈔；如是者六七，始已。右手握管處，指掌成繭。冬日手皸，日沃湯數次，後名讀書之齋曰七錄，以此也。崇禎元年，以選貢生入都。及歸，集郡中名士，相與復古學，名其文社曰復社。四年成進士，改庶吉士，以葬親乞假歸。讀書若經生，無間寒暑。四方啖名者，爭走其門，盡名爲復社。溥亦傾身結納，交游日廣，聲氣通朝右。所品題甲乙，頗能爲榮辱。諸奔走附麗者，輒自矜曰：「吾以嗣東林也。」執政大僚，由此惡之。里人陸文聲者，輸貲爲監生，求入社，不許。文聲詣闕言風俗之弊，皆原於士子，溥倡復社以亂天下，乃下所司治之。提學御史倪元珙，兵備參議馮元颺，太倉知州周仲連言復社無可罪，三人皆貶斥，嚴旨窮究不已。十四年，溥已卒，而事猶未竟，及周延儒當國，始獲免究。御史劉熙祚，給事中姜埰，交章言溥砥行博聞，所纂述經史，有功聖學。帝領之，遂有詔徵溥遺書。溥詩文敏捷，四方徵索者不起草，對客揮毫，俄頃立就，以故名高一時。著有七錄齋集十五卷，又選漢魏六朝百三家集一百十八卷，今傳於世。

四一三　錢謙益（一五八二—一六六四）

錢謙益字受之，江南常熟人。明萬曆三十八年一甲三名進士，授翰林院編修。天啓元年，充浙江鄉試正考官。五年，聽勘御史崔呈秀作東林黨人同志錄，列謙益名，御史陳以瑞亦疏劾之，罷歸。崇禎元年起官，不數月，洊擢詹事、禮部侍郎。會推閣臣，謙益慮禮部尚書溫體仁、侍郎周延儒並推，則名出己上，謀沮之。囑其門人給事中瞿式耜言於主推者，擯體仁、延儒，以成基命及謙益等十一人列上。體仁言謙益賄賣關節，不當預選；延儒亦言。帝御文華殿召對延儒諸臣，謙益辭頗屈。手詔下九卿科道勘之，乃坐杖論贖。十年，常熟人張漢儒訐謙益貪肆不法，乃下刑部逮訊。謙益嘗爲太監王安作碑文，爲司禮曹化淳所知。及獄急，求救於化淳，乃解。謙益削籍歸。十七年，流賊李自成陷京師，史可法、呂大器等議立君江寧。謙益陰推戴潞王常淓，與馬士英議不合。及福王由崧立，謙益懼得死罪，上疏頌士英功。士英乃引爲禮部尚書。謙益復力薦閹黨爲阮大鋮等訟冤。大鋮遂爲兵部侍郎，大誅東林諸人，欲引謀立潞王者，謙益亦預焉。士英不欲興大獄，乃已。順治二年，清兵定江南，謙益迎降，尋至京候用，命爲禮部侍郎，管祕書院事，充修明史副總裁。以疾乞假，得旨馳驛回籍。五年，巡撫陳之龍擒江陰人黃毓祺於通州法寶寺，搜出僞總督印及悖逆詩詞。以謙益曾留毓祺宿其家，且許助資招兵入奏，詔總督馬國柱逮訊。謙益至江寧訴辯，言邀沐恩榮，圖報不遑，況年已七十，豈有他念。於是釋歸。越十年死於家。謙益才力富健，學植宏博，主盟文壇者五十年，幾與王世貞相埒。力詆李、何、王、李，二袁、鍾、譚，尤不在齒數，一時多相推服。惜其不尚名節，爲世所薄。高宗且禁燬其書板，又命列入貳臣傳乙編以黜之。自號牧齋。所著有初學集一百十卷，有學集五十卷，今並傳於世。

四一四　吳偉業（一六〇九—一六七一）

吳偉業字駿公，江南太倉人。少聰敏，年十四，能屬文。同里張溥，以文章提倡後學，四方走其門，必投文爲贄，不當意，即謝弗內。有嘉定富人子，竊偉業塾中藁數十篇投溥，溥讀之大驚。後知爲偉業作，因延至家。同社數百人，無出其右。弱冠舉於鄉。崇禎四年會試第一人，廷試第二，授編修，時年二十三耳。尋充東宮講學官，又遷南京國子監司業，轉左庶子。甲申之變，偉業攀髯無從，號慟欲自縊，爲家人所覺得救。福王南立，召拜少詹事。與大學士馬士英，尚書阮大鋮不合，遂拂衣歸里，杜門謝客。順治九年，兩江總督馬國柱，遵旨舉地方品行著聞，及才學優長者，疏薦偉業來京。十年，吏部侍郎孫承澤，薦偉業學問淵深，器宇凝宏，東南人才，無出其右，堪備顧問之選。翌年，大學士馮銓復薦之。尋詔授祕書侍講，纂修太祖太宗聖訓。十三年，遷國子監祭酒。尋丁母憂歸。康熙十年卒，年六十三。疾篤時，嘗自敘事略曰：「吾一生遭際，萬事憂危，無一刻不歷艱難，無一境不嘗辛苦，實爲天下大苦人。吾死後，斂以僧裝，葬吾於鄧尉靈巖相近，墓前立一圓石，題曰詩人吳梅村之墓。勿作祠堂，勿乞銘於人。」梅村，偉業號也。性愛山水，游嘗經月忘反。所居乃故銓部王士騏之賁園，拓而大之，壘石鑿池，灌花蒔藥，翳然有林泉之勝。與士友觴咏其間，終日無倦色。其風度沖曠簡遠如此。爲學博極羣書，歸於至精。有問經史疑難，古今典故，與夫著作原委，旁引曲證，洞若指掌。所作詩文，炳燿鏗鏘，其詞條氣格，皆足以追配古人。以言詞狂悖，與錢謙益同列入貳臣傳中，永受不白之寃。著有梅村集四十卷，今傳於世。

四一五　金聖歎

金聖歎名人瑞，長洲人。原姓張，名愛和，字采若。應童子試時，以奇文僻典，驚主考者，因是被斥不取。入清後，乃更名人瑞，又一名喟，始補博士弟子員。然絕意仕進，居貫華堂高坐講經。其講易也，乾坤兩卦，多至十餘萬言，不知何所喋舌，蓋畸人之學者也。其友王斵山，嘗與以三千金，約日後以母本見還。然甫逾月，已揮霍殆盡。反語斵山曰：「此物在君家，適增守財奴名。吾已爲君遺之矣。」其倜儻若是。順治末，因抗糧哭廟事，與顧予咸、倪用賓等同被殺。或云在京師街中散便坊卒咎之，因大罵坊狗，緣是告發，經調查，則所著書多不法者，遂腰斬死。聖歎矜才傲物，於前人著作，多所評論。然其目光頗與其他文人不同，獨致力於平民文學，如水滸、三國演義、西廂記等。嘗言天下才子之書有六：一莊子，二離騷，三史記，四杜詩，五水滸，六西廂記，具見其卓識之處。所評莊、騷、史、杜之書，未及卒業而卒。又稱三國演義爲第一才子書。自著有聖嘆全集八卷，今傳於世。

四一六 黃宗羲（一六一〇—一六九五）

黃宗羲字太沖，浙江餘姚人。父尊素，明天啓間，官御史，以抗直死魏閹之難。宗羲年十四補諸生。十九袖長錐入京頌冤，至則魏閹已磔，即疏請誅曹欽程、李實。又於對簿時錐許顯純流血，毆崔應元胸，拔其鬚歸祭其父。又與吳江周延祚等錐牢子葉咨、顏文仲，應時立斃。時欽程已入逆案，宗羲復於對簿時錐實。獄竟，偕同難諸子弟設祭詔獄中，哭聲如雷，聞禁中。及歸，從劉宗周遊。姚江末派，援儒入釋，宗羲力摧其說，時稱禦侮。陳貞慧等作南都防亂揭，署名日，被難諸家，推宗羲居首。福王時，阮大鋮案揭中姓名，欲殺之。會清兵至，得免。尋歸浙東，糾合黃竹浦子弟數百人，隨諸軍於江上，時呼世忠營。清兵定浙，宗羲間行歸家，遂奉母里門，畢力著述。既而請業者日至，乃復舉證人書院之會於越中，以申宗周之緒。其後東之鄞，西之海寧，皆請主講。守令亦或與會，然非其志也。康熙十七年，詔徵博學鴻儒，掌翰林院學士葉方藹欲薦之，宗羲辭以疾，且言母老。十九年，左都御史徐元文監修明史，薦宗羲，辭如初。乃詔取所著書關史事者，宣付史館。二十九年，上訪求遺獻，刑部尚書徐乾學復薦宗羲，仍不出。然宗羲雖不在史館，而史局每有疑事，必諮之。紹興府知府李鐸，欲以爲鄉飲大賓，宗羲遺書曰：「宗羲蒙聖天子特旨，召入史館，庶人之義，召之役則往役，筆墨之事，亦役也。宗羲時以老病堅辭不行，聖天子憐而許之。今之鄉飲酒，亦奉詔以行者也。若召之役，則避勞而不往，召爲賓，則貪養而飲食衎衎，是爲不忠。」卒辭之。三十四年卒，年八十六。宗羲說經宗漢儒，立身宗宋學。嘗謂學者欲免迂儒之誚，必兼讀史。與顧炎武、王夫之，稱為清初三大師。自號南雷，學者稱梨洲先生。著有南雷文定十一卷，明儒學案六十二卷，及彙集明人文集二千餘家為明文海四百八十二卷等，今並傳於世。

四一七　顧炎武（一六一三——一六八二）

顧炎武初名絳，字寧人，江南崑山人。生而雙瞳子，中白邊黑，讀書一目十行。年十四為諸生。耿介絕俗，與同里歸莊善，時有「歸奇顧怪」之目。見明季多故，棄舉業，講求經世之學。炎武三世俱為顯官。母王氏守節孝於姑，明亡，不食卒。叛僕陸恩，見炎武家中落，欲告炎武通海，炎武沈之水。僕壻投里豪復訟之，繫奴家，危甚。會曲周路澤農救之，得免。遂去之山東，墾田長白山下。復北歷關塞，墾田於雁門之北，五臺之東。後客淮安。萊州黃氏有獄，詞連炎武，乃赴山東聽勘。富平李因篤營救之，獄始白。自是往還河北，最後至華陰，置田五十畝，因定居焉。康熙十七年，詔舉博學鴻儒科，次年修明史，大臣爭薦之。辭曰：「刀繩具在，無速我死。」卒不赴。復遊嵩山，乃曰：「五嶽遊其四矣。」二十一年，以老疾卒於曲沃，年七十。炎武精力絕人，自少至老，無一刻離書。所至之地，以二

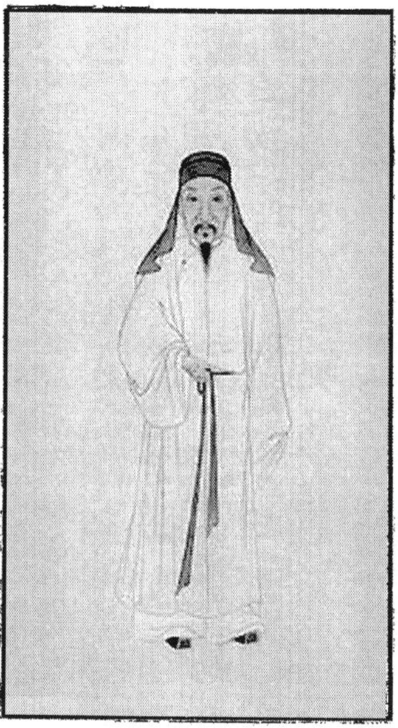

顧炎武

贏二馬載書。過邊塞亭障，呼老兵卒詢曲折，有與平日所聞不合，卽發書對勘。或平原大野，則於鞍上默誦諸經注疏。其學大抵主於斂華就實，凡國家典制、郡邑掌故、天文儀象、河漕、兵農之屬，莫不窮原究委，考正得失，當時稱爲閎儒。生平恥爲文人，謝絕應酬文字，嘗曰：「文不關於經術政理之大，不足爲也。韓公起八代之衰，若但作原道、諫佛骨表、平淮西碑、張中丞傳後序諸篇，而一切諛墓之文不作，豈不誠山斗乎？」李顒爲其母求傳再三，終謝不作。顧不經爲文，而文與詩，均無媿作者，駢文亦俊邁有逸致。嘗自稱蔣山傭，學者稱亭林先生。著有亭林詩集五卷，文集六卷，及日知錄三十卷，天下郡國利病書百二十卷等傳於世。

四一八　歸莊（一六一三—一六七三）

歸莊字元恭，江蘇崑山人。明諸生，太僕寺丞有光曾孫。負才使氣，善罵人。少入復社，於書無所不窺。與顧炎武相友善。嘗題其齋柱云：「入其室空空如也，問其人囂囂然曰。」時皆笑之，有「歸奇顧怪」之目。福王時，仲兄昭，參史可法幕，死揚州；叔兄繼登，亦爲長興亂民所害。崑山破，嫂陸氏、張氏俱死焉。莊父亦尋卒。亂定，奉母隱居，尋兄骨歸葬，遂不出。嘗作萬古愁曲子，瑰瓌恣肆，於古之聖賢君相，無不詆訶，而獨痛哭於桑海之際，爲世所傳誦，擬之離騷、天問。魏禧至吳門，莊訪之，出所爲文相攻謫。禧初以爲狂，至是始心折焉。崇禎中，嘗請於學使改名祚明，自是之後，或稱歸妹，或稱歸乎來。表字或稱元功，或稱圜公、懸弓。古文得有光家法。沒後，其壻金侃輯其遺詩及文，名字一從其舊。今有愜軒集、山居詩傳於世。

四一九　宋琬（一六一四—一六七三）

宋琬字玉叔，山東萊陽人。父應亨，明天啓中進士，崇禎十六年殉節，贈太僕寺卿。琬少負雋才，著聲譽。順治四年進士，授戶部主事。七年，監督蕪湖鈔關，潔己卹商，稅額仍溢。累遷吏部郎中。十年，授陝西隴西道。十一年，道出清豐，其父嘗官於此，有惠政，縣民扶老攜幼，遮邀至所建應亨祠下，追述往績，相持泣戀。琬益自刻勵，期不墜先緒。十四年遷直隸永平道。十七年調浙江寧紹台道。十八年，擢按察使。時登州于七爲亂，琬同族子因宿憾思陷琬，遂以與聞逆謀告變，立逮下獄，闔門縲繫者三載。緣坐中有需外訊，下督撫治之。巡撫蔣國柱鞫得誣狀，上聞，頗與部讞牴牾，命覆質，得申雪。康熙三年冬，得旨免罪。放歸，流寓江南，寄孥泖上。往來秦淮、鍾阜、陟金、焦，攬武林山水以自適。十年，有詔起用，復來京師。十一年，授四川按察使。十二年入覲，值吳三桂叛，成都陷。琬家屬皆在蜀，聞變驚惋，遂以疾卒，年六十。琬始官吏曹，與給事中嚴沆、部郎施閏章、丁澎輩相唱和，有「燕臺七子」之目。既出任外臺，猝罹无妄，凡所遭豐瘁，一發之於詩。其詩格合聲諧，明靚溫潤，撫時觸緒，類多淒清激宕之調，而境事既極，亦復不戾於和平。王士禎嘗舉施閏章相況，目爲「南施北宋」云。號荔裳，別署二鄉亭主人。著有安雅堂集三十卷，亦能曲，在獄中時，著祭皐陶雜劇一本，今並傳於世。

四二〇　施閏章（一六一八—一六八三）

施閏章字尙白，安徽宣城人。祖鴻猷，以儒學著世，紹其業，孝友雍睦，江南言家法者，推施氏。閏章少失怙恃，鞠於祖母。侍祖母孝，事叔父譽如父。譽怒，必跪解之，俟色霽乃起。里徵士沈壽民有聲當世，閏章從之遊。遂博綜羣籍，善詩

施閏章

古文辭。順治六年成進士，授刑部主事，歷員外郎，引經斷獄，期於平允。尋以試高等，充山東學政，取士必先行而後文，崇雅黜華，有冰鑒之譽。秩滿，遷江西參議，分守湖西道。所轄吉、臨、袁三府，故殘破，歲凶瘠，致盜。閏章徧歷岩谷間，拊循帖然，人呼爲施佛子。俗多溺女，乃作歌勸誘，捐資收養，全活無算。遇事爬梳薅櫛，不以爲勞。尤崇獎風教，於袁重建昌黎書院，於吉葺白鷺書院，課諸生。屢會講青原山，從者至千百人。康熙六年，以裁缺歸。民留之，不得，咸醵金創龍岡書院，祝瓣香焉。初閏章駐臨江，江環城下，民過之每歎曰：「是江如使君清。」因改名使君江。及是去職，傾城送江上。會水漲，所乘舟爲御史贈，輕不能渡，民爭買石齎載之。已渡乏食，乃鬻其舟。十八年，召試博學鴻儒，列二等四名，授翰林院侍講，纂修明史。二十年，充河南鄉試正考官。二十二年轉侍讀。尋病卒，年六十六。閏章之學，

以體仁爲本，磨礱砥礪，歷寒暑靡間。廣置義田，以贍宗戚。篤於交好，扶掖後進，才士失志，多方爲之延達。其文意樸氣靜，守歐、曾矩度。詩與萊陽宋琬齊名，號「南施北宋」。與同邑高詠友善，據東南詞壇者數十年，號曰「宣城體」。初號愚山，晚號矩齋。著有學餘堂文集二十八卷，詩集五十卷，矩齋雜記二卷，蠖齋詩話二卷等傳於世。

四二一　侯方域（一六一八—一六五四）

侯方域

侯方域字朝宗，河南商邱人。祖執蒲，明太常卿；父恂，戶部尚書；季父恪，祭酒；皆以東林忤閹黨。方域少問業於上虞倪元璐，元璐謂文必馳騁縱橫，務盡其才而後軌於法。嘗游江左，寓金陵。司業山陰周鳳翔，得其所撰策，立造訪之，談讌彌日。是時主復社者，太倉張溥，貽書推爲領袖。性豪邁不羈，嘗與楊廷樞、夏允彝醉登金山，臨江悲歌，指評當世人物而料事尤多奇中。懷寧阮大鋮，故魏閹義兒也，屏居金陵，謀復用。諸名士共檄大鋮罪，作留都防亂揭，宜興陳貞慧及貴池吳應箕主之。大鋮愧且恚，然無可如何。知方域與二人相善，私念因方域以交於二人，事當已，乃屬其客來交懽。方域覺之，謝客弗與通。大鋮乃大怒，恨次骨。甲申，南都擁立，大鋮驟得勢，乃興大獄，盡殺黨人，捕貞慧入獄。方域夜出走，渡揚子江，依鎮帥高傑得免。生平頗以經濟自詡，任俠使氣，一語合，輒吐肝肺，譽之不容口。既負才不試，以明經累舉於鄉，輒報罷。順治八年中式副榜。初放意聲伎，已而悔之，發憤爲詩。嘗游吳下，將刻集，集中文未脫稿者，一夕補綴立就，人益奇之。順治十一年卒，年三十七。方域健於文，與寧都魏禧、長洲汪琬，並以古文擅名。其文倡韓、歐學，天才英發，吐氣自華。善於規撫，絕去蹊徑，當時推爲第一。著有壯悔堂文集十卷，四憶堂詩集數卷，今傳於世。

四二二　尤侗（一六一八—一七〇四）

尤侗字展成，江蘇長洲人。少博聞强記。弱冠補諸生，才名籍甚。屢試於鄉不售，以貢謁選，除直隸永平府推官。吏治精敏，不畏强禦，怙勢梗法者，逮治無所縱。坐撻旗丁，鐫級歸。康熙十八年，召試博學鴻儒，授翰林院檢討，分修明史，撰志傳多至三百篇。居三年，告歸。先是侗所作詩文，流傳禁中，世祖以才子目之。後入翰林，聖祖稱爲老名士。天下羨其榮遇，比於唐之李白。三十八年，聖祖南巡至蘇州，侗獻平朔頌、萬壽詩，上嘉焉，賜御書「鶴棲堂」扁額。四十二年，駕復幸吳，賜御書一幅，卽家授侍講，蓋異數也。次年卒，年八十七。侗性寬和，與物無忤，汲引後進，一才一藝，奬藉不容口。兄弟七人，友愛無間，白首如垂髫。其詩詞古文，才既富贍，復多新警之思，體物言情，精切流麗，每一篇出，人爭傳誦。著述甚富。初號悔菴，又號西堂，晚號艮齋。著有悔菴全集五十卷，餘集七十卷，鶴棲堂集十卷及鈞天樂、弔琵琶、清平調、桃花源、弔離騷等傳奇，並傳於世。

四二三　王夫之（一六一九—一六九二）

王夫之字而農，湖南衡陽人。少負儁才，讀書十行俱下。與兄介之同舉崇禎十五年鄉試。流賊張獻忠陷衡州，設僞官，招夫之。夫之走匿，賊執其父爲質。夫之引刀自刺肢體，舁往易父。賊見其創也，免之，父子俱得脫歸。既而何騰蛟屯湖南，堵允錫屯湖北，不相能。夫之上書章曠，請調和兩軍，曠不能用。順治四年，清兵下湖南，夫之入桂林，依大學士瞿式耜。嘗三上疏，劾王化澄。化澄欲殺之，會有救者得不死。聞母病，乃間道歸。築土室石船山，名曰觀生居，杜門著述，時稱船山先生。康熙十七年，吳三桂稱號於衡州，其黨屬爲勸進表。夫之曰：「亡國遺臣，所欠一死耳，今安用此不祥之人哉！」遂逃入深山。三桂平，巡撫鄭端嘉之，餽粟帛請見。夫之以病辭，受粟反帛。三十一年卒，年七十四。其學深博無涯涘，以漢儒爲門戶，以宋五子爲堂奧。生逢鼎革，自以先世爲明臣，存亡與共，故國之戚，無間死生。本不以文自名，而餘事之見於文詞者，隨地湧出，不假修飾，自成一體。時海內鴻儒，推餘姚黃宗羲、崑山顧炎武。夫之多聞博學，志節皎然，世謂相亞云。自號薑齋，有薑齋詩文集及其他著述多種，凡三百二十四卷。後人彙刊之爲船山遺書，並傳於世。

四二四　周容（一六一九—一六七九）

周容字鄮山，浙江鄞縣人。明諸生。少卽工詩。嘗以詩謁錢謙益，謙益稱爲才人，賦越絕一首以贈之。國難後棄諸生，放浪湖山間，無日不飲，無飲不醉。狂歌慟哭，雜以詼諧，世比之徐渭。少爲御史徐心水所賞契，心水避亂天童，海賊劫之去，要質金帛，容挺身入賊壘，以身質之。心水得返，而容代受刑酷，乘間竊歸。自是足爲之躄，因別署躄翁。生平負才使氣，足迹遍天下，所至皆有詩。與鉅鹿楊思聖相友善。已而歸里，築室數楹爲終老計。會有以非意干之者，乃復入京師。時舉博學鴻儒科，朝臣爭欲薦之，以死力辭。康熙十八年卒於京邸，年六十一。容工詩，出入於少陵、聖俞、放翁之間。所爲文，睠睠故國，全祖望稱其黍離、麥秀之音，令人魂斷。亦工書畫。著有春酒堂詩集十卷，文集四卷，詩話一卷，今傳於世。

四二五　丁耀亢

丁耀亢字西生，山東諸城人。弱冠爲諸生，走江南與諸名士聯文社。既歸，鬱鬱不得志，作天史十卷，類歷代吉凶諸事而成，後焚於南都。順治四年入京，由順天籍拔貢，充鑲白旗敎習，詩名甚盛。後爲容城敎諭，遷惠安知縣，不赴。六十後病目。初號野鶴，後稱木雞道人。年七十二卒。耀亢少負儁才，中更變亂，栖遲羈旅，時多激楚之音。自入都後，交遊漸廣，聲氣日盛，而性情之故亦日薄。所著有丁野鶴詩鈔十卷，赤松遊、表忠記等傳奇。此外尚有續金瓶梅前後集，共六十四回，題爲紫陽道人編，實卽耀亢也。今均傳於世。

四二六　毛奇齡（一六二三—一七一三）

毛奇齡字大可，一字齊字，浙江蕭山人。明季諸生，與兄萬齡齊名，人稱小毛生。後以避仇亡命，改名甡，字初晴。明亡，祝髮爲僧，竄身山谷間，著書以自娛。已而應江西參議道施閏章之招，設講於江西之鷺洲書院。康熙十八年，以廩監生薦舉博學鴻儒科，試列二等，授翰林院檢討，充明史館纂修官。二十四年，充會試同考官。尋假歸，得痺疾，遂不復出。素曉音律。三十八年，聖祖南巡，奇齡迎駕於嘉興，以樂本解說進，溫諭獎勞。聖祖三巡至浙，奇齡復謁行在，賜御書一幅。五十二年卒於家，年九十一。奇齡少負才挑達，喜臧否人物，意稍不合，卽不少假顏色，人多怨之。盛年在道路得怔忪疾，遇疾發，求文者在門，捫腹四應，頃刻付去。讀書務精覈，羣經、諸子及諸瑣屑事，皆極其根柢，而貫其枝葉。偶一論及，輒能使漢、宋儒者拄口不敢辨也。時人稱爲西河先生。著作甚富，門人蔣樞編輯遺集，分經集五十種，文集及其他雜著，凡二百三十四卷，今傳於世。

四二七　嚴繩孫（一六二三—一七〇二）

嚴繩孫字蓀友，江蘇無錫人。明刑部尚書一鵬孫。六歲能作徑尺大字。及長，以詩古文辭擅名。康熙十八年，以布衣舉博學鴻儒。試日，遇目疾，僅賦省耕詩一首。聖祖素重其名，列二等末，授翰林院檢討，與修明史，充日講起居注官。

二十年，充山西鄉試正考官。二十二年，遷右中允。尋告歸，杜門不出，築室曰雨青草堂，亭曰佚亭，布以窠石小梅方竹。宴坐一室以爲常。四十一年卒，年八十。繩孫性高曠，淡於榮利。拜官日，即揭歸去來辭於壁。在史館分撰明史隱逸傳，所作序文，容與蘊藉，多自道其志。讀書不務彊記，案上唯置一編，終日不易；然既讀，則終身不忘。爲文宗范史，詳雅有度。詩詞婉約深秀，獨標神韻。兼工書畫，人爭以倪雲林目之。自號秋水。著有秋水詩文集十五卷，詞二卷，今傳於世。

四二八　魏禧（一六二四——一六八〇）

魏禧字叔子，一字冰叔，江西寧都人。父兆鳳，明諸生。甲申之變，兆鳳號哭竟日，不食，匿迹山中，祝髮爲頭陀，隱居金精之翠微峯。是冬，筮離之乾，遂名其堂爲易堂。年四十卒。禧兒時不樂嬉戲，嗜古，論史斬斬見識議。年十一，補縣學生。甲申後，日哭臨縣庭。與兄際瑞，弟禮，及南昌彭士望、林時益，同邑李騰蛟、邱維屏、彭任、曾燦等九人，爲易堂學，皆躬耕自食，切劘讀書，而三魏之名，遂遍海內。禧束身砥行，才學尤高。門前有池，顏其居曰勺庭，學者稱勺庭先生。方流賊之熾也，承平久，人不知兵，且謂寇遠，猝難及，禧獨憂之，移家山中，距城四十里。四面削起百餘丈，中徑坼，自山根至頂，若斧劈然。緣坼鑿磴道，梯而登，因置閘爲守望。士友稍稍依之。後數年，寧都被寇，翠微峯獨完。年四十，乃出游，涉江踰淮，於蘇州交徐枋、金俊明，杭州交汪渢，乍浦交李天植，常熟交顧祖禹，常州交惲日初、楊瑀，方外交藥地、槁木，皆遺民也。當是時，南豐謝文洊講學程山，星子宋之盛講學髻山，弟子著錄者皆數十百人，與易堂相應和。康熙十七年，詔舉博學鴻儒，以疾辭。有司催就道，不得已昇疾至南昌就醫。巡撫昇驗之，禧蒙被臥稱疾篤，乃放歸。後二年，赴揚州，卒於儀徵，年五十七。妻謝氏，絕食十三日以身殉。禧爲人形幹修頎，目光射人。少善病，參朮不去口。性秉仁厚，寬以接物，不記人之過。與人以誠，雖受欺怡如也。有經緯思患豫防，見幾於蚤，懸策而後驗者，十常八九。喜讀史，尤好左氏傳及蘇洵文。其爲文淩厲雄傑，遇忠孝節烈事則益感激，摹畫淋漓。著有叔子文集二十二卷、詩集八卷等傳於世。

四二九　汪琬（一六二四—一六九〇）

汪琬字苕文，江蘇長洲人。順治十二年進士，授戶部主事，充大通橋監督。遷員外郎，改刑部郎中。援經附律，務毋枉縱。以奏銷案降北城兵馬司指揮。懲豪家奴以勢凌脅人者。見路死暴屍，親爲收瘞。任滿去，民送之者溢衢巷。再遷戶部主事，盡心鉤校，議民輸糧，裁吳三桂兵餉，以充國用。而强藩之勢沮，其端皆自琬發之。以疾假歸，結廬堯峯，閉戶著書者九年，人稱堯峯先生。康熙十八年，以左都御史宋德宜、翰林院掌院學士陳廷敬薦，召試博學鴻儒，列一等，授翰林院編修，纂修明史。在史館六十日，撰史稿百七十五篇，以疾乞歸。二十九年卒，年六十七。初，聖祖嘗問廷敬：今世誰能爲古文者，廷敬舉琬以對。遂薦琬舉鴻博。及琬病歸，聖祖南巡還次無錫，諭巡撫湯斌曰：「汪琬久在翰林，文名甚著。近又聞其居鄉，不與外事，是誠可嘉。」特賜御書一軸，當時榮之。琬少孤，自奮於學，銳意爲古文辭。其敍事尤善，一時公卿誌銘表傳，必以琬爲重。詩則兼范成大、陸游、元好問之勝。性卞急，不能容人過；意所不可，輒面批折人，以是人多嫉之。然坦率無城府，遇人善，稱揚不容口。自號鈍菴。嘗自輯詩文爲類稾六十二卷，續稾二十卷，別集二十六卷。後復取其愜意者爲堯峯詩文鈔四十卷，今傳於世。

四三〇　陳維崧（一六二五——一六八二）

陳維崧字其年，江蘇宜興人。明左都御史于廷孫。父貞慧，以節概稱，著書自娛，往還多當世碩望。維崧資稟穎異，十歲代祖作楊忠烈像贊。比長，侍父側，聆諸名士議論，耳濡目染，學日進。或讌會，援筆爲記序，頃刻千言，瑰瑋無比。皆驚歎，折行輩與交。嗣偕王士祿、士禎、宋實穎、計東等倡和，名益大噪。時有江左三鳳凰之目，維崧其一也。補諸生，久之不遇，因出遊，所在爭客之。性落拓，饋遺隨手盡，獨嗜書無不漁獵，雖舟車危駭，咿唔如故。嘗由河南入都，與秀水朱彝尊合刻一稿，名朱陳村詞。傳至禁中，蒙賜問，人以爲榮。年過五十，會開博學鴻儒科，以大學士宋德宜薦，召試列一等，授翰林院檢討，與修明史。在館四年，勤於纂輯。嘗懷江南山水，以史局需人，不果歸。疾篤，吟斷句云：「山鳥山花是故人」，猶振手作推敲勢，遂卒，年五十八。維崧清臞多鬚，海內稱爲陳髯，與字並行。生平無疾言遽色，於諸弟篤友愛。其遊公卿間，謹慎不泄，遇事匡正，以故人樂近之。所作文有散有駢，駢體自喜特甚。詩始爲雄麗跌宕，一變而入杜甫沈鬱之調。詞尤淩厲光怪，變化若神。清初以駢儷文擅長者，以維崧爲最。自號迦陵。著有湖海樓詩集八卷，迦陵文集十六卷，迦陵詞二十卷，今傳於世。

四二一　姜宸英（一六二八——一六九九）

姜宸英字西溟，浙江慈谿人。少工舉子業，兼善詩古文辭。屢躓於有司，而聲譽日起。聖祖稔聞之，嘗與秀水朱彝尊，無錫嚴繩孫，並目爲三布衣。會開博學鴻儒科，翰林院侍讀學士葉方藹約侍講韓菼連名上。適方藹宣詔入禁中，浹月，菼乃獨牒吏部，已不及期。方藹旋總裁明史，薦之入館，充纂修官，食七品俸，分撰刑法志。宸英極言明三百年詔獄廷杖立枷東西廠衛之害，痛切淋漓，足爲殷鑑。尚書徐乾學罷官，即家領一統志事，設局於洞庭東山，疏請宸英偕行。宸英在京師時，大學士明珠長子性德，從宸英學。明珠有幸僕曰安三，頗竊權。宸英不少假借，性德嘗以爲請，宸英益大怒，擲杯起，絕弗與通。安三知之，憾甚，以故連蹇不得志。久之，得舉順天鄉試。康熙三十六年成進士，及廷對，進呈名稍殿，上識其手書，特拔置第三人，授翰林院編修，年已七十矣。三十八年充順天鄉試副考官，比揭榜，御史鹿祐以物論紛紜，劾奏，命勘問，並覆試舉子於內廷。正考官李蟠遣戍，宸英坐蟠繫獄，事未白，病卒，年七十二。宸英孝友，與人交，悃愊無城府，然遇權貴，不少阿。生平讀書，以經爲根本，於注疏務窮精蘊，自二十一史及百家諸子之說，靡弗披閱。積學勤苦，至老猶篤。故其文閎博雅健，有北宋人意。魏禧嘗謂「侯方域肆而不醇，汪琬醇而不肆，惟宸英在醇肆之間。」論者以爲實錄。詩則兀奡滂葩，宗杜甫而參之蘇軾，以盡其變。自號湛園。著有湛園集八卷，葦間詩集十卷，及江防總論、海防總論各一卷，今傳於世。

四三二　朱彝尊（一六二九—一七〇九）

朱彝尊

朱彝尊字錫鬯，浙江秀水人。年十七，棄舉子業，肆力古學，凡天下有字之書，無不披覽。以飢驅走四方，北出雲朔，南踰嶺嶠，東浮滄海，登芝罘，經甌越。所至叢祠、荒塚、金石斷缺之文，莫不梳剔考證，與史傳參互同異。康熙十八年，詔舉博學鴻儒科，以布衣試入選者，富平李因篤、吳江潘耒、無錫嚴繩孫及彝尊四人，皆除翰林院檢討，與所擢五十人同纂修明史。二十年，充日講起居注官。是年秋，充江南鄉試副考官。二十二年，入直南書房，命紫禁城騎馬，賜居禁垣東，數與內庭宴，被文綺時果之賚。二十三年，私以小胥錄四方經進書，爲學士牛鈕所劾，降一級。二十九年，補原官，尋乞假歸。聖祖南巡江、浙，彝尊屢迎駕於無錫，召見行殿，進所著經義考，溫諭褒獎，賜御書「研經博物」扁額。家居十七年，結曝書亭荷花池南，藏書八萬卷，著述不倦。康熙四十八年卒，年八十一。

彝尊自少時以詩古文辭見知於江左之耆儒遺老。又博通書籍，顧炎武、閻若璩皆極稱之。其在史館也，凡七上總裁書，論定凡例，訪遺書，請寬其期，毋如元史之乖謬。又嘗慨明詩自萬曆後，作者散而無統，作明詩綜百卷。其詩不名一格，少時規撫王、孟，未盡所長。中年以後，學問愈博，風骨愈壯，長篇險韻，出奇無窮。當時與王士禎，屹然為南北兩宗。又好為詞，體近姜夔、張炎，而稍加恢宏。自號竹垞。所著有曝書亭集八十卷，日下舊聞四十二卷，及錄唐、宋、金、元五百餘家詞為詞綜三十四卷，並傳於世。

四三三　蒲松齡（一六三〇—一七一五）

蒲松齡字留仙，山東淄川人。幼有軼才，頗受知於施閏章。然屢試不第，老而不達，乃讀書於豐山中，授徒於其家。至康熙五十年，始舉歲貢生，而年已八十二矣。越四年遂卒，年八十六。松齡家貧，又不得志，故一生極為轗軻。有室名聊齋，嘗製問天詞、學究自嘲、除日祭窮神文、窮神答文等以自遣。又嘗記神仙狐鬼精魅等故事，凡四百三十一篇，為聊齋志異八卷。此書年五十始寫定，自謂才非干寶，雅愛搜神；情同黃州，喜人談鬼；聞則命筆，因以成編。然描寫委曲，敍次井然，使花妖狐魅，多具人情，和易可親，忘為異類，故頗為讀者所激賞。相傳王士禎欲市其書而不得，故聲名益振，競相傳鈔。自號柳泉。又著有聊齋文集四卷，詩集六卷，及醒世姻緣、白話韻文數卷等，並傳於世。

四三四　吳兆騫（一六三一—一六八四）

吳兆騫字漢槎，江蘇吳江人。幼慧，傲放自矜。在塾中見同輩所脫帽，輒取溺之。塾師責問，兆騫曰：「居俗人頭，何如盛溺。」師歎曰「他日必以高名賈禍。」順治十三年舉鄉試，以科場事中蜚語，被斥流徙寧古塔。居塞外二十餘年不得歸。其友顧貞觀素善大學士明珠子成德，時時爲請，又以語激之。成德爲盡力，久之得赦歸，時康熙二十年也。踰三年卒，年五十四。兆騫素有名士習氣，嘗與二三朋好，同出縣東門，意氣岸然不屑。中路忽顧汪琬，述袁淑語曰：「江東無我，卿當獨秀。」傍人爲之側目。童時作膽賦，累千餘言。及長，繼復社主盟，以是才名動一世。與彭師度、陳維崧，有「江東三鳳凰」之目。兆騫善駢體文詩，格遒上，出塞後尤工。著有秋笳集三卷，西曹雜詩一卷，雜體詩一卷，及雜著一卷等，今傳於世。

四二五　彭孫遹（一六三一——一七〇〇）

彭孫遹字駿孫，浙江海鹽人。順治十六年進士。康熙十七年，上欲法古制取士，詔中外諸臣，各舉博學之彥，無論已仕未仕，徵詣闕，月給太倉祿米。明年三月，召試太和殿，上親擢五十人，皆入翰林，而以孫遹爲首選，授編修。歷官吏部右侍郎，兼掌院學士，充經筵講官。時修明史久未成，特命爲總裁。年七十，致仕歸，御書松桂堂額賜之。孫遹少工詩，與王士禎齊名，時號「彭、王。」南昌重建滕王閣落成，名流競賦詩，推孫遹作爲冠。嘗步遊蕭寺，僧方製長明燈，請爲賦，孫遹諾之。僧退煮茗以餉，茗未熟而賦成，其敏捷如此。尤工詞，王士禎推爲近今詞人第一。著有松桂堂文集三十七卷，延露詞三卷，今傳於世。

四三六　儲欣（一六三一—一七〇六）

儲欣字同人，江蘇宜興人。康熙二十九年舉人。少孤，率兩弟苦讀，博通經史。冠弱後，聚里中友十二人約曰：「非聖賢之書勿視，非其行勿繇。不幸有過，必面責，改然後止。」又約曰：「文之課月有三：合而課者一，爲書之藝七；離而課者二，爲書之藝五，論、表、判、策、詩賦、古文辭諸體胥備。」行之七八年，寒暑不輟，由是負東南文望。年六十，始領鄉薦，一試禮部，不遇，遂杜門著書。康熙四十五年卒，年七十六。欣自謂於先秦、兩漢、班、馬、唐、宋諸大家之書，多成誦，爲文謹潔明暢，有唐、宋家法，而於蘇軾爲近，慈谿姜宸英極稱贊之。詩則五言雅淡，可追唐風。性和易，不可干以非義。館於鹺商，或屬以夤緣，毅然曰：「吾雅不識夤緣事。」拂衣歸。嘗輯唐宋十家文選，凡五十一卷，以明茅坤選本，祇爲經義計，乃於八家外，增李翺、孫樵。書出，風行海內。乾隆中，御選唐宋文醇，蓋因其本而增益之。自著有在陸草堂集六卷，今傳於世。

四三七　王士禎（一六三四—一七一一）

王士禎字貽上，山東新城人。順治十五年進士，明年授揚州府推官。康熙三年，總督郎廷佐、巡撫張尚賢疏薦其品端才敏，奉職最勤，陞禮部主事，遷本部員外郎，尋遷戶部郎中。十七年，召對懋勤殿，諭吏部謂王士禎詩文兼優，以翰林用，遂授侍講，轉侍讀，充順天鄉試正考官。十九年遷國子監祭酒。上疏言國子監所貯十三經注疏、二十一史版刊自明初，至崇禎十二年修補後，迄今四十餘載，不免漫漶殘缺，宜及時鳩工修補。詔如所請。二十三年遷少詹事，奉命祭告南海。二十九年遷都察院左副都御史，尋充經筵講官，國史副總裁，又遷兵部督捕侍郎。三十一年調戶部右侍郎。三十三年轉左，充淵鑒類函總裁。三十五年，奉命祭告西嶽西鎮江瀆。三十七年擢左都御史，又遷刑部尚書。請假還葬，詔特許給假五月，不必開缺。會步軍統領託合齊以宛平縣民薛應元控訴捐納通判王五，太醫院吏目吳謙送刑部治罪。刑部奏王五逼索私債，縱僕鬬毆，革通判職，吳謙不知情，免議。得旨，下三法司嚴審，王五屢逞兇斃命，應斬；吳謙同謀詐索，應絞；原審未得實之部臣降革有差，士禎降三級調用，遂革

王士禎

職。四十九年，復尚書銜。五十年卒於家，年七十八。乾隆三十年，賜諡文簡。士禎本名士禛，後以避世宗廟諱，改名士正。乾隆三十九年，詔諭改正為禎，俾與弟兄行派，不致混淆。士禎少受詩於兄士祿，長復奉教錢謙益、吳偉業。其在京師，與汪琬等相倡和。又嘗奉使南海，西嶽、遍遊秦、晉、洛、蜀、閩、越、江、楚之間，所至訪其賢豪，考其風土，過佳山水，必登臨，融懌會粹，一發之於詩。故其詩能盡古今之奇變，蔚然為一代風氣所歸。其持論略本嚴羽，以神韻為宗，所謂不著一字，

盡得風流，一時海內翕然從之。自號阮亭，又號漁洋山人。著作甚富，有帶經堂集九十二卷，所及選唐王維以下四十二人詩爲唐賢三昧集三卷，又唐人萬首絕句選七卷，並傳於世。

四三八　邵長蘅（一六三七—一七〇四）

邵長蘅字子湘，江蘇武進人。性穎悟，讀書目數行下。十歲補諸生，旋因事除名。束髮能詩。既冠，則以古文辭名。客遊京師。會開博學鴻儒，海內之士悉集輦下，若施閏章、汪琬、陳維崧、朱彝尊輩，咸與長蘅雅故，時時過從于喁疊唱。旋入太學，再應順天鄉試。報罷歸，寄情山水，放遊浙西，攬湖、泖之勝。會蘇撫宋犖禮致幕中，講藝論文，敦布衣之好。長蘅亦觥觥持古義，無所貶損，時論賢之。康熙四十三年卒，年六十八。長蘅內惇篤，居親喪，力行古禮，嘗獨力創始祖康節祠。性坦易，與人交，煦然以和，意所不可，卽聲張面赤，不能婞婀。爲文不沾沾撫倣，要以讀書養氣爲主，時稱爲荊川後一人。始爲詩，瀏灕頓挫，步武唐賢；晚乃變而之宋，格律在蘇、黃、范、陸間。始除諸生名，自署青門山人。其詩文有青門集三十卷，今傳於世。

四三九　顧貞觀（一六三七—？）

顧貞觀字遠平，一字華封，江蘇無錫人。康熙十一年舉人，官內閣中書。貞觀美風儀，才調淸麗，文兼衆體，能詩，尤工樂府。年二十餘，遊京師，題詩寺壁。柏鄉魏裔介見之，卽日過訪，名遂大起。雅與吳兆騫善。及兆騫以科場事逮繫，遣戍寧古塔，貞觀悉力爲之贖鍰，得入關。嘗作金縷曲二闋，以寄兆騫。納蘭性德見之曰：「山陽思舊之作，都尉河梁之什，並此而三矣。」爲人儻爽，敦古誼，聞塞外多暴骨，卽募僧歛金，徧歷戰場，收瘞無算。又遊蹤所至，贖去鄉鬻身者數家。晚歲移疾歸，構積書巖，坐擁萬卷。臨歿時，自選詩一卷，授門人杜詔，不滿四十篇。其嗜古淡不自足如此。所作彈指詞，聲傳海外，與陳維崧、朱彝尊稱詞家三絕。他著有纑塘、積書巖等集，今傳於世。

四四〇　曹貞吉

曹貞吉字升六，山東安邱人。康熙三年進士，官至禮部郎中。生而嗜書，以歌詩爲性命。始得法於三唐，後乃旁及兩宋，汎濫於金、元諸家。嘗爲黃山紀遊諸作，宋犖見之曰：「此山名作，向推廣山，今被實庵壓倒矣。」嘗從施閏章遊。閏章歿，經紀其後，不遺餘力。每與汪士鋐話及往事，涕泗交頤。又作拜愚山野殯三章，低徊欲絕。所爲詩氣清力厚，一往情深，而不喜矜言體格。在京師時，和王士禎文姬歸漢等長歌，極有筆力。士禎選十子詩略，貞吉與焉。間倚聲作詞，追蹤宋人。吳綺名家詞選，以爲壓卷，流傳江左，一時推爲絕唱。爲人介特自許，意所不欲，萬夫不能回；以是多取嫉於人，而亦以是爲清議所重。自號實庵。所作有朝天鴻爪、黃山紀游等集，今多散失。後人彙刊其遺作曰珂雪詩及珂雪詞二卷，今傳於世。

四四一　萬斯同（一六四三—一七〇二）

萬斯同字季野，浙江鄞縣人。生而異敏。與兄斯選、斯大，俱從黃宗羲遊，得聞蕺山劉氏之學，以愼獨爲主，以聖賢爲必可及。寧波有五經會，斯同年最少，遇疑義，輒以片言析之。尙書徐乾學撰讀禮通考，斯同與參定焉。博通諸史，尤熟於明代掌故。康熙十七年薦博學鴻儒科，辭不就。會詔修明史，大學士徐元文爲總裁，欲薦斯同入館局，斯同復辭。乃延主其家，以刊修委之。元文罷，繼之者大學士張玉書、陳廷敬，尙書王鴻緒，皆延之。乾隆初，大學士張廷玉等奉詔刊定明史，依據鴻緒稾本而增損之。鴻緒稾實出斯同手也。康熙四十一年卒，年六十。斯同性不樂榮利，見人惟以讀書勵名節相切劘。著作甚富，詩文有石園詩文集二十卷，今傳於世。

四四二　潘耒（一六四六—一七〇八）

潘耒字次耕，江蘇吳江人。幼孤，生而宿慧，讀書目數行下。受業於同郡徐枋、顧炎武，能承其敎，羣經諸史旁及算術宗乘，無不通貫。嘉定陸元輔、平湖陸隴其交口許爲淹洽。康熙十八年，以布衣召試博學鴻儒，授翰林院檢討，與修明史，撰食貨志，兼他紀傳，自洪武以下五朝稿皆所訂定。尋充日講起居注官，纂修實錄、聖訓。三十一年，充會試同考官，稱得士。名益盛，忌者頗衆。二十三年，甄別議起，坐浮躁降調，遂歸。四十二年，上南巡，復原官。大學士陳廷敬欲薦起之，力辭而止。四十七年卒，年六十三。耒有至性，初被徵，辭以母老，不獲命，乃行。除官後，復牒吏部，以獨子終養，請代題者三，卒格於議，始受職。逮居喪，哀毀骨立。尤篤師門之誼，枋歿，周恤其孤，並刻顧炎武日知錄及詩文集。生平嗜山水，歷遊羅浮、天台、雁蕩、武夷、黃海、匡廬、中岳，盡窮其勝，各紀以詩文。為詩不事雕飾，直抒所見，一時名流多折服之。文蹊徑較平，而氣體渾厚，空所依傍。著有遂初堂詩集十六卷，文集二十卷，別集四卷，並傳於世。

四四三　孔尚任（一六四八—？）

孔尚任字季重，山東曲阜人，孔子之後也。康熙間，授國子監博士，累官戶部員外郎。尚任博學有文名，尤通音律。嘗以族兄方訓，崇禎末為南部曹，尚任之舅翁秦光儀因避亂相依，客其家三歲，得弘光遺事甚悉。旋里後，數為尚任言之，證以諸家稗記，無弗同者，蓋實錄也。獨香姬面血濺扇，楊龍友以畫筆點之，此則龍友小史言於方訓者，雖不見諸別籍，其事則新奇可傳，遂感而作桃花扇，以侯方域、李香君之情事為經，明朝之衰亡為緯，於朝政得失，文人聚散，皆確考時地，全無假借。即小小科諢，亦語有所本，洵為傳奇中之信史。全劇凡四十四齣，文辭雅麗，比諸西廂記、牡丹亭，毫無遜色。甫出世時，都中為之紙貴，演之者幾無虛日。故劉中柱曰：「一部傳奇，描寫五十年前遺事，君臣將相，兒女友朋，無不人人活現，遂成天地間最有關係文章。往昔之湯臨川，近今之李笠翁，皆非敵手。」非過諛之詞也。相傳進入內府，康熙帝最喜是劇，演至設朝、選優諸折，帝嘆曰：「弘光雖欲不亡，其可得乎？」往往為之罷酒，其感人如此。

自號東塘，又號云亭山人。所著又有湖海集十三卷等，並傳於世。

四四四　洪昇（？—一七〇五）

洪昇字昉思，浙江錢塘人。康熙中國子生。遊京師時，始受業於王士禎，後復得詩法於施閏章。其論詩引繩切墨，不順時趨，與士禎意見，亦多不合。朝貴輕之，鮮與往還。見趙執信詩驚異，遂相友善。所作高超閑淡，不落凡境。尤工樂府，宮商不差脣吻，旗亭畫壁，往往歌之。以所作長生殿傳奇，國恤中演於査樓，被斥革，執信亦罷官。年五十餘，備極坎壈。道經吳興潯溪因醉後失足，墜水而死。時人頗惜之。昇雖有詩名，但反以長生殿得盛名。長生殿初名沉香亭，繼去李白，入李泌輔肅宗中興事，更名舞霓裳，後乃合用唐人小說玉妃歸蓬萊、明皇遊月宮諸事，倣白居易之長恨歌，白仁甫之梧桐雨專敍太眞之事，名之曰長生殿。蓋經十餘年三易稿而始成。其審音協律等事，又經姑蘇徐靈昭為之指點，故能恪守韻調，無一句一字之踰越，為近代曲家第一。當時與桃花扇齊名，而音律過之。此外又有四嬋娟、鬧高唐、節孝坊等傳奇。自號稗畦居士。尚有稗村集傳於世。

四四五　李漁

李漁字笠翁，浙江錢塘人。曾為官家書吏。康熙間流寓金陵，亦明之遺民。能為唐人小說，名十二樓，即聚合影樓、奪錦樓、三與樓、夏宜樓、歸正樓、萃雅樓、拂雲樓、十卺樓、鶴歸樓、奉先樓、生我樓，及聞過樓，十二短篇而成者也。事跡多奇詭可喜，敍寫亦甚橫恣活潑，又著十種曲，卽風箏誤、蜃中樓、凰求鳳、意中緣、比目魚、玉搔頭、愼鸞交、巧團圓、奈何天、憐香伴，概爲喜劇。自出機軸，不襲窠臼，不拾唾餘。雖詞彩平易，有失於滑稽俳諧，而老嫗亦解，入人正深，實獨創一體。當時流行甚盛，時稱李十郎。其他又有萬年歡、偷甲記、四元記、雙錘記、魚籃記、萬全記等六種，則知者較少。嘗著閒情偶寄，有詞曲部，論結構、詞采、音律、賓白、科諢、格局等，均有獨到之處。如謂不應以劇本爲洩怨報仇之具，曲文宜顯淺平易，賓白務須各肖其人，科諢須戒淫褻及惡俗之言語舉動等，俱爲切中時弊者。此外自名詩文等雜著爲一家言，今並傳於世。

四四六　查愼行（一六五〇—一七二七）

查愼行字初白，浙江海寧人。初名嗣璉，字夏重。少受學黃宗羲，治經邃於易，尤工詩。方爲諸生，遊覽牂牁、夜郎，以及齊、魯、燕、趙、梁、宋，過洞庭，涉彭蠡，登匡廬峯，訪武夷九曲之勝。所得一託於吟咏，故篇什最富。康熙三十二年，舉順天鄉試。其未通籍時，卽名聞禁中。四十一年，聖祖東巡，以大學士陳廷敬、李光地、張玉書先後奏薦，驛召至行在賦詩，詔隨入都，直南書房。四十二年，特賜進士出身，改翰林院庶吉士，散館授編修。時愼行族子昇以諭德侍直內廷且久，宮監輒呼愼行爲老查以別之。上幸海子捕魚，賜羣臣，命賦詩。愼行有云：「笠簷簑袂平生夢，臣本煙波一釣徒。」俄宮監傳烟波釣徒查翰林時以比春城寒食韓翃傳爲佳話。會比歲西巡，凡幽岨之區，甌脫之境，爲從古詩人所未歷，愼行悉以五七言發之。每奏一篇，上未嘗不動色稱善。又常隨駕木蘭，褒衣襜服，行山谷間，上望而笑曰：「行者必愼行也。」其風度如此。尋充武英殿校勘官。在局二年竣事，仍入直。未幾假歸。遭弟嗣庭案株繫，闔門就逮，罪且不測，世宗識其端謹，且曰：「愼行詩，每飯不忘君，杜甫流也。」特原之，放歸田里。雍正六年卒，年七十八。浙人稱詩者，首推朱彝尊，愼行繼之。時人比之陸游，謂奇創之才，愼行遜游；綿至之思，游遜愼行。教人爲詩，則云詩之厚在意不在詞，詩之雄在氣不在貌，詩之靈在空不在巧，詩之淡在脫不在易，可謂通論。蓋愼行能得宋人之長而不染其弊。著有敬業堂集五十卷，及陪獵筆記、黔中風土記、廬山遊記各一卷，今傳於世。

四四七　戴名世（一六五三—一七一三）

戴名世字田有，一字褐夫，江南桐城人。少負奇氣，不可一世。康熙四十八年始成進士及第第二人，授翰林院編修。當是時，詔修明史數十年矣，以史館徵求遺書，凡事涉革除之際，民間多諱不錄，屢裁稿而未告成。名世心竊痛之，因著孑遺錄以見其概。又於與余生書中有云：「今以弘光之帝南京，隆武之帝閩粵，永曆之帝兩粵、帝滇黔，地方數千里，首尾十七八年，揆以春秋之義，豈遽不如昭烈之在蜀，帝昺之在崖州？」左都御史趙申喬論奏其事，斥爲狂悖。遂被逮，坐大逆罪伏法，時及第後二年也，死年六十一。名世文章學行，爭與古人相後先。喜網羅明代遺事，多憤時嫉俗之論，以是遂被於禍。自號南山，又號憂菴。所著南山集，在當時均被禁燬。後百餘年，戴鈞衡爲輯逸稿，編十四卷，今傳於世。

四四八　納蘭性德（一六五五—一六八五）

納蘭性德原名成德，字容若，滿洲正黃旗人。大學士明珠之子。康熙十五年進士，授乾清門侍衞。少從姜宸英遊，喜爲古文辭。鄉試出徐乾學之門，遂受業焉。生平淡於榮利，書史外無他好。愛才喜客，所與遊皆一時名士，如嚴繩孫、顧貞觀、秦松齡、陳維崧、吳兆騫等。兆騫嘗因罪遣戍寧古塔，貞觀寄以金縷曲，性德見之，泣曰：「河梁生別之詩，山陽死友之傳，得此而三。此事三千六百日中，我當以身任之。」貞觀曰：「人壽幾何，公子乃以十載爲期耶？」請以五載，性德許之。未幾，兆騫果生入關中矣。其任俠如此。嘗奉使覘梭龍諸羌。二十四年卒，年僅三十一。歿後旬日，適諸羌輸款。上時避暑關外，遣中使拊其几筵，哭而告之，以其嘗有勞於是役也。善詩，其詩飄忽要眇，絕句近韓偓。尤工於詞，所作飲水、側帽詞，當時傳寫，遍於村校郵壁。其悽惋處，深得南唐二主遺意，至令人不忍卒讀。論者謂清二百數十年中，前有性德，後有項鴻祚、蔣春霖，足以三分詞苑，鼎足而立。晚更篤意經史，購求宋元諸家經解，曉夜窮研，學益進。精鑒藏，書學褚河南，見稱於時。所著有通志堂詩集五卷，文集五卷，飲水詞四卷，淥水亭雜識四卷，及所刻通志堂九經解一千八百餘卷等，今傳於世。

四四九　趙執信（一六六二—一七四四）

趙執信字伸符，山東益都人。為王士禎之甥壻。少穎慧，工吟咏。康熙十八年進士，改翰林院庶吉士，散館授編修。是時方徵鴻博之士，績學雄文者鱗集輦下。執信往來其間，傾倒座人，尤為朱彝尊、陳維崧、毛奇齡所引重，訂忘年交。二十三年，充山西鄉試正考官，尋擢右春坊右贊善。二十八年，以國恤中在友人寓讌飲觀劇，為給事中黃儀所劾，遂削籍，時年未三十也。既歸，放情詩酒。所居園，依山構亭榭，各極天趣。性好遊，嘗踰嶺南，再涉嵩山，過吳閶、維揚、金陵間。所至冠蓋逢迎，乞詩文書者坌至。徜徉五十餘年，年八十三卒。執信詩自寫性真，力去浮靡。生平服膺常熟馮班，遺書稱私淑弟子。嘗娶王士禎甥女，初猶相重，以求作觀海集詩序，士禎屢失其期，遂詬厲。嘗問古詩聲調於士禎，士禎靳之。執信乃發唐人諸集，排比鉤稽，竟得其法。又因士禎與門人論詩，謂如神龍見首不見尾，或雲中露一鱗一爪而已，遂著談龍錄，謂詩以言志，詩之中須有人在，詩之外尚有事在。雖意詆士禎，實通論也。其詩思路劖刻，略病纖巧。自號秋谷，晚號飴山老人。所著有手定因園集十三卷，及後人所輯飴山文集六卷，詩餘一卷，今傳於世。

四五〇　方苞（一六六八—一七四九）

方苞字靈皋，江南桐城人。寄籍上元。康熙四十五年，由舉人會試中式，以母病未預殿試。五十年，副都御史趙申喬劾編修戴名世所著南山集、孑遺錄有大逆語，下刑部擬名世凌遲，詞連苞。苞為名世作序，論應斬，命九卿詳議。五十二年，詔諭此案內干連人犯，俱從寬免治罪，著入旗，苞乃隸旗籍。既而上知苞文學，特命入直南書房，尋直蒙養齋，編校御製樂律算法諸書。俄命為武英殿修書總裁。世宗嗣位，頒恩詔特赦苞及族人。九年，特授中允，遷侍講，轉侍講學士。尋擢內閣學士，以足疾辭命，仍在修書處行走，不必辦理內閣事務。累充一統志總裁，皇清文穎館副總裁。乾隆元年，帝欲裒集明清諸大家時藝，以為舉業指南，命苞選之。苞乃選錄明制義四百八十六，清制義二百九十七，呈，欽定頒行天下。尋充三禮義疏館副總裁，擢禮部右侍郎。苞仍以足疾辭，詔免隨班行走。苞復以老病請解侍郎任，許之，仍帶原銜食俸，教習庶吉士。會內閣已定期考試，苞於前一日將新到吳喬齡補請一體考試，坐假公濟私，詔革職，專在三禮館修書，效力贖罪。苞以年近八旬，時患疾痛，懇回籍。恩賞侍講銜，准回籍。十四年卒，年八十二。苞少進太學，李光地見其文，歎曰：「韓、歐復出，北宋後無此作矣！」姜宸英亦稱之曰：「此人吾輩當讓之出一頭地。」其文以法度為主，上規史、漢，下仿韓、歐，雖變化太少，而大體雅潔，為後世桐城派之鼻祖。自號望溪，著有望溪集十八卷，今傳於世。

四五一　沈德潛（一六七三——一七六九）

沈德潛字確士，江南長洲人。乾隆四年進士，改庶吉士。七年授編修，累遷侍讀，左庶子，侍講學士，充日講起居注官。十一年，帝以德潛為人誠實，且憐其晚遇，是以稠疊加恩，授內閣學士，請假歸葬，得旨不必開缺。明年，命在尚書房行走，尋擢禮部侍郎。十四年，詔命有所著作，許寄京呈覽，尋進所著歸愚集。上南巡，諭在籍食俸。二十二年，上又南巡，加禮部尚書銜。二十六年，詣京祝皇太后七旬萬壽。上命集在朝諸王文武及致仕大臣年八十以上者爲九老，凡三班，並繪圖，德潛列致仕九老之首。三十年，上又南巡，晉階太子太傅。三十四年病卒，年九十七。贈太子太師，諡曰文愨。德潛年六十六始舉於鄉，故稱江南老名士。高宗因其平日學問尙好，格外恩施；又念其留心詩學，且憐其晚成，是以不數年間，擢爲卿貳，賜詩至四十餘首，爲歷代詞人寵眷之冠。四十三年，江南東臺縣已故舉人徐述夔著一柱樓集，有逆淸詩詞，集內載德潛爲述夔作傳。高宗大怒，遂追奪德潛階銜祠諡，並仆其墓碑。德潛少受詩於葉橫山，講究格律。古體宗漢、魏，近體宗盛唐，尤服膺於杜甫。嘗云：「詩以聲爲用者也，其微妙在抑揚抗墜之間。」又云：「詩貴性情，亦須論法。」因評選古詩源及唐、明、淸詩別裁集，以標示規範，注重聲與法，以別裁於僞體。吳下詩人，一時靡然從之。自號歸愚，著有歸愚詩文鈔四十卷，詩說晬語二卷等，並傳於世。

四五二　厲鶚（一六九二—一七五三）

厲鶚字太鴻，浙江錢塘人。康熙五十九年舉人。少貧，性孤峭，不苟合。始學爲詩，卽有佳句。於書無所不窺，所得皆用之於詩，故時多異聞軼事。內閣學士李紱典浙江試，闈中得鶚卷，閱其謝表曰：「此必詩人也。」亟錄之。計偕至京，尤以詩見賞於侍郞湯右曾。試禮部，報罷。右曾欲止而授之館，比遣迎之，則已襆被出都矣。十餘年間，再上公車。乾隆

厲鶚

元年，浙江總督程元章薦，應博學鴻詞科。試日，誤寫論在詩前，又報罷，而年亦且老。值部銓期近，思得薄祿養親，復入京。行次天津，舊友查爲仁留之水西莊，同撰周密絕妙好詞箋，遂不就選而歸。十八年卒，年六十二。鶚搜奇嗜博，館於揚州馬曰琯小玲瓏山館者數年，肆意探討。所見宋人集最多，而又求之詩話、說部、山經、地志，爲宋詩紀事一百卷，南宋院畫錄八卷。先世本慈谿，徙居錢塘，故仍以四明山樊榭名其居。爲文幽新雋妙，刻琢研鍊。尤工五言，取法陶、謝及王、孟、韋、柳，而別有自得之趣。同時以博學鴻詞徵者，有胡天游、全祖望。論者謂鶚之詩，天游之文，祖望之考證，求之近代，罕有其比。其詞尤擅南宋諸家之勝。鶚無子，歿後，栗主委榛莽中，何琪見之，取迻黃山谷祠，洒掃一室供之。侍郎王昶，厲同人於忌日爲之薦酒脯。著有樊榭山房集二十卷；又嘗與符曾、沈嘉轍、吳焯、趙昱、趙信、陳芝光等同撰南宋雜事詩，人各百首，查慎行爲之序，而稱鶚等爲七君子，今其書並行於世。

四五三　鄭燮（一六九三—一七六五）

鄭燮字克柔，江蘇興化人。乾隆元年進士，官山東范縣知縣。調濰縣，以請賑，忤大吏，乞疾歸。少穎悟，讀書饒別解。家貧，性落拓不羈，喜與禪宗尊宿及期門子弟游。日放言高談，臧否人物，以是得狂名。及居官，則又曲盡情僞，饜塞衆望。官濰縣時，歲歉，人相食。燮大興修築，招遠近飢民，赴工就食，籍邑中大戶，令開廠煮粥輪飼之。有積粟，責其平糶，活者無算。時有循吏之目。晚年歸老，躬耕，時往來郡城，詩酒唱和。嘗置一囊，儲銀及果食，遇故人子及鄉人之貧者，隨所取贈之。與袁枚未識面，或傳其死，頓首痛哭不已。年七十三卒。燮善詩，工書畫，人以鄭虔三絕稱之。詩言情述事，惻惻動人，不拘體格，興至則成，頗近香山、放翁。書畫有眞趣，人爭寶之。詞弔古攄懷，尤擅勝場，或比之蔣士銓。內行醇謹，幼失怙恃，賴乳母教養，終身不敢忘。所爲家書，忠厚懇摯，有光祿庭誥、顏氏家訓遺意。自號板橋，著有板橋集五卷，今傳於世。

四五四　胡天游（一六九六—一七五八）

胡天游字稚威，浙江山陰人。少有異才，於書無所不窺。雍正中兩舉副榜貢生。乾隆元年，禮部尙書任蘭枝薦舉博學鴻詞，天游以持服未與試。二年服闋補試，試日鼻衄大作，遂投卷出。方是時，四方文士雲集京師，每稠人廣坐，天游輒援筆數千言，落紙如飛，縱橫奧博，見者嗟服。性耿介，未嘗一刺干公卿。一統志成，大學士鄂爾泰、張廷玉薦表於檢討齊召南。召南推天游，鄂驚歎其文，欲招之。召南曰：「天游奇士，豈可招耶？」卒不至。十六年舉經明行修，復報罷。二十三年，客遊山西，卒於蒲州，年六十三。天游於文工四六，得燕、許之遺。所作若文種廟銘、靈濟廟碑、安頤先生碑、遜國名臣贊序、柯西石宕記，論者謂皆天下奇作。自言古文學韓愈，在儲大文、方苞、李紱之上，然仍有澀險處。詩亦雄健有氣。所著有石笥山房文集六卷，今傳於世。

四五五　劉大櫆（一六九七—一七七九）

劉大櫆字才甫，安徽桐城人。貌豐偉，而性直諒，嗜讀書，工爲文章，以布衣遊京師。時內閣學士同邑方苞，以古文辭負重名，大櫆持所業謁苞，苞一見驚歎，告人曰：「如苞何足算耶！邑子劉生，乃國士爾。」聞者始駭之，久乃益信。雍正七年、十年，兩舉副貢生。乾隆元年，苞舉應博學鴻詞科，爲大學士張廷玉所黜。旣乃知爲大櫆，深悔惜。十五年，廷玉特舉大櫆經學，又報罷。出爲黟縣敎諭。數年去官歸。四十四年卒，年八十三。大櫆雖遊方苞之門，所爲文，造詣各殊。苞擇取義理於經，所得於文者義法。大櫆並古人神氣音節得之，兼集莊、騷、左、史、韓、柳、歐、蘇之長，其氣肆，其才雄，其波瀾壯闊。嘗著觀化篇，奇詭似莊子。其他言義理者，又極醇正。詩能包括前人，鎔諸家爲一體。號海峯。從遊者如姚鼐、吳定，多以詩文鳴。著有海峯文集八卷，今傳於世

四五六　杭世駿（一六九八—一七七三）

杭世駿字大宗，浙江仁和人。家貧，力學，假書於人，窮晝夜讀之。父母禁止，輒籌燈帳中默誦。與同里名人輩結讀書社，五日一相聚，互爲主客問難，以多聞見者勝。世駿尤强記，同輩推服。雍正二年舉人。乾隆元年召試博學鴻詞，授

杭世駿

翰林院編修，校勘武英殿十三經、二十四史，纂修三禮義疏。世駿性伉爽，能面責人過，同官皆嚴憚之。有先達以經說相質，一覽便稱某事見某書，某說見某集，拾唾何爲？學子有欲受教者，問其所業，以一經對，則以經詰之；復以一史對，又以史詰之，皆窮。乃曰：「某於西晉末十六國事，差能詳耳。」復問：「汝知有慕容垂乎？垂長若干尺？得年幾何？」其人慚沮去。值亢旱，高宗思得直言及通達治體者，特設陽城馬周科，試翰林等官，世駿與焉。日未中，條上四事數千言，語過戇直，又言滿洲人官督撫者過多。上怒，抵其卷於地者再，復取視之。時世駿試畢，方趨同官寓邸，忽傳言罪且不測。同官恐，促世駿急歸。世駿笑曰：「即罪當伏法，有都市在，必不汙君一片地也。何恐！」尋放還。歸後，杜門奉母，益併力肆志，發揮才藻。與同里厲鶚、周京、符曾、陳撰、趙昱、趙信、汪沆、吳穎芳、丁敬

等，皆爲密友近賓，言懷敍懽，各有攜屬。後高宗巡幸塞外，天雨新霽，馬上吟「迎風葦露淸於染，過雨山痕濇入詩」二句，顧謂從臣曰：「此杭世駿詩也，惜其沒福耳。」嘗作方鏡詩二十四首，一時輦下傳誦，和者幾及千家。晚主講揚州學東書院，以實學課士子。嘗有商人獲罪縲絏，使非世駿莫能解，夜半走世駿所，乞救，幷置重金案上，世駿擲出之。後迎駕西湖，賜復原官。三十八年卒，年七十六。世駿精於史學，尤深於詩。嘗曰：「吾遇杜、韓當北面，若蘇則兄事之。」風格遒上，最爲當時所稱。號堇浦，著述甚富，有嶺南詩集、榕城詩話、史記考證、三國志補注、續經籍考等數百卷傳於世。

四五七　吳敬梓（一七〇一—一七五四）

吳敬梓字敏軒，安徽全椒人。世爲望族，襲祖父餘業，約二萬餘金。然不善治生，性又豪，不數年，揮霍產俱盡，貧至斷炊。幼穎異，善記誦。稍長，補官學弟子員。雍正十三年，召試博學鴻詞科，安徽巡撫趙國麟知其才，薦之，辭不赴。自是忘心仕進，於科舉之業，尤深惡痛絕。後移家金陵，爲文壇盟主。又集同志建先賢祠於雨花山麓，祀泰伯以下二百三十人。資不足，售所居屋以成之，而家益貧。晚年自號文木老人，客揚州，尤落拓縱酒。乾隆十九年卒於客中，年五十四。敬梓精文選，詩賦援筆立成。其僑居於金陵也，時距明亡未百年，士流尙有明季遺風，制藝而外，百不經意，但爲矯飾，云希聖賢。敬梓旣多所聞見，乃描寫官師、儒者、名士、山人以及市井細民，爲儒林外史，凡五十五卷。雖云長篇，實爲若干短篇所集成。敬梓素愛才士，汲引惟恐不及。獨嫉時文士如仇，其尤工者則尤嫉之。故書中攻難制藝，及以制藝出身者均甚烈。所著尙有文木山房詩文集十二卷，詩說七卷，亦傳於世。

四五八　齊召南（一七〇三—一七六八）

齊召南字次風，浙江天台人。雍正七年副貢生。乾隆元年召試博學鴻詞，改翰林院庶吉士，散館授檢討。八年大考，擢右中允，洊升至侍讀學士，充日講起居注官。十三年充會試同考官，入直上書房。大考一等一名，授內閣學士，兼禮部侍郎。歷充大淸一統志、會典、明鑑綱目、續文獻通考纂修及副總裁官。高宗得寧古塔古鏡，以詢廷臣，召南具析原委款識以對，上大悅曰：「是不愧博學鴻詞矣。」侍直西苑，御射十九矢中的，顧尙書蔣溥及召南曰：「不可無詩。」隨進詩四章，上俯和之。十四年，自圓明園歸，馬驚墮傷腦，上立賜藥，遣蒙古醫療治。病少愈，屢邀天語垂問。旋乞養歸。高宗四次南巡，迎鑾召見，獻詩，疊拜文綺筆硯之賜。三十二年，族子周華以黨呂留良遣戍，歸刻其書，呈巡撫熊學鵬，誣列召南十罪。詔磔周華，逮召南至京，當籍沒。上鑒其無他，僅予革職。歸，尋卒，年六十六。召南天才敏慧，幼稱神童。十二歲登巾子山賦詩，識者卽以公輔器目之。性聰强，讀書目十行下，一覽終身不忘。嘗借異書八冊觀之，明日持還主人，曰：「已閱訖矣。」隨抽一二冊詰召南，不差一字。目光炯炯，能矚一二十里。登杭州鳳凰山，視隔江西興渡人，皆歷歷可辨。歸後累主蕺山書院，成就甚衆。生平詩文，援筆立就。晚喜集句，李、杜、韓、蘇，若出一手。自號瓊臺，著有賜硯堂文集及史記功臣侯表四卷，歷代帝王年表十三卷等行於世。

四五九　全祖望（一七〇五－一七五五）

全祖望字紹衣，浙江鄞縣人。十六歲爲古文，討論經史，證明掌故。雍正七年，以諸生充選貢至京師，上侍郎方苞書，論喪禮或問。苞大異之。旋舉順天鄉試，戶部侍郎李紱見其文曰：「此黃震、王應麟以後一人也。」乾隆元年，薦舉博學鴻詞科。是春會試，先成進士，改翰林院庶吉士，不再與鴻博試。二年散館，以知縣用。遂歸，不復出。方詞科諸人未集，紱以問祖望。祖望爲記四十餘人，各列所長，乃彙爲詞科摭言一書。以將歸，未卒業，僅得先後姓名及舉主試錄三卷。性伉直，既歸，貧且病，饔飧不給，人有所餽，弗受。主講蕺山端谿書院，爲士林仰重。二十年卒於家，年五十有一。祖望爲學淵博無涯涘，於書靡不貫串。在翰林與李紱共借永樂大典讀之，每日各盡二十卷。時開明史館，復爲書六通移之，先論藝文，次論表，次論忠義、隱逸兩列傳，皆以其言爲韙。生平服膺黃宗羲，爲修宗羲宋儒學案。自號謝山。晚年手定文稿，刪其十七，爲鮚埼亭文集五十卷，今傳於世。

四六〇　袁枚（一七一六－一七九七）

袁枚字子才，浙江錢塘人。幼有異稟，年十二，爲縣學生。後至廣西省叔父於巡撫幕中，巡撫金鉷一見異之，試以銅鼓賦，立就，甚瑰麗。乾隆元年，開博學鴻詞科，鉷舉枚應詔。時海內舉者二百餘人，枚年最少。及試，報罷。旋舉三年順天鄉試。四年成進士，改翰林院庶吉士。掌院學士史貽直奇其才，命擬奏疏一通，曰「通達政體，賈生流也。」散館，改知縣，分發江南，初試溧水，調江浦、沭陽，再調江寧。寧故巨邑難治，時尹繼善為總督，知枚才。枚亦遇事盡其能，事無不舉。嘗言為守令者當嚴束家奴吏役，使官民無壅隔，則百弊自除。其為政，終日坐堂皇，任吏民白事。有小訟獄，立判遣，無稽留者。多設耳目方略，集鄉保，詢盜賊及諸惡少姓名，出所簿記相質證，使不能隱。則榜其姓名，許三年不犯，湔雪之，奸民皆斂跡。有賈人販布江行，舟觸戰船，溺一兵死。衆兵縛控舟子，并及客。枚心知過失殺無罪，而累客必傾貲，乃令乘風張帆，作觸舟狀，縱之去。以埋葬錢發兵完案。侍郎尹會一督學試江寧，有兩騎衝其前麾，且嫚罵，稱某親王家奴。他縣尹不敢問，枚立擒治，則為大將軍投書制府者也。搜其篋，得關節書十餘封，急焚之，重杖遣去。十三年江南災，銅井民運米至吳門，以被劫告。枚以荒政當弛刑，召其魁詢之，乃士人遏糴，非劫也。諭以情法，追米還主者。初枚涖溧水，迎養其父。父慮子年少無吏才，試匿名訪諸野，皆曰：「吾邑有少年袁知縣，乃大好官也。」父喜，乃入官舍。在江寧嘗朝治事，夜召士飲酒賦詩，市人以所判事作歌曲，刻行四方。既而引疾家居。再起發陝西，以知縣用。上總督黃廷桂書萬餘言，不省。尋丁父艱歸，遂牒請養母，卜築於江寧之小倉山，號隨園，又號

袁枚

簡齋。聚書籍爲詩古文，如是五十年，終不復仕。嘉慶二年卒年八十二。枚性詼諧跌蕩，自行胸懷，未嘗爲勢要牽引。年逾六十，猶獨遊名山，嘗至天台、雁蕩、黃山、匡廬、羅浮、桂林、南岳、瀟湘、洞庭、武夷、四明、雪竇，皆窮其勝。在里崇飾池館，疏泉架石，釐爲二十四景，遊人闐集。自皇華使者下至淮南賈販，多聞其名，造請交歡。又篤於友誼，不以窮通生死易心。嘗爲亡友沈鳳司祭掃三十年如一日。編修程晉芳死，負枚五千金，枚往弔，焚其劵，且撫其孤兒。見人善稱之不容口。所爲詩文天才橫逸，不可方物。言詩以性靈爲主，與王士禎主神韻者相反。枚仕雖不顯，而備林泉之清福，享文章之盛名。與趙翼、蔣士銓時稱乾隆三大家，而以枚爲最。又與紀昀有「南袁北紀」之稱。著有小倉山房詩文集七十卷，隨園詩話、尺牘之屬凡三十餘種，均傳於世。

四六一　曹霑（一七一九—一七六四）

曹霑字雪芹，一字芹圃，本鑲藍旗漢軍。祖寅，字子清，號楝亭，康熙中爲江寧織造，遂家居江寧。聖祖南巡時，五次以織造署爲行宮，後四次皆寅在任。頗嗜風雅，嘗刻古書十餘種，爲時所稱。父頫，亦爲江寧織造，生霑於江寧，時蓋康熙五十八年也。雍正六年，頫卸任，霑與父同歸北京，時約十歲。後遭巨變，家道中落，中年乃貧居西郊，啜饘粥以度日。然性傲兀，不附權貴，時復縱酒賦詩，作石頭記以自遣。乾隆二十九年，以子殤傷慼成疾，數月而卒，年四十六。霑雖工詩文，然今已無傳。所傳有石頭記八十卷，最爲膾炙人口。死後逾年，即有傳寫本流行。全書寫石頭城賈府中悲喜之情，聚散之迹而人物事故，則擺脫舊套，與在先之人情小說，迥不相同。其後高鶚又補四十回，合成一百二十回。高鶚字蘭墅，鑲黃旗漢軍，乾隆十三年進士，官至侍讀。又因霑有悼紅軒，乃改名紅樓夢，書爲霑之自敍，於開篇中已言之矣。蓋霑生於榮華，終於零落，半生經歷，絕似石頭。後人忽略此言，每欲別求深義，作索隱之說，殊不足辯。今百二十回本，盛傳於世。

四六二　紀昀（一七二四—一八〇五）

紀昀字曉嵐，一字春帆，直隸獻縣人。乾隆十二年第一名舉人，十九年成進士，改庶吉士，散館，授編修。尋擢詹事府左春坊左庶子，充日講起居注官。三十三年，補貴州都勻府知府。上以昀學問優，外任不能盡其長，命加四品銜，留庶子任。尋擢翰林院侍讀學士。會前兩淮鹽運使盧見曾獲罪，有旨籍其家，昀與盧爲姻，遂革職遠問，戍烏魯木齊。三十五年釋還。上幸熱河，昀迎鑾密雲，御試土爾扈特全部歸順詩，立成五言三十六韻以進，得旨優獎，復授編修。三十八年，命儒臣校覈明代永樂大典，詔求天下遺書，開四庫全書館，選翰林院官專司纂輯。大學士劉統勳以昀名薦，充纂修官。後又奏畀昀及提調官郎中陸錫熊爲總辦，搜輯大典中逸篇墜簡，及海內祕笈萬餘部，依經史子集部分類聚，撮其大凡，列成總目，爲提要二百卷上之。上諭嘉獎，恩授翰林院侍讀。明年，又輯簡明書目一編上之。後以館臣校書錯誤應議，昀以特旨免。擢內閣學士，兼禮部侍郎。提要成，擢兵部侍郎，轉左侍郎。遷禮部尚書，充經筵講官。嘉慶元年，調兵部尚書，尋充高宗實錄館副總裁。十年以禮部尚書協辦大學士，加太子太保，管國子監事。二月卒，年八十二。謚文達。昀學問淹通，辦理四庫全書，始終其事，十有三年，甚爲努力。此外如熱河志、歷代職官表、河源紀略、八旗通志、暨方略、會典、三通諸館，咸總其事。晚號石雲。嘗以編排祕籍至熱河，時校理久竟，晝長無事，追錄見聞，作灤陽消夏錄六卷，後又成如是我聞、槐西雜誌、姑妄聽之各四卷，灤陽續錄六卷。門人盛時彥合刊之，名閱微草堂筆記五種，今傳於世。

四六三　蔣士銓（一七二五—一七八五）

蔣士銓字心餘，一字苕生，江西鉛山人。家故貧，四歲，母鍾氏授書，斷竹篾爲波磔點畫，攢簇成字教之。父堅，有奇節。十一歲，父縛之馬背，遊太行，讀鳳臺王氏藏書。既長，工爲文，喜吟咏。金德瑛督學江西，奇其才，以「孤鳳凰」稱之，拔冠弟子員。乾隆十九年，由舉人官內閣中書。二十二年成進士，改翰林院庶吉士，散館授編修。二十七年，充順天鄉試同考官。旋乞假養母歸。會裘曰修以士銓及彭元瑞薦，高宗召見元瑞，問士銓何在。元瑞以母老對。上賜元瑞詩，有「江右兩名士」句。士銓感激恩眷，母服除，力疾入都補官。逾二年，記名以御史用。未幾，仍以病乞休。後主紹興蕺山書院。時越中富家池三江閘，日久堙廢，士銓力請於大府，借帑營治，曰：「事雖非山長責，然食越人粟，則視越人如一家也。」偶掃墓鉛山，則爲邑人建閘濬渠，以通水利。有駱生者，負鹽課客死，士銓漏夜作十三札，飛遞嶺南，俾其孤嫠

蔣士銓

扶生櫬歸。乾隆五十年二月卒，年六十一。士銓長身玉立，眉目朗然，志節凜凜，以古賢者自勵。其所為詩，氣體雄傑，得之天授，變化伸縮，能拔奇於古人之外。至敍述節烈，讀之使人感泣。少時與汪軔、楊垕、趙由儀，有四子之目。後與袁枚、趙翼稱「袁、蔣、趙三家。」古文亦雅正有法，詞曲尤獨絕。自號清容，又號藏園。著有忠雅堂文集十二卷，詩集二十七卷，銅弦詞二卷，及空谷香、一片石、第二碑、冬青樹、四絃秋、香祖樓、臨川夢、桂林霜、雪中人等，為紅雪樓九種曲傳於世。

四六四　趙翼（一七二七—一八一四）

趙翼字雲松，江蘇陽湖人。生三歲，日能識字數十。十二歲為文，一日成七篇，人皆奇之。以直隸商籍舉乾隆十五年鄉試。十九年中明通榜，用內閣中書入直軍機處。進奉文字多出其手。每扈從出塞，戎帳中無几案，輒伏地起草，頃刻千百言，不加點。大學士傅恆、汪由敦尤重之。二十六年以一甲三名進士，授翰林院編修，任撰文修通鑑輯覽。明年，京察記名以道府用。二十七年，充順天鄉試同考官。二十八年，充會試同考官。三十一年，復充會試同考官，尋授廣西鎮安府知府。府境極邊，民安訟簡，而常平倉穀有出輕入重之弊，民苦之。翼開府倉，聽民自權以納穀，於是民持羨穀以去，懽聲溢闤闠。翼每出行，爭肩輿過其郡，謂我公至矣，奉酒食爲恭敬，所至皆如之。三十五年，調廣東廣州府，決獄平，獲海盜百八人，按律皆死。翼詳讞，分別殺三十八人，餘遣戍。三十六年，擢貴西道。以廣州讞獄舊案，部議降級，奉旨送部引見。翼遂以母老乞歸，不復出。五十二年，臺灣民林爽文作亂，總督李侍堯赴閩治軍事，道出常州，邀翼偕往。時兵將雲集，咸謂不日蕩平，翼獨請侍堯密調粵兵爲備。既而總兵郝壯猷敗遁，賊勢大振，而粵兵適至，人心始定。後得由鹿耳門進兵破賊，皆翼策也。事平，侍堯欲奏起翼，翼堅辭。晚歲以著述自娛，主講安定書院，日與朋游故舊賦詩爲樂。嘉慶十五年，重宴鹿鳴，賜三品銜。十九年卒，年八十八。翼高才博物，通達朝章國典，居家數十年，手不釋卷。其詩與袁枚、蔣士銓齊名。枚稱其忽奇忽正，忽莊忽俳，稗史方言，皆可闌入。士銓則謂其奇恣雄麗，不可逼視。人以爲知言。尤邃史學，鉤稽同異，屬詞比事，於前代弊政，三致意焉。自號甌北。著有甌北詩集五十三卷，唐宋十家詩話十二卷，檐曝雜記六卷，及廿二史劄記三十六卷等傳於世。

四六五　姚鼐（一七三一——一八一五）

姚鼐字姬傳，一字夢穀，安徽桐城人。少家貧，體羸多病，而嗜學。侍郎方苞，以古文名當世，上接震川，同邑劉大櫆繼之。鼐世父範，與大櫆友善，嘗問鼐志，曰：「義理、考證、文章，闕一不可。」範乃以經學授鼐，而命鼐受古文法於大櫆。乾隆二十八年進士，改翰林院庶吉士，散館授兵部主事，轉禮部。三十三年，充山東鄉試副考官。三十五年，充湖南鄉試副考官。三十六年充會試同考官，累遷至刑部郎中，記名御史。四庫館開，以大臣薦爲纂修。年餘，乞病歸。歸後，主講江南紫陽、鍾山各書院者四十餘年，惇惇以誨迪後進爲事。嘉慶十五年，重赴鹿鳴宴，恩加四品銜。二十年卒，年八十五。鼐色怡而氣清，接人極和藹，無貴賤皆樂與盡懽；而義所不可，則確乎不易其所守。雖受古文法於大櫆，然鼐本所聞於家庭師友間者，益以自得，不盡用大櫆法也。所爲文，高簡深古，尤近司馬遷、韓愈。其論文根極於性命，而探源於經訓，至其淺深之際，有古人所未嘗言，鼐獨抉其微而發其藴，論者以爲辭邁於方氏，而理深於劉氏焉。爲學博集漢儒之長，而折衷於宋。鼐與方苞、劉大櫆，皆籍桐城，世稱之爲桐城派。詩從明七子入，而以融會唐、宋之體爲宗旨。嘗仿王士禎五七言古體詩選，爲今體詩選，人稱精當。家有惜抱軒，世稱惜抱先生。著有惜抱軒文集十六卷，後集十二卷，詩集十卷，書錄四卷，法帖題跋一卷，筆記十卷等；所選又有古文辭類纂七十四卷，今並傳於世。

姚鼐

四六六　翁方綱（一七三三—一八一八）

翁方綱字正三，順天大興人。乾隆十七年進士，改翰林院庶吉士，散館授編修。二十四年，充江西鄉試副考官。二十七年，充湖北鄉試副考官。二十九年，督學廣東，凡三任。四十四年，充江南鄉試副考官。四十六年，擢國子監司業，尋遷洗馬。四十八年，充順天鄉試副考官。四十九年，遷詹事府少詹事。五十一年，督學江西。五十五年，擢內閣學士。五十六年，督學山東。嘉慶元年，賜千叟宴及御製詩珍物。四年，左遷鴻臚寺卿。十三年，重預鹿鳴宴，賜三品銜。十九年，重預恩榮宴，賜二品銜。二十三年卒，年八十六。方綱弱冠入翰林，散館日，上至方綱跪所，取卷閱之，諭曰：「牙拉賽音，」漢語甚好也。既而屢司文柄，英才碩彥，識拔無遺。與同里朱珪、獻紀昀，俱以宏獎風流為己任。詩學江西派，出入山谷、誠齋間。自諸經注疏，以及史傳之考證，金石文字之爬梳，皆貫徹溢洋於其中。其論詩反王士禎之神韻說，謂其弊流於空調，故特拈「肌理」兩字，以救其虛。登第後，典試獨多。晚歲罷官家居，巋然為海內文章老宿。又精於金石、書畫、譜錄、考訂之學。自號覃溪。著有復初齋詩集七十卷，文集三十五卷，石洲詩話八卷，及兩漢金石記二十二卷，經義考補正十二卷等傳於世。

四六七　汪中（一七四四—一七九四）

汪中字容甫，江蘇江都人。生七歲而孤，家酷貧，不能就外傅，母鄒授以小學、四子書。稍長，助書賈鬻書於市，因徧讀經史百家，過目成誦，遂爲通人。年二十，補諸生，然時人未之知也。編修杭世駿，主講安定書院，論及孟子往送之門，以爲昏禮無明文，中引穀梁祭門闕門證之，世駿折服，遂大稱之。乾隆四十二年拔貢，提學謝墉每試別置一榜，署名諸生前，嘗曰：「余之先容甫，爵也；若以學，當北面事之矣。」以母老竟不赴朝考。中嘗有志於用世，故於古今沿革、民生利病，皆博問而切究之。年三十，專意經術，與高郵李惇、王念孫、寶應劉台拱爲友，共討論之。晚年絕意仕進，以著書校勘爲事。鹽使知其名，使司文匯閣所頒之四庫全書。乾隆五十九年，以檢校書籍，卒於西湖，年五十一。中性質直，不爲容止。於時彥不輕許可，好嫚罵人，人目之曰狂生。然不沒人之實，有一文一詩之善者，亦贊不容口。生平於詩文書翰，無所不工。治古文，不取韓、歐，以漢、魏、六朝爲則，堅卓典贍，自成一家。畢沅總督兩湖，聘入幕，屬撰黃鶴樓銘、漢上琴臺銘，皆見稱於時。所著有遺詩六卷，述學內外篇六卷，廣陵通典十卷等傳於世。

四六八　吳錫麒（一七四六—一八一八）

吳錫麒字聖徵，浙江錢塘人。乾隆四十年進士，改翰林院庶吉士，散館授編修。四十九年、五十五年，兩充會試同考官，擢右贊善，入直上書房，轉侍講、侍讀，陞國子監祭酒。生年不趨權貴，然名著公卿間。在上書房時，與成邸尤莫逆，得一帖一畫，必共題跋。禮遇之盛，同於諸城劉墉。嗜飲，無下酒物，以書代之。性至孝，以親老乞養歸里。至揚州，主講安定樂儀書院，所拔多績學礪品之士。晚養疴江上，四方乞詩文者，屨戶外滿。高麗使者嘗出餅金購之，其名重若是。嘉慶二十三年卒，年七十三。錫麒天姿超邁，吟詠至老不倦。浙中詩派，自朱彝尊、查愼行後二十餘年，杭世駿、厲鶚起而振之。兩人殂謝，嗣音者少，惟錫麒堪繼其後。尤工駢體文，能合漢、魏、六朝、唐人，而冶爲一爐。胎息既深，神采自工，委婉瀏灕，是其所長。每一文出，藝林奉爲圭臬。兼工詩餘，論者謂可與吳偉業、厲鶚抗衡。自號穀人，著有有正味齋集七十三卷，今傳於世。

四六九　洪亮吉（一七四六—一八〇九）

洪亮吉字君直，江蘇陽湖人。六歲而孤，母蔣賢明，督課嚴，風雪夜，受經每至鷄鳴。亮吉純孝，旣壯，爲嬰兒戲娛母。家貧，橐筆出遊，節所入養母。及歸，聞母凶耗，慟絕墜水，得救免。三年徹酒肉，不入中門。少工文辭，與同邑黃景仁詩歌唱和，時稱「洪、黃」。後從安徽學政朱筠遊，同幕戴震、邵晉涵、王念孫、汪中等皆通古義，乃立志窮經。家居與孫星衍相研摩，學益宏博，時又稱「孫、洪」。乾隆五十五年，一甲二名進士，授翰林院編修。五十七年，充順天鄉試同考官，即拜貴州學政之命。嘉慶二年，命在上書房行走。三年正月大考，命擬征邪教疏，時川、陝餘匪未靖，亮吉指陳規畫，慷慨數千言。是月因弟靄吉卒，引古人期功去官之義，病免家居。仁宗親政，詔求直言極諫之士，亮吉上陳時事，反覆累數千言，乞成親王、大學士朱珪、兵部尚書劉權之代奏。上見「視朝稍晏，小人熒惑」等語，以爲論及宮禁，震怒革職，發往伊犁。明年二月，亮吉至伊犁。既而仁宗深悔，以亮吉所奏實無違礙之句，仍有愛君之誠，乃傳諭伊犁，將亮吉釋放回籍；並將其原奏裝潢成卷常置座右，以作良規。自開新疆以來，漢員賜環之速，未有如亮吉者。亮吉既歸，署其室曰更生，表不殺恩。十四年卒，年六十四。亮吉伉爽有志節，自稱性褊急，不能容物。生平好學，不以所遇榮枯釋卷帙。詩文以外，又精經史、說文、地理。著作甚富，有遺書二百二十二卷。號北江，晚號更生居士。著述中有卷施閣詩文甲乙集三十二卷，更生齋詩文甲乙集十六卷，詞二卷，北江詩話六卷，伊犁日記二卷，今傳於世。

四七〇　黃景仁（一七四九—一七八三）

黃景仁字漢鏞，一字仲則，江蘇武進人。四歲而孤，伯兄繼卒，家甚貧，母屠督之讀，所業倍常童，八歲時，試以制舉文，立就。常熟邵齊燾主講常州龍城書院，與同郡洪亮吉偕受業焉。邵卒，聞秀水鄭虎文賢，謁之於杭州，鄭愛異之。居月餘，泫然辭曰：「景仁無兄弟，母老家貧，居無所賴，將遊四方，覓升斗爲養耳。」乃爲浪遊，攬九華，陟匡廬，泛彭蠡，歷洞庭，登衡嶽，觀日出，過湘潭，酹酒招魂，弔屈原、賈誼，作浮湘賦以寄意，悲慨傷懷。時湖南按察使定興王太岳，故名士，負其才，及見心折，每有所作，必持質景仁，定可否。自湖南歸，詩益奇肆，大興朱筠督學安徽，招入幕。三月上巳，爲會於采石磯之太白樓，賦詩者十數人。景仁年最少，著白袷立日影中，頃刻數百言，徧示座客，咸爲輟筆。時八府士子，以詞賦就試當塗，聞學使者高會，畢集樓下，至是咸從奚童乞白袷少年詩競寫，一日紙貴焉。生平於功名不甚置念，獨慽其詩無幽幷豪士氣。嘗蓄意欲遊京師。乾隆四十一年，上東巡，召試名列二等，以武英殿書籤例得主簿。時陝西巡撫畢沅，見都門秋思詩，奇其才，速其西遊，厚貲之。乃由西安入都，入貲為縣丞，寓京師法源寺。銓有日矣，為債家所迫，抱病逾太行，出雁門，將復遊陝，次解州，病殆，卒於河東鹽運使沈業富署，年三十五。友人洪亮吉持其喪以歸。景仁體羸，長身伉爽，性高邁，好遊，盡觀江上諸山水，每獨遊名山，經日不出。值大風雨，或瞑坐崖樹下，牧者見之，以為異人。詩宗法杜、韓，後稍稍變其體，為王、李、高、岑，卒其所詣，與李白最近，乾隆間論詩者推為第一。駢體文絕似六朝。工書，擅山水，皆極古質。晚號鹿菲子。著兩當軒詩文集二十卷，竹眠詞二卷，今傳於世。

四七一　惲敬（一七五七—一八一七）

惲敬字子居，江蘇陽湖人。乾隆四十八年舉人，以教習官京師。時同郡莊述祖、莊獻可、張惠言、海鹽陳石麟、桐城王灼，先後集京師，敬與之為友，商榷經義古文，而尤所愛重者惠言也。會教習期滿，以知縣用，選授浙之富陽。銳欲以能自效，矯然不肯隨羣輩俯仰。大吏憚其風節，欲裁抑之，令督解黔餉。敬曰：「王事也。」怡然就道。返役，遭父喪歸。服闋，選授山東平陰縣知縣，引見改授江西新喻。新喻吏士素橫，敬至，懲創之，人疑敬為治過猛。已乃進其士之秀異者，與之講論文藝。斷事不收聲，必既其實，士民懷德畏威，翕然大變。嗣調知瑞金縣。瑞金在萬山中，俗好訟，素稱難治。敬張弛合宜，吏民咸就約束。瑞金諸生某以富凌人，成巨案，願進千金求脫罪，敬峻拒之。後屢邀人關說，至以萬金相啗。

敬曰：「吾作令以來，苞苴未嘗至門，今乃有此，豈吾有遺行耶？」卒論如律，至是人益重之。以卓異擢南昌府同知。然敬爲人負氣，矜尚名節，所至輒與上官忤。上官以其才高每優容之，而忌者或銜次骨。最後署吳城同知，爲姦民誣告家人得贓，遂以失察被劾。士大夫之賢者，咸惋惜之。嘉慶二十二年卒，年六十一。敬少好爲齊、梁駢儷之作，稍長棄去，治古文。四十後，益研精經訓，深求史傳興亡治亂得失之故。其文得力於韓非、李斯，與蘇洵相上下。敍事似班固、陳壽。而敬自謂其文自司馬遷而下，無北面論者。謂清文氣之奇推魏禧，文體之正推方苞，而介乎奇正之間者惟敬。苞之文，學者尊爲桐城派。至敬出，學者乃別稱爲陽湖派云。號簡堂。著有大雲山房文稿八卷，今傳於世。

四七二　王曇（一七六〇——一八一七）

王曇字仲瞿，浙江秀水人。乾隆五十九年舉人。好遊俠，兼通兵家言，善弓矢，上馬如飛，慷慨悲歌，不可一世。嘗謂其友錢泳曰：「吾死後，必葬我於虎邱短簫祠側，乞題一碣曰晉故散騎常侍東亭侯五十三世孫王曇之墓。」其好奇如此。侍郎吳省欽，曇座主也，館和珅家。和珅方怙勢，曇三上書省欽，請劾和珅，不聽。乾隆六十年，王以鋙榜發，高宗以臺官參劾，命御前進卷別選一榜，曇名與焉。既而榜復如舊。仁宗亦素聞曇名。嘉慶六年，諭軍機云：「若王曇來京會試，朕欲親見其人。」先是曇從大喇嘛章佳胡圖克圖者遊，習其遊戲法，會川、楚匪起，吳省欽薦曇精五雷法，可制邪，朝士聞之，遂薄曇，因是屢躓南宮，卒潦倒以死。生平於學無所不窺，尤工駢體文。所作西楚霸王廟碑，竇光鼐歎爲二千年來無此手筆。未歿時，自爲虎邱山孿室誌，敍所著述三百餘卷，然多散佚。今所傳者，祗煙霞萬古樓文集六卷，詩選二卷，仲瞿詩錄一卷而已。

四七三　孫原湘（一七六〇—一八二九）

孫原湘字子瀟，江蘇昭文人。三四歲，卽知讀詩，口詠指畫，若能通曉。成童後，從其父鎬，官奉天、山西。所歷名山大川風物奇險，皆以歌詠發之。年才弱冠，名噪都下。嘉慶十年進士，改翰林院庶吉士，充武英殿協修官。假歸，得怔忡疾，遂不出。歷主毓文、紫琅、婁東、游文諸講席，多所成就。視鄉黨疾苦，若痛在膚，有水旱賑卹事，必先爲經畫之。其論詩之旨，以爲一人有一人之性情，無性情不可言詩，無風韻不可言詩。徒以格律體裁規模唐、宋，則失己之本來面目，而眞性情亡矣。其詩瀏離麗逸，獨以風韻勝。沈鬱不及張問陶，而無叫囂；斂贍不及袁枚，而無其游戲。虞山詩人，以才氣寫性靈，獨開生面者，原湘一人而已。時與王曇、舒位，稱爲「三君」。自號心青。著有天眞閣集三十卷，續集及古文駢體三十二卷傳於世。

四七四　張惠言（一七六一—一八〇二）

張惠言字皐文，江蘇武進人。少受羲經，卽通大義。年十四爲童子師，修學立行，敦品自守。嘉慶四年進士。時大學士朱珪爲吏部尚書，以惠言學行，特奏改庶吉士，充實錄館纂修官。六年散館，奉旨以部屬用。珪復特奏，改授翰林院編修。惠言鄉會兩試，皆出朱珪門，未嘗以所能自異，默然隨羣弟子進退而已。珪潛察得之，則大喜，故屢進達之。而惠言於珪之言論，亦斷斷相諍，不敢隱。嘗與同縣編修洪亮吉於廣坐諍之。嘉慶七年卒，年四十二。惠言少爲辭賦，擬司馬相如、揚雄之文。及壯又學韓愈、歐陽修，而氣體與修爲近。素與惲敬善，人以其同爲常州人，稱之曰陽湖派，以示別於桐城。實則桐城、陽湖，皆出大櫆，惟桐城太拘謹，陽湖較開展耳。尤工於詞，沈鬱疏快，悱惻纏綿，嘗選唐、宋詞四十四家爲詞選一書，闡揚意內言外之旨，所謂常州詞派者是。著有茗柯文集五卷，茗柯詞一卷等，今傳於世。

四七五　嚴可均（一七六二——一八四三）

嚴可均字景文，浙江烏程人。嘉慶五年舉人，官建德縣教諭，引疾歸。十三年，詔開全唐文館，可均以越在草茅，無能爲役，慨然曰：「唐之文盛矣哉！唐以前，要當有總集。」乃輯全上古三代秦漢三國六朝文七百四十六卷，使與全唐文相接，多至三千餘家，人各系以小傳，足以考證史文。皆從蒐羅殘賸得之，覆檢羣書，一字一句，稍有異同，無不校訂。一手寫定，不假衆力。唐以前文，咸萃於此，其功殊不可沒也。道光二十三年卒，年八十二。可均博聞強識，精考據之學。輯文以外，又校輯諸經逸注及佚子書等數十種，合經史子集爲四錄堂類集，凡千二百餘卷。又與姚文田同治說文，徧索異同，爲說文長編、說文類考。自號鐵橋。文集有鐵橋漫稿十三卷，今傳於世。

四七六　張問陶（一七六四—一八一四）

張問陶字仲冶，四川遂寧人。大學士鵬翮元孫。幼有異稟，讀書過目成誦。乾隆五十五年進士，改翰林院庶吉士，散館授檢討。詔選翰詹三十人各書扇五柄；又選十二人分書養心殿屏，問陶皆與焉。嘉慶五年六年兩充順天鄉試同考官，遷御史，有直聲。尋改吏部郎中。十四年，充會試同考官，旋出爲山東萊州府知府。與上官牴牾，遂乞病遊吳、越，時往來大江南北。愛吳門山水之勝，僑寓白堤，顏其室曰樂天天隨鄰屋。自號船山，又號藥庵退守。時觀察陽湖孫星衍，亦居虎丘，望衡對宇，稱爲吳中兩寓公。十九年卒於蘇州，年五十一。問陶才情橫軼，所爲古文辭，奇傑廉勁，同時名輩，皆斂手下之。而於詩尤工，嘗作寶雞題壁詩十八首，指陳軍事，得老杜諸將之遺，一時傳誦焉。在都與洪亮吉、羅聘相唱和，無虛日。後往見袁枚，枚謂之曰：「所以老而不死者，以未見君詩耳。」其推重如此。亦工書畫。著有船山詩文集二十卷，今傳於世。

四七七　舒位（一七六五—一八一五）

舒位字立人，順天大興人。十歲下筆成章。十四，隨父翼官粵之永福，讀書署後鐵雲山，因以自號。安南入貢，位隨父迓使者，賦桐柱詩相贈答，傳誦外裔。弱冠中乾隆五十三年舉人。王朝梧之黔，聘使偕行。值南籠狆苗不靖，威勤侯勒保，統兵征之。朝梧在行間，位爲諭黃砦文檄，苗人識字者讀之，皆哭拜解散。勒保見而器之，恆與計軍事。賊中黃囊仙者，妖女也，旗鼓最盛。時檄調雲南土練，有龍么妹者，年十八，美麗善戰，矛槍所及，槊一擲十。黃不能軍，擒歸本道營。位以美言甘之，降者遂不叛。勒保欲爲么妹執柯歸位，位婉言却之。狆苗平，巡撫議以軍府辦事賓僚列請議敍。位辭，時論高之。勒保移督四川，與位約從遊。時翼已歿，以母老辭歸。家吳中，以貧故，恆負米湘、湖間。嘉慶二十年，聞母喪，戴星而奔，不納勺飲者彌月，遂以毀卒，年五十一。位性情篤摯，好學不倦，於經史百家無不究，而一發之於詩。嘗謂人無根柢學問，必不能詩；無眞性情，即能詩亦不工。故其詩必出新意，不襲古法，而精力所到，他人百思不及。著有瓶水齋詩集十七卷，皐橋今雨集二卷，今傳於世。

四七八　李汝珍

李汝珍字松石，直隸大興人。少而穎異，不樂爲制舉文。乾隆四十七年，隨兄之海州任，因從凌廷堪學。論文之暇，兼及音韻，受益極多，時年約二十。生平交游，頗多研治聲韻之士，故汝珍亦特長於韻學，作音鑑一書。旁及雜藝，如壬遁、星卜、象緯，以至書法、奕道，多通。顧不得其志，以諸生終老海州。晚年窮愁，則作小說以自遣，歷十餘年始成。不數年卒，年約六十餘。汝珍精聲韻之學，主實用，重今音，而敢於變古，乃能居學者之列。博識多通。所著小說名鏡花緣，凡一百回，大略敍武后時秀才唐敖附其婦弟林之洋商船遨遊海外，及其女小山又附船出洋尋父事。書中論學說藝，數典談經，連篇累牘而不已，蓋反爲其博識多通所害之也。惟經作者匠心，剪裁運用，亦尚有綽約風致之處，是則不能一概抹煞之也。此書道光八年，即有刻本，今盛傳於世。

四七九　李兆洛（一七六九—一八四一）

李兆洛字申耆，江蘇陽湖人。九歲爲制舉文，操筆立就。仁和盧文弨，主講龍城書院，從遊者極一時之俊，獨許兆洛爲第一流。嘉慶十年進士，改翰林院庶吉士，散館，授安徽鳳臺縣知縣。鳳臺西接蒙城，北界阜陽，遠者至百八十里，官或終任不一履其地。兆洛親歷巡行，辨其里落之繁耗，地畝之廣袤，肥瘠次第，經紀之。增隄防，設溝閘，督民耕耘，歲以屢豐，又勸民孝悌，分俸以獎。在縣七年，轄境大治，旋以父憂歸，遂不出，主江陰書院，幾二十年。晚得末疾，道光二十一年卒，年七十三。兆洛短身碩腹，豹顱剛目，望之若不可近，而就之和易，未嘗有疾言遽色。藏書逾五萬卷，皆手加丹鉛。上自漢、唐，下及近世諸儒，條別得失，不檢故本。嘗分日課馬氏文獻通考，比浹歲，首尾皆能默誦。病當世治文，知宗唐、宋，而不知宗兩漢，而欲宗兩漢，非自駢體文入不可，因輯駢體文鈔。蓋文之起源，不分駢散，兆洛此舉，欲鍼當時之膏肓也。所著有養一齋文集二十卷，今傳於世。

四八〇　張維屏（一七八〇—一八五九）

張維屏，字子樹，一字南山，廣東番禺人。父炳文，官四會訓導。維屏幼奉庭訓，內行修飭，研究典籍，夙有詩名。年三十，所作已卓然成家，海內名流甚器重之。嘉慶九年舉人。至都，大興翁方綱曰：「詩壇大敵至矣。」道光二年進士，以知縣分發湖北，署黃梅縣。時江水潰隄，災民徧野，維屏以帑金賑濟，區畫條法，民得實惠。嘗乘小舟勘災，遇急溜衝去，得樹免於溺，民歌有「官要救民神救官」之句。調補廣濟縣，漕務非折色，規費無所出。維屏曰：「理不直則氣不壯，吾寧舍官以伸氣。」引疾去。丁艱服闋，顧就閒曹，援例爲同知，分發江西，署南康府知府。政暇至鹿洞，與諸生以文行砥礪。於廬山建李、蘇二公祠，祀太白、東坡。謂詩可以興，因集諸生講詩，寓規勸焉。未一載，能郡，請假歸，遂不復出。隱居花埭，閉戶著書。時泛扁舟，往來煙水間，自號珠海老漁。癖愛松，又號松心子。晚年耳目聰明，讀書日有程課。爲學海堂學長。堂中士有善屬文者，維屏往拜之，曰：「昔吳學士蘭雪老矣，聞人誦吾詩，輒來拜我，我今敢不畏後生耶！」其愛才如此。性好遊，嘗築室白雲山居之。又游羅浮山。告歸後，遊鼎湖、七星巖，西至桂林，徧遊諸巖洞。咸豐九年卒，年八十。維屏少時，里中方氏有園地，集諸名士賦。維屏以童子與之，方氏許嫁以女，未婚而死，維屏爲作哀辭，爲時傳誦。其詩出入漢、魏、唐、宋諸大家間，取材富而醞釀深，論者謂爲必傳。所輯國朝詩人徵略初編六十卷，二編六十四卷，最有功於文獻。自著有松軒詩文集、詩話、松軒隨筆等傳於世。

四八一　管同（一七八〇—一八三一）

管同字異之，江蘇上元人。父文郁，早卒。母鄒，以節孝聞。同少負經世志，爲學不守章句。從姚鼐學爲古文，鼐亟稱之。道光五年舉人。主試侍郎陳用光，亦從姚鼐受古文辭學者，語人曰：「吾不多持節校兩江士，獨以得一異之自喜。」其待同，不敢以世俗門生之禮，苟有稱，必曰丈。道光十一年卒，年五十二。同與梅曾亮友善，均爲鼐之高足弟子。桐城派之文，自方苞至管、梅，凡四傳矣，自是以後，愈傳愈衰，寖以不振。蓋文字之間，形式成矣，派別定矣，文既成派，後之學者，就派以求，紆徐以爲妍，曲折以達意，空疎之病，摹仿之習，於以而見，其束縛人才，可慨已也。同所著有因寄軒文集十六卷，今傳於世。

四八二　劉開（一七八一—一八二一）

劉開字孟塗，安徽桐城人。生數月而孤。年十四，上書同邑姚鼐。鼐曰：「此子他日當以古文名家。方、劉之墜緒，賴以復振。」因從鼐學。其爲人落脫不羈，喜交游。與人談論，輒罄肺腑。家貧不能養，奔走公卿間，無干謁態。常謂姚元之曰：「吾鄉多佳山水，使有菽水資，迎母居龍眠杉渡，閉手一編，且不去母左右，其樂何如！而顧爲是僕僕哉！」然亦習舉子業，試輒不利。游浙時，有候門者要至家，具盛饌，稱夢其父語以劉先生當過門，非先生文不能傳爾嫠母，宜固請之。既復與遊山，至一古墓，所有碑題曰「宋處士劉開之墓」，因目開爲處士後身。開憮然知己將終不能貴以顯也。道光元年，亳州聘修邑乘，寓佛寺中，陡得疾而卒，年四十一。開母老子幼，妻倪復以身殉，聞者悲之。工詩及駢體文。其詩集十卷，先已刊行。歿後，姚瑩訪其家，得後集十二卷，又文集十二卷，今並傳於世。

四八三　姚瑩（一七八五—一八五二）

姚瑩字石甫，安徽桐城人。嘉慶十三年進士，選福建平和縣知縣，以才著，調臺灣縣，署噶瑪蘭通判，坐事落職。旋以獲盜有功復官，揀發江蘇，爲兩江總督陶澍所薦，擢淮南監掣同知，權運使事。未幾，特旨命爲臺灣道，加按察使銜。時英人來犯，瑩與臺灣鎮達洪阿擊敗之，毀其船隻，獲其人。有詔嘉獎，予雲騎尉世職，進階二品。和議成，英人訴臺灣所獲船，皆遭風觸礁，文武冒功欺罔，逮問下刑部獄。旋出之，發往四川，以同知知州用。兩使西藏，訊乍雅案。補蓬州。二年，引疾歸。文宗登極，以大臣薦，有湖北鹽法道之命，陞廣西按察使，參大學士賽尚阿軍事。時洪秀全勢漸熾，瑩以爲宜環攻以斷其逸，因條舉利害，累百餘言，不用。未幾，秀全勢益熾，遂不可制。賽尚阿逮問，瑩辭營務，籌餉湖南。巡撫張亮基奏署湖南按察使。積勞卒於官，年六十八。瑩之學，源於從祖鼐，於書無所不窺，顧不好經生章句，而慕賈誼、王守仁之爲人。文章善持論，指陳時事利害，慷慨深切，異乎世以茶弱枯澀爲學桐城者。著有東溟文集二十六卷，詩集二十卷，及東槎紀略五卷等傳於世。

四八四　梅曾亮（一七八六—一八五六）

梅曾亮字伯言，江蘇上元人。少時文喜駢儷，旣游姚鼐門，與管同友善，同輒規之，始頗持所業相抗，已乃一變爲古文辭。道光三年中進士，用知縣，援例，改戶部郎中。曾亮見川、楚教匪之亂，及嘉慶十九年林淸之變，乃著民論。又上汪志伊書，均言豪民易治，姦民難知，知之者獨州縣，而今爲州縣者皆苦無權。是時天下方全盛，亂端未兆，其後洪秀全起陷江南，卒如其言。官戶部二十餘年，沖淡自得，以貲久將遷，聞弟病，遽乞歸，主講揚州書院。金陵亂後，依河道總督楊以增。咸豐六年卒，年七十一。曾亮篤老嗜學，與宗稷辰、朱琦、龍啓瑞、王拯輩遊處，咸嘖嘖稱賞其才，一時碑版記敍，率其手筆。爲文義法一本桐城，稍參以歸震川。詩亦天機超妙，爲時所推。有後進來謁，曾亮戒以長安居大不易，惟擇交遊、端言行、勤讀書三言而已。祖居宣城柏梘山，因自署其室曰柏梘山房。所著有柏梘山房文集十八卷，詩集十二卷，今傳於世。

四八五　龔自珍（一七九二—一八四一）

龔自珍字璱人，浙江仁和人。一名易簡，字伯定。父麗正，爲金壇段玉裁壻。自珍八歲得舊登科錄讀之，卽有志爲科名掌故之學。十二歲，段玉裁授以說文部目，卽有志爲以經說字，以字說經之學。十四歲考古今官制，卽有志爲國朝官制損益之學。十六歲讀四庫提要，卽有志爲目錄之學。十七歲見石鼓，卽有志爲金石之學。登道光九年進士，授內閣中書，陞宗人府主事，充玉牒館纂修官。十七年，改禮部，尋告歸，遂不復出。二十一年卒，年五十。自珍性豪邁，好客。

雖官京師，然冷署閑職，俸入甚薄。辭官時，以一車自載，一車載書，夷然傲然，不以貧自餒。生平著作等身，出入於九經、七緯、諸子、百家，自成一家言。當時以奇才名天下者，一爲魏源，一爲自珍。爲文獨造深峻，論者謂桐城之文，如泰山主峯，不可褻視；自珍之文如徂徠、新甫，相與揖讓俛仰於百里之間，不自屈抑，蓋一代文字之雄云。自號定盦，著有定盦文集八卷，詩集三卷，詞選二卷，又文集補編四卷。亂後散佚，祇存此數，今傳於世。

四八六　魏源（一七九四—一八五六）

魏源字默深，湖南邵陽人。道光二年順天舉人。試卷進呈，宣宗手批嘉賞，名籍甚。入貲爲內閣中書，改知州。二十四年成進士，發江蘇，以知州用，權東臺興化縣事。二十九年大水，河督將啓閘，源力爭，不能得，則躬赴制府擊鼓。總督陸建瀛聞報，立往勘，始得免啓。七州縣士民，皆德之。未幾，補高郵州，坐驛遞遲誤免。尋以緝獲梟匪功，副都御史袁甲三奏，復其官。咸豐六年卒，年六十三。源經術湛深，讀書精博。初尚宋學，後發明西漢人之誼，治經專主今文學，排抵古文學甚力。時與自珍並稱「龔魏」。性兀傲，高自標樹，惟論古今成敗、國家利病、學術本末，反復辨論，不少或衰，四座皆屈。其爲文，不法漢、魏，不宗唐、宋，務在明暢條達。著有古微堂文集十卷，詩集六卷，今傳於世。

四八七　吳敏樹（一八〇五—一八七三）

吳敏樹字本深，湖南巴陵人。道光十二年舉人，官瀏陽縣訓導。以不能行其志，自免歸。築室於洞庭君山湖山草木之深處，名曰鶴茗堂、北渚亭。嘗自其家棹小舟，載書行九十里，所謂九江樓者，讀書吟詠其中。素與鄉人曾國藩交善。國藩督兩江，敏樹東遊，從國藩閱武，徧歷各郡，相倡和。後應編集湖沅耆舊集之請，卒於長沙書局，年六十九。敏樹少治詩，主黃山谷。其爲文，沈思獨往，自謂不屑步武桐城，而究其所就，不越桐城，逮歸氏而止。曾國藩稱其文字如履危石，落紙乃遲重絕倫。梅曾亮、朱琦、邵懿辰、王拯、孫衣言皆與之遊，甚器重之。自號南屏，著有柈湖文集十二卷，今傳於世。

四八八　鄭珍（一八〇六—一八六四）

鄭珍字子尹，貴州遵義人。自幼精力超邁，寓目輒能記誦。舅黎氏多藏典籍，珍悉鼓篋讀之，恆達旦。自是數年，學遂大明。道光五年選拔貢生，受知於程侍郎恩澤。程謂之曰：「爲學不先識字，何以讀三代、秦、漢之書。」因進求諸聲音文字之原，與古宮室冠服車輿之制。道光十七年舉於鄉，以大挑二等選荔波訓導。咸豐五年，叛苗犯荔波，知縣蔣嘉穀適病，珍率兵拒戰，卒完其城。苗退，告歸。同治二年，大學士祁寯藻薦於朝，特旨以知縣分發江浙補用，未行而疾作，卒年五十九。珍精於小學，又工於詩。所作沈鬱，爲當時一大家。論者稱其歷前人所未歷之境，狀人所難狀之狀。晚號柴翁。著有巢經室詩文鈔十卷，今傳於世。

四八九　曾國藩（一八一一—一八七二）

曾國藩字滌生，湖南湘鄉人。道光十八年進士，改翰林院庶吉士，散館授檢討。充四川鄉試正考官，又充會試同考官。遷詹事府右春坊左庶子，旋陞翰林院侍講學士，累陞禮部右侍郎，兵部左侍郎。宣宗崩，文宗即位，署工部左侍

曾國藩

郎，尋署吏部左侍郎。丁母憂回籍。時廣西洪秀全兵起，入湖南，圍長沙不克。又入湖北，攻陷武昌，連陷沿江郡縣，江南大震。上特命國藩會同湖南巡撫張亮基辦理本省團練以禦之。會秀全破金陵，逆流西上，皖、鄂郡縣相繼淪陷。上以國藩所練鄉勇，頗著成效，諭令馳赴湖北進攻。國藩以長江無官軍扼禦，乃駐衡州造戰艦，練水軍，勸捐助餉，與守備楊載福，知縣彭玉麟合擊之，大破於湘潭，復其城。旋復武昌、漢陽，由是湖江東下，至江西，造船募勇，增立新軍，進攻湖口，大敗之。其後闖匪分股竄擾江西，國藩遣道員李元度破之。署理兩江總督。穆宗即位，仍令統轄江蘇、安徽、江西、浙江四省軍務，巡撫提鎮以下，悉歸節制。國藩力辭，不許。同治三年正月，官軍克鍾山，國藩令弟國荃會諸將合圍金陵，六月城下，生擒李秀成等，並掘戮洪秀全屍。自洪氏起兵至是凡十

五年，於是盡數殄滅。捷聞，上覽奏嘉悅，錫封一等侯爵，世襲罔替。後又剿平捻匪，授武英殿大學士，調直隸總督，復調兩江總督。以同治十一年卒，贈太傅，諡文正。國藩秉性忠誠，持躬清正，器識宏深，學問純粹。其官京師，即留心人物，出事戎軒，尤勤訪察。一材一藝，罔不甄錄，又多方造就以成之。金陵克復，均推功諸將，無一語及其弟國荃。談及李鴻章、左宗棠諸人，皆自謂十不及一。清儉如寒素，廉俸盡充官用，未嘗置屋一廛田一區。食不過四簋，男女婚嫁，不過二百金，垂爲家訓。其守之甚嚴而持之有恆者，曰不誑語，不晏起。其患病不起，實由平日事無巨細，必躬必親，殫精竭慮所致也。爲文深宏駿邁，遠紹於昌黎。嘗欲以戴、段之學，發爲班、馬之文。自言初解文法，由姚鼐啓之，故極推崇。又序桐城流派，稱爲文章正軌，實則彼非桐城也。主海內之盟者凡二十年。一時遊其門者，若李元度、薛福成、黎庶昌、張裕釗、吳汝綸，皆極文章之選。所著有曾文正公集八卷，求闕齋日記四卷，及選輯經史百家雜鈔、十八家詩鈔等行於世。

四九〇　莫友芝（一八一一—一八七一）

莫友芝字子偲，貴州獨山人。道光十一年舉於鄉。其後連歲走京師，朝貴爭欲羅致，必愼擇其可，否即婉謝之。咸豐八年會試報罷，籤取知縣，且選官意所不樂，竟棄去。往從胡林翼於太湖，爲校刻讀史兵略。同治初，中外大臣密薦學問之士，詔徵十四人，友芝爲其一。朋好爭勸出仕，謝不就。太平軍起，從曾國藩至安慶、金陵，踰十年。事定，寓妻子於金陵，徧遊江、淮、吳、越間，盡識其魁儒碩彥。同治四年，蘇撫李鴻章薦於朝，有詔徵用，卒不就。十年，以往求文宗、文匯兩閣書，赴揚州，抵興化病卒，年六十一。友芝家素貧，喜聚古籍，積既久，恆披誦不息，寢食並廢。居常好遊覽，喜談論，遇人無貴賤賢愚，一接如故。博學多通，工詩善書，求者沓至。與鄭珍友善，時稱黔中二大家。自號郘亭，又號眲叟，有郘亭詩文集十六卷，今傳於世。

四九一　劉熙載（一八一三—一八八一）

劉熙載字融齋，江蘇興化人。少孤貧，篤行力學。中道光二十四年進士，改庶吉士，授編修。咸豐三年，召對稱旨，奉命直上書房；並賜「性靜情逸」四大字。六年京察一等，記名以道府用。熙載不樂為吏，請假客於山東，授徒自給。久之，湖北巡撫胡林翼延主江漢書院，疏薦熙載貞介絕俗，學冠時人。同治三年，徵為國子監司業，督學廣東。歷遷左春坊左中允。行部所至，蕭然如寒素。後主講上海龍門書院，卒年六十九。熙載秉性儉約，至貴不易。既病，歸襆被篋書而已。與大學士倭仁以操尚相友重。讀書睹指識微，約言孱守。幼時，父嘗曰：「此子學問當以悟入。」晚年遂自號寤崖。嘗探討古今人詩賦、古文、詞曲、書法、經義，深造淵奧，成藝概六卷。自著詩文，則有昨非集四卷，今並傳於世。

四九二　蔣春霖（一八一七—一八六八）

蔣春霖字鹿潭，江蘇江陰人。幼穎悟，讀書十行俱下。嘗登黃鶴樓，揮毫賦詩，旁若無人，一時有「乳虎」之目。咸豐間，官鹽曹，輕直無曲貸勞碌孱合，旋去官。流浪海濱，歌樓飲肆，跌宕自適。後歸東臺，佯狂益甚。同治七年，訪兵備道宗源翰於衢州，過吳江，艤舟垂虹橋，一醉而卒。春霖負文學氣義，與世牴牾，其抑塞激宕之意，一託之於詞。欲以騷經爲骨，類情指事，意內言外，造詞人之極致。仁和譚獻，謂少陵詩史也，水雲樓詞史也。與納蘭性德、項鴻祚，同稱爲清詞三大家。著有水雲樓詞三卷，及水雲樓賸稿傳於世。

四九三　俞樾（一八二一—一九〇六）

俞樾字蔭甫，浙江德清人。幼有夙慧，九歲卽戲爲書，而自注其下。道光二十四年恩科舉人，三十年舉禮部試，覆一等第一名，殿試二甲賜進士出身，改翰林院庶吉士，授編修。咸豐五年，提督河南學政，御史曹澤劾其命題割裂，罷官歸，僑居蘇州，專以著書自娛，遂不復出。曾國藩督兩江，李鴻章撫吳下，咸禮重之，時以巾服從遊，往來如處士。國藩乃有「閎才不薦，徒竊高位」之歎。歷主講蘇州紫陽、上海求志、德清清溪、歸安龍湖等書院。晚又主講杭州詁經精舍至三十一年。後以重逢會試，復編修原官。年八十六卒。樾至少自老，著述不倦，每竟一歲，輒以寫定之書刊布於世。晚年足跡不逾江、浙，而聲名揚溢海內外。不好聲色；旣喪母、妻，終身不肴食，衣不過大布。殿試詩題，爲澹烟疏雨落花天，首句云「花落春仍在」，最爲曾國藩所激賞，因題其居曰春在堂，自號曲園。著有春在堂全書五百餘卷，今傳於世。

四九四　李慈銘（一八二九—一八九四）

李慈銘字㤅伯，浙江會稽人。光緒六年，登進士第。累官至山西道監察御史。曾數次上書言事，不避權要。光緒二十年甲午，中日戰起，因感傷過甚，憤慨塡胸，遂卒於官，年六十六。慈銘精思閎覽，工詩及駢文，與王闓運同爲二大家。顧二人皆刻意擬古，較之黃遵憲能獨闢門戶者，自當爲之低首。但慈銘之作，亦頗雍雅有致。對於後進，獎掖甚力，有一言之善者，譽之不容口，故頗爲當時所敬重。自號蓴客，著述甚富，已刻者有湖塘林館駢體文鈔、白華絳柎閣詩集、越縵堂日記鈔及蓬萊驛院本等，並傳於世。

四九五　黎庶昌（一八三七—一八九七）

黎庶昌字蒓齋，貴州遵義人。同治間廩貢生。幼從鄭珍遊，稍長學古文，有義法。時外侮日亟，庶昌伏闕上書萬言，詞甚剴切，有詔發往曾國藩大營差遣，自是遂居國藩門下。累擢至道員，嘗兩使至日本，影鈔流傳於彼土之唐、宋舊籍，成古逸叢書，皆中國久佚之本。返國後，出爲四川川東道道員，居數年，請疾去。光緒二十三年卒，年六十一。庶昌爲文宗桐城。曾國藩嘗以姚氏之古文辭類纂取材太狹，另編經史百家雜鈔，庶昌亦循此例，別爲續古文辭類纂二十八卷，以補姚選之不及。自著有拙尊園叢稿四卷，今傳於世。

四九六　薛福成（一八三八—一八九四）

薛福成字叔耘，江蘇無錫人。同治六年副貢生。參曾國藩幕府，以勞績歷保選用同知。嗣因勦平西捻有功，以直隸知州補用，並賞加知府銜。光緒元年，赴部引見，應詔上治平六策萬餘言，詞甚剴切，得旨留中，旋下所司議行。後在李鴻章幕府，以隨辦洋務出力，保舉爲知府。復以軍功除浙江寧紹台道，擢湖南按察使，簡派出使英、法、義、比諸國，嘗爭於英廷，創設南洋各島領事。歸後陞右副都御史。光緒二十年卒，年五十七。福成講求經世之學，爲古文辭有義法，亦衍桐城派之緒餘，與黎庶昌、吳汝綸，同爲繼曾國藩之後者，後人因稱之爲湘鄉派。自號庸盦，今有庸盦全集傳於世。

四九七　吳汝綸（一八四〇—一九〇三）

吳汝綸字摯甫，安徽桐城人。幼家貧，刻苦讀書，嘗得一鷄卵，不食，易松脂以照讀書。同治三年舉人，明年成進士，授內閣中書。久客曾國藩、李鴻章幕府，掌奏議之職。後官冀州知州。德宗光緒時，充北京大學堂總教習，加五品卿銜。未幾，遊日本考察教育制度，著東遊叢錄。後稱疾引歸。光緒二十九年卒，年六十四。汝綸性恬淡，工古文，篤嗜桐城家法，與黎庶昌、薛福成同能傳其業，頗著稱於一時。後之嚴復、林紓等輩，皆出其門下。著有吳摯甫集、深州風土記等傳於世。

四九八　黃遵憲（一八四八—一九〇五）

黃遵憲

黃遵憲字公度，廣東嘉應人。同治十二年舉人，官湖南按察使。嘗出游日本、英、美、南洋等處，歷官各國參贊公使，在外交界中，頗著聲譽。在日時，著日本國志四十卷。德宗命樞臣進呈，頗激賞之，因有詔奉使日本。時遵憲方臥病，行抵滬上，病益亟，乃乞歸。已奉旨諭允。値其年變新法事敗，大捕黨人，或奏康、梁匿遵憲處，蓋因其藏日本使館而誤傳也。有旨兩江總督查看。上海道蔡鈞，張大其事，派兵圍守遵憲宅。外人不知何事，疑爲大獄。旋以搜查無着，乃得旨放歸。光緖三十一年卒，年五十八。遵憲奔走中外，見聞廣博，嘗謂：「人各有面目，正不必與古人同。吾欲以古文家抑揚變化之法作古詩，取騷、選、樂府、歌行之神理入近體詩。」其取材以羣經、三史、諸子、百家及許、鄭諸注，爲詞賦家所不常用者。其述事以官書、會典、方言、俗諺及古人未有之物，未闢之境，舉耳目所親歷者，皆筆而書之。故其爲文，能矯然特立，獨闢蹊徑，爲淸末解放詩文之一大家，而開後人文學革命之先導。所著有人境廬詩草十一卷，今傳於世。

四九九　王鵬運（一八四九—一九〇四）

王鵬運字幼遐，廣西臨桂人。同治間舉人。光緒朝官禮科掌給事中，彊直敢言事。時國難方殷，鵬運憤懣滋甚，疏數十上，大都關係政要。而慈禧太后及德宗常駐頤和園，爭之尤力，忌之者百計中傷之，卒以不見容去位。既失官更抑鬱不得志。之江南，講學於上海南洋公學。以光緒三十年客死蘇州，年五十六。鵬運性淳篤，接物和易，能爲晉人清談，東方滑稽，往往一言雋永，令人三日思不能置。然多憂戚，若別有不堪者。坎壈仕途，不能展其才略。精研詞學，悃款抑塞，一寄託乎是。故其詞眇而沈鬱，義隱而指遠，蔚然爲一時詞壇主盟。自號半塘老人，晚號鶩翁。著有半塘定稿、鶩翁集等九卷，又輯南唐以來十家詞爲四印齋所刻詞三十六卷，今並傳於世。

五〇〇　劉鶚

劉鶚字鐵雲，江蘇丹徒人。少精算學，好讀書，而放曠不羈，頗爲人所輕視。後忽自悔，閉戶讀書。歲餘，乃行醫於上海。旋又棄而學賈，盡喪其資。光緒十四年，黃河決於鄭州，鶚以同知投效於吳大澂，以治河有功，聲譽雀起，漸至以知府用。在京都二年，上書請敷鐵道，又主張開山西礦。既成，世俗交詬，稱爲「漢奸」。庚子之亂，鶚以賤值購太倉儲粟於歐人，或云實以振飢困者，全活甚衆。後數年，被人劾以私售倉粟，罪之，流戍新疆，窘困以卒。鶚嘗以歷來小說，皆揭贓官之惡，而未有揭清官之惡者。實則贓官自知有病，不敢公然爲非；清官則自以爲不要錢，何所不可，剛愎自用；小則殺人，大則誤國，此類所見，不知凡幾。乃借鐵英號老殘者之游行，歷記其言論聞見，暗相攻擊。而敍景狀物，亦甚爲可觀。名爲老殘遊記，題洪都百鍊生著，蓋卽鶚之別號也。初集凡二十章，又有二集，今盛傳於世。

五〇一　譚嗣同（一八六五—一八九八）

譚嗣同字復生，湖南瀏陽人。少有大志，好任俠，通經籍。年十四，隨父官甘肅。二十歲從軍新疆，巡撫劉錦棠奇其才。時國難日亟，康有爲倡强學會於京師，梁啓超輩附和之，聲勢頗盛。嗣同一見啓超，卽相定交。旋以父命爲候補江蘇知府，赴南京，從楊仁山研究佛學。未幾返長沙，與黃遵憲、熊希齡等設時務學堂，聘啓超爲主講，盛倡變法。光緒二十四年召入京，加四品卿銜，與楊銳、林旭、劉光第，同在軍機章京上行走，參預新政事宜，時稱「軍機四卿」。及舊黨反動行跡漸著，嗣同昏夜見武衛軍統領袁世凱，請其回天津殺直督榮祿。世凱踟躕不敢進，事洩，遂被捕。日本志士數人，請其東游，不聽，曰：「各國變法，無不從流血而成；中國未聞有因變法而流血者，此國之所以不昌也。有之，請自嗣同始。」詔縛赴市曹處斬，年僅三十四。嗣同思想前進，激昂慷慨，爲文亦如其人，英脫爽拔，於筆端時露殺氣。嘗以三十年前所作詩爲舊學，欲盡棄之，而試作新學詩，故嗣同實爲文學革命之前驅也。自號壯飛，著有譚瀏陽集，今傳於世。

五〇二 李寶嘉（一八六七—一九〇六）

李寶嘉字伯元，江蘇武進人。少時擅制藝及詩賦，以第一名入學，累舉不第，乃赴上海。創遊戲報，爲我國報界闢一別裁，踵起而效顰者無慮十數家，均望塵不及也。寶嘉笑曰：「一何步趨而不知變哉！」又別爲一格，創繁華報。光緒二十七年，朝廷開特科，徵經濟之士。湘鄉曾慕陶侍郎以寶嘉薦，寶嘉謝曰：「使余而欲仕，不待今日矣。」辭不赴。會臺諫中有忌之者，竟以列諸彈章。寶嘉笑曰：「是乃眞知我者。」自是肆力於小說，而以開智譎諫爲宗旨。年四十卒。寶嘉夙抱大志，俯仰不凡，懷匡救之才，而恥於趨附，故當世無知之者。遂以痛哭流涕之筆，寫嬉笑怒罵之文，每一脫稿，莫不受世人之歡迎，坊賈甚有以他人所撰之小說假其名以出版者，其見重於當時若是。自號南亭亭長。著有庚子國變彈詞、文明小史、活地獄及官場現形記六十回等傳於世。

五〇三 吳沃堯（一八六七—一九一〇）

吳沃堯字小允，又字趼人，廣東南海人。早孤，家貧，岸然自異，無寒酸卑瑣之氣。年二十餘，至上海，傭書江南製造軍械局，月得值八金，以自爲生。聞仲父客死於燕，電白季父取進止，三請不報。踰月得書曰：「所居鄰官兄弟既析爨，雖死何與我？」沃堯大戚，乞哀於主會計者，假數月傭値，襆被北行。至則諸姬皆以財逸，兩兒處窶人間，沃堯乃拯以俱南。後主漢報筆政，漢報實美人所營業，時方有華工禁約之爭，沃堯念僑民顚沛，遽謝居停，逕返海上，與華僑人士，共籌抵制。以善於演說，每一發語，聽者爲之動容，以是傭於美商踵沃堯引去者甚夥。粵人旅滬者數萬衆，沃堯乃創立兩廣同鄉會，開廣志兩等小學。其熱心公益，有若是者。光緒三十一年，休寧汪維甫創刊月月小說於上海，慕沃堯名，聘爲撰述。先是湘鄉曾慕陶侍郎，亦耳飫其名，疏薦經濟，辟應特科。知交咸爲稱幸，沃堯夷然不屑曰：「與物亡競，將焉用是？吾生有涯，姑舍之以圖自適。」遂不就徵。宣統二年以喘疾卒於上海旅寓，年四十四。沃堯夙志廉退，不競榮利。天下之士，靡然赴制科，而沃堯不治功令文如故。富有材藝，自金石篆刻，以至江湖食力之技，無所不能，亦無所不精。在製造軍械局時，嘗自運機心，構二尺許輪船，駛行數里外，能自往復。旅居多暇，輒於階前隙地蒔花種竹，藉以自遣。斗室之中，位置彝鼎圖書，井井有序。客至則銜杯共醉，望而信爲高明之士。所爲文章，大半肆於說部。每狀一事，類以委蛇之筆，謠淋漓之致。耳目遭際，孺人稚子所能喻者，一出其手，必蔚爲鉅觀。性好酒，嘗以酒爲糧，踰月不一飯。其先卜居佛山，因自號爲我佛山人。平生著小說數十萬言，有最近社會齷齪史、劫餘灰、上海遊驂錄、九命奇寃、痛史、兩晉演義等，而尤以二十年目覩之怪現狀與恨海兩書爲最著名，今均傳於世。

五〇四　王闓運（一八三二—一九一六）

王闓運字壬秋，一字壬父，湖南湘潭人。生時，父夢神榜其門曰：「天開文運，」因名闓運焉。幼穎慧，三歲識字，十九補諸生，有文名。與李篁仙等結蘭陵詞社，號湘五子。二十餘卽有志著述。時張金鏞方督學湖南，科試錄遺才，得闓運卷，驚曰：「此奇才也，他日必以文雄天下。」急延見，稱勉不止。咸豐二年舉於鄉，以貧就食四方，嘗主山東巡撫崇恩所。九年，禮闈報罷，大學士肅順素欽其才，延館於家，奉之若師保，機要咸與咨訪。時天下方亂，將帥多開幕府，招致才俊，曾國藩尤好士。肅順既敗，乃走依國藩祁門軍。說以簡屏儀節，延納人士，重法以繩吏胥，嚴刑以極奸宄，皆見納。迨國藩貴顯，賓僚率著籍稱弟子，闓運仍爲客，往來軍中，每旬月數日卽歸。嘗至江寧謁國藩，國藩未報，但遣使召飲。闓運笑曰：「相國以我爲餔餟來乎！」卽攜裝乘小舟去，追謝弗及。自是退息無復用世之志，惟出所學以牖後進。四川總督丁寶楨禮重之，聘任成都尊經書院院長。後辭歸，歷主長沙校經書院、衡州船山書院、南昌高等學堂。弟子數千人，學者稱爲湘綺先生，蓋嘗自署其所居爲湘綺樓也。光緒三十二年，湖南巡撫岑春煊奏闓運學行，特授翰林院檢討，加侍講銜。民國肇造，士大夫爭剪髮改裝，而闓運獨如故。以民國三年入都，就職國史館長，兼任參議院參政。過新華門，忽仰視太息曰：「何題此不祥耶？」同行者大駭，詢之，曰：「吾老眼花，額上所題，得非新莽門三字乎？」復辟論起，乃辭職歸。越一年卒，年八十五。闓運值時喪亂，生人憔悴，其爲文，極少憂時傷感之作，論者頗怪其性情之淡漠也。爲文刻意擬古，薄唐、宋不爲，而欲上宗漢、魏。所著有湘綺樓詩文集二十二卷，更輯八代詩選二十卷，唐詩選十三卷，今並傳於世。

五〇五　王先謙（一八四二—一九一七）

王先謙字益吾，湖南長沙人。同治四年進士，授編修，歷官國子監祭酒。後督江蘇學政，在蘇多年，多延通儒主南菁書院。造士甚衆。自蘇學還朝，卽乞病歸，爲城南書院院長，從事著書講學。岑春煊督湖南，上所著書，得旨嘉獎，晉內閣學士。光緒二十三年，陳寶箴、徐仁鑄建湘學，延梁啓超爲師，風氣銳開。先謙故守舊，議不合，屢書讓之。宣統元年，湖南大飢，以乞糶生變，焚官署。兩湖總督瑞澂疑先謙所主，奏劾之，遂免職。民國六年病卒，年七十六。先謙博學多聞，初學爲古文詞，法曾國藩，爲湘中一大儒。然細行不謹，每有飲宴，輒召雛伶侑酒。又好爲人關說請託，以是人頗病之。著述甚富，嘗仿姚鼐輯續古文辭類纂二十八卷，嚴謹有義法，頗爲時輩所稱許。又箋水經，補漢書注，輯續淸經解。自著有虛受堂詩文集，今傳於世。

五〇六　繆荃孫（一八四四—一九一八）

繆荃孫字筱珊，江蘇江陰人。幼隨父宦於蜀，師陽湖湯成彥、雙流宋玉棫，遂寄籍華陽，歷四川鄉試。旋以有人攻擊，還試於蘇，再登乙榜。吳棠督川，延致之幕下。光緒二年成進士，散館授編修。五年，點順天鄉試同考官。八年充國史館協修，分纂儒林、文苑、循吏、孝友、隱逸五傳。以忤總裁意，謝事歸。蘇學政王先謙重其才，聘主南菁書院。尋復入京召見，以記名道府用。歷主奉天濼源、湖北經心兩書院講席，又擢為國史館提調。張之洞督兩江，遂就鍾山書院聘，領江楚編譯書局事及書院改高等學堂，任總教習，為釐訂學程，甚見詳備。感歐化銳進，國學日衰，說之洞創存古學堂，自任教務長。旋奉命總辦江南圖書館。宣統二年，復充京師圖書館正監督。翌年攝政王召見，奏對明澈，以學部參議候補，會武昌軍興，請假南返。袁世凱當國後，徵為清史館總纂，以年老未行。尋授參政院參政。民國八年病卒，年七十六。荃孫少時即博涉羣籍，長考據、目錄之學，為文流暢，有宋人風度。乞休後，事事著述，晚號藝風老人。有藝風堂詩文集二十卷，今傳於世。

五〇七　樊增祥（一八四六—一九三一）

樊增祥字嘉父，湖北恩施人。父燮，官湖南永州協副將，以剳飭坐轎，為湘撫駱秉章劾罷，歸謂增祥曰：「一舉人如此，武官尚可為哉！若不得科第，非吾子也。」增祥稟性聰穎，美姿容而工為文。時張之洞督鄂學，拔入經心書院，已而舉於鄉。嘗納贄會稽李慈銘，習辭章之學，落筆清麗，慈銘極推重之。光緒三年進士，遷庶吉士，旋選陝西宜川縣知縣，聽訟，爲時所誦。因受知鹿傳霖，調補渭南。光緒二十四年，榮祿竊柄，夙器增祥才，遂以道員充幕僚。二十六年，拳匪亂作，隨鑾奔西安。其後罪己變法諸詔，皆出增祥手。後擢至臬司，再遷陝西藩司。爲總督升允所劾，褫職去。尋簡授江寧布政使。時端方作督，二人素相交，政餘諧謔爲樂。端方移直隸，增祥遂護理督職。宣統三年，江寧陷，奔上海，乃易道裝攝影，自題詩其上，有「朝家若問陶弘景，六月松風枕簟涼」之句。日與瞿鴻禨、沈曾植等相游讌。黎元洪薦爲湖北民政長，堅不赴。民國四年，充袁政府參政院參政，日從袁克文賦詩徵歌，或偕易順鼎等觀戲品題優伶，狀至頹棄，以是人頗病之。袁氏既敗，乃息影舊都，以賣文鬻字爲生，自是不復出矣。民國二十年病卒，年八十六。增祥少爲名士，中爲幹吏，艾而附權門以起，幾陟封疆，惜以晚年置身僞朝，放浪狎邪，名節盡爲掃地。爲詩清妙婉達，無不盡之懷。文則才氣充沛，浮雜而遜於詩。著作甚富，但詩有三萬餘篇。自號雲門，別號樊山，亦號天琴老人。今有樊山全集傳於世。

五〇八　沈曾植（一八五〇——一九二二）

沈曾植字子培，浙江嘉興人。初以太學生應順天鄉試，同考官羅家邵得曾植卷，詫爲希才，薦於主司，報罷，羅大惋惜。益專心於學。次年領順天鄉薦，中式第二十二名。光緒六年殿試三甲，賜同進士出身，授刑部主事，籤分貴州司行走。十八年擢江蘇司郎中，兼充總理各國事務衙門俄國股京章。二十四年，湖廣總督張之洞聘主武昌兩湖書院講席，問無不答，答必詳盡，學者服之。越二年，擧眷東歸，盛宣懷延主南洋公學講席。其後歷任江西廣信、南昌兩府知府，安徽提學使，江西按察使。在官嚴拒苞苴，直聲滿天下。革命軍起，江寧失守，時曾植方患瘧，力疾至滬，謀所以挽救之策。聞宣統遜位，北向長跽，以頭搶地，嗚咽不能自已。民國三年，袁世凱招爲史館總纂，辭不赴。浙人聘修浙江通志，乃赴杭。六年張勳運動復辟，詔授學部尚書。事敗，赴天津，常以不得死所爲恨。自是返滬僑居，以觴詠遣日。以民國十一年卒，年七十三。遜帝溥儀頒二千元治喪，並賞「碩學孤忠」匾額。曾植家本貧困，幼時嘗以祖傳初拓靈飛經質米於估家。博極羣書，工詩善書。自號乙盦，又號寐叟。有海日樓詩文集等，今傳於世。

五〇九　林紓（一八五二—一九二四）

林紓

林紓原名羣玉，字琴南，福建閩侯人。幼孤苦，賴叔父靜菴以養。十歲從同縣薛則柯學。則柯讀禮記檀弓至防墓崩，卽掩卷大哭，紓亦爲飲泣。則柯賞其慧解，因授以歐文、杜詩。顧家貧無所得書，乃雜收斷簡零篇，用自磨治。偶發篋，得叔父所藏毛詩、尚書、左傳、史記殘本，則大喜過望，用力頗劬。自十三歲至二十以後，校閱不下二千餘卷。光緒八年中舉人，再應禮部試不遇，大挑用教諭。以二十六年入京師，任五城中學教員，旋入京師大學堂爲教習。紓與長樂高鳳岐、鳳謙兄弟交甚摯。會紓喪其婦，牢愁寡懽，高有友人王壽昌精通法文，亦與紓交好，因語之曰：「吾請與子譯一書，子可破岑寂，吾亦得以介紹一名著於中國，不勝於蹙額對坐耶！」遂與同譯法國小仲馬茶花女遺事。書一出版，極爲讀者所稱賞，於是譯文興趣隨之大增。值鳳謙主幹商務印書館編譯事，即約紓譯歐、美小說，前後凡百五十六種，千二百萬言。民國時，徐州徐樹錚爲段祺瑞謀主，自謂有文武才，喜談桐城之學，以紓爲文章尊宿，引之入所辦正則學校。及樹錚敗，紓乃退居。民國十三年卒，年七十三。紓性剛直，木强善怒，責人每至難堪。然富有熱情，好急人之急。業師薛則柯家絕貧，夏日嘗不擧火，紓歸既食，度師未炊，乃實米於襪中以餉師。爲文宗桐城，雖譯西書，亦繩古人義法。時胡適倡新文學，廢古文，用白話，斥紓爲桐城餘孽。紓心殊不甘，作小說妖夢、荊生等以諷之。爲文落筆成篇，不竄一字，見者競詫其速且工。然不諳西文，所譯多倩魏易、陳家麟輩口述，故意多失眞。惟紓以古文筆法介紹西洋文學名著，我國自六朝所譯佛經而外，紓可推爲巨子矣。亦工詩畫，嘗於書室中設兩案，一案作畫，一案作文。所居多楓葉，因取「楓落吳江冷」詩意，自號曰冷紅生。又號畏廬。今除譯作外，自著又有畏廬文集、畏廬續集、畏廬詩存、春覺齋論文、韓柳文研究法、畏廬瑣記，及小說金陵秋、官場新現形記、傳奇天妃廟、合浦珠等十餘種傳於世。

五一〇　張謇（一八五三——一九二六）

張謇，字季直，江蘇南通人。初名育才，字樹人，二十五歲時始更名焉。家本寒素，五歲時，就隣塾邱畏之讀。某日師以「月沈水底」命對，謇舉筆書「日懸天上」四字，父見而異之。十一歲時，爲延師於家課之讀。會州試，謇列取在百名以外，業師宋璞齋斥之曰：「譬如一千人試，額取九百九十九人，此一個未中者，必爲汝也。」謇因此書「九百九十九」五字於窗帳之頂以自勉，復斲二短竹於枕，寢時一轉側卽醒，醒卽起讀，夜盡油二盞以爲常。光緒二年，參提督吳長慶幕府，治機要文件。八年，清廷派長慶赴朝鮮，謇亦隨往。十一年應順天鄉試中第二。二十年殿試得一甲第一名，賜進士及第，授翰林院修撰。其年父母雙亡，卽奔喪南旋，故作詩有「不堪重憶科名事，宮錦還家變雪衣」之句。尋長南京文正書院。二十五年，清廷任爲學部諮議官。後在南通創設南通州師範及女師範。武昌起義，清廷簡爲農工商部大臣兼江蘇宣撫使，未就職。與程德全、章炳麟創統一黨。南京臨時政府成立，被推爲實業部部長。袁世凱稱帝，尊爲嵩山四友之一。晚年居南通，輒經營地方事業，設立工廠，時人頌之。又嘗設伶工學社，延歐陽予倩主其事。居常賦詩觀劇，鬻字助振。民國十五年卒，年七十四。謇工書善文，堅於自信。鄉試六度，會試五度，殿試一度，縣州試歲科試，亦經十餘度，統計在場屋生活者，凡一百六十日，而前後落第者八次，文運亦可謂蹇矣。踣一足，蓋因臚唱時喜極所致。有謂謇殿試時，試卷挖補錯誤後，忘塡空白，遽以繳卷。收卷黃思永乃取懷中筆墨爲之補書一字。又謇卷擡頭錯誤，恩字誤作單擡，黃復補一聖字。補成後，送翁同龢相國閱之，蓋知謇爲相國所極賞之門生也。謇以此遂魁天下。自號嗇菴，別署張季子。著有張季子九錄，今傳於世。

五一一　嚴復（一八五三—一九二一）

嚴復原名宗光，字又陵，一字幾道，福建閩侯人。早慧，師事黃宗彝。十四歲時，考入沈葆楨所創設之船政學校。既卒業，從軍艦練習，周歷南洋、黃海。光緒二年，派赴英國海軍學校，肄戰術及炮台建築之學。時日本亦遣伊藤博文輩留學於英，而復試輒最上第。比學成歸，葆楨已薨，無用之者。於是發憤治制舉之業，冀以科第顯。應南北鄉試者再，詭得復失。時合肥李鴻章方總督直隸，頗器重之，遂召爲北洋水師學堂敎授。甲午之戰，中國大敗，德宗銳欲變法，以圖自强，特詔遴選人才，復亦被薦。召對稱旨，乃上萬言書，爲大臣所嫉，竟不用。及拳匪亂作，避居上海七年，從事譯著。生平重要譯著，卽多成於此時。宣統元年，設海軍部，特授復爲協都統，尋賜文科進士出身，充學部名詞館編纂。資政院成立，又被舉爲碩學鴻儒議員，海軍一等參謀官。三年，任京師大學堂監督。民國初年，袁世凱爲臨時大總統，被聘長京師大學堂，充公府顧問，參政院參政，憲法起草委員。及袁氏欲稱帝，楊度等組織籌安會，竟代署復名爲發起人之一。復以事出倉卒，不知所爲，籌安會召議事，輒稱疾謝之。帝制敗，黎

嚴復

元洪代總統，緝治籌安肇首，復不與焉。然千夫所指，清望頓滅。民國十年病卒，年六十九。復好作危言抗論，不爲隨俗。嘗從吳汝綸學古文，故亦宗法桐城，與林紓同反對白話文學，以爲古文不能盡廢。翻譯西籍，文筆謹嚴，務求信達雅三者，嘗以一名之立，踟躕旬月。所譯皆西洋名著，在學術上具有極大價值。故其戰術、砲台建築諸學，反爲文章所掩。自著詩文，不自留副，多致散佚。今有嚴譯名著叢刊九種，及瘉壄堂詩集傳於世。

五一二　朱祖謀（一八五七—一九三一）

朱祖謀原名孝臧，字古微，浙江歸安人。幼穎異，既長，博雅擅文學。光緒九年進士，授編修，預修會典。二十年大考二等，遷侍講。時王鵬運方官御史，舉詞社，邀之入會。拳匪禍作，與張亨嘉等議事慈甯太后前，力言拳匪不可恃，董福祥不可用，外衅不可開，大忤太后意。後聯軍入京，太后與德宗西狩，祖謀則偕修撰劉福姚就鵬運以居，既困危城中，發憤叫呼，因賦庚子秋詞以自遣。歷遷禮部侍郎，廣東學政等職。任滿乞休歸，不復出仕。宣統即位，設弼德院，授顧問大臣，不赴。辛亥革命後，隱居滬上，以研究詞學終其身，卒年七十五。祖謀潔身遠名，賦性耿介，所爲詞，精雅峭麗，可謂一代宗匠。詩則極有法度，亦入能品。精於校讎，於民國六年校刻唐、五代、宋、金、元詞總集四種，別集一百六十八家，爲彊邨叢書。彊邨者，祖謀別號也。祖謀世居歸安埭溪渚上彊山麓，因自號爲上彊邨民。又號漚尹。嘗選宋徽宗至李清照八十七人詞爲宋詞三百首。又輯有湖州詞徵二十四卷，國朝湖州詞徵六卷。自著則有彊邨語業三卷、遺文一卷等傳於世。

五一三　易順鼎（一八五八—一九二〇）

易順鼎字實甫，又字中碩，湖南龍陽人。父佩紳，累官江蘇布政使。順鼎幼奇慧，五歲陷賊中，爲蒙古蕃王騎將所獲，獻俘於王。因不能通語言，乃以指書王掌。王大喜曰：「奇兒也。」使縣令送歸。十五歲補諸生，卽自刻詩詞各一卷，曰眉心悔存稿，一時傳誦，稱爲才子。光緒三年舉於鄉，冬，北上應禮部試。二十年中日戰起，我軍敗績，順鼎憤懣塡胸，上書論事，不用。因走台灣，欲贊劉永福軍，爲海外扶餘。既至，知事不可爲，仍脫身返國。自是無所事事，唯以詩酒自遣。兩湖總督張之洞憐其才，招入幕，又畀以兩湖書院分教。二十五年督辦江陰江防。越二年簡任廣西右江道，調署太平思順道，駐龍州。爲兩廣總督岑春煊所劾能。順鼎詣都察院自呈被參冤抑，奉旨飭粵督覆查，復原官。三十四年授雲南臨安開廣道，旋調廣東欽廉道。宣統三年調省，至香港，革命軍起，遂遁跡滬上，日從樊增祥觀劇徵歌，悅女伶王克琴，日伺其室。增祥爲撰琴樓夢以譏之。居滬歲餘，貧不能自給，乃赴北平，任印鑄局參事。放浪狎邪，常接倡優。民國九年卒，年六十三。順鼎性癖山水，愛好婦人，故所作詩文以山水婦人爲多。才情奇絕，自少至壯，所作近萬篇，與樊增祥稱兩雄。嘗謂天下無不可哭，然未嘗哭。及母歿而父在，不得渠殉，則以爲天下皆無可哭，而獨不見母爲可哭，於是無一日不哭，誓以哭終其身，因自號曰哭厂，又號眉伽。與寧鄉程頌萬、湘鄉曾廣鈞，被稱爲湘中三詩人。所著有詩集七十二卷，詞集十卷，經史雜著二十三卷等並傳於世。

五一四　康有爲（一八五八—一九二七）

康有爲初名祖詒，字廣夏，廣東南海人。幼孤，聰穎過人，讀書寓目不忘。七歲能文，有志於聖賢之學，人或譏之爲「聖人爲」。年十八，從同縣朱次琦學，博涉羣籍。凡六年而次琦卒，又屏居於南海之西樵山，獨學四年。學既成，乃出走四方，浪跡於燕、齊、楚、吳、荊、襄之間。在上海，購江南製造局譯印新書三千餘冊，悉讀之，自是於其學力中別闢一徑。光緒五年，伏闕上書，言變法，不報，時人以爲怪。十九年，舉於鄉，漸負時名，乃於廣州築萬木草堂講學，廣蓄弟子。新會梁啓超、南海陳千秋相將謁之，均執業爲弟子。二十年，與梁啓超組織桂學會，謂非變法自強，無以救國。翌年，率其徒應禮部試，公車入都者凡數千人。副考李文田惡有爲敢爲詭誕，殿試得其卷，抑置三甲，遂授以工部主事，不得翰林，有爲恨之。自是四年之間，凡七上書申前議。時翁同龢最號得君，有爲因鄉人張蔭桓之推薦，乃謁同龢於總理衙門，大談變法以定國是。同龢乃薦之於德宗，謂有爲才勝己十倍，可勝樞要。二十四年，召見，屏人密語二時許始退，乃上變法次第疏，再入對。德宗令在總理各國事務衙門京章上行走，下詔變法，廢八股，開學堂，汰冗員，廣言路，凡百設施，不循故常。並擢用其徒梁啓超、譚嗣同、楊銳、林旭、劉光第等，參預新政。時慈禧太后、直隸總督榮祿皆守舊，阻撓新法。德宗欲罷榮祿，譚嗣同乃說袁世凱假計殺之，以兵圍頤和園。世凱佯諾之，而隱告急於榮祿，榮祿以告太后，於是太后怒，臨朝訓政奪帝柄而錮之。新黨多被捕殺。獨有爲先期得帝旨，赴上海督辦官報，聞變，乃得乘英艦赴香港，再至日本、南洋羣島。因自號曰更生。自是亡命海外，十有六年。糾合海內外同志組織保皇會，以聲援在幽之德宗，卒未成。又遊歷歐、美各國，成歐洲十一國遊記。光復後，始得回國，恆居滬上。袁世凱當國，優禮招致，不應。蓄其志欲仍復清室。民國六年張勳運動復辟，有爲實主其謀。及事敗，遁跡天津。蒙特赦，復至上海。自是悠遊南北，仍志在清室，雖蒙譏訕，不改節易行。十七年卒於青島，年七十。有爲早年能文，浩瀚雄傑。及長，並工於詩，喜學杜甫，能誦全杜集一字不遺。雖平生學術，不以詩鳴，徒以境遇艱屯，足跡廣歷，偶事歌詠，直有抉天心探地肺之奇，不僅巨刃摩天已也。自號長素。今有南海詩集十三卷及歐洲十一國遊記等並傳於世。

五一五　馬其昶（一八五八—一九二九）

馬其昶字通伯，安徽桐城人。幼耽古文義法，嘗請益於同縣吳汝綸，汝綸爲薦之於武昌張裕釗。其昶往謁焉。時裕釗方主江寧鳳池書院，一見大喜。自是其昶名日高。大臣以經明行修薦，詔授官學部主事，充京師大學堂教習。民國十八年卒，年七十二。其昶澹泊靜約，貌莊而氣醇。自少於俗尙外慕一不屑意，而刻苦銳進於學。三十以前，治古文辭，守其邑先正之法，以爲禮之後進義無所讓，因輯桐城古文集略十二卷，起清初至並世，文凡三十五家。後治羣經，旁及諸子史，編摹撰述，覃精窮思，數十年如一日。爲文淡簡天素，雖以章太炎之好詆諆，亦以其文爲能盡俗，次吳汝綸以下焉。著有抱潤軒集十卷，今傳於世。

五一六　況周頤（一八五九—一九二六）

況周頤字夔笙，廣西臨桂人。本名周儀，因避清遜帝溥儀名，乃改焉。少聰慧，讀書輒得神解。垂髫應府縣學試，皆名冠前曹，舉案首。九歲補博士弟子員，十八歲舉優貢。一日往省姊，偶得蓼園詞選讀之，試爲小詞，輒倩流慧，理境兩絕。光緒五年，舉於鄉。既而宦遊京師，遵例官內閣中書。時王鵬運亦官內閣，益以詞學相砥礪。俄以會典館纂修，敍勞以知府用，分發浙江。後參兩江總督端方幕府，頗爲端方所激賞，優以稅差。民國肇造，乃息影退居，不問時事。時鵬運已早歿，與朱祖謀以詞相往還。祖謀詞不輕作，動以一字一聲，痛自刻繩，周頤亦恍然受其影響矣。晚年貧不自給，竟至無米爲炊。民國十五年卒，年六十八。周頤崇古不苟，馮煦戲稱之爲況古人，而所自喜者在詞。嘗謂世界無事無物不可入詞，但在人能自運其筆，使婉轉如意耳。其詞細膩熨貼，典麗風華，闊大不及祖謀，而綿密過之。所著有第一生修梅華館詞等五種及蕙風詞話五卷，並傳於世。

五一七　梁啓超（一八七四—一九二九）

梁啓超字卓如，廣東新會人。幼有宿慧。四五歲時，日就王父維清及母膝下受詩經及四子書，六歲就父寶瑛讀，受中國略史畢五經，八歲學為文，九歲能綴千言，十二歲應試學士院，補博士弟子員。顧家貧無書可讀，惟史記、綱鑑易知錄而已。父日課之，咸能成誦。嘗斥之曰：「汝自視乃如常兒乎？」以是啓超益奮志向學，終身不敢忘。十三歲負笈入省城之學海堂，治段、王訓詁之學。十七歲舉於鄉，主考李端棻奇其才，以妹字之，時光緒十五年也。康有為上書變法，不達南歸，啓超以陳千秋介，往謁之。一見大服，遂執弟子之禮，受陸、王之學及史學西學梗概。十七年有為講學於萬木草堂，藏書甚多，啓超恣意涉獵，一生學問得力處，均在此時。二十年客京師，識夏曾佑、譚嗣同，相交甚密。會中

梁啓超

日戰起，我軍敗績，乃代表廣東公車一百九十人上書陳時局。時有為開強學會於京師，任啓超為書記，得暇便讀譯本西書。二十二年赴上海，編時務報，批評秕政，為時所重。明年至湖南，主講時務學堂，蔡鍔、范源濂皆執贄為門弟子。二十四年，以侍郎徐致靖薦，召辦大學堂譯書局事務。時德宗銳意變法，康有為深受知遇，啓超亦參聞祕計。未幾政變，乃乘大島兵艦亡命日本。在日發刊清議報，主張君憲。慈禧雖懸賞十萬兩緝之，然亦莫可奈何。欲遊美洲，道出夏威夷，創維新會。後又遊澳洲。於二十七年重返日本，創新民叢報，介紹西洋學術思想，銷售至十萬餘冊。嗣後又創新小說、政論、國風報諸雜誌。均風行於海內外。民國成立，返國創庸言報，任司法總長，尋充參政院參政，主撰大中華雜誌。帝制議起，啓超著文斥之，袁世凱賄以二十萬金，拒不納。因走赴兩廣，任兩廣都司令部都參謀。及

張勳運動復辟，啓超又通電反對，並促段祺瑞舉兵於馬廠。七年漫遊歐洲，兩載返國。自是專從事著述講學事業。先後在北京高等師範、清華大學、南開大學及東南大學講學。十四年任清華研究院導師，以十八年一月病卒，年五十六。啓超自少至壯，未嘗廢學，垂終雖臥病協和醫院，猶爲辛棄疾年譜，每得新材料，輒爲之狂喜。爲文初學漢、魏，亦宗桐城。惟自亡命以後，即一變而爲自由之體，蓋已近乎「新文體」矣。一時競相仿傚，謂之「新民體」。晚年亦用語體寫文，故亦爲文學革命之先驅者。自號任公，又署飲冰室主人。著作甚富，今有飲冰室合集傳於世。

五一八　王國維（一八七七—一九二七）

王國維字靜安，一字伯隅，浙江海寧人。生而敏穎，年未冠，即以文名噪鄉里。尋入州學，以不喜帖括之文，再應鄉舉，遂未中。光緒二十四年，上虞羅振玉等立東文學社於上海，聘日人藤田豐八爲教授，國維乃往學焉。偶寫所爲詠史絕句於同學扇上，振玉見而賞異，遂拔出於同儕之中。三年畢業，振玉主武昌農學校，以教授多日人，乃延國維任翻譯。明年東渡，留學日本物理學校，尋以脚氣病歸。三十年秋，振玉主江蘇師範學校，又聘國維爲教授。其時國維駸駸致力於文學。嘗謂「生百政治家，不如生一大文學家。」「惟文學家能與國民以精神上之慰藉，而國民之所恃以爲生命者；若政治家之遺澤，決不能如此廣且遠也。」明年，振玉薦國維於尚書榮慶，命在學部總務司行走。入京以後，始治宋、元以來通俗文學，而殫瘁於宋之詞，元之曲。辛亥國變，振玉掛冠神武門，避走東瀛，國維亦攜家相從。尋

返國，遜帝溥儀欽其學行，賞食五品俸，賜紫禁城騎馬，命檢昭陽殿書籍，鑑定內府所藏古彝器。既而溥儀遜荒天津，

王國維

國維受聘爲清華研究院教授。感時喪亂，居恆抑鬱，以民國十六年，自沈於頤和園之昆明湖，年五十一。溥儀特下哀詔，謚曰忠愨。國維初好哲學，後則從事文學，尤致力於戲曲。嘗謂「美術中以詩歌、戲曲、小說爲其頂點，以其目的在寫人生故。」打破一向「文以載道」之腐論，其見地可謂高人一等。晚年則喜治甲骨文字，自號觀堂，亦曰永觀。著有曲錄六卷，歌曲考源一卷，宋大曲考一卷，優語錄二卷，錄曲餘談一卷，古劇脚色考一卷，曲調源流表一卷，及宋元戲曲史、人間詞話、人間詞、紅樓夢評論等傳於世。

五一九　蘇玄瑛（一八八四—一九一八）

蘇玄瑛字子穀，小字三郎，始名宗之助，其先日本人也。父忠郎，不詳其姓。母河合氏，生玄瑛於日本之江戶。生數月而父歿，母子煢煢無所依。會粵人香山蘇某商於日本，因歸焉。並挈之返國，時玄瑛方五歲，遂籍香山，而父蘇某。蘇本娶妻，以是河合氏不見容，居三年，走歸日本，玄瑛則仍依假父獨留。顧蘇婦惎玄瑛甚，族人亦以玄瑛異類，羣擯斥

之卒分貲遺就外傳於香港，從西班牙羅弼莊湘治歐洲詞學。二年假父亦歿，復返於家，而蘇婦遇玄瑛益虐。年十二，遂爲沙門。始從慧龍寺主持贊初大師披鬀於廣州長壽寺，法名博經，號曰曼殊。尋至博羅，坐關三月。詣雷峯海雲寺，具足三壇大戒，嗣受曹洞衣鉢，任知藏於南樓古剎。亡何，以師命歸廣州，値長壽寺被毁，乃東渡日本，依河合氏居神奈川。嘗在上野學泰西美術二年，早稻田學政治三年，均無所成。淸使汪大燮以使館公費助之學陸軍八閱月，亦不屑竟學。得故師莊湘資助，槃裝之暹羅，隨喬悉磨長老究心梵章二年。歸入杭州西湖靈隱山，著梵文典八卷，自爲序。旋至滬上，從陳獨秀章士釗遊，爲國民日日報譯法人囂俄小說名慘社會。復赴蘇州，任吳中公學敎授。繼渡湘水，登衡岳，弔屈原。主講實業、崇正、明德、經正諸校。尋重遊暹羅盤谷，主講靑年學會。時年僅二十也。旋赴錫蘭，駐錫菩提寺。居一載返國之秣陵。時楊仁山方創秖垣精舍，招玄瑛爲講師，盡瘁三月，竟得唾血疾。東歸，隨河合氏居逗子櫻山，侍母之餘，惟嘯傲山林而已。後又返國，主講蕪湖皖江中學、秣陵陸軍小學。終以病起胸鬲，遄歸靜養，譯成拜倫詩選。宣統元年，南遊星加坡，値莊湘及其女雪鴻於舟次。時玄瑛方譯燕子箋爲英文，遂以稿交雪鴻，謀刊行於歐土。旋至爪哇，遊中印度。聞漢土光復，遂歸滬上，時民國元年春也。入太平洋報社，取舊著斷鴻零雁記刊布之。體弱善病，而食慾亢進。嘗在日本一日飮冰五六斤，比晚不能動，人以爲死，視之猶有氣。明日復飮冰如故。以是恆得洞泄疾，旋愈旋作。自二年以還，輒東居養疴。七年至滬，臥疾廣慈醫院數月，竟不起，年三十五。初玄瑛在學，假父爲聘女曰雪梅。假父歿，女家遂絕婚，雪梅侘傺死。既東渡，河合氏有姊，欲以女靜子嬪玄瑛，亦未果。玄瑛獨行之士，不從流俗，奢豪愛客，肝膽照人，而遭逢身世，有難言之恫。為詩悽豔絕倫。說部及尋常筆記，無世俗塵土氣。亦工繪事，自創新宗，不依傍他人門戶。所著不下十餘種，其友柳無忌為輯蘇曼殊全集，今傳於世。

五二〇　劉師培（一八八四—一九一九）

劉師培字申叔，江蘇儀徵人。自幼敏捷，一目輒十行下，記誦久而弗渝。早歲與章炳麟相過從，交甚契也。初為學部諮議官，好為大言，負所學以自岸異，不安儒素，而張皇國學，誦說革命，微詞諷諭，一託之於文字。嘗與黃節、鄧實諸人，創國學保存會於海上，刊行國粹學報，以有排滿清嫌，亡命日本。是時與炳麟競名分崩，婦何震遂牽入兩江總督端方幕府而為之偵伺。炳麟銜恨，貽書以責師培，師培終不報。既返國，至四川為國學院講師，及革命軍興，川人執師培囚之，以炳麟得獲解，並薦之主講於北京大學。帝制議起，師培以參政楊度之提挈，與孫毓筠、嚴復、李燮和、胡瑛等同為籌安會發起人之一，即世稱籌安六君子也。乃著君政復古論以勸進，時人比為揚雄之劇秦美新，由是聲望大墮，為清議所鄙。民國八年卒，年三十六。師培少承先業，服膺經學，文章爾雅，澤古甚深，與章炳麟同為兩名家。所作論文雜記，融清代經學、史學、文學諸家論文之長，以自成一家言。所著又有左盦文集五卷、中古文學史等，並傳於世。

附錄一 中國文學家籍貫生卒著作表

	姓名	字	別號	籍貫	生年	年（公元）	卒年	年（公元）	得年	著作
一	孔丘	仲尼		魯昌平鄉	周靈王二一年	前五五一	周敬王四一年	前四七九	七三	編訂六經
二	左丘明			魯						春秋左氏傳、國語
三	孟軻	子輿		魯鄒	周烈王四年	前三七二	周赧王二六年	前二八九	八四	孟子
四	莊周			梁蒙						莊子
五	屈平	原		楚	周宣王二六年	前三四三				離騷、九章、天問等
六	宋玉	子淵		楚						九辯、招魂等
七	荀況			趙						荀子
八	韓非			韓			秦始皇一四年	前二三三		韓非子
九	李斯			楚上蔡			秦二世二年	前二〇八		散見史記及古文苑中
一〇	陸賈			楚						新語
一一	賈誼			雒陽	漢高祖七年	前二〇〇	漢文帝十二年	前一六八	三三	賈長沙集、新書
一二	鼂錯			潁川			漢景帝前三年	前一五四		鼂大夫集

一三	枚　乘	叔		淮陰			同上　後元三年	前一四一		枚叔集
一四	司馬相如	長卿		蜀郡成都			漢武帝元狩六年	前一一七		司馬相如集
一五	東方朔	曼倩		平原厭次						東方曼倩集、十洲記、神異經等
一六	劉　安			沛			漢武帝元狩元年	前一二二		淮南子
一七	嚴　助			會稽吳			同上	前一二二		
一八	枚　皋	少孺		淮陰						
一九	劉　徹			沛豐邑	漢景帝元年	前一五八	漢武帝後元二年	前八七	七〇	漢武帝集
二〇	司馬遷	子長		夏陽	同上　中元五年	前一四五				史記
二一	王　褒	子淵		蜀			漢宣帝神爵元年	前六一		王子淵集
二二	劉　向	子政		沛	漢昭帝元鳳二年	前七九	漢成帝綏和元年	前八	七二	新序、說苑、列女傳等
二三	劉　歆	子駿		沛			漢淮陽王更始元年	二三		劉子駿集
二四	揚　雄	子雲		蜀郡成都	漢宣帝甘露元年	前五三	王莽天鳳五年	一八	七一	揚子雲集
二五	馮　衍	敬通		京兆杜陵						馮敬通集
二六	杜　篤	季雅		京兆杜陵			漢章帝建初元年	七八		杜季雅集
二七	班　固	孟堅		扶風安陵	漢光武帝建武八年	三二	漢和帝永元四年	九二	六一	漢書、班孟堅集

二八	傅　毅	武仲		扶風茂陵						傅武仲集
二九	崔　駰	亭伯		涿郡安平			漢和帝永元四年	九二		崔亭伯集
三〇	崔　瑗	子玉		涿郡安平	漢章帝建初二年	七七	漢順帝漢安元年	一四二	六六	崔子玉集
三一	張　衡	平子		南陽西鄂	同上　三年	七八	同上　永和四年	一三九	六二	張平子集
三二	馬　融	季長		扶風茂陵	同上　四年	七九	漢桓帝延熹九年	一六六	八八	馬季長集
三三	蔡　邕	伯喈		陳留圉	漢順帝陽嘉元年	一三二	漢獻帝初平三年	一九二	六一	蔡中郎集
三四	孔　融	文舉		魯　國	漢桓帝永興元年	一五三	同上　建安一三年	二〇八	五六	孔北海集
三五	曹　操	孟德		沛國譙	同上　永壽元年	一五五	同上　二五年	二二〇	六六	魏武帝集
三六	徐　幹	偉長		北　海	漢靈帝建寧四年	一七一	同上　二三年	二一八	四八	徐偉長集
三七	楊　修	德祖		弘　農	同上　熹平四年	一七五	同上　二四年	二一九	四五	楊德祖集
三八	王　粲	仲宣		山陽高平	同上　六年	一七七	同上　二二年	二一七	四一	王仲宣集
三九	陳　琳	孔璋		廣　陵			同上　二二年	二一七		陳孔璋集
四〇	阮　瑀	元瑜		陳　留			同上　一七年	二一二		阮元瑜集
四一	應　瑒	德璉		汝　南			同上　二二年	二一七		應德璉集
四二	劉　楨	公幹		東　平			同上　二二年	二一七		劉公幹集

四三	諸葛亮	孔明	琅邪陽都	漢靈帝光和四年	一八一	蜀後主建興十二年	二三四	五四	諸葛忠武侯集
四四	曹丕	子桓	沛國譙	同上 中平四年	一八七	魏文帝黃初七年	二二六	四〇	魏文帝集
四五	應璩	休璉	汝南	漢獻帝初平元年	一九〇	魏廢帝嘉平四年	二五二	六三	應休璉集
四六	曹植	子建	沛國譙	同上 三年	一九二	魏明帝太和六年	二三二	四一	曹子建集
四七	山濤	巨源	河內懷	同上 建安一〇年	二〇五	晉武帝太康四年	二八三	七九	山巨源集
四八	阮籍	嗣宗	陳留尉氏	同上 一五年	二一〇	魏元帝景元四年	二六三	五四	阮步兵集
四九	皇甫謐	士安	安定朝那	同上 二〇年	二一五	晉武帝太康三年	二八二	六八	帝王世紀等
五〇	傅玄	休奕	北地泥陽	同上 二二年	二一七	同上 咸寧四年	二七八	六二	傅休奕集
五一	荀勗	公曾	潁川潁陰			同上 太康一〇年	二八九		
五二	嵇康	叔夜	譙國銍	魏文帝黃初四年	二二三	魏元帝景元三年	二六二	四〇	嵇中散集
五三	向秀	子期	河內懷						向子期集
五四	劉伶	伯倫	沛國						酒德頌
五五	阮咸	仲容	陳留尉氏						
五六	成公綏	子安	東郡白馬	吳大帝黃龍三年	二三一	晉武帝泰始九年	二七三	四三	成公子安集
五七	張華	茂先	范陽方城	魏明帝太和六年	二三二	晉惠帝永康元年	三〇〇	六九	張茂先集

五八	張載	孟陽		安平						張孟陽集
五九	張協	景陽		安平						張景陽集
六〇	陳壽	承祚		巴西安漢	蜀後主建興一一年	二三三	晉惠帝元康七年	二九七	六五	三國志
六一	王戎	濬沖		琅邪臨沂	同上 一二年	二三四	同上 永興二年	三〇五	七二	
六二	傅咸	長虞		北地泥陽	同上 延熙二年	二三九	同上 元康四年	二九四	五六	傅長虞集
六三	摯虞	仲洽		京兆長安						摯太常集
六四	夏侯湛	孝若		譙國譙	魏廢帝正始四年	二四三	晉惠帝元康元年	二九一	四九	夏侯孝若集
六五	石崇	季倫		渤海南皮	蜀後主延熙一二年	二四九	同上 永康元年	三〇〇	五二	
六六	張翰	季鷹		吳郡吳					五七	張季鷹集
六七	左思	太沖		齊國臨淄						左太沖集
六八	陸機	士衡		吳郡吳	吳景帝永安四年	二六一	晉惠帝太安二年	三〇三	四三	陸士衡集
六九	陸雲	士龍		吳郡	同上 五年	二六二	同上	三〇三	四二	陸士龍集
七〇	潘岳	安仁		滎陽中牟			同上 永康元年	三〇〇		潘安仁集
七一	潘尼	正叔		滎陽中牟						潘正叔集
七二	劉琨	越石		中山魏昌	晉武帝泰始六年	二七〇	晉元帝建武元年	三一七	四八	劉越石集

七三	郭璞	景純		河東聞喜	同上　咸寧二年	二七六	晉明帝太寧二年	三二四	四九	郭景純集、山海經注等
七四	孫綽	興公		太原中都					五八	孫廷尉集
七五	葛洪	稚川	抱朴子	丹陽句容	晉惠帝永熙元年	二九〇	晉海西公太和五年	三七〇	八一	抱朴子、西京雜記等
七六	干寶	令升		新蔡						搜神記
七七	王嘉	子年		隴西安陽			晉孝武帝太元一五年	三九〇		拾遺記
七八	鳩摩羅什			天竺						維摩詰經等
七九	陶潛	元亮 淵明	靖節先生	潯陽柴桑	晉哀帝興寧三年	三六五	宋文帝元嘉四年	四二七	六三	陶淵明集
八〇	顏延之	延年		琅邪臨沂	晉孝武帝太元九年	三八四	宋孝武帝孝建三年	四五六	七三	顏光祿集
八一	謝靈運	靈運		陳郡陽夏	同上　一〇年	三八五	宋文帝元嘉一〇年	四三三	四九	謝康樂集
八二	謝惠連			陳郡陽夏	晉安帝隆安元年	三九七	同上	四三三	三七	謝惠連集
八三	范曄	蔚宗		順陽	同上　二年	三九八	宋文帝元嘉二二年	四四五	四八	後漢書
八四	劉義慶			彭城	同上　元興二年	四〇三	同上　二一年	四四四	四二	世說新語
八五	袁淑	陽源		陳郡陽夏	同上　義熙四年	四〇八	同上　三〇年	四五三	四六	袁陽源集
八六	謝莊	希逸		陳郡陽夏	宋武帝永初二年	四二一	宋明帝泰始二年	四六六	四六	謝希逸集
八七	鮑照	明遠		東海						鮑參軍集

八八	沈約	休文		吳興武康	宋文帝元嘉一八年	四四一	梁武帝天監一二年	五一三	七三	沈隱侯集
八九	江淹	文通		濟陽考城	同上 二一年	四四四	同上 四年	五〇五	六二	江文通集
九〇	范雲	彥龍		南鄉舞陰	同上 二八年	四五一	同上 二年	五〇三	五三	范彥龍集
九一	陶弘景	通明		丹陽秣陵	同上 二九年	四五二	同上 大同二年	五三六	八五	陶隱居集
九二	蕭子良	雲英		蘭陵	宋孝武帝大明四年	四六〇	齊明帝建武元年	四九四	三五	竟陵王集
九三	任昉	彥昇		樂安博昌	同上	四六〇	梁武帝天監七年	五〇八	四九	任彥昇集
九四	鍾嶸	仲偉		潁川長社						詩品
九五	劉勰	彥和		東莞莒						文心雕龍
九六	溫子昇	鵬舉		濟陰冤句						溫侍讀集
九七	邢邵	子才		河間鄭						邢特進集
九八	劉峻	孝標		平原平原	宋孝武帝大明六年	四六二	梁武帝普通二年	五二一	六〇	劉戶曹集、世說注
九九	謝朓	玄暉		陳郡陽夏					三六	謝宣城集
一〇〇	蕭衍	叔達		南蘭陵	宋孝武帝大明八年	四六四	梁武帝太清三年	五四九	八六	梁武帝集
一〇一	丘遲	希範		吳興烏程	同上	四六四	同上 天監七年	五〇八	四五	丘司空集
一〇二	王僧孺	僧孺		東海郯	宋明帝泰始元年	四六五	同上 普通三年	五二二	五八	王左丞集

一〇三	王融	元長		琅邪臨沂	同上四年	四六八	齊明帝建武元年	四九四	二七	王寧朔集
一〇四	吳均	叔庠		吳興故鄣	同上五年	四六九	梁武帝普通元年	五二〇	五二	吳朝請集
一〇五	何遜	仲言		東海郯						何水部集
一〇六	陸倕	佐公		吳郡吳	宋明帝泰始六年	四七〇	梁武帝普通七年	五二六	五七	陸太常集
一〇七	殷芸	灌蔬		陳郡長平	同上七年	四七一	同上大通三年	五二九	五九	小說
一〇八	徐摛	士秀		東海郯	宋蒼梧王元徽元年	四七三	梁簡文帝大寶元年	五五〇	七八	徐士秀集
一〇九	庾肩吾	子慎		南陽新野						庾子慎集
一一〇	蕭琛	彥瑜		南陵	宋順帝昇明二年	四七八	梁武帝中大通元年	五二九	五二	蕭彥瑜集
一一一	劉孝綽	孝綽		彭城	齊高帝建元三年	四八一	同上大同五年	五三九	五九	劉孝綽集
一一二	王筠	元禮		琅邪臨沂	同上四年	四八二	梁簡文帝大寶元年	五五〇	六九	王元禮集
一一三	蕭子顯	景陽		南陵	齊武帝永明七年	四八九	梁武帝大同三年	五三七	四九	蕭景陽集
一一四	蕭統	德施		南蘭陵	齊和帝中興元年	五〇一	同上中大通三年	五三一	三一	昭明太子集、文選
一一五	蕭綱	世纘		南蘭陵	梁武帝天監二年	五〇三	梁簡文帝大寶二年	五五一	四九	梁簡文帝集
一一六	魏收	伯起		鉅鹿下曲陽	同上五年	五〇六	陳宣帝太建四年	五七二	六七	魏特進集
一一七	徐陵	孝穆		東海郯	同上六年	五〇七	陳後主至德元年	五八三	七七	徐孝穆集、玉臺新詠

一一八	蕭 繹	世誠		南蘭陵	同上 七年	五〇八	梁元帝承聖三年	五五四	四七	梁元帝集
一一九	庾 信	子山		南陽新野	同上 一二年	五一三	陳宣帝太建一三年	五八一	六九	庾子山集
一二〇	王 褒	子淵		琅邪臨沂					六四	王子淵集
一二一	沈 炯	禮明		吳興武康					五九	沈禮明集
一二二	江 總	總持		濟陽考城	梁武帝天監一八年	五一九	隋文帝開皇一四年	五九四	七六	江總持集
一二三	陰 鏗	子堅		武威姑臧						陰常侍集
一二四	張正見	見賾		清河東武					四九	張見賾集
一二五	顏之推	介		琅邪臨沂	梁武帝中大通三年	五三一	隋文帝開皇一一年	五九一	六一	顏氏家訓
一二六	陳叔寶	元秀		吳興長城	梁元帝承聖二年	五五三	同上 仁壽四年	六〇四	五二	陳後主集
一二七	盧思道	子行		范陽					五二	盧子行集
一二八	李德林	公輔		博陵安平	梁武帝中大通三年	五三一	隋文帝開皇一一年	五九一	六一	李公輔集
一二九	薛道衡	玄卿		河東汾陽	同上 大同六年	五四〇	隋煬帝大業五年	六〇九	七〇	薛玄卿集
一三〇	楊 廣	阿麼		弘農華陰	陳宣帝太建元年	五六九	隋恭帝義寧二年	六一八	五〇	隋煬帝集
一三一	虞世南	伯施		越州餘姚	陳武帝永定二年	五五八	唐太宗貞觀一二年	六三八	八一	虞伯施集
一三二	魏 徵	玄成		魏州曲城	陳宣帝太建一二年	五八〇	同上 一七年	六四三	六四	魏玄成集

一三三	上官儀	游韶	陝州陝			唐高宗麟德元年	六六四		上官游韶集
一三四	玄奘		洛州偃師	隋文帝開皇一六年	五九六	同上	六六四	六九	飜譯佛經七五部
一三五	寒山								寒山子集
一三六	王績	無功	絳州龍門			唐太宗貞觀一八年	六四四		東皐子集
一三七	李嶠	巨山	趙州贊皇	唐太宗貞觀一八年	六四四	唐玄宗開元元年	七一三	七〇	李巨山集
一三八	杜審言	必簡	襄州襄陽	同上 二〇年	六四七	唐中宗神龍二年	七〇六	六〇	杜必簡集
一三九	王勃	子安	絳州龍門	同上	六四七	唐高宗上元二年	六七五	二九	王子安集
一四〇	楊炯		華陰			武后如意元年	六九二		楊盈川集
一四一	盧照鄰	昇之	范陽					四〇	盧昇之集、幽憂子
一四二	駱賓王		義烏			唐中宗嗣聖元年	六八四		駱賓王集
一四三	蘇味道		趙州欒城	唐高宗永徽元年	六五〇	同上 景龍元年	七〇七	五八	蘇味道集
一四四	崔融	安成	齊州全節	同上 四年	六五三	同上 神龍二年	七〇六	五四	崔安成集
一四五	沈佺期	雲卿	相州內黃			唐玄宗開元元年	七一三		沈佺期集
一四六	宋之問	延清	汾州			同上 先天元年	七一二		宋之問集
一四七	陳子昂	伯玉	梓州射洪	唐高宗顯慶元年	六五六	武后聖曆元年	六九八	四三	陳子昂集

一四八	賀知章	季眞		越州永興	同上 四年	六五九	唐玄宗天寶三年	七四四	八六	賀知章集
一四九	張說	道濟 說之		洛陽	同上 乾封二年	六六七	同上 開元一八年	七三〇	六四	張說之集
一五〇	蘇頲	廷碩		雍州武功	同上 咸亨元年	六七〇	同上 一五年	七二七	五八	蘇廷碩集
一五一	張九齡	子壽		韶州曲江	同上 四年	六七三	同上 二八年	七四〇	六八	張曲江集
一五二	李邕	泰和		揚州江都	同上 儀鳳三年	六七八	同上 天寶六年	七四七	七〇	李北海集
一五三	孟浩然	浩然		襄州襄陽	唐睿宗永昌元年	六八九	同上 開元二八年	七四〇	五二	孟浩然集
一五四	張鷟	文成		深州陸澤						遊仙窟、朝野僉載等
一五五	元德秀	紫芝		河南	武后延載元年	六九六	唐玄宗天寶一三年	七五四	五九	元魯山集
一五六	王維	摩詰		太原祁	武后聖曆二年	六九九	唐肅宗乾元二年	七五九	六一	王右丞集
一五七	高適	達夫		滄州渤海			唐代宗永泰元年	七六五		高常侍集
一五八	岑參			南陽						岑嘉州集
一五九	王昌齡	少伯		江寧						王昌齡集
一六〇	王之渙			并州						
一六一	崔顥			汴州			唐玄宗天寶一三年	七五四		崔顥集
一六二	李白	太白	靑蓮居士	蜀郡昌明	武后長安元年	七〇一	唐肅宗寶應元年	七六二	六二	李太白集

一六三	蕭穎士	茂挺		蘭陵	唐中宗神龍二年	七〇六	唐肅宗至德二年	七五七	五二	蕭茂挺集
一六四	李華	遐叔		趙州贊皇			唐代宗大曆元年	七六六		李遐叔集
一六五	杜甫	子美		襄州襄陽	唐玄宗先天元年	七一二	同上 五年	七七〇	五九	杜工部集
一六六	賈至	幼鄰		河南洛陽	同上 開元六年	七一八	同上 七年	七七二	五五	賈幼鄰集
一六七	元結	次山	浪士、聱叟	河南	同上 一一年	七二三	同上	七七二	五〇	元次山集
一六八	張志和	子同		婺州金華	同上 一八年	七三〇	唐憲宗元和五年	八一〇	八一	詞見尊前集
一六九	獨孤及	至之		河南洛陽	同上 天寶三年	七四四	唐德宗貞元一二年	七九六	六三	毘陵集
一七〇	劉長卿	文房		河間						劉隨州集
一七一	韋應物			京兆長安						韋應物集
一七二	皎然			吳興						杼山集、詩式、詩評
一七三	孟郊	東野		湖州武康	唐玄宗天寶一〇年	七五一	唐憲宗元和九年	八一四	六四	孟東野集
一七四	陸贄	敬輿		蘇州嘉興	同上 一三年	七五四	唐順宗永貞元年	八〇五	五二	翰苑集
一七五	韓愈	退之		鄧州南陽	唐代宗大曆三年	七六八	唐穆宗長慶四年	八二四	五七	韓昌黎集
一七六	盧綸	允言		河中蒲						盧允言集
一七七	張籍	文昌		和州烏江						張司業集

一七八	王建	仲初		潁川						王司馬集
一七九	顧況	逋翁	華陽眞逸	蘇州						華陽集
一八〇	白居易	樂天		下邽	唐代宗大曆七年	七七二	唐武宗會昌六年	八四六	七五	白氏長慶集
一八一	劉禹錫	夢得		彭城	同上	七七二	同上 三年	八四三	七二	劉夢得集
一八二	柳宗元	子厚		河東	同上 八年	七七三	唐憲宗元和一四年	八一九	四七	柳柳州集
一八三	元稹	微之		河南	同上 一四年	七七九	唐文宗太和五年	八三一	五三	元氏長慶集
一八四	白行簡	知退		下邽			唐敬宗寶曆二年	八二六		李娃傳、三夢記
一八五	牛僧孺	思黯		隴西狄道	唐德宗建中元年	七八〇	唐宣宗大中二年	八四八	六九	玄怪錄
一八六	李德裕	文饒		趙郡	同上 貞元三年	七八七	同上 三年	八四九	六三	李衞公集
一八七	李紳	公垂		潤州						追昔遊集
一八八	李翺	習之		趙郡						李文公集
一八九	皇甫湜	持正		睦州新安						皇甫持正集
一九〇	李益	君虞		隴西			唐文宗太和元年	八二七		李君虞集
一九一	賈島	浪仙		范陽	唐德宗貞元四年	七八八	唐武宗會昌三年	八四三	五六	賈長江集
一九二	李賀	長吉		隴西成紀	同上 六年	七九〇	唐憲宗元和一一年	八一六	二七	李長吉歌詩

一九三	盧仝		玉川子	范陽			唐文宗太和九年	八三五		玉川子集
一九四	沈亞之	下賢		吳興						沈下賢集
一九五	段成式	柯古		齊州臨淄			唐懿宗咸通四年	八六三		酉陽雜俎
一九六	杜牧	牧之		京兆萬年	唐德宗貞元一九年	八〇三	唐宣宗大中六年	八五二	五〇	杜樊川集
一九七	李商隱	義山		懷州河內	唐憲宗元和八年	八一三	同上　一二年	八五八	四六	李義山集
一九八	溫庭筠	飛卿		幷州祁						溫飛卿集
一九九	羅隱	昭諫	江東生	錢塘餘杭	唐文宗太和七年	八三三	後梁太祖開平三年	九〇九	七七	甲乙集
二〇〇	杜荀鶴	彥之	九華山人	池州						唐風集
二〇一	皮日休	襲美	醉吟先生	襄陽			唐僖宗廣明元年	八八〇		皮子文藪
二〇二	陸龜蒙	魯望	甫里先生	吳郡			同上　中和元年	八八一		甫里集
二〇三	司空圖	表聖		河中虞鄉	文宗開成二年	八三七	後梁太祖開平二年	九〇八	七二	司空表聖集
二〇四	韓偓	致堯	玉山樵人	京兆萬年						香奩集
二〇五	韋莊	端己		杜陵			後梁太祖開平四年	九一〇		浣花集
二〇六	牛嶠	松卿一字延峯		隴西						詞見花間集
二〇七	李珣	德潤		本波斯徙梓州						詞見花間集

二〇八	毛文錫	平珪		南陽						詞見花間集
二〇九	牛希濟			隴西						詞見花間集
二一〇	李存勗			西突厥	唐僖宗光啓元年	八八五	後唐莊宗同光三年	九二六	四二	存詞數闋
二一一	顧夐									詞見花間集
二一二	歐陽炯			益州華陽	唐昭宗乾寧三年	八九六	宋太祖開寶四年	九七一	七六	詞見花間集、尊前集
二一三	孫光憲	孟文		貴平			同上　元年	九六八		詞見花間集
二一四	和凝	成績		汶陽須昌	唐昭宗光化元年	八九八	後周世宗顯德二年	九五五	五八	詞見花間集
二一五	馮延巳	正中		廣陵	同上　天復三年	九〇三	宋太祖建隆元年	九六〇	五八	陽春集
二一六	李璟	伯玉		徐州	後梁末帝貞明二年	九一六	同上　二年	九六一	四六	南唐中主詞
二一七	李煜	重光		徐州	後晉高祖天福二年	九三七	宋太宗太平興國三年	九七八	四二	李後主詞
二一八	張泌	子澄		淮南						詞見花間集
二一九	徐鉉	鼎臣		揚州廣陵	後梁末帝貞明二年	九一六	宋太宗淳化二年	九九一	七六	騎省集、稽神錄
二二〇	李昉	明遠		深州饒陽	後唐莊宗同光三年	九二五	同上　至道二年	九九六	七二	編撰太平御覽、文苑英華、太平廣記
二二一	樂史	子正		撫州宜黃	後唐明宗長興元年	九三〇	宋眞宗景德四年	一〇〇七	七八	綠珠傳、楊太眞外傳、太平寰宇記
二二二	吳淑	正儀		潤州丹陽	後晉出帝開運四年	九四七	同上　咸平五年	一〇〇二	五六	江淮異人錄、祕閣閒談

二二三	柳開	仲塗	東郊野夫	大名	後漢高祖乾祐元年	九四八	同上 四年	一〇〇二	五四	柳河東集
二二四	王禹偁	元之		濟州鉅野	後周世宗顯德元年	九五四	同上	一〇〇一	四八	小畜集
二二五	楊億	大年		建州浦城	宋太祖乾德二年	九六四	同上 天禧四年	一〇二〇	五七	武夷集等
二二六	李宗諤	昌武		深州饒陽	同上	九六四	同上大中祥符五年	一〇一二	四九	家傳談錄等
二二七	林逋	君復		杭州錢塘	同上 五年	九六七	宋仁宗天聖六年	一〇二八	六二	和靖先生集
二二八	陳越	損之		開封尉氏	同上 開寶六年	九七三	宋眞宗大中祥符五年	一〇一二	四〇	陳損之集
二二九	劉筠	子儀		大名						玉堂集
二三〇	錢惟演	希聖		臨安						典懿集、金坡遺事等
二三一	穆修	伯長		鄆州	宋太宗太平興國四年	九七九	宋仁宗明道元年	一〇三二	五四	穆參軍集
二三二	范仲淹	希文		蘇州吳縣	同上 端拱二年	九八九	同上 皇祐四年	一〇五二	六四	丹陽集
二三三	張先	子野		吳興	同上 淳化元年	九九〇	宋神宗元豐元年	一〇七八	八九	安陸集
二三四	晏殊	同叔		撫州臨川	同上 二年	九九一	宋仁宗至和二年	一〇五五	六五	晏元獻集、珠玉詞
二三五	柳永	耆卿		崇安						樂章集
二三六	宋祁	子京		安州安陸	宋眞宗咸平元年	九九八	宋仁宗嘉祐六年	一〇六一	六四	宋景文集
二三七	尹洙	師魯		河南	同上 四年	一〇〇一	同上 慶曆七年	一〇四七	四七	河南先生集

二三八	梅堯臣	聖俞		宣州宣城	同上　五年	一〇〇二	同上　嘉祐五年	一〇六〇	五九	宛陵集
二三九	石　介	守道	徂徠先生	兗州奉符	同上　景德二年	一〇〇五	同上　慶曆五年	一〇四五	四一	徂徠集
二四〇	石延年	曼卿		宋城						石曼卿集
二四一	歐陽修	永叔	醉翁、六一居士	廬陵	宋眞宗景德四年	一〇〇七	宋神宗熙寧五年	一〇七二	六六	歐陽文忠公集
二四二	蘇舜欽	子美		開封	同上大中祥符元年	一〇〇八	宋仁宗慶曆八年	一〇四八	四一	蘇學士集
二四三	蘇　洵	明允	老泉	眉州眉山	同上　二年	一〇〇九	宋英宗治平三年	一〇六六	五八	嘉祐集
二四四	李　覯	泰伯		建昌南城	同上	一〇〇九	宋仁宗嘉祐四年	一〇五九	五一	盱江集
二四五	邵　雍	堯夫	安樂先生	河南	同上　四年	一〇一一	宋神宗熙寧一〇年	一〇七七	六七	伊川擊壤集
二四六	劉　敞	原父		臨江新喻	同上　天禧三年	一〇一九	同上　元年	一〇六八	五〇	公是集
二四七	晏幾道	叔原	小山	撫州臨川						小山詞
二四八	司馬光	君實		陝州夏縣	宋眞宗天禧三年	一〇一九	宋哲宗元祐元年	一〇八六	六八	司馬文正公集、資治通鑑
二四九	曾　鞏	子固		建昌南豐	同上	一〇一九	宋神宗元豐六年	一〇八三	六五	元豐類藁
二五〇	王安石	介甫		撫州臨川	同上　五年	一〇二一	宋哲宗元祐元年	一〇八六	六六	臨川集、唐百家詩選
二五一	劉　攽	貢父		臨江新喻	同上　乾興元年	一〇二二	同上　三年	一〇八八	六七	彭城集
二五二	蘇　軾	子瞻	東坡	眉州眉山	宋仁宗景祐三年	一〇三六	宋徽宗建中靖國元年	一一〇一	六六	東坡集

二五三	蘇轍	子由	欒城	眉州眉山	同上　寶元二年	一〇三九	同上　政和二年	一一一二	七四	欒城集
二五四	黃庭堅	魯直	山谷道人	洪州分寧	同上　慶曆五年	一〇四五	同上　崇寧四年	一一〇五	六一	山谷集
二五五	秦觀	少游、太虛		揚州高郵	同上　皇祐元年	一〇四九	宋哲宗元符三年	一一〇〇	五二	淮海集
二五六	張耒	文潛		楚州淮陰	同上　四年	一〇五二	宋徽宗政和二年	一一一二	六一	宛邱集
二五七	晁補之	无咎	歸來子	濟州鉅野	同上　五年	一〇五三	同上　大觀四年	一一一〇	五八	雞肋集
二五八	陳師道	履常、無己	後山	彭城	同上	一〇五三	同上建中靖國元年	一一〇一	四九	後山集
二五九	李廌	方叔		華州					五一	濟南集
二六〇	周邦彥	美成	清眞居士	錢塘	宋仁宗嘉祐元年	一〇五六	宋徽宗宣和三年	一一二一	六六	片玉詞
二六一	賀鑄	方回	慶湖遺老	衛州	同上　八年	一〇六三	同上　二年	一一二〇	五八	慶湖遺老集
二六二	葉夢得	少蘊	石林山人	蘇州吳縣	宋神宗熙寧一〇年	一〇七七	宋高宗紹興一八年	一一四八	七二	石林居士集
二六三	汪藻	彥章		饒州德興	同上　元豐二年	一〇七九	同上　二四年	一一五四	七六	浮溪集
二六四	朱敦儒	希眞	巖壑老人	河南						樵歌
二六五	李清照		易安居士	濟南	宋神宗元豐四年	一〇八一				漱玉詞
二六六	呂本中	居仁		壽州						東萊集
二六七	向子諲	伯恭	薌林居士	臨江	宋哲宗元祐元年	一〇八六	宋高宗紹興二三年	一一五三	六八	酒邊詞

二六八	陳與義	去非	簡齋	洛陽	同上五年	一〇九〇	同上八年	一一三八	四九	簡齋集
二六九	王十朋	龜齡		溫州樂清	宋徽宗政和二年	一一一二	宋孝宗乾道七年	一一七一	六〇	梅溪集
二七〇	洪邁	景盧		鄱陽	同上宣和五年	一一二三	宋寧宗嘉泰二年	一二〇二	八〇	夷堅志、容齋隨筆
二七一	楊萬里	廷秀	誠齋先生	吉州吉水	同上六年	一一二四	同上開禧三年	一二〇六	八三	誠齋集
二七二	范成大	致能	石湖居士	吳郡	同上七年	一一二五	宋光宗紹熙四年	一一九三	六九	石湖集
二七三	陸游	務觀	放翁	越州山陰	同上	一一二五	宋寧宗嘉定二年	一二〇九	八五	劍南詩藁、渭南文集、南唐書等
二七四	尤袤	延之		常州無錫	同上	一一二五	宋光宗紹熙五年	一一九四	七〇	梁溪遺稿
二七五	周必大	子充、洪道	平園老叟	廬陵	宋欽宗靖康元年	一一二六	宋寧宗嘉泰四年	一二〇四	七九	平園集
二七六	張孝祥	安國		歷陽烏江						于湖集
二七七	朱熹	元晦、仲晦		徽州婺源	宋高宗建炎四年	一一三〇	宋寧宗慶元六年	一二〇〇	七一	晦菴集
二七八	呂祖謙	伯恭		壽州	同上紹興七年	一一三七	宋孝宗淳熙八年	一一八一	四五	東萊集
二七九	陸九淵	子靜	象山先生	撫州金溪	同上九年	一一三九	宋光宗紹熙三年	一一九二	五四	象山集
二八〇	辛棄疾	幼安	稼軒	齊州歷城	同上一〇年	一一四〇	宋寧宗開禧三年	一二〇七	六八	稼軒詞
二八一	陳傅良	君舉	止齋先生	溫州瑞安	同上一一年	一一四一	同上	一二〇七	六七	止齋集
二八二	陳亮	同父	龍川	婺州永康	同上一三年	一一四三	宋光宗紹熙五年	一一九四	五二	龍川集

二八三	葉適	正則	水心先生	溫州永嘉	同上 二〇年	一一五〇	宋寧宗嘉定一六年	一二二三	七四	水心集
二八四	劉過	改之	龍洲	江西廬陵	同上 二四年	一一五四	同上 開禧二年	一二〇六	五三	龍洲集
二八五	姜夔	堯章	白石道人	饒州鄱陽						白石道人歌曲
二八六	史達祖	邦卿	梅溪先生	河南汴						梅溪詞
二八七	徐照	靈暉、道暉	山民	溫州永嘉						芳蘭軒集
二八八	嚴羽	儀卿、丹邱	滄浪逋客	邵武						滄浪集
二八九	眞德秀	景元	西山先生	建州浦城	宋孝宗淳熙四年	一一七七	宋理宗端平二年	一二三五	五九	西山集、文章正宗
二九〇	魏了翁	華父	鶴山先生	邛州蒲江	同上 五年	一一七八	同上 嘉熙元年	一二三七	六〇	鶴山集
二九一	劉克莊	潛夫	後村	莆田	同上 一四年	一一八七	宋度宗咸淳五年	一二六九	八三	後村集
二九二	吳文英	君特	夢窗	慶元						夢窗稾
二九三	周密	公謹	弁陽嘯翁	吳興	宋寧宗嘉定一五年	一二三二	元武宗至大元年	一三〇八	八七	蘋州漁笛譜、絕妙好詞、齊東野語等
二九四	朱淑眞		幽棲居士	錢塘						斷腸詞
二九五	謝枋得	君直	疊山	信州弋陽	宋理宗寶慶二年	一二二六	元世祖至元二六年	一二八九	六四	疊山集、文章軌範
二九六	文天祥	宋瑞、履善	文山	吉州吉水	同上 端平三年	一二三六	同上 一九年	一二八二	四七	文山集
二九七	張炎	叔夏	玉田、樂笑翁	臨安	同上 淳祐八年	一二四八				玉田詞、山中白雪詞、詞源

二九八	韓昉	公美		燕京	遼道宗太康八年	一〇八二	金廢帝天德元年	一一四九	六八	韓公美集
二九九	宇文虛中	叔通		蜀			金熙宗皇統五年	一一四五		宇文叔通集
三〇〇	吳激	彥高	東山	建州			同上 二年	一一四二		東山集
三〇一	蔡松年	伯堅		眞定	宋徽宗大觀元年	一一〇七	金廢帝正隆四年	一一五九	五三	蔡伯堅集
三〇二	王寂	元老		薊州玉田					六七	拙軒集
三〇三	蔡珪	正甫		眞定			金世宗大定一四年	一一七四		蔡正甫集
三〇四	党懷英	世傑		馮翊	金太宗天會一二年	一一三四	金廢帝大安三年	一二一一	七八	竹溪集
三〇五	王庭筠	子端	黃華山主	河東	金廢帝正隆元年	一一五六	金章宗泰和二年	一二〇二	四七	王子端集
三〇六	趙秉文	周臣	閒閒道人	磁州滏陽	同上 四年	一一五九	金哀宗天興元年	一二三二	七四	滏水集
三〇七	楊雲翼	之美		平定樂平	金世宗大定一〇年	一一七〇	同上 正大五年	一二二八	五九	楊文獻集
三〇八	王若虛	從之	慵夫	稾城	同上 一四年	一一七四	元太宗后稱制二年	一二四三	七〇	滹南遺老集
三〇九	麻九疇	知幾		易州	同上	一一七四	金哀宗天興元年	一二三二	五九	麻知幾集
三一〇	李純甫	之甫		弘州襄陰	同上 二五年	一一八五	同上 正大八年	一二三一	四七	李之甫集
三一一	元好問	裕之	遺山	太原秀容	金章宗明昌元年	一一九〇	元憲宗莽賚扣七年	一二五七	六八	遺山集、中州集等
三一二	楊果	正卿	西菴	祁州蒲陰	同上 承安二年	一一九七	元世祖至元六年	一二六九	七三	西菴集

三一三	關漢卿		已齋叟	大都						竇娥冤、拜月亭等雜劇
三一四	王德信	實甫	雲	大都						西廂記、麗春堂等雜劇
三一五	白樸	太素、仁甫	蘭谷	眞定	金哀宗正大三年	一二二六				天籟集、梧桐雨等雜劇
三一六	馬致遠		東籬	大都						東籬樂府、漢宮秋、青衫淚等雜劇
三一七	金履祥	吉父	仁山先生	婺州蘭谿	宋理宗紹定五年	一二三二	元成宗大德七年	一三〇三	七二	仁山集
三一八	姚燧	端甫	牧菴	河南柳城	元太宗烏格台一二年	一二三九	元仁宗延祐元年	一三一四	七六	牧菴集
三一九	張伯淳	師道		杭州崇德	宋理宗淳祐二年	一二四二	元成宗大德六年	一三〇二	六一	養蒙集
三二〇	戴表元	帥初、曾伯		慶元奉化	同上四年	一二四四	元武宗至大三年	一三一〇	六七	剡源集
三二一	劉因	夢吉		保定容城	元定宗后稱制二年	一二四九	元順帝至元三〇年	一二九三	四五	靜修集
三二二	趙孟頫	子昂	松雪	湖州	宋理宗寶祐二年	一二五四	元英宗至治二年	一三二二	六九	松雪齋集
三二三	陸文圭	子方	牆東先生	江陰	同上四年	一二五六	元順帝至元六年	一三四〇	八五	牆東類稾
三二四	馮子振	海粟	怪怪道人	攸州	同上五年	一二五七				海粟散曲
三二五	仇遠	仁父、仁近	山村民	錢塘	同上景定二年	一二六一				金淵集、山村遺集
三二六	袁桷	伯長	清容居士	慶元	宋度宗咸淳三年	一二六七	元泰定帝泰定四年	一三二七	六一	清容居士集
三二七	劉詵	桂翁	桂隱	吉安廬陵	同上四年	一二六八	元順帝至正一〇年	一三五〇	八三	桂隱集

三二八	張養浩	希孟		濟南	同上五年	一二六九	元文宗天曆二年	一三二九	六一	歸田類稾
三二九	楊梓			海鹽						豫讓吞炭等雜劇
三三〇	宮天挺	大用		大名開州						范張雞黍等雜劇
三三一	鄭光祖	德輝		平陽襄陵						王粲登樓、倩女離魂等雜劇
三三二	喬吉	夢符	惺惺道人	太原			元順帝至正五年	一三四五		揚州夢、金錢記等雜劇
三三三	張可久	小山一字伯遠		慶元						小山樂府
三三四	柳貫	道傳		婺州浦陽	宋度宗咸淳六年	一二七〇	元順帝至正二年	一三四二	七三	柳待制集
三三五	楊載	仲弘		杭州	同上七年	一二七一	元英宗至治三年	一三二三	五三	楊仲弘集
三三六	虞集	伯生	邵庵先生	臨川崇仁	同上八年	一二七二	元順帝至正八年	一三四八	七七	道園學古錄
三三七	范梈	亨父、德機		清江	同上	一二七二	元文宗至順元年	一三三〇	五九	范德機集
三三八	揭傒斯	曼碩		龍興富州	同上一〇年	一二七四	元順帝至正四年	一三四四	七一	文安集
三三九	黃溍	晉卿		婺州義烏	元世祖至元一四年	一二七七	同上一七年	一三五七	八一	黃文獻集
三四〇	馬祖常	伯庸		光州	同上一六年	一二七九	同上至元四年	一三三八	六〇	石田集
三四一	貫雲石	酸齋		畏吳	同上二三年	一二八六	元泰定帝泰定元年	一三二四	三九	酸齋集
三四二	張翥	仲舉		晉寧	同上二四年	一二八七	元順帝至正二八年	一三六八	八二	蛻庵集

三四三	蘇天爵	伯脩	滋溪先生	眞定	同上　三一年	一二九四	同上　一二年	一三五二	五九	滋溪集、元文類、元名臣事略
三四四	楊維楨	廉夫	鐵崖	山陰	元成宗元貞二年	一二九六	明太祖洪武三年	一三七〇	七五	鐵崖集
三四五	吳萊	立夫		婺州浦陽	同上　大德元年	一二九七	元順帝至元六年	一三四〇	四四	淵穎集
三四六	倪瓚	元鎭	雲林居士	無錫	同上　五年	一三〇一	明太祖洪武七年	一三七四	七四	清閟閣集
三四七	薩都剌	天錫	直齋	雁門	元武宗至大元年	一三〇八				雁門集
三四八	王冕	元章	梅花屋主	諸暨						竹齋集
三四九	戴良	叔能	九靈山人	浦江	元仁宗延祐四年	一三一七	明太祖洪武一六年	一三八三	六七	九靈山房集
三五〇	高明	則誠		溫州瑞安						琵琶記、柔克齋集
三五一	施子安	耐菴		淮安						水滸傳
三五二	羅本	貫中		太原						三國演義、隋唐演義、平妖傳等
三五三	宋濂	景濂	白牛生	浦江	元武宗至大三年	一三一〇	明太祖洪武一四年	一三八一	七二	宋學士集
三五四	劉基	伯溫		靑田	同上　四年	一三一一	同上　八年	一三七五	六五	誠意伯集
三五五	王褘	子充		義烏	元英宗至治元年	一三二一	同上　五年	一三七二	五二	王忠文公集
三五六	張羽	來儀		吳興	元順帝元統元年	一三三三	同上　一八年	一三八五	五三	靜居集
三五七	高啓	季迪	靑邱子	長洲	同上　至元二年	一三三六	同上　七年	一三七四	三九	高太史集

三五八	楊基	孟載		吳縣						眉菴集
三五九	徐賁	幼文		常州						北郭集
三六〇	袁凱	景文		松江華亭						海叟集
三六一	林鴻	子羽		福清						鳴盛集
三六二	方孝孺	希直、希古	正學先生	寧海	元順帝至正一七年	一三五七	明惠帝建文四年	一四〇二	四六	遜志齋集
三六三	楊寓	士奇	東里	泰和	同上 二五年	一三六五	明英宗正統九年	一四四四	八〇	東里集
三六四	解縉	大紳		吉水	明太祖洪武二年	一三六九	明成祖永樂一三年	一四一五	四七	解文毅集
三六五	楊榮	勉仁		建安	同上 四年	一三七一	明英宗正統五年	一四四〇	七〇	楊文敏集
三六六	楊溥	弘濟		石首	同上 五年	一三七二	同上 一一年	一四四六	七五	
三六七	朱權		臞仙、涵虛子	濠州鍾離			同上 一三年	一四四八		太和正音譜、荊釵記傳奇等
三六八	朱有燉			濠州鍾離			同上 四年	一四三九		誠齋樂府
三六九	徐畛	仲由		淳安						巢松集、殺狗記傳奇
三七〇	邱濬	仲深	瓊臺	瓊山	明成祖永樂一八年	一四二〇	明孝宗弘治八年	一四九五	七六	瓊臺會稾、忠孝記、舉鼎記等傳奇
三七一	李東陽	賓之	西涯	茶陵	明英宗正統一二年	一四四七	明武宗正德一一年	一五一六	七〇	懷麓堂集
三七二	王鏊	濟之		吳縣	明代宗景泰元年	一四五〇	明世宗嘉靖三年	一五二四	七五	震澤集

三七三	祝允明	希哲	枝山、枝指生	長洲	明英宗天順四年	一四六〇	同上五年	一五二六	六七	懷星堂集
三七四	王九思	敬夫	渼陂	鄠	明憲宗成化四年	一四六八	同上三〇年	一五五二	八四	渼陂集
三七五	唐寅	伯虎、子畏	六如	吳縣	同上六年	一四七〇	同上二年	一五二三	五四	唐六如集
三七六	文徵明	徵仲	衡山	長洲	同上	一四七〇	同上三八年	一五五九	九〇	甫田集
三七七	王守仁	伯安	陽明先生	餘姚	同上八年	一四七二	同上七年	一五二八	五七	王文成公集
三七八	李夢陽	獻吉	空同子	慶陽	同上	一四七二	同上八年	一五二九	五八	空同集
三七九	康海	德涵	對山	武功	同上一一年	一四七五	同上一九年	一五四〇	六六	對山集
三八〇	顧璘	華玉	東橋	上元	同上一二年	一四七六	同上二六年	一五四七	七二	息園存稿等
三八一	邊貢	廷實	華泉	歷城	同上	一四七六	同上一一年	一五三二	五七	華泉集
三八二	徐禎卿	昌穀		吳縣	同上一五年	一四七九	明武宗正德六年	一五一一	三三	迪功集
三八三	何景明	仲默	大復山人	信陽	同上一九年	一四八三	同上一六年	一五二一	三九	大復集
三八四	鄭善夫	繼之	少谷	閩縣	同上二〇年	一四八四	明世宗嘉靖元年	一五二二	三九	鄭少谷集
三八五	楊愼	用修	升庵	新都	明孝宗弘治元年	一四八八	同上三八年	一五五九	七二	升庵集
三八六	王磐	鴻漸		高郵						西樓樂府
三八七	常倫	明卿	樓居子	沁水	明孝宗弘治五年	一四九二	明世宗嘉靖三〇年	一五二五	三四	常評事寫情集

三八八	謝　榛	茂秦	四溟山人	臨清	同上　八年	一四九五	明神宗萬曆三年	一五七五	八一	四溟集
三八九	李開先	伯華	中麓	章邱	同上　一四年	一五〇一	明穆宗隆慶二年	一五六八	六八	中麓樂府、寶劍記、登壇記等傳奇
三九〇	歸有光	熙甫	震川先生	崑山	明武宗正德元年	一五〇六	同上　五年	一五七一	六六	震川集
三九一	唐順之	應德	荆川先生	武進	同上　二年	一五〇七	明世宗嘉靖三九年	一五六〇	五四	荆川集
三九二	王愼中	道思	遵巖居士	晉江	同上　四年	一五〇九	同上　三八年	一五五九	五一	遵巖集
三九三	吳承恩	汝忠	射陽山人	淮安山陽						西遊記
三九四	馮惟敏	汝行	海浮	臨朐	明武宗正德六年	一五一一				海浮山堂詞稿
三九五	茅　坤	順甫	鹿門	歸安	同上　七年	一五一二	明神宗萬曆二九年	一六〇一	九〇	鹿門集、唐宋八大家文鈔
三九六	李攀龍	于鱗	滄溟	歷城	同上　九年	一五一四	明穆宗隆慶四年	一五七〇	五七	滄溟集
三九七	梁辰魚	伯龍	少白、仇池外史	崑山						江東白苧、紅線女等雜劇
三九八	鄭若庸	中伯	虛舟、蛣蜣生	崑山						蛣蜣集、北遊漫稿
三九九	徐　渭	文長、文淸	靑藤道士	山陰	明武宗正德一六年	一五二一	明神宗萬曆二一年	一五九三	七三	徐文長集、四聲猿等雜劇
四〇〇	王世貞	元美	鳳洲	太倉	明世宗嘉靖五年	一五二六	同上　一八年	一五九〇	六五	弇州山人四部稾
四〇一	張鳳翼	伯起	靈墟	長洲	同上　六年	一五二七	同上　四一年	一六一三	八七	陽春六集、處實堂集
四〇二	梅鼎祚	禹金		宣城						鹿裘石室集、崑崙奴等雜劇

四〇三	汪道昆	伯玉	南溟	歙縣						太函集、大雅堂雜劇
四〇四	王穉登	伯穀		長洲	明世宗嘉靖一四年	一五三五	明神宗萬曆四〇年	一六一二	七八	吳騷集、全德記等傳奇
四〇五	屠隆	長卿		鄞縣						白榆集、曇花記等傳奇
四〇六	湯顯祖	若士一字義仍	清遠道人	臨川	明世宗嘉靖二九年	一五五〇	明神宗萬曆四五年	一六一七	六八	玉茗堂集、玉茗堂傳奇五種
四〇七	沈璟	伯英	寧庵、詞隱	吳江						南九宮譜、屬玉堂傳奇等
四〇八	袁宏道	中郎		公安	明穆宗隆慶二年	一五六八	明神宗萬曆三八年	一六一〇	四三	袁中郎集
四〇九	鍾惺	伯敬		竟陵	明神宗萬曆二年	一五七四	明熹宗天啓四年	一六二四	五一	隱秀集
四一〇	馮夢龍	猶龍一字子猶	姑蘇詞奴	吳縣			清世祖順治二年	一六四五		七樂齋稿、三言、墨憨齋新曲等
四一一	阮大鋮	圓海		懷寧			同上　三年	一六四六		燕子箋、春燈謎等傳奇
四一二	張溥	天如		太倉	明神宗萬曆三十年	一六〇二	明毅宗崇禎一四年	一六四一	四〇	七錄齋集、漢魏六朝百三家集
四一三	錢謙益	受之	牧齋	江南常熟	同上　一〇年	一五八二	清聖祖康熙三年	一六六四	八三	初學集、有學集
四一四	吳偉業	駿公	梅村	江南太倉	同上　三七年	一六〇九	同上　一〇年	一六七一	六三	吳梅村集
四一五	金人瑞	聖歎		長洲						聖嘆全集
四一六	黃宗羲	太沖	梨洲、南雷	浙江餘姚	明神宗萬曆三八年	一六一〇	清聖祖康熙三四年	一六九五	八六	南雷文定、明文海、明儒學案
四一七	顧炎武	寧人	亭林先生	江南崑山	同上　四一年	一六一三	同上　二一年	一六八二	七〇	亭林集、日知錄等

四一八	歸莊	元恭		江蘇崑山	同上	一六一三	同上 一二年	一六七三	六一	恆軒集
四一九	宋琬	玉叔	荔裳	山東萊陽	同上 四二年	一六一四	同上	一六七三	六〇	安雅堂集
四二〇	施閏章	尙白	愚山、矩齋	安徽宣城	同上 四六年	一六一八	同上 二二年	一六八三	六六	學餘堂集
四二一	侯方域	朝宗		河南商邱	同上	一六一八	清世祖順治一一年	一六五四	三七	壯悔堂集
四二二	尤侗	展成	悔庵、西堂、艮齋	江蘇長洲	同上	一六一八	清聖祖康熙四三年	一七〇四	八七	悔庵集
四二三	王夫之	而農	薑齋	湖南衡陽	同上 四七年	一六一九	同上 三一年	一六九二	七四	薑齋集
四二四	周容	鄮山	躉翁	浙江鄞縣	同上	一六一九	同上 一八年	一六七九	六一	春酒堂集
四二五	丁耀亢	西生	野鶴、紫陽道人	山東諸城					七二	丁野鶴詩鈔、續金瓶梅等
四二六	毛奇齡	齊宇、大可	西河先生	浙江蕭山	明熹宗天啓三年	一六二三	清聖祖康熙五二年	一七一三	九一	毛西河集
四二七	嚴繩孫	蓀友	秋水	江蘇無錫	同上	一六二三	同上 四一年	一七〇二	八〇	秋水集
四二八	魏禧	叔子、冰叔	勺庭先生	江西寧都	同上 四年	一六二四	同上 一九年	一六八〇	五七	魏叔子集
四二九	汪琬	苕文	堯峯先生、鈍菴	江蘇長洲	同上	一六二四	同上 二九年	一六九〇	六七	鈍庵類稿、堯峯詩文鈔
四三〇	陳維崧	其年	迦陵	江蘇宜興	同上 五年	一六二五	同上 二一年	一六八二	五八	迦陵集
四三一	姜宸英	西溟	湛園	浙江慈谿	明毅宗崇禎元年	一六二八	同上 三八年	一六九九	七二	湛園集
四三二	朱彝尊	錫鬯	竹垞	浙江秀水	同上 二年	一六二九	同上 四八年	一七〇九	八一	曝書亭集、詞綜等

四三三	蒲松齡	留仙	柳泉	山東淄川	同上三年	一六三○	同上五四年	一七一五	八六	聊齋志異
四三四	吳兆騫	漢槎		江蘇吳江	同上四年	一六三一	同上二三年	一六八四	五四	秋笳集
四三五	彭孫遹	駿孫	羨門	浙江海鹽	同上	一六三一	同上三九年	一七○○	七○	松桂堂集
四三六	儲欣	同人		江蘇宜興	同上	一六三一	同上四五年	一七○六	七六	在陸草堂集、唐宋十家文選
四三七	王士禎	貽上	阮亭、漁洋山人	山東新城	同上七年	一六三四	同上五○年	一七一一	七八	帶經堂集、唐人萬首絕句選等
四三八	邵長蘅	子湘	靑門山人	江蘇武進	同上一○年	一六三七	同上四三年	一七○四	六八	靑門集
四三九	顧貞觀	遠平、華封	梁汾	江蘇無錫	同上	一六三七				彈指詞
四四○	曹貞吉	升六	實庵	山東安邱						珂雪詩詞、黃山紀遊等
四四一	萬斯同	季野		浙江鄞縣	明毅宗崇禎一六年	一六四三	清聖祖康熙四一年	一七○二	六○	石園集
四四二	潘耒	次耕	稼堂	江蘇吳江	清世祖順治三年	一六四六	同上四七年	一七○八	六三	遂初堂集
四四三	孔尙任	季重	東塘、雲亭山人	山東曲阜	同上五年	一六四八				桃花扇、湖海集
四四四	洪昇	昉思	稗畦居士	浙江錢塘			清聖祖康熙四四年	一七○五		長生殿、稗村集
四四五	李漁	笠翁		浙江錢塘						十種曲、一家言等
四四六	查愼行	初白		浙江海寧	清世祖順治七年	一六五○	清世宗雍正五年	一七二七	七八	敬業堂集
四四七	戴名世	田有、褐夫	南山、夏菴	江南桐城	同上一○年	一六五三	清聖祖康熙五二年	一七一三	六一	南山集

四四八	納蘭性德	容若		滿洲正黃旗	同上 一二年	一六五五	同上 二四年	一六八五	三一	飲水詞、通志堂集
四四九	趙執信	伸符	秋谷、飴山老人	山東益都	清聖祖康熙元年	一六六二	清高宗乾隆九年	一七四四	八三	飴山集
四五〇	方苞	靈皋	望溪	江南桐城	同上 七年	一六六八	同上 一四年	一七四九	八二	望溪集
四五一	沈德潛	確士	歸愚	江南長洲	同上 一二年	一六七三	同上 三四年	一七六九	九七	歸愚詩文鈔、唐詩別裁集等
四五二	厲鶚	太鴻	樊榭	浙江錢塘	同士 三一年	一六九二	同上 一七年	一七五三	六一	樊榭山房集、宋詩紀事等
四五三	鄭燮	克柔	板橋	江蘇興化	同上 三二年	一六九三	同上 三〇年	一七六五	七三	板橋集
四五四	胡天游	稚威		浙江山陰	同上 三五年	一六九六	同上 二三年	一七五八	六三	石笥山房集
四五五	劉大櫆	才甫	海峯	安徽桐城	同上 三六年	一六九七	同上 四四年	一七七九	八三	海峯集
四五六	杭世駿	大宗	堇浦	浙江仁和	同上 三七年	一六九八	同上 三八年	一七七三	七六	嶺南集等
四五七	吳敬梓	敏軒	文木老人	安徽全椒	同上 四〇年	一七〇一	同上 一九年	一七五四	五四	儒林外史、文木山房集
四五八	齊召南	次風	瓊臺	浙江天台	同上 四二年	一七〇三	同上 三三年	一七六八	六六	賜硯堂集
四五九	全祖望	紹衣	謝山	浙江鄞縣	同上 四四年	一七〇五	同上 二〇年	一七五五	五一	鮚埼亭集、宋儒學案
四六〇	袁枚	子才	隨園、簡齋	浙江錢塘	同上 五五年	一七一六	清仁宗嘉慶二年	一七九七	八二	小倉山房集
四六一	曹霑	雪芹、芹圃		鑲藍旗漢軍	同上 五八年	一七一九	清高宗乾隆二九年	一七六四	四六	紅樓夢
四六二	紀昀	曉嵐、春帆	石雲	直隸獻縣	清世宗雍正二年	一七二四	清仁宗嘉慶一〇年	一八〇五	八二	閱微草堂筆記

四六三	蔣士銓	心餘、苕生	清客、藏園	江西鉛山	同上三年	一七二五	清高宗乾隆五二年	一七八五	六一	忠雅堂集、紅雪樓九種曲
四六四	趙翼	雲崧	甌北	江蘇陽湖	同上五年	一七二七	清仁宗嘉慶一九年	一八一四	八八	甌北集
四六五	姚鼐	姬傳、夢穀	惜抱先生	安徽桐城	同上九年	一七三一	同上二〇年	一八一五	八五	惜抱軒集、古文辭類纂
四六六	翁方綱	正三	覃溪	順天大興	同上一一年	一七三三	同上二三年	一八一八	八六	復初齋集
四六七	汪中	容甫		江蘇江都	清高宗乾隆九年	一七四四	清高宗乾隆五九年	一七九四	五一	容甫遺詩、述學
四六八	吳錫麒	聖徵	穀人	浙江錢塘	同上一一年	一七四六	清仁宗嘉慶二三年	一八一八	七三	有正味齋集
四六九	洪亮吉	君直	北江、更生居士	江蘇陽湖	同上	一七四六	同上一四年	一八〇九	六四	北江集
四七〇	黃景仁	漢鏞、仲則	鹿菲子	江蘇武進	同上一四年	一七四九	清高宗乾隆四八年	一七八三	三五	兩當軒集
四七一	惲敬	子居	簡堂	江蘇陽湖	同上二二年	一七五七	清仁宗嘉慶二二年	一八一七	六一	大雲山房集
四七二	王曇	仲瞿		浙江秀水	同上二五年	一七六〇	同上	一八一七	五八	烟霞萬古樓集
四七三	孫原湘	子瀟	心青	江蘇昭文	同上二五年	一七六〇	清宣宗道光九年	一八二九	七〇	天眞閣集
四七四	張惠言	皋文		江蘇武進	同上二六年	一七六一	清仁宗嘉慶七年	一八〇二	四二	茗柯集
四七五	嚴可均	景文	鐵橋	浙江烏程	同上二七年	一七六二	清宣宗道光二三年	一八四三	八二	鐵橋漫稿、全上古三代秦漢三國六朝文
四七六	張問陶	仲冶	船山、藥庵退守	四川遂寧	同上二九年	一七六四	清仁宗嘉慶一九年	一八一四	五一	船山集
四七七	舒位	立人	鐵雲	順天大興	同上三〇年	一七六五	同上二〇年	一八一五	五一	瓶水齋集

四七八	李汝珍	松石		直隸大興						鏡花緣
四七九	李兆洛	申耆		江蘇陽湖	清高宗乾隆三四年	一七六九	清宣宗道光二一年	一八四一	七三	養一齋集、駢體文鈔
四八〇	張維屏	子樹、南山	松心子	廣東番禺	清宣宗道光四五年	一七八〇	清文宗咸豐九年	一八五九	八〇	松軒集、國朝詩人徵略
四八一	管同	異之		江蘇上元	同上	一七八〇	清宣宗道光一一年	一八三一	五二	因寄軒集
四八二	劉開	孟塗		安徽桐城	同上四六年	一七八一	同上元年	一八二一	四一	劉孟塗集
四八三	姚瑩	石甫		安徽桐城	同上五〇年	一七八五	清文宗咸豐二年	一八五二	六八	東溟集
四八四	梅曾亮	伯言		江蘇上元	同上五一年	一七八六	同上六年	一八五六	七一	柏梘山房集
四八五	龔自珍	璱人	定盦	浙江仁和	同上五七年	一七九二	清宣宗道光二一年	一八四一	五〇	定盦集
四八六	魏源	默深		湖南邵陽	同上五九年	一七九四	清文宗咸豐六年	一八五六	六三	古微堂集
四八七	吳敏樹	本深	南屏	湖南巴陵	清仁宗嘉慶一〇年	一八〇五	清穆宗同治一二年	一八七三	六九	柈湖集
四八八	鄭珍	子尹	柴翁	貴州遵義	同上一一年	一八〇六	同上三年	一八六四	五九	巢經室詩文鈔
四八九	曾國藩	滌生		湖南湘鄉	同上一六年	一八一一	同上一一年	一八七二	六二	曾文正公集
四九〇	莫友芝	子偲	郘亭、眲叟	貴州獨山	同上	一八一一	同上一〇年	一八七一	六一	郘亭集
四九一	劉熙載	融齋	寤崖	江蘇興化	同上一八年	一八一三	清德宗光緒七年	一八八一	六九	昨非集
四九二	蔣春霖	鹿潭		江蘇江陰	同上二二年	一八一七	清穆宗同治七年	一八六八	五二	水雲樓詞

四九三	俞樾	蔭甫	曲園	浙江德清	清宣宗道光元年	一八二一	清德宗光緒三二年	一九〇六	八六	春在堂全書
四九四	李慈銘	㤅伯		浙江會稽	同上 九年	一八二九	同上 二〇年	一八九四	六六	越縵堂集
四九五	黎庶昌	蒓齋		貴州遵義	同上 一七年	一八三七	同上 二三年	一八九七	六一	拙尊園叢稿、續古文辭類纂
四九六	薛福成	叔耘	庸盦	江蘇無錫	同上 一八年	一八三八	同上 二〇年	一八九四	五七	庸盦集
四九七	吳汝綸	摯甫		安徽桐城	同上 二〇年	一八四〇	同上 二九年	一九〇三	六四	吳摯甫集
四九八	黃遵憲	公度		廣東嘉應	同上 二八年	一八四八	同上 三一年	一九〇五	五八	人境廬詩草
四九九	王鵬運	幼遐	半塘老人、鶩翁	廣西臨桂	同上 二九年	一八四九	同上 三〇年	一九〇四	五六	半塘定稿、鶩翁集、四印齋所刻詞
五〇〇	劉鶚	鐵雲	洪都百鍊生	江蘇丹徒						老殘遊記
五〇一	譚嗣同	復生	壯飛	湖南劉陽	清穆宗同治四年	一八六五	清德宗光緒二四年	一八九八	三四	譚瀏陽集
五〇二	李寶嘉	伯元	南亭亭長	江蘇武進	同上 六年	一八六七	同上 三二年	一九〇六	四〇	官場現形記等
五〇三	吳沃堯	小允 趼人	我佛山人	廣東南海	同上	一八六七	清宣統二年	一九一〇	四四	二十年目覩之怪現狀、恨海等
五〇四	王闓運	壬秋 壬父		湖南湘潭	清宣宗道光一二年	一八三二	民國五年	一九一六	八五	湘綺樓集、八代詩選、唐詩選
五〇五	王先謙	益吾		湖南長沙	同上 二二年	一八四二	同上 六年	一九一八	七六	虛受堂集、續古文辭類纂
五〇六	繆荃孫	筱珊	藝風老人	江蘇江陰	同上 二四年	一八四四	同上 八年	一九一九	七六	藝風堂集
五〇七	樊增祥	嘉父	雲門、樊山	湖北恩施	同上 二六年	一八四六	同上 二〇年	一九三一	八六	樊山集

五〇八	沈曾植	子培	乙盦、寐叟	浙江嘉善	同上三〇年	一八五〇	民國一一年	一九二二	七三	海日樓集
五〇九	林紓	琴南	畏廬、冷紅生	福建閩侯	清文宗咸豐二年	一八五二	同上一三年	一九二四	七三	茶花女遺事等譯作、畏廬集
五一〇	張謇	季直	嗇庵、季子	江蘇南通	同上三年	一八五三	同上一五年	一九二六	七四	張季子九錄
五一一	嚴復	又陵、幾道		福建閩侯	同上	一八五三	同上一〇年	一九二一	六九	嚴譯名著叢刊、瘉壄堂集
五一二	朱祖謀	古微	彊邨	浙江歸安	同上七年	一八五七	同上二〇年	一九三一	七五	彊邨語業、彊邨叢書
五一三	易順鼎	實甫、中碩	哭厂 眉伽	湖南龍陽	同上八年	一八五八	同上九年	一九二〇	六三	哭厂集
五一四	康有爲	廣夏	長素、更生	廣東南海	同上	一八五八	同上一六年	一九二七	七〇	南海詩集、歐洲十一國遊記
五一五	馬其昶	通伯		安徽桐城	同上	一八五八	同上一八年	一九二九	七二	抱潤軒集
五一六	況周頤	夔笙		廣西臨桂	同上九年	一八五九	同上一五年	一九二六	六八	第一生修梅華館詞、蕙風詞話
五一七	梁啓超	卓如	任公	廣東新會	清穆宗同治一三年	一八七四	同上一八年	一九二九	五六	飲冰室合集
五一八	王國維	靜安、伯隅	觀堂、永觀	浙江海寧	清德宗光緒三年	一八七七	同上一六年	一九二七	五一	宋元戲曲史、人間詞、人間詞話等
五一九	蘇玄瑛	子穀	曼殊	廣東香山	同上一〇年	一八八四	同上七年	一九一八	三五	蘇曼殊全集
五二〇	劉師培	申叔		江蘇儀徵	同上	一八八四	同上八年	一九一九	三六	左菴文集、中古文學史

附錄二　索引

十二畫

十三畫

中國文學家列傳終

中華史地叢書
中國文學家列傳

作　　者／楊蔭深　編著
主　　編／劉郁君
美術編輯／中華書局編輯部

出 版 者／中華書局
發 行 人／張敏君
行銷經理／王新君
地　　址／11494 臺北市內湖區舊宗路二段181巷8號5樓
客服專線／02-8797-8396　　傳　　真／02-8797-8909
網　　址／www.chunghwabook.com.tw
匯款帳號／兆豐國際商業銀行　東內湖分行
067-09-036932　中華書局股份有限公司

法律顧問／安侯法律事務所
印刷公司／維中科技有限公司　海瑞印刷品有限公司
出版日期／2015年3月七版
版本備註／據1991年12月六版二刷復刻重製
定　　價／NTD 812

國家圖書館出版品預行編目（CIP）資料

中國文學家列傳 / 楊蔭深編著.— 七版. — 臺
北市:中華書局, 2015.03
面；　公分
含索引
ISBN 978-957-43-0116-4(平裝)
1.中國文學-傳記

782.24　　80004536

NO.G2011
ISBN 978-957-43-0116-4（平裝）